アメリカ都市教育政治の研究

20世紀におけるシカゴの教育統治改革

小松茂久

人文書院

神戸学院大学人文学部人間文化研究叢書

目　次

序　章 …………………………………………………………… 9

第 1 節　都市教育政治研究の目的　9
　　1．教育政治の概念
　　2．教育政治研究における価値問題と研究方法
　　3．都市教育政治研究の意義
　　4．都市教育改革の理論
第 2 節　先行研究の検討　19
　　1．アメリカにおける研究
　　2．わが国における研究
第 3 節　本書の構成　27

第 I 部　都市教育政治の歴史

第 1 章　革新主義期教育政治研究の動向と課題
　　　　　―1980年代半ばまでの研究を中心として― …………… 37

第 1 節　アメリカ教育史の評価をめぐる1960年代の動向　38
　　1．公立学校進歩史観とその批判
　　2．革新主義期教育改革における「能率」と「社会的統制」
第 2 節　ラディカル・レビジョニズムと教育政治史研究の階
　　　　級的視点　47
　　1．アメリカ史学会とラディカル・レビジョニズム
　　2．M・B・カッツの教育史研究の意義と課題
　　3．伝統的教育史学批判とレビジョニズム

4．S・ボウルズ、H・ギンタスとレビジョニズム
　　5．ラディカル・レビジョニズムの意義と限界
　第3節　ポスト・レビジョニストの都市教育政治史研究
　　　　　65
　　1．民主的統制説
　　2．組織統制説
　　3．動態的階級葛藤説
　　4．ポスト・レビジョニストの教育政治研究の意義

第2章　革新主義期教育政治研究の動向と課題
　　　　―1980年代半ば以降の研究を中心として―……………83

　第1節　アクターの多様化　　84
　　1．事例対象都市の拡大と政治アクターの多様化
　　2．教育政治研究におけるジェンダーの視点
　第2節　人種・民族・教員組合　　91
　　1．教育政治における人種と民族
　　2．教育政治と教員組合運動

第3章　教育統治改革をめぐる政治過程
　　　　―革新主義期のシカゴを事例として―………………102

　第1節　シカゴ公立学校創設期の実態と課題　　103
　　1．公立学校の創設と教育行財政
　　2．19世紀後半のシカゴの学校教育
　第2節　ハーパー委員会報告の公表と影響　　108
　　1．ハーパー委員会の結成と委員会報告
　　2．ハーパー委員会報告の影響
　第3節　シカゴ教育統治改革（オーティス法）をめぐる教育
　　　　政治の動態　　121

1．1910年代半ばまでの教育政治
　　2．オーティス法をめぐる政治過程
　　3．1910年代の政治過程の意味
　　4．1920年代前半のシカゴ教育政治

第Ⅱ部　都市教育の課題と改革の理論

第1章　社会変動と都市教育の課題　…………………… 151
第1節　戦後の都市の変動と都市教育　152
　　1．黒人とヒスパニックの急増
　　2．都市の貧困・スラム問題
　　3．マイノリティ児童生徒の急増と人種分離学校
　　4．人種・民族別の教育格差
第2節　都市労働市場の変貌と教育問題　162
　　1．都市経済の変動
　　2．学歴と失業問題
　　3．ゲットーアンダークラスとマイノリティ児童生徒
第3節　人種分離学校廃止問題とシカゴ教育政治　170
　　1．人種分離学校廃止運動
　　2．シカゴの教育改革動向
　　3．1990年代の都市教育改革

第2章　都市教育改革の理論　…………………… 187
第1節　ソーシャル・キャピタルとネットワーク　189
　　1．ガバナンスの概念
　　2．教育ガバナンス論
　　3．ソーシャル・キャピタル論
　　4．ソーシャル・キャピタルと教育ガバナンス

第2節　都市政治研究におけるアーバン・レジーム論　203
　　1．アーバン・レジーム論の系譜
　　2．C・N・ストーンのアーバン・レジーム論
　　3．レジーム理論批判
　第3節　シビック・キャパシティー論　218
　　1．ソーシャル・キャピタル批判
　　2．ソーシャル・キャピタルとシビック・キャパシティー
　　3．シビック・キャパシティーの概念
　第4節　都市教育改革とシビック・キャパシティー　232
　　1．CCUEプロジェクト11都市のシビック・キャパシティー
　　2．3都市の事例
　　3．都市教育改革の困難性

第Ⅲ部　シカゴ教育統治改革の動態

第1章　1980年代半ばのシカゴの学校と教育行政……257

　第1節　シカゴの児童生徒と教育政策課題　258
　　1．シカゴの児童生徒
　　2．教育行政組織と教育政策課題
　第2節　学校改革への胎動　263
　　1．1980年代半ばのイリノイ州教育改革の動向
　　2．イリノイ州1985年都市学校改善法
　　3．1980年代前半のシカゴ教育行政の動向
　　4．教育改革と市民運動
　　5．教員組合および産業界等の教育改革への対応

第2章　学校改革の理論とシカゴ学校改革法（1988年）
…………………………………………………279

第1節　シカゴ学校改革の理論　280
　1．学校の再構築と学校を基盤とした経営（School-Based Management＝SBM）
　2．シカゴのSBM論
第2節　学校改革案をめぐる政治過程　288
　1．教員ストライキとその影響
　2．市長のリーダーシップと市民団体
　3．ビジネスとメディアの役割
第3節　州議会での学校改革法成立過程　295
　1．州議会の政治環境
　2．学校改革法の上程と審議の過程

第3章　学校改革修正法（1995年）と教育統治改革 … 304

第1節　学校協議会の運営と学校改革修正法（1995年）　305
　1．学校改革法（1988年）と学校協議会の設置
　2．学校協議会の実態と課題
　3．シカゴ学校改革修正法（1995年）
　4．学校協議会と児童生徒の学力
第2節　アカウンタビリティー政策と教育統治の市長一元化　315
　1．ニュー・アカウンタビリティーの概念
　2．ニュー・アカウンタビリティー政策
　3．市長主導の教育統治
　4．シカゴの市長主導教育統治
第3節　シカゴ教育統治改革とシビック・キャパシティー　330
　1．シカゴのニュー・アカウンタビリティー政策への批判的視座

2．ニュー・アカウンタビリティー政策と専門職アカウンタビリティー
　　3．教育統治改革モデルと制度選択
　　4．シカゴのレジームとシビック・キャパシティー

終章　アメリカ都市教育政治研究の意義……………………349
　第1節　アメリカ都市教育政治研究の成果と課題　349
　　1．革新主義期教育政治の学説とシカゴの実態分析
　　2．第二次大戦後の都市教育の課題と現代教育改革の理論
　　3．シカゴ教育統治改革の動態
　第2節　わが国の教育行政研究への示唆　358
　　1．「教育統治」「教育政治」「教育行政」の概念
　　2．わが国における教育行政の新展開
　　3．わが国におけるシビック・キャパシティー論の可能性

引用・参考文献
あとがき
人名索引
事項索引

アメリカ都市教育政治の研究

20世紀におけるシカゴの教育統治改革

序　章

第1節　都市教育政治研究の目的

1．教育政治の概念

　本書で用いる教育政治の概念について、政治学における概念を手がかりに明らかにしたい。政治とは何かについてのH・D・ラスウェル（Harold D. Lasswell）の定義と、D・イーストン（David Easton）の定義が本研究にとって有益である。ラスウェルは『政治』（ラスウェル、1959）において、副題にも用いられているように政治学とは「誰が何をいつどのように手に入れるか」についての研究であるとしている。イーストンは『政治体系』（イーストン、1976）において、政治を「社会に対する諸価値の権威的配分」であると概念規定している。
　これらの定義を援用すると教育政治の研究課題は以下のように設定できよう。まず「誰」についてみれば、教育に関係するあらゆる人々、団体、組織などが措定できる。歴史的に繰り返されている教育改革という激変の時代のみならず、日常の教育の営みに係わりをもつあらゆる人々がこの中に含まれる。いわゆる教育関係者（educators）のみならず、連邦、州、地方の政府関係者、経済界、労働界、メディア、さらに広く一般市民なども当然含まれる。本書では教育への利害関係者（ステークホルダー）としてしばしば言及することになる。「何」については、イーストンの言う「諸価値」が該当する。教育をめぐる葛藤の多くは、究極においては教育目的としていかなる価値を追

求すべきであるのかについての葛藤である。いかなる教育的価値の追求を目指した政治が展開されてきたのかについてアメリカではさまざまな議論が展開されてきており、たとえば、能率、公正、質、選択といった価値の配分をめぐる葛藤の歴史として教育政治を描き出すことができる（Mitchell, 1992: 553-554）。教育政治における事実の科学的研究および記述と並行して、教育的価値そのものの解明が行われなければならない。

　「いつ」の問題についてみると、ここでは、教育政治研究への歴史的アプローチを用いた研究課題であると捉えておく。アメリカ史の時代区分に即して教育政治の態様とその特色について検討することもできようが、筆者は19世紀末から20世紀初期にかけての革新主義期において行われた改革が、20世紀の教育の在り方を大きく規定しており、これに加えて、後述するように、1980年前後の社会経済的環境の激変も現代都市教育の抱える諸問題の根源を構成していると考えている。

　最後の、「どのように」の問題は、教育における価値を権威的に配分する過程の解明であると捉える。過程とは教育政策の決定過程であり、教育の行政、管理、組織、制度も当然のことながら関連を持つ。

　アメリカの教育政治関連文献において頻繁に使用される用語である"politics of education"、"school politics"、"educational politics"を本書では「教育政治」と邦訳している。教育政治過程において特定の価値を実現・維持し、あるいは増大するための行動の方針や計画を"educational policy"＝「教育政策」として理解する。教育政策は政治過程を媒介して成立するとともに、教育に係わる政治的取り組みによって制約を受ける。教育政策を実施するのが公共的事務の処理ないし管理としての"educational administration"＝「教育行政」である。

　また"educational governance"、"school governance"も頻繁に用いられている。アメリカにおける教育政治、教育政策、教育行政の分野における諸研究では"governance"を"government"と異なる概念として使用してはいるものの、必ずしも厳密に定義された概念として用いられているわけではないと筆者は判断している。また、教育における価値の決定（decision-making）、価値実現の方針（agenda）、価値実現のための執行（implementation）などを含めた広範囲にわたる一連の作用を含む概念として"governance"が用いられている。これらから、以下では、教育政治、教育政策、教育行政を包摂する概念として「教育統治」を用いることにする[1]。

2. 教育政治研究における価値問題と研究方法

1960年代から教育政治学研究が活発化してきたが、そこでの研究課題として、政治的決定が行われる組織や制度はいかなる構造であったのか、決定に際して政治アクターは誰であったのか、決定過程そのものの特色はどうであったのかが論じられてきた。しかしながら、政治過程やその結果には多様な価値が影響を及ぼしているにもかかわらず、今まで教育政治研究において価値問題は十分に分析されてきたとは言えない。近年になって教育政治と価値とを関連づけた研究が徐々にではあるが蓄積されつつある。一例をあげれば、R・T・スタウト（Robert T. Stout）らは教育政治研究における中核的価値として選択、質（卓越性）、能率、公正をとりあげているし（Stout, 1995: 22）、R・H・ヘック（Ronald H. Heck）はシカゴ学校改革をも含む1980年代のアメリカ教育改革論の基底で対立していた価値として、能率、質（卓越性）、公正を抽出している（Heck, 1991: 216）。

教育政治研究において価値に焦点が当てられるようになった要因の一つとして、人種分離学校廃止問題がある（Rury, 1997）。人種的・民族的マイノリティが被っている教育上の不利益をどのように改善すべきであるのかの課題は、1954年のブラウン判決以来の教育における公正、選択、質の諸価値をめぐる葛藤であり、都市教育の最大のアポリアであり続けたと言ってよい。

教育政治においていなかる価値を実現するかという問題の究明と相互に影響し合いながら、研究アプローチの捉え直しも進められてきている。都市教育に関する文献を一瞥すると、「危機的状況にある青年（youth at risk）」、「不利益を被っている子ども達（disadvantaged children）」といった表現を頻繁に目にすることができる。都心部に隔離された状態で留まっている、あるいは留まらざるをえない子ども達は、人種的・民族的にマイノリティであるだけでなく、社会階級的にも下位階層に分類されている。したがって、教育政治研究が政策アウトプットに有効性を持つためには、人種・民族的視点と

階級的視点からのアプローチが必須となる。アメリカにおいてはこうした観点に立った研究が蓄積されてきており、それらの批判的検討と新たな理論構築が模索されてもいる。1987年以降毎年刊行されている教育政治学会年報の目次と索引を調べただけで、この研究アプローチへの学会内部での関心の高まりが理解できる。

　教育政治研究において、人種的、階級的視点の重要性の指摘は必ずしも新しい視点であるとは言えない[2]。今日では、こうしたアプローチの重要性と並んで、ジェンダーの視点を組み入れた教育政治研究が注目されてきている[3]。M・W・アップル（Michael W. Apple）によれば、社会は経済、文化・イデオロギー、政治の三つの局面（sphere）から構成され、それぞれが階級、人種、ジェンダーの三つの動態と相互に作用し合い、教育におけるイデオロギー生産の諸次元が明らかにされると主張している（Apple, 1983: 24-25）。アップルらラディカルズからの教育政治研究の課題や方法の提示のみではなく、教育史研究においても、男性中心主義的教育（史）研究への反省が行われ、分析枠組みの中にジェンダーを含める必要性が認識されるようになってきている[4]。つまり、教育政治あるいは教育史において、女性と男性が相互のジェンダー関係をいかに認識していたのか、そのことが教育の組織あるいは制度にどのようなインパクトをもたらしたのかを明らかにすることが自覚されるようになってきている[5]。

　既述のように、教育政治の概念を「誰が何をいつどのように手に入れるのか」であると規定した。価値問題への着目や研究アプローチの多様化は、「手に入れ」たくても「手に入れる」ことができなかったのは誰なのかについて教育政治研究が真摯に取り組んだ結果もたらされた。手に入れることができなかった人々がいたために、特に都市では深刻な教育問題に直面するようになった。手に入れることができなかった人たちこそ、下層貧困階級に属する人々であり、人種・民族およびジェンダーにおけるマイノリティであった。要するに、教育政治研究における分析視角として、「手に入れる」ことのできた人、組織、集団のみではなく、教育政治過程から排除され疎外されることによって、「手に入れ」たくても不可能であった人々、組織、集団等をも分析の射程に含め、いかなる教育政治の構造や機能がこういった人々を

疎外してきたのかが明らかにされなければならない。

　この点に関連して忘れてならないのは、彼／彼女らが教育政治システムから、つまり、教育に係わる権力関係から完全に疎外されてきたことである[6]。教育政治における価値の実現をめぐる葛藤は最終的には権力行使によって終止符が打たれることとなるが、その際に、誰によって、どのようにして、何のために権力が行使されるのかが考慮されなければならない。権力行使には、民主主義の原理が貫徹されなければならないが、ここではA・ガットマン（Amy Gutmann）の民主教育論が参考になる。彼女によれば、教育において民主的理想を実現するためには、思想の競合を容認する「非抑圧」と民主的参加ならびに教育からいかなる人も排除されない「非差別」という二つの原理によって規制されながら、教育政策の決定のために市民に権限が与えられなければならない（Gutmann, 1987: 14）[7]。

　ガットマンの示す民主教育の原則としての「非抑圧」「非差別」を逸脱して、なぜマイノリティが権力関係から疎外されているのかに関する実態の分析はむろんのこと、何をどのように改革すべきであるのか、あるいは、そうした構造は、歴史的にどのように形成されてきたのか、そうした構造を改革するためには何が必要なのかが教育政治研究によって明らかにされなければならないし、本研究の目的の一つである。

3．都市教育政治研究の意義

　アメリカの教育政治や教育統治を考察していると、社会的な矛盾を引き受けているのは都市部であることが分かる。全米の大都市において子ども達はいかなる状況に置かれているのかを、J・コゾル（Jonathan Kozol）の鋭い視点によって著された一連の著書によってわれわれは知ることができる[8]。たとえば、シカゴの公立学校では1990年代においても過半数が築後50年以上経過しており、601校のうち292校は1930年以前に建築された校舎を使用している。物理的に荒廃した危険な校舎で40万名以上の児童生徒が日々を過ごしている（Chicago Sun-Times, April, 14, 15, 1991）。子ども達の悲惨な教育環境を改善する責務を第一義的に負うのは教育統治システムであることはここで繰り返すまでもない。

都心部にあった製造業、卸売業、小売業などの郊外脱出による都心部での職の確保の困難性、都心部の不動産価値の下落、都市財政の逼迫、州補助金の縮減あるいは切り捨てという悪循環によってもたらされる財政基盤の脆弱化を主因として、教育荒廃が進行している。農村部でも潤沢な教育費の下で運営されているわけではないが、都市と比較すれば相対的には緊急に解決の必要な教育問題を抱えているとは言いがたい。また、近年では郊外が都心部の社会経済的特質を示しつつあるといわれているが（阿部、1994）、教育改革の緊急性を地域区分して優先順位をつけるとすれば、都市こそ優先的に改革の対象とされるべき差し迫った状況になっているのである。
　過度の福祉依存、犯罪、暴力など都市住民の生活は悪化し続けている。伝統的に家庭はさまざまな都市問題の避難所的な役割を果たしてきていたものの、多くの子どもが未婚の母親から生まれ、離婚率が増大し父親不在の家庭数が急増していることとあいまって、家庭はその役割を果たすことが困難になってきている。家庭の教育機能が衰退すればするほど、そして受け皿としての地域社会の教育機能が崩壊している状況の下では、学校にすべてを依存せざるを得なくなっている。
　これらの都市教育の矛盾を第一義的に解決する責任を負うのは都市自身であるとするのがアメリカ教育システムの特徴である。連邦政府や州政府のみならず、連邦最高裁をはじめとした司法当局も人種分離学校廃止問題や教育財政の不均衡の是正に取り組み都市教育問題の解決に努力をしているものの、教育に関する地方の自律性はアメリカの伝統に根付いている。伝統的な地方学区に替わって州政府が教育問題の解決のために主体的に教育統治を引き受ける傾向が強まってきているとはいえ、都市教育問題解決のための持続的な努力と責任は究極的には地方が負わなければならない。
　先にも触れたように、都市学校教育の問題の中でも長年にわたって取り組まれてきたものの、進展が見られない問題は人種分離学校廃止問題である。1960年代の公民権運動に触発されて以後、長期にわたって白熱した議論が行われてきた。しかし、同一学区内で人種統合しようにも、統合の当事者である白人児童生徒を探さなければならないほど、人種的に偏った構成ができあがってしまっている。都心部での人種的な孤立を避けるためのさまざまな努

力にもかかわらず、都市公立学校の人種分離は深く進行し教育上の不平等も存在し続けている。人種分離学校をはじめとして低学力、校内の荒れなど都市児童生徒の教育荒廃に対して、さまざまな教育改革が試みられている。教育統治改革として頻繁に提案され実施されてもいるのは、州による地方学区の直接管理も含む州政府の関与の拡大・強化、伝統的に分けられてきた市長と教育委員会との間の管轄領域区分の垣根を低くすることや、あるいは市長が教育を直接統治するシステムの導入や、特定の教育行政権限の教育委員会への集権化あるいは学校運営責任の個別学校への分権化などである。外にも、基準を設定したアカウンタビリティー政策の導入、新たな教員養成・研修システムの導入なども実施されている。都市教育問題の解決のためのアプローチとしてこれらが有効性を持つか否かについてはさまざまな角度から研究が行われているし、筆者もそれらの研究から多くを学んでいる。都市教育問題の解決に際して教育学的知見を基盤として検討することは重要であるが、それとともに政治学の知見からも学ぶことは多い。本書第Ⅱ部において、アメリカの政治学者の研究プロジェクトを検討するが、都市学校教育再生のために政治学的知見は重要な示唆を含んでいる。

　政治に対してはその謀略性、密室性、20世紀初頭での都市の政治マシンによる支配など、常に否定的な評価が下され避けるべき事柄として扱われてきた歴史があり、教育と政治の分離も必然的に求められてきた。ところが、次節の先行研究でも取り扱うように、教育と政治の分離はあくまでも規範として追求されてきただけであり、現実は相互に密接に関連している。その密接な関連性に同意したとしても、政治とは政治党派や特定集団による物質的利益の追求であり、政治こそ教育荒廃の元凶であると把握される傾向が強く、教育改革を成功させるための政治の可能性はほとんど顧慮されることはなかった。本書のタイトルを「教育政治」としたのは、政治による教育問題解決の可能性を探ることを意図しているからである。

　都市の富裕・中流階層の郊外脱出と、都心部での低所得・貧困家庭、単親家庭出身の児童生徒の激増は全米的傾向であるが、ことに北部大都市においてはこの傾向が顕著に見られる。この点、シカゴは好個の事例であると言ってよい。そして都市の社会経済的特質と低学力との密接な関連が指摘されて

もいる。学力問題についてみると、1987年11月にシカゴを訪問した当時の連邦教育長官W・ベネット（William Bennett）によれば、ハイスクール生徒の中退率は43パーセントにも達し、学力テストは全米平均を大幅に下回る惨たんたる状況であり、まさにシカゴは「教育上のメルトダウン」であり「アメリカで最悪」と宣言した（Chicago Tribune, November, 7, 1987）。教育長官によるシカゴ教育の酷評は、教育改革の機運を加速するとともに、都市教育問題がシカゴに凝縮して見出されることを示すことにもなった。

　1990年前後におけるシカゴのハイスクール生徒の学力テスト結果は読解力で3パーセント、数学で7パーセントのみが全米平均を上回るだけである。大学入学テストであるACTの得点は全米平均よりも30パーセント得点が低い。ハイスクール入学者のうち卒業にこぎつけるのは、州平均では80パーセントを越えるのに対して、シカゴは半分でしかない。何よりも極めつけは、市内に居住して学齢児童生徒を抱える公立学校教員の半数が子どもを私立学校に通わせているという実態である（Walberg, 1994: 713-714）。学校教職員への犯罪発生率についてみると、シカゴの初等・中等学校児童生徒数はイリノイ州全体の4分の1であるにもかかわらず、発生率は70パーセントを超えている。そして、1992年において、シカゴでは児童生徒1000人あたりの教職員への暴行件数は21.2であり、シカゴを除いたイリノイ州平均はわずか3件である（Male, 1994: 122）。

　学校教育の悲惨な現実に直面してシカゴでは重要な教育統治改革が実施され、その評価をめぐって多様な研究が行われている。筆者はシカゴの教育政策の決定過程を検討した結果、決定過程そのものの持つ政治的ダイナミズムが政策アウトプットに大きく影響していることを理解することができた。つまり、教育政策決定過程において、誰が何の価値の実現を目指して、どのような方法で活動し、その結果はどうであったのかを非常にリアルに捉えることができた。シカゴは教育政治研究のフィールドとして格好の舞台を設定してくれている。

　全米の都市にはそれぞれ独特な教育（政治）文化が存在している。観光案内に限らず、シカゴ史をひもとけば、シカゴ的特徴が見出され、それが、歴史的にも現在においてもシカゴの文化を形成している。特徴とは、アル・カ

ポネに代表される著名な犯罪組織の存在をはじめ、政治経済的に強力な政党マシンの存在、戦闘的な労働組合の存在、全米のみでなく世界経済においても支配力をもつ企業の存在などである。これらの要素が複雑でダイナミックな政治文化を構成しており、これがひいては、教育政治文化をも彩り、きわめて起伏に富んだ教育史をわれわれに示してくれる。この意味からも、教育政治研究においてシカゴは好個で魅力的な事例対象都市である。ただし、シカゴの教育政治の特色を抽出できたからといって、全米的な大都市教育政治の特色として一般化することは困難であるし、事例研究の限界でもある。事例研究には一面性が必ずや付随してくる。現時点では個別都市の研究を積み重ねる努力が求められており、その後にはじめて全米的な傾向性に関して何らかの断定的な理論を提示することができると筆者は考えている。

いずれにしても、現代だけではなく、歴史的にも都市生活の空間的特質が学校教育のあり方を規定しているにもかかわらず、両者の関係を主題とした研究は多くない。必要であるのは、都市教育問題をもたらした社会的、経済的、さらには政治的文脈の歴史的分析と現状を明らかにすることであり、本研究はこの点の解明を目的としている。

4．都市教育改革の理論

先に政治とは何かについてのラスウェルの定義を引用した。この定義の影響力の強さも手伝って、アメリカの伝統的な社会科学は彼の定義に導かれながら公共領域における政治を研究するなかで、公共的利益の背後にある特殊利益を追求し、競合する利益を奪い合う場として政治を描くこととなり、アメリカ政治の特色としての敵対的傾向を白日の下にさらすことに没頭した。その結果、都市コミュニティの目的実現のための支援を創出することのできる政治を無視してしまっていると述べるC・N・ストーン（Clarence N. Stone）は、都市教育に係わって、敵対政治ではなく共通善に向けて努力を惜しまなかった政治を明らかにした教育史研究の代表的業績を紹介している（Stone, 1998b: 263）。

この教育史研究とは、デトロイトの20世紀の教育政治を栄光と崩壊の観点から明快に描き出したJ・ミレル（Jeffrey Mirel）の『都市学校システムの

盛衰』(Mirel, 1993a) である[9]。ミレルによれば、デトロイトは1960年代初期頃までの間、確実な課税基盤、専門的知識と権威を併せ持つ教育当局者を擁していただけでなく、人種関係においてモデル都市として謳われ、行動的で進歩的な市長が市政をリードし、全米大都市の中でおそらく最もリベラルな教育委員会であることを誇りにし、ほかのどこの都市にもまして人種的調和や教育上の進歩が見出されていた都市であった。しかしながら、1970年代初期までに教育荒廃の荒波に飲み込まれてしまった。

　ミレルは、この間の都市教育政治の変転を促した要因として、連邦政府の役割の強化、教員組合の強大化、公民権運動とブラックパワー運動の挑戦、学校内での道徳的権威の崩壊などを摘出している。これらのいずれもがこの時期の教育上の変化に重要な役割を果たしたが、デトロイトの1960年代から1970年代初期における最も重要な変化はニューディール連合の残滓が崩壊するという大規模な政治的変動であり、1968年から1973年の間にリベラル-労働-黒人の「連合（coalition）」の終焉を迎えたことである (Mirel, 1993a: 369)。これらの連合はその全盛時において共通善によって鼓舞され、デトロイト市民に対して多様な利益集団からの広範囲な支援を集めるのに十分な教育上の基本方針を提示していた。こうした教育が可能であった背景として、当時の都市学校が中流階級家庭出身児童生徒によって占められ、子ども達の学力向上への教員の期待も高かったことからすれば、「連合」の構築も容易であったであろうし、栄光の都市教育を享受することも可能であったと考えられる。

　ところが、この連合が崩壊することによって、学校システムは政治的にも財政的にも教育的にも破綻をきたすようになった。崩壊の要因として指摘されているのは、都市経済の衰退、広範囲にわたる白人の人種差別、黒人ナショナリズムの勃興、デトロイト教員組合 (Detroit Federation of Teachers) からの激しい要求、全米黒人地位向上協会（NAACP）の強制バス通学推進の強硬な態度、分権化の破壊的実験などが指摘されている。連合が崩壊した後にやってきたのは、露骨な敵対感情と利己主義的利益集団によって支配される新たな教育政治であった。高度に政治化された雰囲気の中で、学校教育は基本的な関心事ではなく二次的なものになり1960年代末から1970年代初期

には非常に多くの集団が学校に対して自己の正統性を主張し、公教育の本来の機能である、アメリカ市民の権利と責任を担うのに十分な知識と技能の習得が失われることとなった。

　20世紀初期と20世紀末の都市教育のはなはだしい懸隔は何によってもたらされたのか。都市における教育統治改革の歴史的研究の課題がここにある。革新主義期の教育統治改革のもたらした帰結を明らかにすることこそ、今日の都市教育課題解明の鍵を握るのである。これが本研究の重要な目的のひとつである。

　21世紀に入った現時点において、都市教育再生の可能性は残っているのであろうか。ミレルによる都市教育政治史研究から学ぶことは多い。すなわち、ストーンも述べていることであるが、都市内部では現実に集団間の対立は存在するが、もしこの対立を抑制せず政治的多様性と拡散性が続いたままであるならば、結果的に共通の努力を妨害することとなる。コミュニティは脆いものであるが、同時に幅広い利益をもたらす教育プログラムを追求する能力を持っていることをデトロイトの事例は示していた。

　デトロイトの悲劇を繰り返すことなく、都市教育の質的向上を目指して都市内部のセクター横断的な合意を実現させるにはどのようにすればよいのか。本書第Ⅱ部と第Ⅲ部で論及するシビック・キャパシティー論にその可能性を見出したい。

　かくして、本研究の中心となる研究課題は、20世紀のアメリカ都市教育統治改革の歴史を明らかにすることと、現代都市教育改革におけるシビック・キャパシティー論の有効性を検証することである。

第2節　先行研究の検討

1．アメリカにおける研究

　わが国の教育政治研究は、方法的にも理論的にもアメリカの研究に多くを負っている。アメリカでは1959年のT・H・エリオット（Thomas H. Eliot）による「どのように、誰が学校を運営するのかについて継続的に分析が行わ

れる必要性」(Eliot, 1959: 1032) との主張に応えるかのように、早くも1960年代に活発に研究が進められるようになっており、1969年には教育政治学会 (Politics of Education Association) が結成されている。教育政治学に関心を持ったのは、主に教育行政学者と政治学者であった。1950年代において、教育財政の逼迫、反共産主義の影響ならびにスプートニク・ショックによるカリキュラム内容への関心の高まり、最高裁の人種分離学校廃止命令といった一連の教育問題が政治的解決に依らなければ決着のつかない深刻な問題であったことなどを背景として (Burlingame, 1988: 439)、公教育を理論化し方法論を精緻化する際に政治学の有効性が認識されるようになった。つまり、政治-行政二分論に立脚した管理科学としての伝統的な教育行政学をもってしては、教育統治の動態を的確に把握し理論化するができなくなっており、教育問題の政治学的解明が不可欠であると考えられるようになってきた。

　他方、政治学から教育政治学への関心の移動は、「価値の権威的配分」に関連する研究を中心として行われた。具体的には教育に係わる政治や管理が組織される方法、教育における権力・権限の配分、葛藤の本質と解決、教育政策の決定過程と影響などの研究である。その後、連邦、州、地方の各政府レベルの利益集団の研究などが加わった。とりわけ教育政治学会が、当時いくぶんかげりが出てきたとはいえ行動論政治学が隆盛であった時期に設立されたこともあって、その影響を強く受けて、経験的証拠を組織立てるために仮説を設定し検証することが教育政治学研究の中心となった (Wong, 1995: 22)。行動論政治学は政治的経験を厳密な測定と科学的な一般化に耐えうるものとして把握しようとするために、それに影響された行動論的教育政治学では、現実を説明する学としての使命を全うしようとしたために、価値の追求は後景に押しやられることとなった。1960年代から1970年代中葉までは、K・K・ウォン (Kenneth K. Wong) が述べるように、教育政治研究には歴史的評価（どうであったのか）と規範的言説（どうあるべきなのか）が欠如していたのである。

　アメリカにおける教育政治学成立の他の要因として、教育の「非政治性神話」が崩壊したことを指摘できる。アメリカでは伝統的に公教育は教育科学の発展によって変容するものであり、「政治」と係わりを持つとは考えられ

てこなかった[10]。学校は実際には「政治」に取り囲まれているにもかかわらず、合理的に組織された専門的官僚機構を通して、党派政治とは別に、相対的には自律的に運営されると考える伝統が強かった。そのために、現実には「政治」が排除されることもなく、研究対象としての「政治」が見えにくくなっていた。学校あるいは教育の意思決定、利害関係、獲得物、競合者の存在が見えなかったのである。

たとえば、連邦政府内部、州政府内部、地方政府内部では教育分野への公費支出をめぐって他の政府機関と競合しなければならず、政治的葛藤が引き起こされていることは、つまり、希少資源の配分をめぐる葛藤が存在していることは周知の事実であったにもかかわらず、教育の「非政治性神話」によって葛藤の存在が覆い隠されてきた。校舎の建設、コスト、人事、施設設備など教育財政面のみではなく、教育委員の任命・公選、教育委員会事務局の権限範囲などの教育行政面、通学バスの路線、教科書採択、カリキュラム内容など教育活動の多方面にわたって意思決定が必要である。その決定は教育科学の理論に依拠した科学的・合理的決定であるというよりもむしろ、時の権力関係に左右される政治的決定であることは紛れもない事実であり、学校システムそのものが政体であると言ってよい。

教育問題の根源を明らかにしようとする研究を大きく分類すれば、低い教育の質、教員養成の不備、カリキュラムの貧困などの教育学的な要因に力点を置く研究、教育行政当局の官僚的体質、学校経営における効果的な管理統制の欠如などの組織的な要因に力点を置く研究、特に都市教育問題研究にみられる、貧困、人種差別、家庭崩壊などの社会的問題などに力点を置く研究に分けられる（Labaree, 1997: 40）。むろん、この中のどの側面が最も重要であるのか、あるいはどのように各問題群が関連しているのかについての事実を明らかにする努力を怠ることはできないが、それと並んで、あるいはそれ以上に必要なことは、D・F・ラバリー（David F. Labaree）も指摘するように、いかなる目標を学校は追求すべきであるのかに係わる政治的な葛藤の渦中にいるということをわれわれは認識することである（Labaree, 1997）[11]。科学的に厳密な調査にもとづいて改革目標を設定したとしても、最終的に追求すべき目標は政治的決定を経て設定されるのであり、科学的調査そのもの

が設定するのではない。いかなる学校をわれわれが望むのかについての価値の選択と、いかなる価値を誰が支持するのかについての利害関係の解明が必要なゆえんである。

かくして、学校で行われていることは、決定の方法に関して政治的なだけではなく、価値の問題と係わるゆえに政治的なのである。すなわち、政治的決定をへて打ち立てられた教育政策は、日々の生活の中で「追求されている」事柄、たとえば、地位、金銭、職などに利害関係を持つ誰が、いつ、どのように獲得するのかを指し示してもいる。したがって、先に述べた教育政治における「何」の問題とは、追求されている価値のことを指し、この価値の配分をめぐる利害関係者間の葛藤が教育政治である[12]。たとえば、1988年のシカゴ学校改革の成否を明らかにするために、学校協議会における議論の実態や課題の解明、児童生徒への効果などの評価についての研究が継続されなければならないのは言うまでもないが、シカゴのみならず都市学校の改善への展望を切り開くためには、改革法の立案過程における価値の葛藤、つまり、政治の果たした役割の解明が必要不可欠となる。こうした政治過程分析の必要性の観点から、現代のシカゴ学校改革を分析しているのは、W・T・ピンク（William T. Pink）である（Pink, 1992）。

教育と政治の密接不可分性に着目する教育政治理解にもとづいて、実態調査や実証分析が進められてきている。たとえば、教育政策決定においていかなる価値をどのような個人や集団が実現しようとしているのかを明らかにすることは、同時に政治的な価値の配分が教育的価値を凌駕し、政治党派をはじめとした政治勢力の強い影響下に教育や学校が置かれている実態を明らかにすることでもあった。こうした研究の蓄積は重要であり、われわれの知見に多くのものを追加してくれてもいる。ところが、教育への政治の侵食、侵害が明らかになればなるほど、政治を否定的に捉えることになり、強固な教育的専門性に依拠した最善の決定の追求こそ重要であるとの認識が強く求められるようになってきている。実は、政治が教育政策や教育行政の態様に強い影響力を及ぼしているのは事実であるし、そのことを正確に理解することは重要であるが、同時に、望ましい教育改革における政治の活用に関してもっと積極的にあるいは肯定的に評価する必要があるのではないかと考えられ

るようになってきている。政治は多様な市民による活動であり、共通の福祉を実現するために一定の方法で多様な市民の相違を調整する活動でもある。当たり前のことではあるが、政治が忌避されるべき場合もあれば求められる場合もある。教育と政治を考える際に、この両側面からのアプローチは不可欠である。

　本書で詳述することになる、1990年代以降活発に研究活動を展開しているアメリカの一群の政治学者による都市教育改革研究の成果は、他の政策領域以上に教育領域での改革の可能性と困難性を解明している。彼／彼女らは都心部の社会経済的に不利益なマイノリティの子どもの教育改善のために、教育専門家主導による学校レベルでの教育革新、新たな教育管理手法や教員の職能開発の導入と並んで、あるいはそれ以上に有効な手段として政治を位置づけている。これらのアメリカ教育政治研究の成果から学ぶことは非常に多い。本書第Ⅱ部で検討する都市教育改革の理論はまさに政治を否定的に見るのではなく、改革のための手段として政治を捉えようとする理論であり、新たな教育政治学を切り開きつつある。

2．わが国における研究

　わが国おいては、教育行政学と関連づけて教育政治学の理論的課題を解明しようとする研究はあるものの[13]、書名の表題として「教育政治」を採用しているのはほんのわずかしかなく[14]、学術論文としても多くない[15]。どちらかといえば、学説史あるいは理論研究が中心となっており、教育政治理論に依拠した実態分析はあまり見られない[16]。つまり、アメリカ教育政治の実態についての研究はきわめて不十分でしかない。なお、近年になってようやく教育政治の歴史分析に結び付く優れた研究成果が出されるようになってきているが[17]、本研究の対象とする20世紀とは時期的に異なるし、考究しようとする論点が異なっている。

　アメリカ都市教育政治の研究はわが国において決して等閑視されてきた分野ではない。アメリカの都市教育の課題を解明しようとしている研究、教育政治に係わる研究など、「都市教育政治」を論題に用いているかどうかにかかわらず、都市教育政治を対象とした研究は少なくない。以下ではシカゴを

対象とした教育政治研究に関係の深いわが国の先行研究として3点だけに絞って批判的検討を加える。

　本研究で対象に取り上げている都市はアメリカで第三の人口を擁するイリノイ州のシカゴである。シカゴは他の都市と同様に、今日、教育改革に果敢に取り組み、全米のみでなくわが国においても注目されている都市のひとつである[18]。シカゴと同様に他の大都市でもマイノリティで貧困の児童生徒の低学力や非行のみならず時代遅れで過密な施設にも悩まされており、喫緊の課題としての都心部学校の改善が求められていた。1980年代における教育官僚制批判を踏まえた教育統治改革、戦闘的教員組合への対処、人種的緊張の緩和、市民による学校支援などや、教授方法の改善、カリキュラム改革、学力テスト政策の導入と学校評価の基準化など、都心部学校の児童生徒の学力向上を目指した教育改革が推進されたものの、十分な成果を上げることができないままであった。さまざまな取り組みにもかかわらず、はかばかしい成果が得られなかったことも背景として、1990年代にはより急進的な改革である学校選択の導入による学校改革が注目されるようになった。

　このアメリカでの関心の高まりと理論展開に触発されて、学校選択の典型的成功例と見なされるニューヨーク市の第4・第10コミュニティ学区の学校選択制度を黒崎勲は取り上げて検討している（黒崎、1994）。黒崎はアメリカにおける学校選択理論の展開とこれらの学区の事例研究を踏まえて、学校改革の触媒としての学校選択を肯定的に評価している。同時に、シカゴ学校改革をニューヨークの学校選択と対比させながら論じてもいる。黒崎によればシカゴにおける1988年の学校改革法の制定は選択ではなく参加を志向しており、なおかつその改革は「法による強制」を伴うものであり、このタイプの学校改革は「協調的、集団的、建設的」（黒崎、1994: 159）であるべき学校内部の雰囲気を疎遠な者の他律的な関係に変える危険性を持つと主張している。

　同書はその後の1990年代におけるわが国の学校選択論を先導的に方向付けた点から重要な意義を持っている。黒崎は学校参加の限界についてシカゴの事例を引証しながら、学校選択論の理論的検討とニューヨーク市の成功的実践例を同書に盛り込むことに性急なあまり、特に1990年代以降の大都市内部で進行していた学校改革の意味について、政治学的観点からの検討という視

点は乏しいように思われる。すなわち、教育政治研究において、重要ではあるがあくまでも一つの価値でしかない選択を学校改革の論点に据えることは、それ自体重要な研究課題であるが、同時に他の重要な諸価値を等閑視することになる。本研究では、政治学での研究成果を踏まえながら、20世紀全体にわたりアメリカ都市教育における公正、能率、質、卓越性、アカウンタビリティーなどの諸価値の対立・葛藤を描き出すことを試みたい。

坪井由実はアメリカ都市教育委員会制度の歴史と現代における組織・運営および教育自治・政策を体系的に解明することを目指して、長年にわたる綿密なフィールド調査を踏まえた実証的で意欲的な研究成果を刊行しており、アメリカ都市教育に関するわが国の研究水準を飛躍的に高める功績を残している（坪井、1998a）[19]。筆者の問題関心は坪井と極めて近い。坪井の中心的研究課題は国民の教育人権を保障する教育委員会のあり方、分けても教育自治・行政を探求することである。そのために、都市教育委員会制度の生成過程や改革の歴史、現状、政府間関係論としての地域教育委員会制度および学校委員会制度、現代の都市学区の教育課程、アセスメント、人事、財政、多文化教育など多岐にわたる問題群をすべて教育自治論と関連づけて論及している。

坪井はアメリカの都市教育行政の歴史を権力中立的な専門技術的過程として把握することの誤りを指摘し、歴史過程における激しい対立闘争を描いているが、その対立は社会階級的対立に限定されており、その外の人種・民族的な対立やジェンダーなど、既述したような教育政治史研究のアプローチの多様化を踏まえた把握は不十分であると考えられる。

坪井の研究で鍵的な概念となっている「教育統治」を、本書でも随所で言及することになる。ただし筆者は坪井のように「教育統治」を規範的・価値的な概念として用いるのではなく、教育政治、教育政策、教育行政を包摂する価値中立的な概念として用いるほうが、教育改革や学校改革の多面性をより明確に描くことができると考えている。たとえば、坪井の主張する共同統治型の教育自治に係わる主体として父母住民、児童生徒、教職員、教育行政職員は繰り返し登場するものの、市長はほとんど登場してこないし、なによりも資源と政治的影響力の観点から重要であると考えられる企業財界（ビジ

ネス）が徹頭徹尾排除されている。本研究では市長やビジネスも含めた坪井の言う「共同統治」の可能性について、その用語は使用しないが、探ることを目的の一つとしている。

　なお、本研究は坪井のようにわが国の教育自治論の理論的深化を視野に含めて研究しようとするのではなく、筆者の研究不足も手伝って、わが国の教育自治論に顧慮することなく、アメリカの文脈内で都市教育政治の歴史と現代都市教育統治改革の理論を検討しようとするものである。そして、本研究は坪井のような綿密なフィールドワークに依拠したものではないことを予めお断りしておきたい。

　山下晃一はシカゴをフィールドとした現代都市教育改革を綿密な資料の収集・分析、聞き取り調査を踏まえ、わが国の学校改革動向も視野に含めながら検討しており、アメリカ都市教育行政の実態と理論的課題を明確に摘出している（山下、2002）[20]。山下の問題関心は学校で行われる政策決定について、内容、主体、条件、効果などを含む基本的な構造を把握することであり、学校評議会制度における「公的討議」の意義を高く評価している。山下は公的討議に参加するアクターにNPOなど学校支援のための多様な組織・団体を組み込み、これら非政府アクターの役割を詳細に検討している。さらに、法制的組織論や経営的研究だけでなく政治動態に着目した教育行政論を定理する必要について主張しており筆者も同感である。しかしながら、分析対象を学校に限定しそこでの公的討議について考究することによって、公的討議を通した意思決定が狭域利益の実現に終始してしまう懸念はぬぐえない。山下と筆者の分析対象は政策決定が行われる場としてそれぞれ学校と学区を中心としており、重なり合う部分もあるものの、今後の課題として、両者を接合した教育統治システムの探索が求められよう。いずれにしても、筆者の研究は学校レベルではなく学区レベルを対象として考察を加える点に意義がある。

　ただし学区レベルではあっても、坪井のように教育委員会制度を主題とするのではなく、都市コミュニティ全体を対象とした研究課題に取り組みたい。なぜならば、アメリカにおける都市教育の質的向上をめざした都市コミュニティ内部のセクター横断的な合意こそ、都市教育問題解決の鍵を握ると考えるからであり、教育委員会をも一つの政治アクターとした都市学区全体の教

育統治システムの在り方について考究したいと考えるからである。

第3節　本書の構成

　以下は第Ⅰ部からⅢ部、終章から構成されている。序章第1節で掲げた教育政治研究の目的を踏まえて、第Ⅰ部の第1章と第2章は革新主義期を対象とした教育政治研究史を、第3章では革新主義期シカゴ教育統治改革に関する政治過程を分析する。革新主義期を対象としたのは、教育史ならびに教育政治史教育が豊かに蓄積されているだけでなく、急激な社会変動に直面して大胆な教育（統治）改革が実施されており、20世紀全体にわたるアメリカ教育のあり方を強く規定したことから重要な意味を持つからである。そして、20世紀の都市教育政治を鳥瞰しようとする本書の意図に合致しているからでもある。

　第1章は1980年代半ばまでに行われた研究を対象とした教育政治研究史である。1960年代においてそれ以前の教育史研究の対象と方法が根本的に再検討され、公立学校発展史観とも言うべき史観が厳しい批判にさらされ、革新主義期教育改革の評価に関しても大幅な見直しが進められた。教育政治の観点から見て、教育における価値として能率と社会統制が重視されたことを明らかにする。1970年代には分析枠組みに社会階級が組み入れられ、革新主義期教育改革は教育システムを社会階級に即して人々を選別するメカニズムの導入であったと把握するラディカル・レビジョニストと呼ばれる一群の研究者の研究成果を検討する。ラディカルズたちの問題提起が学問の世界だけでなく当時の社会・政治における反体制的、カウンターカルチャー的時代思潮とマッチしたことともあいまって、学界内外で強い影響を及ぼしたことについて触れる。1970年代半ば以降はラディカルズの提起した問題を根底的に批判する研究や、ラディカルズの問題意識を受け継ぎながら研究方法を精緻化した新たな教育史研究が進展し、それらを類型化すると、民主的統制説、組織統制説、動態的葛藤階級説に分けることができる。民主的統制説によれば、学校は社会統制の手段としてのみ存在したのではなく、多様な集団の政治参加に必要な知識、技術を伝達するために有効な機能を果たしてきたことを重

視し、教育政治の多元性とその民主的性格にも留意すべきことを主張している。組織統制説は、都市教育統治の専門職化、官僚制化に焦点を当ててビジネス、学校関係者、専門職業人ら行政官僚的革新主義者によって革新主義改革は進められたのであり、都市教育統治の官僚組織による支配の嚆矢となったのが革新主義期の改革であったとしている。動態的階級葛藤説とは革新主義期教育改革をラディカルズのように支配者と被支配者との間の階級葛藤に還元せず、政治家、ビジネス、労働者、民族集団、市民運動組織など多様なアクター間の特定の教育上の争点をめぐる対立、合従連衡、合意の過程であると見なし、教育改革を多様なアクター間の動態的な政治過程として捉えようとしている。この三つの説は21世紀の今日においても学説として強い影響力を有していることについて触れることになる。

　第2章は1980年代半ば以降に行われてきている革新主義期教育政治研究史を主題としている。この期の研究は伝統的教育史研究において必ずしも主たる対象として取り上げられてこなかった集団にも目配りするようになっている。具体的には、黒人、移民、女性などであり、階級、人種、民族、マイノリティ、ジェンダーなどのカテゴリーを中心的視点とした教育政治史研究が積極的に進められるようになった。同時に、教育政治に係わるアクターの拡大がもたらされたために、教育政治をより包括的・多面的に捉えることが可能となったことも明らかにする。それだけでなく、それまでの研究がニューヨーク、シカゴなど特定の大都市に偏る傾向が強かったものの、その外の中小都市も含めた事例研究が豊富に蓄積されるようになったことや、教育統治にかわる機構や組織だけでなく、教育統治の作用としての教育財政、カリキュラム行政、教職員人事なども分析の射程に含まれるようになり、いわば教育政治研究の隆盛が見出されていることが提示される。

　第3章はシカゴを事例とした革新主義期の教育統治改革過程の動態分析である。19世紀半ばの都市としての形成期から1920年代前半までを対象として分析する。まず、公立学校が創設された時期以後の学校教育の実態について、特に教育行財政の課題に焦点を当てながら検討し、すでに革新主義期以前に、教育当局に一定の権限集中が見出されることが分かるであろう。したがって、革新主義期改革のみを取り出して、20世紀全般にわたる教育統治システムを

強く規定した改革であるとの見解には一定の留保が必要であることを示したい。次に、革新主義期の教育統治改革を促した背景、特に都市への急激な移民の流入にともなう社会変動が学校教育に及ぼした影響を検討する。都市一般行政の改革が教育統治改革と密接に関連していたことを数多くの史・資料を駆使して明らかにする。続いて、教育統治改革過程を綿密に検証することで、支配階級-労働者階級の二項対立図式で教育改革の性格を評価することは平板な史観に過ぎないし、歴史的事実を単純化するものであることを主張するとともに、教育改革主体を明らかにするためには、その他の視点をも視野に入れる必要があることを提示する。

第Ⅱ部は「都市教育の課題と改革の理論」と題し、第1章では第二次世界大戦後の社会変動によって引き起こされた都市教育の課題についてシカゴを対象に論じる。まずは戦後における都市の社会的・経済的変動が都市空間の形成に及ぼした影響を考察する。戦後の都市は人種的・民族的な多様化がさらに促進され、社会問題としての貧困層の滞留、スラム化が進行し、教育に深刻な影響を与えることになった。マイノリティ児童生徒の急増と学力格差を始めとした教育機会の不平等の顕在化でありこの点を詳しく分析する。このことは都市労働市場の変貌とも密接に係わっており、マイノリティの就業機会の制限と経済格差の拡大再生産に直結していたこと、つまり教育と労働市場との密接不可分性と実態としての悪循環について検討を加える。この悪循環を断ち切り教育の機会均等を目指した教育政策として導入された人種分離学校廃止問題に教育行政はどのように取り組んだのか、その政治過程を明らかにする。

第2章は1990年代以降の全米の主要都市における都市教育統治改革の実態を踏まえながら、発展してきている刮目に値する都市教育改革理論の動向と課題を検討する。最初は教育分野におけるガバナンスについて理論的な検討を加え、ネットワークによる地方教育統治の可能性を探るために、わが国でも近年注目されているソーシャル・キャピタル論の意義と可能性について考察する。その際に、市民的積極参加とネットワークがソーシャル・キャピタルのみならず教育成果とも密接に関係していることを明らかにする。アメリカ政治学におけるソーシャル・キャピタル論とは別に、1980年代以降、都市

政治研究の中からアーバン・レジーム論が提起されていており、多くの研究者が理論的有効性を支持するとともに批判を浴びてもいる。この理論動向に関して検討を加える。ソーシャル・キャピタルとの近接性を承認しながらもソーシャル・キャピタルとは異なり、都市教育改革の成否を握る概念としてのシビック・キャパシティーに着目している一群の研究者を代表するストーンはアーバン・レジーム論の代表的論者でもある。このことから、都市の政治体制、さらには教育政治体制を決定付けるレジームと、教育改革の成否を握るシビック・キャパシティーについて、概念、理論にわたって詳細に考察する。ストーンらは政治学者を中心とした研究プロジェクトを組織して都市教育改革の大規模実態調査を実施し、その研究成果を多数公刊しており、それらの成果について詳細な検討を加える。第2章の都市教育改革の理論は、続く第Ⅲ部のシカゴ教育統治改革を分析するツールとして用いられる。

　第Ⅲ部は1988年と1995年に州議会で制定されたシカゴ学校改革法による教育統治改革の実態とその影響に関する分析である。第1章ではまずシカゴの児童生徒のデモグラフィックな特徴を概観し、1980年代の深刻な教育課題としての人種分離学校廃止問題と教育財政危機に当時の教育行政がどのように対処していたのかについて検討することになる。次いでイリノイ州全体にわたる教育行政改革とシカゴ教育改革との連動性について触れ、1980年代半ばのシカゴの教員組合、経済界、市民教育運動団体など主たる教育政治アクターの抜本的改革のための合意に向けた動員を詳細に分析する。

　第2章はシカゴ教育統治改革の抜本的再編の必要性を共有しつつも方法について各種の議論が戦わされ、最終的に取り入れられることとなった改革の理論的基盤である「学校を基盤とした経営（School-Based Management＝SBM）」の理論と適用の側面から検討を加える。次に1988年法制定にいたるまでの州議会と市内を舞台とした政治過程を、教員組合ストライキ、H・ワシントン（Harold Washington）市長のリーダーシップ、ビジネス、メディア、市民運動団体の支援などに重点を置いて多角的に詳細に描き、シカゴ教育政治の特徴を摘出することになる。第3章では1988年法以後に各学校に設置された学校協議会（local school council）の運用実態と児童生徒の学力変化について各種調査を通じて検討し、必ずしも所期の目的を達成していない

ことを明らかにする。同時に、1995年法の概要とその後の学校協議会の運営実態ならびに学力変化に関しても検討を加える。次に、1995年法制定の背景としてのニュー・アカウンタビリティーにもとづく政策動向と市長による教育統治の包摂、一元化について理論的根拠とシカゴでの導入を含めて詳細に論じることになる。最後にシカゴの1995年法による教育統治改革を現代の代表的な教育統治改革論であると見なすことのできるシビック・キャパシティー論の観点からその意義と限界について考察を深める。

　終章は、わが国の教育行政研究の深化を図るための示唆を得る目的で、20世紀シカゴ教育統治改革の歴史と近年の教育統治改革の理論からわれわれが学べることについて、簡潔に論じる。

注

1) なお、わが国の教育行政の文脈で「教育ガバナンス」と表現することもあるが、この場合は、市民的公共性に依拠した協働的教育統治システムの含意を持たせている。筆者の「教育ガバナンス論」について詳しくは、小松（2004）を参照されたい。
2) シカゴを事例対象とした、人種的、階級的アプローチを用いている教育政治史研究のうち、1980年代に刊行されたものに限ってみても、Homel（1984）、Pinderhughes（1982）、Wrigley（1985）、Hogan（1985）など、きわめて有益な研究が生み出されている。
3) たとえば、1992年に刊行された教育政治学会年報では『人種とジェンダーの新たな政治』（Marshall, 1993）を特集している。
4) たとえば、Donmoyer（1995）の第二部において「伝統的に排除されてきた声：教育行政における人種・民族・ジェンダー」の表題の下に、5論文が掲載されている。また、Tyack（1982）は、伝統的教育史とは異なり、積極的にジェンダーの視点を取り入れようと努力している。
5) こうした観点からの教育政治史研究の近年の好著として、Kaufman（1994）がある。
6) 1980年代の教育改革論で、児童生徒に可能な限り近い位置で決定が行われるようにするために、教育委員会の有していた権限を学校へ、校長・教員へ、さらには地域住民、父母・生徒へといった主張、意思決定の分権化の主張が声高に主張されるようになってきたことと無関係ではない。

7) ガットマンの民主教育論を基盤とした新たな教育行政理論を提示したものとして、Ward（1994）がある。わが国におけるガットマンの民主教育論の紹介として、加賀（1995）、ガットマン（2004）を参照されたい。
8) Kozol（1985）、Kozol（1991）、Kozol（1995）などで都市の子どもの悲惨な状態が克明に報告されている。
9) 筆者は1996年から1997年にかけて１年間北イリノイ大学で在外研究の機会を得た。この間にアドバイザーとして筆者を受け入れてくれたのがミレル氏であり、都市教育政治理論の基底となる発想や研究方法について多くを学ぶことができた。
10) 学校ならびに教育の「非政治性神話」にわが国で最も早く着目したのは堀和郎であった。筆者の教育政治学への関心を触発したのも堀和郎による一連の研究である。
11) ラバリーと同様にM・B・ギンズバーグ（Mark B. Ginsberg）も、教育関係者は権力関係の中で行為するがためにその活動は政治的行為となることを説得的に述べている（Ginsberg, 1995）。
12) アメリカにおいてこの点を最初に自覚的に追究したのは、政治学者のP・E・ピーターソン（Paul E. Peterson）であった。彼によるシカゴ学校政治研究は、政治的多元主義の観点から、利益集団が学校での政治の態様や教育実践をどのように規定するのかについて明らかにしている（Peterson, 1976）。この研究は筆者がアメリカ都市教育研究を進めている過程でシカゴに着目する契機となった。
13) 堀（1983）、河野（1995）などがある。なお、筆者がアメリカ教育政治研究への関心を深める契機となったのは両氏によるこれらの優れた研究成果である。
14) 2006年７月２日に国立国会図書館のNDL-OPACを利用して「教育政治」のタイトルを冠する図書を検索すると、１冊の邦訳書を除き、1935年と1972年にそれぞれ１冊ずつ刊行されているだけであり、本研究で対象とする「教育政治」とは関係ない。
15) 管見の限りでは以下の論文において「教育政治」のタイトルを採用している。中島（1971）、石田（1971）、堀（1971）、木村（1973）、堀（1980）、堀（1980-82）、荒井（1987）、荒井（1988）、堀（1992）。ちなみに、「教育政治」をキーワードとしたNDL-OPACの雑誌記事索引では、1996年から2006年６月までの間に拙論の３件の他にはわずかに３件ヒットしただけであった。
16) アメリカ教育政治学の研究方法を基盤として、アメリカの実態分析を試みたり、わが国の教育委員会制度を分析したりしている研究はあるもののわずかである。たとえば、堀（1984）、加治佐（1987）、加治佐（1992）などがある。
17) 具体的には、大桃（2000）、北野（2003）がある。両者とも優れた研究成果を世に出しているが、大桃の研究は19世紀後半までの連邦段階における専門化に焦点を当て、北野の研究は独立革命期から1830年までのボストンの公教育思想と制度形成に焦点を当て

ている。
18) シカゴをフィールドとした研究には本文で触れている黒崎、坪井、山下のほかにも、神山（1994）、橋口（1994）、高野（1995）などがあり、筆者の研究はこれらの先行研究の成果に多くを負っていることは言うまでもない。
19) 同書の意義と課題について詳しくは、筆者による書評を参照されたい（小松、1999）。
20) 山下の同書の意義と課題について詳しくは、筆者による書評を参照されたい（小松、2003）。山下の「学校評議会」とは"local school councils"のことであるが、本研究では「学校協議会」と邦訳している。

第Ⅰ部

都市教育政治の歴史

第1章　革新主義期教育政治研究の動向と課題
― 1980年代半ばまでの研究を中心として ―

はじめに

　都市がアメリカ社会の中で大きな比重を持つようになったのは、19世紀末の1890年代から20世紀初等の1920年代にかけてのいわゆる革新主義時代である。この時期における南・東欧ヨーロッパからの大量の移民、南部から北部への移住者の増大などによって、アメリカの全人口の40パーセントが都市に居住するようになり、大都市の時代が到来した。都市は商業、金融の中心となり、工業と密接に結びついて特有の都市文化が全国に形成されていった。また、大都市は富裕層ならびに中産階級の居住する場であると同時に、貧困労働者階級が生活する場でもあり、産業社会の矛盾が集積してもいた。都市人口の急増は都市教育システムの根本的再編をもたらした。そこで採用された新たなシステムは、20世紀全体のアメリカ教育のあり方を強く規定したのである。したがって、大都市をフィールドとした教育史ならびに教育政治の研究において革新主義期の変貌を無視することはできない。

　アメリカで教育政治研究に従事するようになったのは、主要には教育行政学者と政治学者であった。それ以外に教育史家も意欲的に都市の教育政治研究を進めており[1]、アメリカ教育史学会内部では革新主義期の都市教育改革の評価をめぐって激しい論争が今でも続いており、未だ定説と呼ぶことのできる理論は見いだし得ていない[2]。

　ところで、1980年代以降のシカゴ学校改革は、大規模官僚制による硬直した行政運営への批判として提起された（Hess, 1991)[3]。すなわち、改革の対象となった教育行政システムは、20世紀への転換期における教育改革の基本

理念としての能率化、合理化、専門化に向けた改革によって先鞭を付けられ、それが時代の経過とともにその組織を肥大化・硬直化させてきたと見なされている。T・R・サイザー (Theodore R. Sizer) が呼ぶところの「工場のような (factory-like)」(Sizer, 1984) 学校組織の形成は20世紀への転換期の教育改革の帰結であった。

かくして、革新主義期教育改革の評価をめぐる論争を検討する目的は、第一に、「工場のような」学校システムが生み出された背景を数多くの論者の目を通して、そして、激しい論争を通じてより深く理解することである。第二には、現代都市教育統治改革の帰趨を占うことである。なぜならば、本書第Ⅲ部で考察することになるシカゴ教育改革における言説と革新主義改革の言説との類似性がわれわれの研究関心を触発するからである。

第1節　アメリカ教育史の評価をめぐる1960年代の動向

1．公立学校進歩史観とその批判

アメリカにおいて教育史研究が積極的に推進されるようになったのは1960年代初期からであると言ってよい。この時期に伝統的な公立学校発展史に重大な異議申し立てが行われた。

1960年代までに教員養成カレッジや大学で教育史を講じていた人々は、教育史をアメリカ一般史のひとつの側面として扱うのではなく、むしろ自分の持つイデオロギーを新たに教職に就こうとしている人々に伝達する手段として捉えていた。この点はこれらの人々によって書かれた教育史の教科書を見ても明らかである。この傾向を持っていたがために、教育史は教職という目的のためだけに、つまり将来教員になるための職業準備に特化したものになってしまったのである。また、アメリカ教育の進展を、進歩の歴史として、あるいは礼賛すべき歴史として評価することとなった。

こうした傾向を持つ代表的な人物としてE・P・カバレー (Ellwood P. Cubberley) がいる。彼によって書かれた本格的なアメリカ教育史である『合衆国の公教育』(Cubberley, 1934) は師範学校で学び始めた「初学者

(beginning students)」(Cubberley, 1934: v) が使用する標準的なテキストであった。その中で教育史は公立学校が長期間にわたって自己実現をはかってきた物語として描かれている。つまり、学校の歴史を具体的には公立学校の歴史を教育史と同一視していた。師範学校の学生はこの公立学校発展史観に支えられて、自己の教員像あるいは教育行政官像を思い描くとともに、教職への使命感を形成していったのである。

カバレーに代表される教育史研究を「偏狭主義 (parochialism)」であると批判し、17世紀と18世紀初期の植民期を中心として、新たな教育史研究の方向性を指し示す契機となったのがB・ベイリン (Bernard Bailyn) による『アメリカ社会の形成における教育』(Bailyn, 1960)[4]であった。

ベイリンは、先行研究を検討する際に、カバレーがその専門家としてのキャリアの中で、研究者であった期間よりも行政官であった期間の方が相対的には長かったために、この公教育史観が作り出されたことに一定の配慮を示している。しかし彼は、教育を世代間の文化伝達過程であるとして捉え、研究対象をカバレーのように学校やカレッジだけにとどめず、文化伝達で重要な役割を果たしてきた家庭、教会、コミュニティにまで広げるべきであると主張し、具体的にはアメリカ植民期の教育に関して仮説的命題を提起した。かくして、教育史を学校教育の発展だけに限定するのではなく、家庭、教会などより広い社会的文脈に即して捉えることの必要性が説かれ、1960年代までの伝統的教育史研究への根底的な批判が開始されることとなった。この教育史研究の対象と方法についてのベイリンの問題提起は独自で鮮明な視点であり、あとに続く教育史家による研究の方向性を鋭く指し示すものであった。

ベイリンの問題提起を真剣に受け止め、ベイリンによって偏狭主義として批判されたカバレーをさらに詳細に検討することで、伝統的な教育史研究の再考を促したのはL・A・クレミン (Lawrence A. Cremin) である。彼は『エルウッド・パターソン・カバレーのすばらしき世界』の中で、ベイリンのカバレー批判を以下の3点に要約している。すなわち、カバレーは歴史の神のクリオに対して重要な三つの罪を犯したとする。公立学校の起源を植民期であると見なしている時代錯誤の罪、教育と学校教育とを同一視して教育史を学校の制度的発展の歴史のみに限定してしまった偏狭主義の罪、何が実

際に起こったかということの理解よりも、専門家としての熱意を教員に吹き込もうとする福音伝導者的な罪である（Cremin, 1965: 43）。

クレミンは単にカバレーを時代錯誤であり偏狭主義であると批判するだけではなく、カバレーの業績を肯定的に評価してもいる。たとえば、当時の教育史の研究成果を今日ではよく知られている公立学校の勝利という物語に統合しただけではなく、アメリカ教育観を説得的に提示したのがカバレーであり、これは当時のいかなる研究者もなしえなかった業績である。そして、アメリカ教育史の著作の中では、その後のこの書物の使われ方を見ても、画期的な書物であった（Cremin, 1965: 1）。

クレミンによれば、カバレーはアメリカの無償でユニバーサルな教育の起源を植民期ニューイングランドに求め、アメリカの教育は19世紀を通じて非民主的な諸力との闘いを通して花開いたと見なす。アメリカ民主主義は大部分が学校によって形成されてきたとカバレーは考え、「学校」と「教育」とを同義語として捉えている。ただし、この公教育観はカバレーのみに見られる視点ではなく、教育について記述している19世紀末の歴史家に共通しているとクレミンは見なしている。

そこでこの限界を乗り越える努力こそ教育史家の責務であるとクレミンは考えた。カバレー的視点から脱して、クレミンは先述のベイリンの提示した論点に依拠しながら、教育を学校史だけに限定せずに、教育をめぐるさまざまな事実をも記述すべきであると主張する。教育の歴史を作り出してきた諸力として、家庭、教会、図書館、博物館、出版社、慈善団体、青年団体、農産物品評会、ラジオ・ネットワーク、軍隊組織、研究機関などを彼は指摘している（Cremin, 1965: 48）。そして、教育以外を対象とした歴史研究から学ぶとともに、アメリカ教育制度研究に比較的視点をも積極的に取り入れるべきことなども提言している。この研究視点はすでに刊行されて高い評価を受けていた『学校の変貌』（Cremin, 1961)[5]の基底にあったことは言うまでもないし、その後のアメリカ教育史研究三部作に結実した（Cremin, 1970）(Cremin, 1980) (Cremin, 1989)。

クレミンの問題意識は、革新主義期の教育の変化を大局的に把握しようと試みた『学校の変貌』から読みとることができる。1890年代から1920年代の

間に、従来は教育に係わるさまざまな個人や集団が個別に教育の営みを展開し、それぞれが何らの関連づけもないままにアメリカの教育を構成していたと考えられていたが、彼によってこの時期の多様な教育事象に一貫した論理的説明が加えられた。クレミンはみずから意欲的に切り開き始めていた新しい教育史学と、すでに十分な蓄積のあった歴史学との統合を追求したのである。そして、当時の教育上の諸事実あるいは現象を束ねる用語として「革新主義（progressivism）」を用い、アメリカ教育史上の重要な出来事であったと把握した。

　都市教育政治史を明らかにしようとする視点からクレミンの功績として特筆すべきであるのは、以下の二点である。第一には、革新主義期の政治改革、社会改革を目指していた人々と教育改革を目指していた人々との緊密な結びつきを明らかにしたことである。つまり、政治改革と教育改革との密接な関連性を旧来の歴史家よりも明確に指摘したことである。第二には、政治における革新主義も教育における革新主義も基本的には都市において出現したのみでなく、国家が深刻で複雑な都市問題に気づき始めたときでもあり、結果的には『学校の変貌』が教育史家をしてこの時期の都市学校に注目させる契機となったことである。クレミン以後の教育史家は研究対象を学校教育問題から都市問題にまで広げ、さらにはその他の社会制度や諸力にまで拡大することとなった。この意味から、クレミンは実りある研究の方向性を教育研究者に示したことになる（Rury, 1997: 66）。

　革新主義教育運動の発生要因、評価、具体的内容についてのクレミンによる評価を一瞥すると、彼は産業化、都市化、移民の流入、科学の進展といったアメリカ社会を激変させている諸力へのリベラルな対応の一部としてこの運動を捉えている。同書の冒頭で「革新主義運動は当初多元的でしばしば矛盾する性質を持つものとして始まった（Cremin, 1961: x）と述べているが、全体的にはアメリカの教育に対して望ましい影響を与えたものであったと肯定的に評価している。引用すれば、「革新主義教育は第一次世界大戦前の四半世紀の、学校を社会的・政治的な再生の手段として活用しようとする努力の中に起源を持っている。学校に対してはきわめて限られた見方しかしてこなかったことへの多面的な反発として始まった。しかし実際にはこうした目

的以上のことが起こったのである。つまり、本質的にこの運動は、教育をアメリカ生活における約束を実現する政治に近いものとして見なすようになったからである」(Cremin, 1961: 88)。

また、革新主義期の教育改革は「19世紀の後半に突入するようになった混迷する都市化、産業化文明に対して、アメリカでの生活の約束を果たすための広範な人道主義的な努力の一環として開始された。…諸個人の生活を改善するために学校を利用する多面的な運動であった」(Cremin, 1961: viii) とも述べている。それでは生活を改善するためにどのように学校を利用したのであろうか。この時期の改革の具体的内容として彼は以下の事実を指摘している。教育機会の上と下への拡大、8 - 4 制から 6 - 3 - 3 制への移行、職業教育、体育、美術などの導入による教育内容の拡大と多様化、教育行政官の専門職化と教員の専門分化を促した教育官僚制の成長が指摘されている。さらに、思春期の子ども達に配慮するために、教科外活動であるクラブ活動などの導入、子どもの多様なニーズや学力に応じてグループ分けするための学力試験の導入とガイダンスの積極的活用、特に初等学校での典型的な授業形態であった暗誦から集団活動、児童生徒自身による学習活動への変化、スライド、新聞、レコードなどの教材の積極的活用と教科書の改訂、これら多様な教育活動を可能とするための学校施設・設備・建築の改善、教員や行政官の資格基準の引き上げ、学校システムの大規模化に伴う専門職化・官僚制化の進展などである (Cremin, 1961: 306-308)。要するに、この時期の改革をクレミンは学校の教育機能の拡大、カリキュラムの改革、教育方法の革新などきわめて幅広いものであり、それらのほとんどは人道主義的な観点からもたらされたと見なしている。

革新主義期教育改革に関するクレミンによる評価の問題点について、ここではさしあたり以下の4点に絞って言及しておきたい。一つは、彼の定義した革新主義教育運動では、革新主義の概念が途方もなく拡散するという点である。革新主義をどのように見るかに関しては見解が分かれるが、革新主義期の教育政治過程の特色を明らかにしようとする観点から見れば、教育改革に係わった教育界指導層を「革新主義者 (progressivists)」として括ることの危険性を指摘しなければならない。なぜならば、そうした教育界指導層内

部の多様性への着目や、教育界以外の教育改革主体も分析の射程に入れる可能性を狭めてしまうおそれが生じるからである。

　二つには、すでに見たように、クレミンは教育史と政治をも含む一般史、たとえば産業化、都市化などの社会変動との関連性に留意するとともに、政治改革との関連性についても綿密に分析しているが、教育政策の決定における政治性、とくにミクロ教育政治についてほとんど考慮を払っていないと言ってよい。誰が、いかなる教育的価値を、どのような教育統治システムを通して配分したのかといった問いに答えるには十分ではない。教育政治学的な問いへの回答が準備されていないと言い換えることもできる。次節で詳述するレビジョニストの問題提起はまさにこの点にあった。

　第三には、クレミンがカバレー批判をどれほど踏まえて『学校の変貌』を著したのかという点である。クレミンの革新主義教育の研究はカバレーよりも教育史研究方法においてはるかに精緻化されているが、教育政治史・教育行政史の観点から見れば、革新主義の評価は大同小異であると言ってよい。両者の評価を要約すれば以下のようになろう。革新主義期の都市教育改革は、学校を政治から切り離し、次第に多様化してきている都市住民の必要性に対処するために都市学校システムを能率的、効率的なものに組み替え、確固とした責任体制を確立することに主眼があった。都市教育委員会改革は都市政治の利害から学校を隔離し、専門的行政官による運営をねらいとしていた。中等教育の教育内容改革に関して、職業教育関連科目を導入し学力別編成システムを導入したのは、労働者階級や移民の急増に対処するためであったとの結論を導いている。要するに、革新主義教育改革とはカバレー自身も主導的役割を担った教育改革者たちによってもたらされた、教育機会を拡大する努力の結晶であったとする、この時期の改革を礼賛する見方に関しては、カバレーもクレミンも驚くほど一致している。

　最後に、カバレーのエリート主義的性格へのクレミンによる批判の弱さについて触れたい。これは次節で触れる内容を先取りすることになるが、クレミンが『エルウッド・パターソン・カバレーのすばらしき世界』の中で、カバレーを教育史上どのように位置づけるかに係わって明確に述べているものの、カバレー自身の内包する問題点を正確に捉えていたとは言えない。こう

した点を一群のレビジョニストは鋭く指摘したと見なすことができる。すなわち、カバレーは黒人や南東ヨーロッパ出身移民に露骨な差別意識を持っていた。移民たちは「非識字者で従順で意欲がなく、高潔さ、自由、法、秩序、公共の場での礼儀、政府といったアングロ・サクソンの概念をほとんど欠いている」(Cubberley, 1934: 485-486) とするカバレーの認識は不問に付されたままであった。教育史研究の観点からカバレーの「犯した罪」を指摘することは重要であるが、それとともに、こうしたカバレーの示すエリート主義的、差別主義的な教育観をも問題視すべきではなかったろうか。レビジョニストによるクレミン批判は、従来の教育史研究ではブラック・ボックスとなっていた箇所に光を当てたのである。

かくして、ベイリンならびにクレミンは教育の歴史を「公立学校の勝利」として把握しようとする伝統的な歴史観の持つ問題点を克服し、教育研究を広く社会・経済・政治の歴史と結び付けながら研究を進め、その成果を世に問うことになった。しかしながら、クレミンの革新主義期教育改革の評価に見られるように、いまだ検討されるべき課題を多く残したままであった。

2．革新主義期教育改革における「能率」と「社会的統制」

すでに60年代前半において、次節で詳述するレビジョニストの研究と密接な関連を持つ教育史研究の成果が出されており、これらの研究についても触れておかなければならない。代表的な研究者としてここで取り上げるのはR・E・キャラハン（Raymond E. Callahan）とE・A・クラッグ（Edward A. Krug）である。

キャラハンの著作『教育と能率の崇拝』(Callahan, 1962) は、特に20世紀への転換期における教育改革を主導した当時の支配的価値が能率性であり、この価値を実現するためにさまざまな教育システムの改革が断行され、その後の教育の組織と運営に深刻な影響を与えた点を早い時期に明らかにした、きわめて重要な意味を持つ研究であった。

キャラハンは、革新主義期教育改革の一つの重要な側面である教育統治改革に焦点を当ててその問題点を抉りだした。科学的管理法の創始者として名高いF・W・テイラー（Frederick W. Taylor）の思想と実践が教育行政に適

用されるようになったのは、ビジネスのイデオロギーが支配的になった証左である。そして最大の悲劇は、学校と工場とを同一視し、おりからの教育費削減という要請もあり、学級規模、学校規模、教員の負担の拡大をもたらし、「学校を本質的に非人間的なものに変えていった」(Callahan, 1962: 232) ことである。こうした視点はクレミンの革新主義教育運動の評価とは対照的である。つまりキャラハンは、クレミンの解釈による幅広い基盤を持つ人道的な運動であったとの性格づけではなく、ビジネスの主導の下に資本家の構想を具体化することを眼目とした改革であったとの評価を下している。

　また、20世紀への転換期以後にビジネスの有するイデオロギーと価値が容易に教育現場に浸透したことから分かるその強大性と同時に、それらを受けいれる側の学校関係者の、特に教育行政官の脆弱性を明らかにしたことにキャラハンの研究的意義を見いだすことができる。このことは身分保障をコミュニティからの支持に依存せざるを得ず、また、教育政治の渦中にいて常に批判の矢面に立たざるを得ない教育行政官の実態を浮き彫りにしている[6]。ビジネスの有する価値の圧倒的力を前にして、その存立基盤がきわめて脆弱な (vulnerable) 教育長をはじめとした教育行政官は価値を受容せざる得ない立場であったし、自らその価値を体現するビジネス・マネージャーとして価値の先導役になっていった。

　『教育と能率の崇拝』の副題は「公立学校行政を形成した社会的諸力の研究」となっており、その結果、「諸力」としてのビジネスの世界における能率という価値をくっきりと浮き彫りにしたことは十分に評価できるし、この点こそ、この時期の教育史研究において光彩を放つ理由の一つである。革新主義期の教育改革がビジネスでの支配的イデオロギーとしての能率性を要因として行われたことは、キャラハンの豊富な例証によって明らかである。しかし同時に、その他の「諸力」をも考慮しなければならないのではなかろうか。諸力の中には、都市化や移民の急増などのデモグラフィック要因、労働組合による政治活動からの影響、宗教的要因、さらには女性運動からの影響など考慮に含めるべき事柄は多い。

　いずれにしても、クレミンの提示した革新主義期教育改革の推進諸力があまりに百花繚乱的であったのとは対照的に、キャラハンはビジネスの価値の

教育への導入という視点を明確に示しており、レビジョニストによる教育史研究への橋渡し的な役割を担ったと言ってよい。

次に、教育内容の階級分断的な分化と、社会統制機関としての教育という理念およびシステムが革新主義期に確立したことを明らかにし、教育史研究においてはキャラハンと同様の影響力を持ったと考えられるクラッグの研究について触れておこう。クラッグは『アメリカのハイスクールの形成』(Krug, 1964)[7]の中で中等学校の方向性を決定づけるのに重要であった1880年から1920年までの専門家、社会、思想を始めとした諸要因を対象に研究を進め、特にこの間の学会における議論や勧告等を綿密に分析している。ハイスクールの形成において重要な契機になったとして取り上げられているのは、「全米教育協会（National Education Association、以下ではNEAと略記する）」の「十人委員会（Committee of Ten）」、当時の児童研究の潮流、社会的能率と科学的管理運動、NEAの「中等教育再編委員会（Commission on the Reorganization of Secondary Education）」、第一次世界大戦、「革新主義教育協会（Progressive Education Association）」の発足などである。同書は当時の教育専門家の議論を克明に取り上げる際に、中等教育の研究者からほとんど省みられることのなかった委員会報告などの一次資料を徹底的に駆使し、伝統的な中等教育史を塗り替えたと評価してよい。また人物史や事件史に偏りがちであった伝統的教育史に加えて、カリキュラムの発展史を中心に据えたことの意義は大きい。さらに、教育内容のみでなく、カリキュラムがいかなる過程、具体的には政治的過程を経て決定されたのかを明らかにすることに意を注いだ点は重要である。

クラッグの著書で社会階級と教育内容について触れている箇所を見ると、彼は研究対象にした時期の中で1905年を境に前期と後期に分けてそれぞれ検討している。前期には穏健なカリキュラム改革が行われ、古典の学習とともに現代的な科目も導入され、生徒の個別学習や科目選択が可能な学習プログラムに改革されたが、それらの科目はカレッジ進学者用と就職者用といった社会階級を分断する形で学ぶべきものとして捉えられていたのではなかった(Krug, 1964: 190)。ところが、1905年以降は当時の支配的な思潮であった社会的能率化としての教育という理念が重要な地位を占めるようになった。社

会的能率化としての教育という理念には、望ましい信念や習慣を子ども達に身につけさせるのが学校の責任であるとの社会的統制の考え、および、学校はその所在しているコミュニティと関連を持つ必要があることを強調する社会サービスとしての教育という二つの関連する原理が組み込まれている。ところが、両者のうち社会的統制の理念が支配的になったのは、革新主義期に広く行き渡っていた改革の影響や、児童生徒数の急増と中等教育のユニバーサル化への圧力が存在し、教育長や校長をして急膨張しつつあった教育事業のいっそう能率的な管理技術の探求があり、社会的統制を背景とした科学的管理運動はこれらの要請に適していた（Krug, 1964: Ch11）。

革新主義期の教育改革の解釈に係わって彼の提示した論点の中で重要であるのは、二つの流れ、すなわち社会的統制の側面と社会サービスの側面を腑分けした点にあるのではなかろうか。ちなみに社会サービスの側面を強調する論者としてJ・デューイ（John Dewey）やS・T・ダットン（Samuel T. Dutton）らが指摘されている（Krug, 1964: 255）。

要するにクラッグは、キャラハンの著作が刊行されて間もなく、革新主義期におけるハイスクールのカリキュラム改革の背景にあった価値として能率性を摘出しただけではなく、当時において同じく影響力をもった社会サービス的な価値の存在にも十分に目配りしていたことになる。

第2節　ラディカル・レビジョニズムと教育政治史研究の階級的視点

1．アメリカ史学会とラディカル・レビジョニズム

教育政治研究では、教育上の諸価値の中で誰が、何を、いつ、どのように手に入れたのかが検討課題になる。この観点からみると、多くの批判を浴びたものの、分析枠組みとして社会階級を取り入れて教育政治の動態を示したラディカル・レビジョニストの諸研究の検討を避けて通ることはできない。彼らによれば、教育システムはすでに19世紀半ばには、そして20世紀への転換期にはより強固に人々を階級的な相違にもとづいて選別するメカニズムと

化していた。学校教育の過程は経済的、政治的、社会的な支配階級の意図する階級分化の過程であったと見なしたために、民主的あるいは技術的な過程として学校教育を捉えるクレミンらの研究と鋭く対立することになる。学校教育を支配階級による強制として理解する、おもに1970年代に活躍したラディカルズたちの研究を無視して教育政治史を語ることはできない。以下では、レビジョニストの中でも急進的な教育史家の諸理論を検討する。

　ベイリンやクレミンの教育史研究の背景にあったのは、伝統的教育史を再解釈（revision）しようとする意図であり、教育改革を広く社会的、政治的な背景と関連づけて実証的に分析しようと試みたのは既述の通りである。数多くの教育史家がこの視点を受け継ぐことになるが、クレミンのカバレー教育史観への批判的視点を受け継ぎながらも、新たな理論枠組みとしてマルキシズムを採用し、とりわけ革新主義期教育改革の民主的・進歩的側面を重視する見解を徹底的に批判したラディカル・レビジョニストと呼ばれる一群の教育史家が1960年代末から1970年代にかけて登場してきた[8]。これらの史家はクレミン教育史をも含むアメリカ教育史の根底的な再解釈を迫り、教育改革の社会統制面を強調し、改革は支配階級による被支配階級への押し付けであったと把握する。この研究系譜は1968年のM・B・カッツ（Michael B. Katz）による『初期学校改革の皮肉』（Katz, 1968）の出版を嚆矢としており、その後の1970年代80年代の教育史研究のみならず、21世紀に入ってもなお影響力を持ち続けている。解釈の急進性のゆえにその批判者との間で多くの熱気を帯びた議論が巻き起こされ、教育史研究を飛躍的に進展させたことは間違いない。

　ところで、ラディカル・レビジョニストによるアメリカ公教育史の再解釈は唐突に行われるようになったのではなく、すでに1960年代前半におけるアメリカ史学会内部での革新主義期の再検討とも通底している[9]。第二次世界大戦以前についてみると、アメリカ史の流れを保守と革新、有産階級と下層階級との対立として捉え、革新主義時代のさまざまな運動の「革新性」を肯定的に評価したC・A・ビアード（Charles A. Beard）を代表とする「革新主義史学」の影響力が1930年代をピークとして強固であった。革新派主導の教育民主化の勝利、有産階級による下層階級への社会的利益の拡張といった、

アメリカ公教育史を民主化の過程であると見なすカバレーの教育史観は、まさに革新主義史学からの強い影響下にあった。

　しかし、その影響力から次第に脱しつつあった1950年代にアメリカ歴史学会を席巻したのは「コンセンサス史学」であり、革新主義史学へのアンチ・テーゼとして登場してきた。コンセンサス史学によれば、アメリカ社会はアメリカ的リベラリズムを伝統として同質性を保持してきたのであり、この同質性の枠内に多くの対立や抗争を含めることとなった。そして、社会における組織や集団の機能に注目し、革新主義期の社会運動を、アメリカ社会の産業化への対処ならびに適応の過程として把握する。コンセンサス史学に依拠した教育史研究の典型例としてR・ウェルター（Rush Welter）の主著である『アメリカの民衆教育と民主主義思想』をあげることができる。たとえば彼は「革新主義改革を推進した世代は、以前のいかなる世代の誰にもまして、教育の拡大と民主主義の拡大とを同一視しており、両者を包括的な政治理論に融合させた」（Welter, 1962: 246）と述べており、アメリカ人の間に一貫して存在する国民的合意としての学校教育への信頼感の一端を明らかにしている。一瞥しただけでも教育史研究が一般史研究と密接に関連を持つことが分かるが、ラディカル・レビジョニズムも同様に、以下に述べるように、一般史におけるニュー・レフト史学およびコーポリット・リベラリズム論から直接に影響を受けている。

　すなわち1960年代のアメリカは国内的には公民権運動が高まり、対外的にはベトナム戦争で苦戦を強いられ、政治的、社会的伝統として観念されていた民主主義およびリベラリズムが大きく揺らぎ、広範囲にわたる挫折感に覆われていた。こうした社会情勢の中で行われた革新主義期の研究では、この期の多様な社会改革が巨大企業と金融機関によって主導され、保守的な性格を持っていたことが主張された。代表的な理論はG・コルコ（Gabriel Kolko）の政治的資本主義論とW・A・ウィリアムズ（William A. Williams）の率いるウィスコンシン学派のコーポリット・リベラリズム論であった。コルコの『保守主義の勝利』（Kolko, 1963）によると、革新主義期の経済政策は不安定な市場の変動から大企業の利益を守るために推進されたのであり、革新的でもリベラルでもなく、むしろ保守的な性格を持っていた。同様の問

題意識から、革新主義期の大企業指導者たちは「全国市民連盟（National Civic Federation）」を通した労資協調路線で主導権を掌握していたことを明らかにしたのはJ・ワインスタイン（James Weinstein）であった（Weinstein, 1968）。彼に代表されるコーポリット・リベラリズム論によると、革新主義期の政策的ねらいはビジネスと政府との結びつきを強め、一定の福祉政策を通じて社会的な秩序や平和を確保し、労働運動の体制内化が図られ、露呈し始めていた資本主義の矛盾を封じ込めようとすることであった[10]。

かくして、改革運動を大企業ビジネス関係者に対する民衆的な抵抗として把握する革新主義史学が否定されるとともに、アメリカ史における「コンセンサス」が、実は大企業のビジネス・エリートによる民衆支配にすぎなかったと説明することによって、コンセンサス史学の理論は否定されたことになる。これら一般史の研究動向が教育史研究に強く影響を与えたのであり、ラディカル・レビジョニズムの問題意識の基底をなしていた。たとえば、コーポリット・リベラリズムの視点を最も忠実に教育史に移植したのが後述のJ・スプリング（Joel Spring）らであった。

コンセンサス史学はアメリカ社会の同質性、統合性への確信を基盤として革新主義期の経済、社会、政治の変動を把握しようとする際に、組織や集団に注目したことは既に触れた通りである。この学派の中で、革新主義期を「改革の時代」として捉え、経済における独占などの組織された集団に対して未組織者である中流階級専門職者が不満を爆発させた時代であるとの立場をとる史家にR・ホーフスタッター（Richard Hofstadtler）がいる（Hofstadter, 1955）。彼の地位革命理論は、革新主義運動の担い手を中産階級であるとし、彼らの運動は独占支配と政治ボスへの攻撃を中心としていたのであり、脅かされつつある中産階級の地位と権力を確固としたものに作り替えようとするものであったと見なす。この仮説は教育史においては次節で詳述するピーターソンの理論に反映されることとなる。

また、R・ウィービ（Robert Wiebe）は工業化社会への突入にともなう社会変動や混乱を正して統合を図るために国家の積極的介入が求められ、管理主義や行政官僚制に依存する度合いを深めたのが革新主義期の特徴であると見なしている（Wiebe, 1967）。こうした視点はS・P・ヘイズ（Samuel P.

Hays)の歴史観[11]とともに「コンセンサス史学」=「組織学派」(牧野、1981: 87)と呼ばれるが、教育史に関しては組織史の視点から都市学校教育の官僚制化についての研究が活発となった。

　1960年代以降のニュー・レフト史学のみでなく「組織学派」の革新主義期研究によって、組織のもつ価値の役割、意志決定のエリート支配、コーポリット・リベラル国家の進展、労働者階級の政治過程への包摂などが明らかにされていった。ラディカル・レビジョニストの提起した命題の中でも重要なのは、教育改革とは歴史的に支配階級によって労働者階級に押し付けられたとの命題であるが、上述のように一般史における新たな解釈の隆盛が教育史にも強く影響を及ぼした。いずれにしても、これらアメリカ史の再解釈は、教育と民主主義とが密接に関連を持ちながら歴史的に進展してきたとする伝統的な解釈を乗り越える、新たな教育史研究が展開される基盤を提供したのであった。

2．M・B・カッツの教育史研究の意義と課題

　1960年代末から1970年代にかけて教育史学会に大きな波紋を投げかけたのはカッツの著した『初期学校改革の皮肉』であった。この研究は19世紀半ばのマサチューセッツのタウンにおけるハイスクールをめぐる論争を事例として取り上げている。彼の研究目的は当時人々の間で共通認識となっていた民衆教育の起源についての「神話」を覆すことであった。神話とは「理想主義的人道主義的な知識人に率いられて、合理的で啓蒙された労働者が利己的で富裕なエリートや伝統的宗教の頑迷な信者の抵抗を乗り越えて無償公教育を勝ち取ってきた」(Katz, 1968: 1)との神話であり、歴史家はこの崇高な物語を語り継ぐことを支えてきたと断罪する。そして、自己利益に猛進してきたエリート集団、地位に関心を持つ中流階級の父母、発生しつつあった専門職教育関係者が自らの利益のために、特定の教育改革を19世紀半ばのマサチューセッツのタウンの学校にどのように押し付けたのかについて彼は明らかにしている。「神話によれば、民衆教育は人道主義的な熱意が高揚したときに始まったとされるが、19世紀末以降のたいていの大都市学校システムは冷酷で硬直的で内容のない官僚制のままであった」(Katz, 1968: 2)。

教育改革や教育革新は「学校教育に係わる社会的指導層によって、不本意で、理解できず、懐疑的であり…時には敵意さえ抱いていた市民に押し付けられた」のであり、「19世紀の半ばに教育改革を推進した人々は、都市学校を形成するに際して、学校と労働者階級コミュニティとを分断させ、この分断は現代の教育改革において最大の問題の一つとなっている」(Katz, 1968: 112) とカッツは述べる。アメリカの19世紀半ば以降の教育改革は、無償公立学校の設立のために戦った労働運動の成果ではなく、民主的でも民衆に基盤をおいたものでもなく、さらにリベラルでもなかった。このように、教育改革がエリート支配層による労働者階級への強制でしかなかったとの簡潔な論点を示しただけでなく、1960年代末の都市教育改革の要因と密接に係わっていることをも彼は指摘した。

　カッツが批判の矛先を向けたのは、人道主義的、平等主義的、理想主義的な観点から教育改革が行われてきたとする史観であった。このことは基調として革新主義期の教育改革を肯定的に評価しているクレミン批判にも連なることになる。いずれにしても、カッツ以後のラディカル・レビジョニストたちは学校が社会秩序の強化あるいは社会的統制の手段として歴史的に果たしてきた役割について意欲的に研究するようになった。

　カッツのこの著書を契機として教育史学会内部で巻き起こった論争の論点は多岐にわたるが、カッツ批判の一つとして階級概念の曖昧さが指摘できよう。カッツによれば、教育改革は保守層の指導者によって上・中流階級の価値をコミュニティに押し付けたのである。なぜならば、指導者たちは急激に進展しつつあった産業化と都市化に固有の社会的危機に恐れを抱いていたからである。ここでいう保守派指導層とは、新たな産業を興していた人々、裕福な商人、専門職者、熟練職親方 (master artisan) であり、これらの人々が公立学校改革を推進する一方で、公教育の拡大に怖れを抱いていたのが貧困層、恵まれていない人々 (underprivileged)、労働者階級であったと断じている。しかし、1860年のマサチューセッツのタウンのビバリーの職人 (artisan) とは何を意味しているのか曖昧である。ある箇所では職人のことを裕福な時には見習奉公人を雇っている人々としているが、他の箇所では「貧困な職人 (poor artisan)」と呼んでもいる。彼の立論の核心部分を実証

するには職業、地位の分類があまりに粗雑である（Harris, 1969: 386）。つまり、伝統的教育史学への根底的批判として、教育改革は上・中流階級による労働者階級への押し付けであったと立論するために、階級の類型で牽強付会的な側面がみられるのである[12]。

　これらを含めて多方面からの批判を浴びたにせよ『初期学校改革の皮肉』の教育史研究における意義は、そのあとに続く研究者に対して、教育改革への階級的視点の重要性を喚起したことであろう。彼は教育改革における社会階級の役割についての再考を促すとともに、専門職化の本質についても鋭い問いを投げかけた。さらには、社会改革のための代理機関として、学校がどのように利用されてきたのかについても鋭く告発した。

　『初期学校改革の皮肉』が教育政治史研究における階級的視点の重要性を喚起したとするならば、都市における学校統治構造の官僚制化の重要性を喚起したのは『階級・官僚制と学校』（Katz, 1971）であった。1960年代末までに都市学校システムはその画一性、硬直性、没人格性などに対して徹底的に批判されていたのであり、こうした特性の歴史的起源を明確に摘出した点にこの研究の意義を認めることができる。カッツによれば、アメリカの都市教育の基本的構造—普遍性、公費による維持、無償性、義務性、官僚制、人種差別性、階級的偏見を特徴とする—が出来上がったのは1800年から1885年の間であり、その後多様な改革が行われたにもかかわらず、その構造は現代まで基本的には変わらず続いている（Katz, 1971: xix-xx）。学校の主要機能は「（貧困階層）の子ども達を秩序づけ、勤勉にし、法を守り、権威を尊敬する」（Katz, 1971: xviii）ように仕向けることであった。

　この主張を裏付けるために、19世紀の前半から芽が出始め、今日においても観察できる教育形態の四つの組織モデルを跡づけている。それは、父権的任意制（paternalistic voluntarism）、民主的地方分権（democratic localism）、企業的任意制（corporate voluntarism）、初期官僚制（incipient bureaucracy）であり、これらの組織モデルが競合しあう中で最終的に勝利を手にしたのは初期官僚制であった（Katz, 1971: Ch. 1）。

　また、カッツは同書の19世紀後半のボストン公立学校における官僚制化の過程を考察する中で、特に教育行政の官僚的統制の過程を描いている。彼は

統制と監督の集権化、機能の分化、事務局の標準的な手続き、業務遂行の客観性と専門性、評価と意思決定の正確性と一貫性、判断における自由裁量というC・フリードリッヒ（Carl Friedrich）の官僚制概念を、しだいに複雑化しつつあった都市学校システムにおける官僚的革新の諸事象を評価するために用いた。諸事象には教育長が任命され、行政機能と教授機能が分離し、学校では学年制が採用され、教育委員会が集権化され、資格基準が設けられたことが含まれている。官僚的革新の過程は複雑な部分を組織化し調整しようとする試みであり、合理的根拠と正当な目的を持った。しかし、この過程で専門職教育者と素人の改革派の人々との間で、また学校と労働者階級コミュニティとの間で緊張が高まった。また、官僚制化の過程は新たに専門職教育者というジャンルを作り出し、この任に就く人々は一体となってシステムを防衛したり、あるいは他の人々や機関の失敗をあげつらって責任を避けようとしたりする。かくして官僚制モデルの発展は変革に抵抗する力を専門職者に与える一方、教育上の失敗について責任を回避する考えを強化したことになる（Katz, 1971: Ch. 2）。

　このように、彼の官僚制攻撃の矛先は鋭い。人種差別や不平等は歴史的に官僚制によってアメリカ教育にもたらされたと断言する。公立学校の目的は社会的統制—貧困から脱出する機関であるよりはむしろ、貧困層をその地位に押しとどめる—であり、官僚制が偏見と人種差別主義を助長してきたのである。

　カッツの教育史研究への貢献を繰り返すと、公教育の制度化の過程を歴史的批判的に明らかにしたことであり、特に都市教育問題の根源を19世紀に求めるとともに、集権化、官僚制化、専門分化のもたらす弊害を鋭く指摘したことである。しかし、アメリカの公教育の官僚制化過程と、学校および都市住民との乖離を理論的に説明するためにカッツが描いた19世紀末における「初期官僚制」の勝利の図式は、ボストンの事例を取り上げているとはいえ、結論を急ぎすぎるあまり、あまりに短絡的に捉えすぎている。たとえば、教育統治改革の過程についていえば、教育長職の設置や教育委員会の改革などが、エリート改革派の思惑どおりに実現したとは考えられない。その過程での軋轢や葛藤に関してさらに深く検討すべき余地が残されている。さらにボ

ストンの事例を全米の他の都市にも適用することの危険性を指摘しておかなければならない。

3．伝統的教育史学批判とレビジョニズム

カッツの著作を契機に、その後相次いでラディカル・レビジョニズムと呼ぶことのできる研究が公刊されるようになる。これらの研究は教育史研究に含めることが必ずしも適切でないものも含まれるし、研究対象となった時期は多様でもある。しかし、教育政治史研究に階級的視点を積極的に導入した功績は認められなければならない。

まず、副題を「アメリカ公教育に関するレビジョニストの解釈」と銘打っているC・グリア（Colin Greer）の著作『偉大な学校伝説』（Greer, 1972）を検討したい。事例研究を通して伝統的教育史学に挑戦したカッツと異なり、グリアは学説の分析・検討を通して、いかにアメリカ社会が社会移動の手段として学校教育を過大評価してきたのか、いかに社会的地位に即して子ども達が差別的に取り扱われてきたのかについて、従来の教育史研究の無自覚性を鋭く告発した。学校は子ども達を社会化し社会移動を可能ならしめることに重要な役割を果たし、なおかつ成功してきたとの考え方に異議を唱え、貧困層は貧困のままであり、黒人は社会移動することができなかった。なぜ教育史学ではこの事実に無自覚であったのかというと、ベイリンやクレミンらの意図がどこにあったにせよ、彼らは公立学校を「アメリカ生活における民主主義が疑問の余地のないほど進展してきた中での明白なる資産であると捉え続けてきた」（Greer, 1972: 41）からである。

特に都市の学校が歴史的に「成功裡の事業」であったことに関して彼は次のように述べている。「実際のところ、アメリカの公立学校は一般的に、特に都市公立学校は非常に成功してきた事業である。この成功の秘訣は児童生徒の間でのかなりのアカデミックな失敗をもたらしていることである。つまり、退屈さに耐えること、記憶としての学習、競争、敵意といった態度や行動パターンを学校で学び学級でさらに強化されるからである。学校は過去に常にそうしてきたように、今日でもこの仕事をこなしている。学校は既存の社会階級のパターンに密接に関連する階層制に沿って諸個人に選択的に機会

を与える」(Greer, 1972: 152)。

　このようなきわめて悲観的な公教育史観を提示しているのがグリアの特徴であり、それは彼に限らず、すでにみてきたカッツにも共通している。特に貧困層ならびに人種的・民族的なマイノリティ学校での失敗の原因を、学校のみでなく労働市場、住宅などのアメリカ社会一般における差別、抑圧の構造に求め、それの抜本的改革こそ急務であるとの思想で貫かれている。しかし、グリアの立論に関しては、その歴史分析があまりに表面的な検討にとどまっていること、単純化しすぎていること、冗長であること、独善的すぎることなどが批判されている (Lazerson,1973: 277)[13]。

　グリアは研究方法、叙述に関して鋭い批判をうけたにせよ、教育政治史研究にカッツと並んで階級的視点を導入し、それを現代の特に都市教育問題と関連づけながら研究課題を明快に提示した功績は認められなければならないであろう。

　一群のラディカル・レビジョニストの中で21世紀を迎えて数年経過した現在でもおそらく最も精力的に研究を進めているのは、スプリングであろう[14]。彼の数多くの研究成果の中から、20世紀への転換期における学校教育の変化をキャラハンのように科学的管理法に求めるのではなく、革新主義のイデオロギーで説明しようとする非常に挑戦的な研究である『教育と企業国家の成立』を取り上げたい。スプリングによれば、アメリカの公教育制度は、20世紀初期から1970年代にいたるまで、都市の貧困と犯罪を終息させ、外国人をアメリカナイズし人種関係の傷を癒し、弱まる民主主義精神を活性化しようとする運動において主導的役割を果たしてきたとする教育史観を紹介する(Spring, 1972: ix)[15]。ところがこの学校教育観はアメリカ・リベラリズムのレトリックによって形成されてきた。このレトリックがあるにもかかわらず、なぜ都市教育問題が深刻なままであるのかについて検討し、その要因を20世紀初期の革新主義のイデオロギーに求めている。革新主義のイデオロギーとは当時台頭著しかった企業国家の組織原理を背景にして成立してきたものであった。そして彼は、学校が社会的統制と経済効率を志向する経済エリートによってどのように利用されてきたのかを明らかにし、この観点から、職業指導、職業教育、ジュニア・ハイスクールの導入や、総合制ハイスクールの

成立についての論議を展開している。20世紀初頭の都市化・産業化がもたらす社会のひずみに対して企業、労働界、政治リーダーが一体となって社会不安をそらし社会主義革命を避けるため、改革の連携を構築したのであり、健康管理、予防注射、遊び場の整備、成人教育などは改革事例であり、社会の支配層は労働生産性を高め社会的安定を確保しようとした。革新主義期の社会改革は経済効率と社会的安定のためのイデオロギーであった。したがって、『学校の変貌』でクレミンが明らかにした「理想主義的、人道主義的」視点の限界や問題点を明らかにすることが彼の研究の射程に含まれていた。

20世紀初頭より学校が果たしてきた機能についていくぶん詳しく紹介すると、スプリングは、学級組織の中で社会的共同性、集団作業などが強調されるのは、「訓練された」「規律づけられた」「組織的人間」としての労働力を必要とする企業国家の要請に応じているからであると述べる（Spring, 1972: 61）。また、従来は家庭や教会で行っていた社会訓練の役割を、20世紀初期に公立学校が教科外活動として取り入れその機能を増やすことで、児童生徒の社会心理的な生活にまで統制を強めることになった（Spring, 1972: Ch. 6）。このように、カリキュラムの多様化、職業教育、職業指導、生徒会活動にいたるまで、否定されるべき教育革新であり、ジュニア・ハイスクールの設置や学力テストの導入などは、社会階級に応じて子ども達を選別し、階層化する手段であった。

この時期の教育統治改革は都市政治・行政の改革と一体となって、都市教育委員会を集権化し、特にビジネスと専門職者の手中に権限を委ねることになった。この結果、学校が政治的干渉から免れ、教員を父母の圧力から守ることに効果はあったものの、教育委員会の地域社会からの離反が生まれ、20世紀後半にはコミュニティ・コントロールの要求に係わる議論を巻き起こした（Spring, 1972: 150）。

いずれにしても、従来は民主的な民衆教育の源泉であると記述されてきた改革や改革者たちは、スプリングの手にかかれば、抑圧的で支配的エリートの利益のみに役立つ改革であり人々であったと捉えられ、結局のところそれらは企業国家に利益をもたらしただけであると論じられる。スプリングの革新主義の解釈は、既に触れたワインスタインの立論からの影響を強く受けて

いると同時に、彼の構想する学校改革の方途としての「学校権力の終焉」(Spring, 1972: 172) は脱学校論者のI・イリッチ (Ivan Illich) の主張と軌を一にしている (Kliebard, 1995: 252)。

　革新主義運動は多様なように見えても、企業国家、企業資本主義に奉仕している点では一貫しており、公立学校は企業国家の要請に応じ、その存立を支える機関として位置づけられるとともに、階級的抑圧の手段となっていたとの主張は、他のラディカル・レビジョニストと同様にスプリングの理論の中心的テーマであった。ところが、スプリングの同書を読む限り、企業国家と学校教育とが何らの媒介物もなく直接に関係を取り結んでいるかのごとき理解に導かれる。たとえば、企業で働く労働者自身は教育革新についていかなる視点を持っていたのかについては、全くといってよいほど触れられていない。革新主義期のイデオロギーの強大さを誇張しようとするあまり、歴史的事象を過度に単純化しているのである。

　1970年前後に一群のラディカル・レビジョニストたちは教育史を再解釈する作業の成果を多くの雑誌に掲載し、精力的に研究を進めていった。1970年代前半にこれらの論文を集めた書物が編纂されたのは、当時のラディカル・レビジョニストの広がりを示す意味で象徴的であった。典型例が『危機の根源：20世紀のアメリカ教育』(Karier, 1973) と『アメリカ教育国家の形成：1900年から現在まで』(Karier, 1975) である。両書とも一貫したテーマの下に編纂されたものではない。しかし、代表的なラディカル・レビジョニストの既発表論文を、リベラル教育史家批判、教育史の再解釈という共通の視点から編集したものであり、当時の教育史学会を席巻した再解釈の流れを決定づけた。

　アメリカの教育システムに多くの問題があることは認識していたが、クレミンもキャラハンもアメリカの政治制度さらには公立学校制度の性格を根底から疑問視することはなかった。しかし、全く逆の立場から、学校は社会的政治的な再生の手段ではなかったことを明らかにしたのがラディカル・レビジョニストたちであった。『危機の根源』の序章を執筆したC・J・カリエ (Clarence J. Karier) によれば、アメリカの現在と過去についての仮定は「リベラル史家」と呼ばれる人々が抱くものとはかなり異なっており、「もし

人々が現在の世界をより批判的に見るならば、リベラルの歴史は意味のある批判に乏しく、弁解ばかりが多い…。もしこの社会は実際のところ人種差別的であり、根本的に物質主義的で、制度的に既成の利益を保護するように構造化されているという仮定から出発すれば、過去は非常に異なった意味を持ってくる」(Karier, 1973: 5)[16]と述べている。現代の社会・教育制度が人種差別的で階級分断的で物質主義的な傾向を持つようになっている責任は、ひとえにリベラルにあるとの痛烈な批判を展開する。カリエらによれば、革新主義期に限らず20世紀のアメリカ教育の直面する諸問題を明らかにする鍵はリベラルをどのように評価するかにかかっている。リベラルの主唱者たちは、科学、テクノロジー、理性を信頼し、この原理にもとづいて民主的な社会の形成のために学校やその他の社会制度を方向付けるべきであると考える人々のことである[17]。

　カリエらの中心的なテーマは、これらリベラル史家の理論の批判的再検討を通して、それを全面的に覆すものであった。つまり、たいていは革新主義と呼ばれる教育の革新や新しい思想は、実際には秩序と統制に向けたより広い社会運動を反映しているのである。ただし、先に触れたスプリング批判が彼らにもあてはまり、研究アプローチ上の問題を内包している。いずれにしてもカリエらの明らかにした事実は、ラディカル・レビジョニストが20世紀の教育史研究で突き止めた重要な事実である。学校教育は階級を基盤として成り立っており、アメリカ社会の経済や社会構造における不平等を固定化していることが彼らによって告発されたのであった。

4．S・ボウルズ、H・ギンタスとレビジョニズム

　これまでの記述から分かるように、ラディカル・レビジョニストによる教育史研究が進められることによって、歴史的に教育改革はいつ、どのように起こったのかが明らかになりつつあった。しかし改革がなぜ行われなければならなかったのかについての説明は十分とは言えなかった。歴史的に行われてきた教育改革の「なぜ」の問題を明らかにするために、マルクス主義的アプローチを用いたのはS・ボウルズ（Samuel Bowles）とH・ギンタス（Herbert Gintis）である。かれらは1970年前後以降のラディカル・レビジョ

ニズムの理論を引き継ぐとともに、マルクス主義からの分析と教育におけるリベラル改革への根底的批判とを結合し、階級葛藤や階級矛盾に焦点を当て、決定的な影響力を持った。特にわが国では、相対的には早くに邦訳が出版されたことも与って、レビジョニストを語るときにカッツ以上に引証されることが多いのが、彼らの著した『アメリカ資本主義と学校教育』(Bowles, 1976)[18]である。

ここでは、ラディカル・レビジョニストの教育史研究における階級的視点の意義との関連から、ボウルズらによる『アメリカ資本主義と学校教育』の中で検討されている階級葛藤を中心に言及したい。ボウルズらは歴史研究を取り扱っている章で、コモン・スクール運動と革新主義運動という重要な時期を取り上げて分析している。革新主義期の教育改革についてみると、この期の改革は資本主義の拡大と新たな移民を賃金労働力に組み入れる必要性という矛盾への対応であった。なぜならば、大規模な社会変動を被っていた危機の時代において、労働者は教育の拡大を要求し、革新主義資本家はこの要求に応じたものの、資本家は学校教育が生産システムの不平等を再生産するように工夫し、さらに能率、統制、正統性という資本の側の目標を達成できるように改革したからである。具体的事例として、都市教育改革、職業教育運動、学力テストの採用などを取り上げている（Bowles, 1976: Ch. 7）。都市部の学校改革運動は都市改革運動の一環であり、都市労働者階級と小規模不動産所有者からなる「民族的な租界地」の政治的力を弱めることを目的としていた。その結果、教育委員は経済界と専門職者が占めるようになり、これらエリート改革派は学校を労働者階級にとっての制度ではなく、産業資本主義の求めに即応する制度に改革していった（Bowles, 1976: 186-187）。

このように、教育あるいは学校が社会的な悪を正し、民主主義を擁護する装置であるとの観念を根底的に覆したことが、強いインパクトをもたらした重要な要因であった。学校教育によって獲得された知識が社会的地位を保証するのではなく、知識は階級や人種によって固定的なものであり、学校や大学がいかに革新的な試みを導入したとしても、資本主義システムが存続する限り、自己決定あるいは人間的発達として理解される民主主義の進展には結びつかないという視点が彼らによって示された。まさに、1960年代以前の伝

統的な教育史観であった公教育の民主的発達説を、資本主義のメカニズムと教育システムとの対応関係を示すことで根本的に否定したことになる。

それのみではなく、彼らは、一方で分業体制を再生産する学校の役割、すなわち経済的再生産と学校との関係、他方で、学校の差別選別機能をなぜ人々は受け入れたのか、すなわち文化的再生産と学校との関係のそれぞれについて問題提起した。教育の歴史・政治・経済、カリキュラム研究、教育の文化研究などの領域における若手研究者による教育の批判的研究を触発したことの意義は率直に認めなければならない（Apple, 1988: 232）。

ボウルズらの研究を俎上に載せた目的は、教育政治史研究における階級的視点であった。ボウルズらは教育改革を階級による押し付けと把握するのではなく、階級葛藤の結果もたらされたと見なしている。つまり、学校教育はエリートの企みによって作り出されてきたのではなく、むしろ、労働者が要求するとともに、階級対立の宥和を目的として、労働者は学校教育を受けることができるようになった。ただし、その代償として、教育の形態、内容、統制は支配階級が決定することになったとの見方をとっている。こうした視点は、いわば、悪辣な支配階級エリートと無抵抗の民衆という「メロドラマ」を提示したラディカル・レビジョニストたちとは異なって、労働者の教育要求の存在を示し、それと不平等な権力関係との間の弁証法を分析枠組みとして用いており、より複雑な構造を持っている（Featherstone, 1976: 26）。

彼らは階級闘争の場としての学校という視点、逆にみれば学校システムの変数である階級の重要性を提示したものの、J・フェザーストン（Joseph Featherstone）も批判しているように、労働者自身の教育への態度や意向には十分に触れておらず、階級間の葛藤や矛盾について掘り下げた議論も不十分であり、結局のところ支配階級による押し付けという単純な視点を提示するだけにとどまっている（Featherstone, 1976: 26）。

彼らにこの研究課題の解明を求めることは酷であるかもしれない。というのは、教育史家ではなく経済学者としてのボウルズらの主眼は、資本主義経済システムと教育システムとの対応関係の解明にあった。彼らによれば、過去一世紀にわたってアメリカで進展してきた教育システムは資本主義経済の直接的な生産物であり、その制度的な支えでもあった。教育は技術的、社会

的技能と適切な動機付けを行うことによって労働者の生産能力を高める。と同時に教育システムは「爆発の危険性を秘める階級関係を非政治化し、労働生産物の一部が利潤として収奪される社会的、政治的、経済的諸条件を固定化するのに役立つ」(Bowles, 1976: 11)。

　要するに彼らにとって、抑圧や社会的不平等の根源は資本主義経済の構造と機能そのものなのであり、資本主義は社会進歩を妨害する非合理なシステムであると把握される。アメリカの教育問題を生み出す資本主義体制に代わって民主的社会主義を樹立することで、社会と経済の再構成が可能となるとの認識を示している。つまり、アメリカ経済の変革なくして、学校改革による社会的不平等の是正はできないのである。この命題を導き出すために教育史上の諸改革が引証されているのであり、歴史的事実そのものを理論的に再構成することは、彼らにとって第一義的な研究目的ではなかった。

　いずれにしても、歴史的に労働者は教育改革にいかなる態度や意向を示していたのか、教員の役割はどうであったのか、革新主義改革を推進しようとした諸組織の内部あるいは社会階級間、人種・民族集団間の権力をめぐる争いはどうだったのかといった研究課題は手つかずのままであった。

5．ラディカル・レビジョニズムの意義と限界

　これまで検討してきた代表的なラディカル・レビジョニストの著作を通して言えることは、彼らが次の前提に立って理論を展開していることである。すなわち、アメリカの教育システムは失敗であり、学校は本質的に子どもにとって有害であった。そして、教育システムの失敗の要因は、伝統的に望ましいと考えられていた教育改革によって偶然もたらされたものではなく、官僚的、不平等的、差別主義的な社会の価値を反映しているだけである。かくして、公立学校の機能はアメリカ生活における社会的、経済的不平等を維持することであり続けた。この事実は、過去の歴史だけにとどまらず、今日のアメリカで直面している教育問題にも現れており、現代の教育政策形成者が是非とも視野に入れなければならない事柄であると彼らは警鐘を打ち鳴らしている。

　さらに彼らの主張に耳を傾ければ、教育政策の決定過程が官僚的、差別的

であったために、学校は一部の豊かな人々のためには有益であったものの、急増していた移民や黒人などの貧困階層の人々には全くといってよいほど役立たなかった。教育改革は、階層の上昇移動を求めていた労働者階級の要求に応える面はあったにせよ、基本的には支配階級による政治的統制として押し付けられた。公教育の統制権は子どもにとって何が最善であるのかを考える人々にではなく、自己利益に猛進する専門職者に与えられた。特に革新主義期の改革は学校と政治とを分離させ、社会的統制を強め社会的能率を高めるための必要条件である。その結果、集権化され専門職化された学校システムが出来上がり、公立学校に通学する人々のニーズに応答しなくなったばかりか、地域住民による教育政策決定過程への参加を制限するようにさえなったのである。

たとえ教育の機会均等というレトリックが称揚されたとしても、教育システムの構造的特質がかくの如くであるならば、すべての教育改革は、機会均等の実現ではなく、社会的な不平等を固定化し拡大する元凶なのである。教育機会均等のイデオロギーが作り出されることによって、学校の実際の機能が覆い隠されることとなった。階級や人種的偏見にもとづいた能力観が支配的となっており、結局は白人中流・上流階級に有利に作用する。こうした点を鋭く衝いて、ラディカル・レビジョニストたちは階級的格差拡大の要因として、都市教育統治改革によってもたらされた教育官僚制、「科学的基準」としての学力テストの導入、あるいは職業教育の導入などを指摘し、執拗に批判対象とした。

ラディカル・レビジョニストの諸前提や、さらには研究方法、史・資料の扱いをも含めて、次節で検討するように、多くの批判がもたらされたが、以下では、彼らの教育政治史研究に寄与した諸点について触れておきたい。

第一には、公立学校への政治的干渉を制限するとともに、専門的管理と産業界で行われていた管理手法を導入しようとした改革派の運動が、都市の重要な制度である教育制度へのエリート支配を確立するための政治的闘争であったことを白日の下にさらした。つまり、教育改革を主導したのが都市のビジネス・エリートであり、ビジネス指導層によるビジネスの論理が改革を牽引する論理となり、ビジネスのレトリックが都市公選職者と一体となって、

彼らだけから構成されるフォーラムでの都市学校改革に関する政治的議論を形成してきたことをラディカルズたちは明らかにした。教育政治史研究に社会階級的視点を積極的、意欲的に導入したことは正当に評価されなければならないであろう。1960年代は教育政策決定過程の研究が十分とは言えない水準であった。しかし黒人を中心とするマイノリティあるいは被抑圧階級の視点から「支配階級による押し付けとしての教育改革」との命題を摘出したことは、その当否はともかくとして、1970年代以降の教育史研究の水準を飛躍的に高めたと言ってよい。

第二に、「押し付け」によって最も不利益を受けたのが労働者階級ならびに貧困層であったという点と並んで、彼らは都市の子ども達が最も不利益を被った事実を強調した。都市の学校には数多くの労働者階級や貧困層の子ども達が通っており、彼らの論理構成からして、都市部に着目することは当然の帰結であった。かくして、都市教育問題の発生を歴史的に明らかにしようとした彼らの努力は正当に評価されなければならないであろう。しかし、都市の貧困層あるいはマイノリティの教育問題に着目したものの、それを一般化したために、都市ごとの特性あるいは相違に言及することはほとんどなかったと言ってよい。この点が、その後のポスト・レビジョニストによって厳しい批判にさらされることになる。

第三に、都市教育問題の発生要因を分析する中で、教育史家をして、アメリカ教育史の中で革新主義期の持っている重要な意味に注目させたことである。革新主義期が教育史学会のみならずアメリカ史学会でも、現代アメリカ社会の基本構造を形成した時期であると見なされるようになっていた。そこで、ラディカル・レビジョニストは1960年代の反体制運動の影響ともあいまって、教育の直面している同時代的な課題意識を出発点として歴史研究を進めた結果、教育問題の根源が革新主義期にあることをいわばセンセーショナルに提示して見せた。この衝撃力の大きさは、その後のレビジョニスト批判の中においてさえ革新主義期を対象とした研究が多いことからも裏付けることができる。

第3節　ポスト・レビジョニストの都市教育政治史研究

　ラディカル・レビジョニストたちの問題提起は、学会内外で大きな影響を及ぼし数多くの支持が寄せられたと同時に、多方面からの批判にさらされることにもなった。以下では、1970年代半ば以降およそ10年間に著された、ラディカル・レビジョニストを根底的に批判した研究や、ラディカルズの問題意識を受け継ぎながらも研究方法を精緻化し、新たな教育史研究の地平を自覚的に切り開いていくことを意図した諸研究の動向を検討する。

　こうした意図を持つ研究を推進していった人々の世代はラディカルズたちと重なるものの、研究の対象、方法、成果において明確に一線を画すことから、ここでは彼／彼女らをポスト・ラディカル・レビジョニスト（以下では、「ポスト・レビジョニスト」と略記する）と名付けておく。彼／彼女らの教育史研究の対象領域、アプローチ、時期、地域などはラディカル・レビジョニスト以上に幅広く多様なものにまたがっている。そのために、それらの全てを渉猟することはここでは不可能である。都市の革新主義期教育改革を中心に論じ、著書として刊行されている研究の中から教育政治史研究の視点から重要であると思われる研究を取り上げて、それらの意義と課題について考察を加える。

　革新主義期都市教育改革をマルクス主義の分析枠組みを用いたラディカル・レビジョニストの問題提起、とりわけ特定の階級による押し付けであったとの見解、つまり階級強制説[19]に対しては、大きく分けて次の三つの反論が試みられた。第一はD・ラビッチ（Diane Ravitch）やピーターソンに代表される主張である。ラビッチはアメリカの教育史における階級や不平等に注目すべきであるとのラディカルズの主張を退けて、民主主義と機会の代理機関として教育改革を捉える伝統的教育史観を再評価し、ピーターソンは革新主義期改革の政治的特徴を多元性に求めている。第二は、革新主義期における教育改革以後の教育統治の変化、特に官僚化、能率化、専門化に着目したD・B・タイアック（David B. Tyack）の研究である。第三には、政治的葛藤の実態を社会階級と関連づけながら詳細に分析し、革新主義期の教育改革

は必ずしも支配階級による強制と見なすことはできず、より錯綜した政治過程を通して行われたことを明らかにしているJ・リグレー（Julia Wrigley）らの研究である。ここでは三つの理論的立場をそれぞれ民主的統制説、組織統制説、動態的階級葛藤説と呼び、それぞれの学説の意義と問題点について検討を加える。

1．民主的統制説

ラビッチの代表的著作は『偉大な学校戦争』（Ravitch, 1974）であり同書において、公教育は政治と無縁に進展してきたものでないことを、ニューヨーク市を事例として考察している。ラビッチのその外の著作として、ラディカル・レビジョニスト批判を主題とする研究（Ravitch, 1978）、第二次世界大戦後の教育通史（Ravitch, 1983）（Ravitch, 2000）などがあり論争的な主題を追求している。近年は連邦教育省主導の全米的な基礎学力向上運動や教育基準設定運動と連動した研究を精力的に行っている（Ravitch, 1985）（Ravitch, 1995）。彼女は、ラディカル・レビジョニストの研究方法、理論、分けても富裕階層の人々が貧困層を統制したとする階級強制説を徹底的に批判している。たとえば『偉大な学校戦争』の中で、19世紀前半に貧困層の子ども達に無償教育を施していた慈善団体の「公立学校協会（Public School Society）」はなるほどエリート集団であったが、この協会は解散するまでの間に多様な社会的背景を持った子ども達を収容し、機会均等を保障することで、社会階層間の移動を可能にするとともに、民主主義の発展にとって必要な「コモン・スクール」の設置を要求していた（Ravitch, 1974: 22-26）。

また、エリート階層に着目する一方で、宗教、民族のみならず政治文化の点でも多様なユダヤ系、アイルランド系などの移民集団やアフリカ系のマイノリティ集団がどのように自らの利益と対立する教育改革に抵抗したのかを記述することで、対立する利益集団間における妥協の連続によってニューヨークの学校が発展してきたことを彼女は示した。

さらに同書では、歴史的に教育改革は子ども達に不利益をもたらしてきたとのラディカル・レビジョニズムの主張に対して、次のように反論している。すなわち、ニューヨーク市公立学校システムは、言語、人種、階級、宗教に

かかわらず、何百万という移民に無償の教育機会を与えてきたのであり、同時に英才児教育や障害児教育のプログラムを率先して導入し、人口動態の劇的な変化によってもたらされた問題の解決の責任を積極的に引き受けてきた。そして、20世紀への転換期に都市学校にあふれていた貧困で悲惨な状態のヨーロッパ移民は明らかに不利な立場に立たされていたにもかかわらず、今日では都市と郊外に居住する豊かな中流階級市民になっており、こうした未曾有の社会経済的な階層移動は公立学校なくしては不可能であった（Ravitch, 1974: 403）。かくして、ラビッチの分析のねらいは、学校が多様な集団の政治参加に必要な手段を提供してきた事実を示すことであり、民主的統制説と呼ぶことのできる根拠はここにある。

　ラディカルズを根底的に批判することを意図した『レビジョニストによる改訂』の中で、彼女はカッツ、カリエ、P・ビオラ（Paul Violas）、W・ファインバーグ（Walter Feinberg）、グリア、スプリング、ボウルズらの研究を検討し、歴史学や社会学で通説となっている統計的事実を提示しながら彼らの結論を批判している。そして、ラディカルズの歴史解釈は黒人やアメリカ先住民について触れている箇所以外は全体的に不正確であると結論づける。論拠として、教育政治には、教員、父母、指導主事、生徒、公職者、州教育当局者、連邦教育当局者、財団、労働組合、政治改革運動団体、新聞社など多様な利益集団が関係を持っている。ある決定が行われる際には、世論の影響、議論と論争の必要性、多様な当事者間の交渉、法律と司法による制限などがあり、利益集団は自らの関心のありように応じて位置を変えることから分かるように、意志決定過程は民主的だったのである（Ravitch, 1978: 18）。

　このように、ラビッチはそれまで十分に光が当てられていなかった都市の教育政治の動態を、以下で触れるピーターソンと同様に、多元性、民主性に着目して明らかにした。また、ラディカルズが過去を過去の事実として描くことをせず、現代の政治的、社会的、経済的問題と同等視していることの問題点を鋭く指摘しているのであり、われわれはこの主張を率直に聞き入れる必要がある。かくして、ラビッチは教育政治の歴史解釈において、学校教育の果たした歴史的役割を、むしろクレミン以上に肯定的、積極的に評価しており、ラディカル・レビジョニズムとは解釈において対極をなしている[20]。

1960年代末から教育史学会を席巻したラディカル・レビジョニズムの影響力をラビッチは徹底的に批判しようとするあまり、『レビジョニストによる改訂』は学問的論争から出発しようとしているにもかかわらず、結果的にはラディカルズに対する侮辱的な態度の表明にしかならなかった（Plank, 1996: 81)[21]。

　ラビッチと同様に、都市教育政治史の解釈に多元主義的なアプローチを用いた重要な研究は、政治学者のピーターソンが著した『学校改革の政治』(Peterson, 1980)によってもたらされた[22]。彼によれば、革新主義期の教育改革は、ラディカル・レビジョニストが主張するようにエリート支配によってもたらされたのではなく「あらゆる社会運動と同様に、学校改革は複雑で多元的で多面的な事業」(Peterson, 1985: 203)であった。彼はシカゴ、アトランタ、サンフランシスコを事例として取り上げ、無償公立学校、カリキュラム改革、学校資源の配分、教育統治改革などに焦点を当てて、M・ウェーバー（Max Weber）の階級、地位、権力の概念を援用しながら、革新主義期における都市教育政治の特質を明らかにしている。そしてこの時期の改革は、あらゆる紛争当事者が自ら関心を寄せて、多元主義的な妥協によってもたらされた。ビジネス・リーダー、中流階級改革者、教育関係者、移民集団、労働者は例外なく都市教育の発展に参加し、「学校政治は多様な手段、指導者、組織の葛藤と競合を経て発展してきた」(Peterson, 1985: 4)のであり、「いかなる特定の社会集団も学校政策を方向付けるに十分な経済的、政治的権力を持たなかった」(Peterson, 1985: 23)。その結果、世代間の社会移動を可能にしたのは学校システムであり、所得と職業上の成功を決定する要因として、家庭的背景よりも学校教育年限の方が重要になった（Peterson, 1985: 212)。さらに、学校が社会の中で相対的に高い威信を獲得するようになった歴史的起源、革新主義改革の勝利者としての学校という視点を提示したことは重要であるが、ここで詳しく触れることはできない。

　ピーターソンによる教育政治の解釈は、ラディカルズの主張する支配階級によって強制されたのではないのはむろんのこと、支配階級と労働者階級の間での葛藤として見なすのでもなかった。彼によれば、南北戦争以後19世紀末までの間は、個人や集団が子どもの教育機会の拡大を目指して競争するに

したがって、学校が各人に地位を付与する機能を果たすようになり、その結果、階級的葛藤よりも地位が教育政策を左右したことを論証しようとしている。

その後、移民の流入の激しかった世紀の変わり目には、教育と市場の関係の密接化ともあいまって、地位よりも階級的な葛藤が顕著になってきた。中等教育の拡大や職業教育の実施などがこの葛藤の好例であり、学校教育の顧客の多様化に応じた教育の多様化が促された。ただし、この階級葛藤は支配階級と被支配階級という二項対立的（bi-polar）(Plank, 1983: 152) なものではなく、多元的な葛藤であるのは言うまでもない。こうした多元性こそアメリカ社会の健全性を裏付けるものであるとの主張は、ラビッチの民主的統制説と理論的な共通基盤に立っている。

教育政治史研究におけるピーターソンの意義について考えると、彼の多元的解釈はラディカルズの階級強制説に対する代替理論を明確に提示したことにつきるであろう。しかしながら、ピーターソンが言うように、きわめて多様な利益集団が意志決定過程に参加し、教育問題ごとに支持派と反対派とが入れ替わったのは事実であったとしても、特定の改革によってだれが利益を得ることになったのか、だれが最終的に決定したのかが必ずしも明確になっていない。たとえば、シカゴにおける職業教育の導入論議での労働組合の立場は、ピーターソンが述べるほど単純ではなく、政治的なスタンスとしては紆余曲折を経たものであった (Kantor, 1988)。

また、労働者が公教育の拡大を支持したことに触れている箇所でも、政治過程での組織化された労働組合の意識や行動に依拠して検討しているにすぎず、それが労働者階級一般に当てはまるかどうかは定かでない。彼のいう多元性の構成要素を子細に見ると、それはあくまでも組織化された団体や組織であり、組織化されていなかった、あるいは組織化したくてもできなかった人々は教育改革にどのように対応したのかについて、史料上の制約もあるからであろうが、必ずしも明らかではない。さらに、最も問題であると考えられるのは、シカゴの教員組合が政治過程に果たした役割に関して十分に論及されていないことである。特に革新主義期においては戦闘的で指導性にすぐれたリーダーの下で強い政治力を行使していたのであり、教員組合の意識や

行動の綿密な分析なくして、シカゴ教育政治を正当に解釈することはできない[23]。

2. 組織統制説

ここまではラディカル・レビジョニストへの根底的批判を目的とした研究について検討してきたが、ラディカルズの研究に対しては以下で検討する研究者集団による反応がみられる。それらは、ラディカル・レビジョニストと反レビジョニストとの論争を、より洗練された研究方法を用いて乗り越えることを志向する研究である。その中でもタイアックはすでに1960年代半ば以降、都市教育史の分野で独自の史観にもとづいて精力的に研究を進めており、1980年代に隆盛となったポスト・レビジョニストによる研究とは時期的にずれているが、研究方法や理論の面から重要であるのでここで検討を加えたい。

ラビッチのニューヨークを事例とした教育政治史研究のように、個別都市を対象としたものではないが、都市公教育の官僚制化過程を数都市の事例を用いながら明確に描いたのは『至高の制度』(Tyack, 1974) を著したタイアックであった[24]。彼は現代都市学校システムの権力の布置状況が、いかなる歴史的経緯を経て形成されるようになってきたのかについて、革新主義期に焦点を当てて検討している。すでに前節で触れた組織派史学の強い影響下で、19世紀末からアメリカの学校で起こった「組織革命」(Tyack, 1974: 3) を主題に選び、都市の教育統治はいかにして専門的に訓練された教育長とそのスタッフである専門家によって独占的に運営されるようになり、企業の管理組織をモデルとした学校統制権の集権化がもたらされたのかを考察した。そして、権力をめぐる争いや価値をめぐる葛藤の中から、最終的に専門職化や集権化を主導したのは、ビジネス・リーダー、学校関係者、専門職業人のエリートたちからなる行政官僚的革新主義者 (administrative progressives) であったと結論づけている (Tyack, 1974: 146-147)。

教育政治史研究におけるタイアックの貢献は、第一に、ラビッチもそうであったが、異質な住民を擁する都市こそ公教育の政治的、経済的な統制をめぐる葛藤の場になったことと、その葛藤を単に階級的な視点から説明するのではなく、人種、宗教、民族、地域への愛着 (neighborhood loyalties)、党

派政治など横断的な文化的カテゴリー間の葛藤であり、これらが政治行動に強く作用したことを論じたために（Tyack, 1974: 78）、都市教育問題の歴史的起源に関する研究において、研究者の注目を階級的要因以外にも向けたことである。第二に、学校教育が歴史的に論争の場であったという事実を提示したのはラビッチと同様であるが、ラビッチのように多元性の主張にとどまらず、教育政治の世界で支配権を確立した行政官僚的革新主義者を摘出したことである。第三には、『至高の制度』を作り上げていく過程で官僚制組織が形成され強固なものとなっていたことと並行して、都市貧困層やマイノリティのおかれた不利な立場が固定化されるようになったことをも示唆した点である。要するに、ラディカルズの階級強制説を退け、教育的価値を求めての多元的な葛藤の存在を示し、その中から官僚制の組織化過程と専門職化、集権化の歴史的事実を明確に示した[25]。タイアックの立論を組織統制説と呼ぶ根拠はここにある。教育政治が組織としての教育官僚制の形成・発展過程と不可分の関係にあり、それが現代都市教育の直面している諸問題、特にマイノリティや貧困層の教育問題の主因となっていることを彼は明らかにしたのである。

　繰り返しになるが、行政官僚的革新主義者の主導によって専門化、集権化の改革がもたらされたとタイアックは理解する。換言すれば、改革はトップダウンで実施されたこととなる。そうであるならば、支配階級であれ行政官僚的革新主義者であれ、改革を主体的に担ったのは社会階層内の特定階層であり、いわば一方通行的な改革であったこととなり、ラディカルズらの改革評価と大同小異であろう。しかしながら、次に検討するように、実態はボトムアップをも含んだより錯綜した政治過程、紛争過程を通じて改革が決定、実施されていた。タイアックが可能な限り都市教育改革にみられる共通性、法則性を描き出そうと努力していることは認めるにせよ、個別の都市の事例研究をみると、われわれは別の構図を描くこともできよう。

3．動態的階級葛藤説

　ポスト・レビジョニストの中には、ラディカルズの主張に共感を持ちながらもその誇張や誤りを修正しようとしている研究や、分析視角として社会階

級以外の要因をも視野に含めようとしている研究などがある。たとえば、革新主義期の教育改革における善人と悪人の峻別を試みるのではなく、何が当時の改革当事者の直面した教育問題なのであり、なぜ特定の改革構想が実現したのか、改革構想と当時の教育をめぐる諸条件とはどのように対応していたのかを理解しようとしている。さらに、エリートが押し付けようとした改革に対して、父母や児童生徒や地域住民は甘受させられたのか、そのままの形で積極的に受け入れたのか、完全に拒絶したのかなどについて意欲的に解明を試みている。

ポスト・レビジョニストの中でも特に動態的階級葛藤説と呼ぶことのできる立場の研究者は、学校を革新主義政治家、ビジネス、労働者階級、民族集団、独立の市民運動組織など、多様な集団が教育政策のあり方をめぐって衝突する場であると見なす。そしてこの衝突において、各種集団は争点ごとに合従連衡し、最終的な決定内容に多様性がもたらされたことを示唆している。つまり、教育改革の過程をより動態的な政治過程であったとして把握することに意を尽くしている。力点の違いはあるものの以下で取り上げる諸研究から、アメリカ公教育は民主主義の産物でもないし、資本主義の発展の推進力でもなかったとの結論を引き出すことができよう。

なお、以下で検討する諸研究は、革新主義期を対象にしていること、事例対象としてシカゴを取り上げていること、さらに教育政治とおもに社会階級との関連を考察対象にしており、教育政治史研究全体からみれば偏りはあるものの、いずれも本研究との関係で重要な研究成果であることは間違いない。

まず、リグレーによる『階級政治と公立学校』(Wrigley, 1982) から見ていこう。同書はラディカル・レビジョニストによる階級強制説の限界や問題点を見据えるとともに、教育政治と社会階級との関係に関して新しい研究の地平を切り開こうと努力している。リグレーはラディカル・レビジョニストと同様に、階級と不平等な権力の問題を分析の中心に据えているものの、レビジョニストがこの問題について言及した方法を厳しく批判している[26]。そして、労働組合、教員組合、教育行政官、ビジネス団体の改革への意識や行動が一貫していないことに着目しながら、彼女はこれら組織された集団内で発生した葛藤を分析し、一枚岩的なエリート層が受動的な労働者階級に教育

を強制したとするレビジョニストの主張とは反対に、ビジネス・リーダーたちは必ずしも学校問題に関して彼らの主張を通そうとしたのではなかったと述べている。中流階級の改革指向の強い集団は、時には教育問題に関してビジネスとは異なる視点から行動していた。

さらに、彼女の研究で力点が置かれているのは、労働者階級が教育政治において重要な役割を果たしており、教育政策をめぐるビジネスや教育指導層との闘いで、多くの勝利を獲得したことを示した点である。たとえば、1930年まで学校教育の内容と統制を改革しようとするビジネスの支持する提案にシカゴ労働運動は繰り返し異議を唱えている。そして時には、職業教育改革やプラトーン・システムの導入などへの労働運動側の組織的反対運動が功を奏している。これは、労働運動がシカゴにおける公教育の発展の方向性を規定した好例である。したがって、教育政策や教育行政が上・中流階級に有利に作用していると見なすだけではなく、労働者階級の要求も学校システムに反映されているのである。

しかしながらリグレーは、ラビッチを典型例とする民主的統制説を支持しているわけではない。ラビッチら民主的リベラルは、あるいはアメリカ政治の多元主義的伝統は、階級の問題を考慮していないことを理由にこの説を批判する。学校を「抑圧的でエリート的制度であるとのみ見ることは一面的である」と同時に、「たとえ部分的であるにせよ、時間をかけてより真実の民主的制度となるべく発展していると見ることも一面的である。」(Wrigley, 1982: 269-270)。かくしてラディカルズとリベラルの双方の見解を明確に拒否し、教育政治史と社会階級との関係について新たな視角がもたらされたのである。

ところで、リグレーは労働者階級を「シカゴ労働連盟 (Chicago Federation of Labor)」によって代表させているが、果たして組織労働者を対象としただけで労働者階級の傾向性を一般化できるかどうかに関しては留保すべきである。階級形成の問題についても同様のことが言える。フォーマルな組織労働者の分析のみで、労働者階級の総体的な意識として論じるのは慎重でなければならない。この点、次に触れるD・J・ホーガン (David J. Hogan) の研究の方が、階級意識や階級構造に関して、より洗練された方法を用いて

シカゴを分析していると言えよう。この問題は、リグレーの場合、労働者階級の問題のみならず、中流階級改革派の教育統治改革への態度を述べている箇所にも当てはまる。労働者階級、あるいは上・中流階級、さらには経済界と一括して論じることに無理が生じる可能性がある。また、教員組合の階級的位置づけについても曖昧なままである。教員組合の雇用上の利害関係は、社会階級の枠組みだけでは捉えきれないと考えられるからである。

リグレーが先鞭をつけた動態的階級葛藤説はその後、個別都市の教育史研究を通して深められていった。ポスト・レビジョニストの中における教育政治への階級的視点の着目という観点からすれば、リグレーと同じくシカゴを事例としたホーガンを見落とすことはできない。革新主義改革は階級関係の危機に対処し、階級社会の形成を押し進めたがゆえに階級運動であったと彼は『階級と改革』の中で主張する（Hogan, 1985: 231）。特にこの改革によって階級形成、社会関係の構造化、市場経済化が促された点に彼は着目する。すなわち、階級の形成と再構成に影響する市場経済の構造内部における社会関係に注目し、改革派が市場経済を受け入れて、社会をそれにふさわしい形態にすべく改革を主導した結果、階級的に成層化された教育システムが作り出されたのである。

ピーターソンと同様に、ホーガンもシカゴにおける革新主義改革を積極的に担った人々は、児童救済事業家、教育専門職者、市政専門家、ビジネス・リーダーなどであり、いわゆる改革派は多種多様な人々や集団から構成されていたと見なしている。しかしながら、これらの人々は資本主義の進展に深く係わりを持つ上・中流階級改革者であり、子どもや家族や学校教育を市場経済に適合させることを意図した一連の改革を実施したのみならず、労働者階級集団から階級意識にもとづく反発を引き起こしていたことから、革新主義改革の階級運動性を摘出しており、この点がピーターソンと異なる視点である。

革新主義運動は1880年代90年代のストライキの頻発、失業率の急増、都市貧困層の形成と都市問題の発生など経済・社会の混乱によってもたらされた危機への反省から始まった。その際に、新しい時代に即した経済的・社会的関係と学校教育のあり方が模索され、革新主義改革の過程で相互に重要な関

連を持ちながら、最終的には学校教育における職業教育重視主義（vocationalism）が確立した（Hogan, 1985: Ch. 4）。社会改革を通して階級的分化のもたらす葛藤を回避しようとする上・中流階級の意図が背後にあったことは言うまでもない。こうして、企業の求める特定の技術と労働習慣とを併せ持った人材養成システムが完成したと、彼は主張する。

　ホーガンによる革新主義改革の評価は、クレミンのリベラル的視点と異なるのはむろんのこと、ラディカルズらの階級強制説とも異なると自ら述べている（Hogan, 1985: xiii）。

　『階級と改革』は教育史学会のヘンリー・バーナード賞を獲得して、高い評価を得ている。しかしながら、R・D・コーエン（Ronald D. Cohen）も指摘していることであるが（Cohen, 1986: 972）、階級の概念が必ずしも明確とはなっていない。たとえば、義務就学と児童労働禁止の立法措置が労働者階級の教育への認識や行動にいかなる影響をもたらしたのかを主題としている第3章では、就労している民族集団を労働者階級と同一視している一方で、第4章と第5章では、「シカゴ教員連盟（Chicago Teachers' Federation）」ならびにシカゴ労働連盟に労働者階級を代表させて、職業教育重視主義の成立ならびに教育統治の集権化をめぐる葛藤を考察している。果たしてシカゴ教員連盟を構成する教員集団を労働者階級と質的に同じ階級として扱うことができるか筆者には疑問である。本書第III部第3章で考察するように、教員組合員の社会経済的特質、あるいは、社会階級内でのその特異な位置がシカゴ教育政治を特色づけている。この点は、労働者階級の実態をエスニシティと関連づけながら、革新主義期都市教育改革を分析しているI・カッツネルソン（Ira Katznelson）らによる研究の方が、より深い理解をわれわれにもたらしてくれるように思われる。

　ピーターソンと同じプロジェクトで研究を進め、その研究成果として刊行された『万人のための教育』（Katznelson, 1985）も、リグレーやホーガンと同様にシカゴを対象として、教育政治の歴史をリアルに捉えており、ポスト・レビジョニズムを代表する研究書であると言ってよい。社会を構成する重要な要素としての社会階級への関心を完全に欠いて、民主的側面の重要性のみに焦点を当てる学校教育のリベラル的視点や、学校教育を資本主義社会

の不平等を維持し社会統制を行う装置であると見なす批判的、急進的、マルクス主義的視点をも拒否し、労働者階級を教育分析の中で正当に位置づけることを意図した、と彼らは述べる（Katznelson, 1985: 14）[27]。

　『万人のための教育』はシカゴとサンフランシスコに焦点を当て、アメリカ都市教育の通史としても読むことができるが、主眼は、この二都市の教育史を記述する中で、すべての子ども達のために、あらゆる階級の人々が平等にアクセスすることができる民主的教育システムを回復すべきであると主張することである。分析の中では革新主義期の改革が重要な役割を果たしている。なぜならば、彼らによれば、19世紀には階級横断的に、文化横断的に共通の学校教育の設立という目標への合意が成立し支持されていたものの、革新主義期の移民の急増と居住形態の変化によって、労働者階級の関心は労働組合運動を通して表明されるようになった。また教育機会の拡大と多様化はハイスクールの設立と拡大をもたらし、この間に19世紀の学校教育への社会的な支持は合意を得にくくなり、葛藤的なものに変節していった。

　西ヨーロッパと異なり、アメリカでは19世紀には早くも白人男性に選挙権が与えられ、労働者としての階級意識や労働組合運動の高まりがなくとも、公教育の維持拡大を支持する政党に参加すればよく、この結果、労働者階級としての政治的要求を一本化する必要がなかった。ところが、19世紀末までの資本主義の進展によって経済的、民族的、地位的にも分断され、成層化された社会が出来上がるにつれて、労働者は労働運動を通して教育をめぐる階級的利益を表明することができず、限定的で多様な方法を用いざるを得なかった。このことは教育をめぐる政治的葛藤が激しかった革新主義時代に顕著に見出される。たとえば、学校と職場とが関連する教育問題では労働者としての自覚にもとづいて行動し、その他の教育問題に関しては、階級横断的な文化的、地域的、政治的な帰属感を強く持つ民族集団の一員として行動する（Katznelson, 1985: 24-25）。こうしてカッツネルソンらは、労働者階級のアイデンティティーの分裂と教育政治との密接な関係を明らかにすることで、シカゴとサンフランシスコの教育政治に相違をもたらした要因を突きとめ、教育政治史に関心を持つ研究者に重要な問題提起を行ったのである。

　このように、労働者が教育問題に係わるときには、労働者としての意識に

もとづいて行動する時と、民族集団の一員として行動する時があり、労働者階級一般として論じられないことを明らかにした (Katznelson, 1985: 107)。なお、カッツネルソンらによる教育政治への民族の影響の着目は、主要にはサンフランシスコの事例から導き出している。これはシカゴの事例からも導くことができると筆者は考えている。彼らの教育政治史研究への貢献は、第一に、リグレーやホーガンの切り開いた教育政治史解釈に沿いながらも、階級的視点に新たな枠組みを付け加えたことである。第二には、学校が階級葛藤の場であったことを明らかにしたのみならず、労働者としての階級意識の相違、あるいは階級形成のパターンの相違が教育政治を特色づけるのであり、さらには、民族としての意識や行動も教育政治の特質を形成する要因として重要であることを明らかにしたことであろう。

　本研究の主題との関連から、カッツネルソンらの研究の問題点に言及しておかなければならない。彼らの言うように、階級と民族とが、さらには公民権運動を分析している箇所で強く主張しているように、人種が教育政治の態様に強く影響しただけでなく、革新主義期について言えば、ジェンダーも教育政治と深い係わりを持ったのである。階級、民族、人種と並んでジェンダーも教育政治過程における重要な要素として射程に含められるべきである[28]。また、リグレーやホーガンと同様に、カッツネルソンらも組織化された労働者の残した資料に依拠しながら実証しようとしているが、未組織労働者の教育改革への意識や行動に関してはほとんど触れられていない。資料的にそれを裏付けることが困難であるのは理解できるが[29]、それらの人々の改革との係わりの一端でも提示することができたら、彼らの研究はより強い説得力を持つに至ったであろうと思われる。

4．ポスト・レビジョニストの教育政治研究の意義

　ポスト・レビジョニストの諸説は、教育改革の歴史をラディカルズの中にみられる経済決定論から把握するのではなく、また単なる特定の階級によって完全に支配されたとの見方、いわば、支配と被支配との単純な関係として把握するのではなく、新たに発生しつつあった社会運動やその中の紛争あるいは矛盾に着目して、動態的な過程として改革を描き出そうと試みている。

たとえば、社会階級の形成自体に焦点を当て、学校教育の形態と内容をめぐる闘争の場（arena）として学校を描き出そうとしている。

換言すれば、教育改革の分析枠組みとして、支配階級と労働者階級といった二項対立的な構図を用いることを避け、紛争過程における中流階級の役割、中流階級内部での争い、エリート集団間あるいは集団内の争いをも分析している。革新主義時代の教育政治を特色づける鋭い対立や激しい論争をみれば、ラディカルズのように改革派の人々を一刀両断に支配階級の陣営に組み入れることは事実を単純化しすぎることになるとポスト・レビジョニストたちは考えたのである。

ポスト・レビジョニズムに共通しているのは、ラディカル・レビジョニストの問題提起を受け止めるとともに、教育と社会階級をあらかじめ厳密に類型化することで、その関係を単純化して捉えてしまう危険性を回避しようとしていることである。繰り返しになるが、ポスト・レビジョニストによる研究が精彩を放っているのは、革新主義時代の教育政治を特色づける鋭い対立や論争を検討することを通して、必ずしもラディカルズたちの言う「支配階級」が一枚岩ではなく、内部に多くの対立や矛盾を抱えていたという点を明らかにしたことである。コモン・スクール運動の時代のH・マン（Horace Mann）をはじめとして、革新主義期におけるデューイやJ・アダムス（Jane Addams）らリベラル改革派の人々をも一刀両断にアメリカ支配階級の陣営に組み入れて、当時の諸改革の決定と実施を告発しようとするラディカル・レビジョニストとの違いがここにある。同時に、貧困層、労働者階級など「被支配階級」をただ単に改革を甘受せざるを得なかった人々として描くのではなく、その中にはむしろ積極的に改革を支持した人々もいたことを明らかにしたことも重要な視点である[30]。

注

1) J・L・ラリー（John L. Rury）らは都市教育において歴史的な出来事、傾向、論争などを政治的側面ならびに都市学校の現代的問題と関連づけて研究した教育史家として

R・E・キャラハン、L・クレミン、M・B・カッツ、D・B・タイアック、C・J・カリエ、P・ビオラ、J・スプリングらを挙げている（Rury, 1997）。これらの教育史家は一時期アメリカ教育史学会を席巻するとともに、今もなお理論的に強い影響力を持っている研究者集団である。
2）革新主義期教育改革の性格をどう評価するかの論争に関しては、さしあたり Mirel（1990）が有益である。
3）官僚制の肥大化についてシカゴを例にとれば、1976年から1986年までの間に児童生徒数が18パーセント減少したにもかかわらず、中央教育委員会の職員数が30パーセント増加していることからも知ることができる（Walberg, 1994: 713-714）。
4）ベイリンのこの小冊子がもたらした反響と、後に詳述するクレミンの研究については、宮澤（1975）が詳しい。
5）同書はアメリカのプログレッシブ（progressive）教育の概念を確定しその意義を提示した重要な研究であり、1962年にアメリカ史関係の研究に贈られるバンクロフト賞を受賞している。なお、プログレッシブの用語はわが国の教育学研究では通常「進歩主義」と訳されるが、本書では「革新主義」と記述している。
6）キャラハンが明らかにした教育長の脆弱性と現代における教育長の地位の不安定性に関しては、Eaton（1990）が詳しい。
7）なお、クラッグは同書の続編で1920年以降第二次世界大戦までのハイスクールの歴史に関する研究を1972年に出版している（Krug, 1972）。
8）教育史学説においてベイリンやクレミンも広義のレビジョニストに含まれるために、それと区別する目的で「ラディカル・レビジョニスト」と記述している。アメリカ教育史の文献で通常「レビジョニスト」と呼ばれる教育史家は本書での「ラディカル・レビジョニスト」である。また、本研究で検討対象とするラディカル・レビジョニストは、様々な研究書ならびに論文等で「ラディカルズ」に分類されている研究者すべてを網羅するものではない。あくまでも筆者の主題との関連で選び出した研究者である。
9）アメリカ歴史学会における革新主義期の歴史的評価ならびに教育史研究については、森田（1986）所収の「付論：アメリカ革新主義期の政治と教育」が詳しい。ただし、この論文は思想史の視点からアメリカ歴史学会の動向を検討しており、筆者の研究関心である教育政治史の視点とはいくぶんずれている。橋口泰宣による文献紹介は、わが国における革新主義期の教育統治改革主体に関する研究で先鞭をつけたものと評価することができる（橋口、1989）。本章ならびに次章では、橋口が今後の研究課題として提示した革新主義教育統治改革像のパラダイム相互の位置関係、有効性の程度、評価を明らかにするよう努めた。
10）ニュー・レフト史学およびアメリカ史学会の研究動向についてのわが国における紹介

として、高橋章の一連の論文は参考になる。高橋 (1978)、高橋 (1979)、高橋 (1982)。ほかに牧野 (1981) などがある。
11) 革新主義期都市改革において発揮された中流階級改革者のリーダーシップに多くの研究者の注目を集めたヘイズの代表的論文として、Hays (1964) がある。
12) カッツの階級概念批判として、他には Wrigley (1982: 7-8) や、カッツが事例対象としたマサチューセッツのビバリーにおけるハイスクール存廃論議を再検討した Vinovskis (1985) などがある。また、カッツの階級分析をめぐる論争として Katz (1987a) なども参考になる。
13) 「他のレビジョニストとは全く質の異なる研究であり、ずさんで、独創性のない誇張をしており、ラビッチの辛らつな批判の格好の餌食である」(Tyack, 1979: 14) とまでタイアックに酷評されていることを付け加えておこう。ここでいうラビッチとは、後に触れるようにラディカル・レビジョニスト批判の急先鋒に立つ研究者である。
14) スプリングの研究関心は、教育史、教育政治、多文化教育、アメリカ先住民文化など多岐にわたり著書も数多い。教育政治史に関連する代表的著作として、Spring (2005a)、Spring (2004) がある。他に、ラディカル・レビジョニストとしての評価を確立した Spring (1972) や Spring (2005b)、Spring (1989)、Spring (1994)、Spring (1993) などもある。
15) なお、スプリングはアメリカのリベラルのレトリックが持つ意味に対する興味を喚起させたのはクラッグの『アメリカハイスクールの形成』であったと序章の冒頭で述べ、同書はクラッグに捧げられている。この意味で1960年代のアメリカ教育史再解釈の動きとラディカル・レビジョニズムとの連続性を垣間見ることができる。
16) ちなみにここで俎上に載せられたリベラル史家とはホーフスタッター、M・カーティ (Merle Curti)、H・S・コマジャー (Henry S. Commager)、クレミンである。
17) 教育改革へのリベラル・イデオロギーの影響については、代表的なラディカル・レビジョニストの一人であるファインバーグが詳述している (Feinberg, 1975)。
18) なお、1980年代以降のボウルズらの「対応理論」「再生産理論」を中心とした理論の再検討と再構築については Cole (1988) と小玉 (1999) も併せて参照されたい。
19) 論者により社会統制説と呼ぶこともある。
20) ここでは詳しく触れることはできないが、むろん、カッツらラディカルズからの反批判もある (Katz, 1979)。このカッツ論文も含めてラディカルズらによる『レビジョニストによるラビッチへの回答』(Feinberg, 1980) が刊行されており、ここではラディカルズ陣営の論者の多様性にもかかわらず「レビジョニスト」と一括して批判されることの不当性が述べられている。
21) Plank (1996) で触れているように、ラディカル・レビジョニストと民主的統制論者

の間での歴史的事実に係わる見解の対立というよりも、イデオロギーならびに価値をめぐる鋭い対立が、実りある学問的論争をもたらさなかった原因である。
22）後述するカッツネルソンらも含む政治学者が中心となって、公教育の発展に政治的要因はいかなる関連を持つのか、特に、1940年代までの公立学校教育の歴史における労働者階級の役割を明らかにすることを目的とした研究プロジェクトの活動成果として刊行されたものであり、執筆者は8名を数える。この研究以前にピーターソンは、政治的意志決定過程研究からもたらされる多くのデータを理解するために、政治的交渉モデル、団体交渉モデル、合理的意志決定モデルの中で最も有益な概念モデルは何かの研究をしていた（Peterson, 1976）。事例としてシカゴの学校をめぐる対立－人種分離学校廃止の決定、教育委員会と教員組合との団体交渉、教育行政の分権化－を取り上げている。この研究は1960年代末のシカゴ教育政治の実態と直面する課題、特に人種政治、教員組合政治を綿密に分析しており、現代教育政治研究としてきわめて貴重である。
23）ピーターソンの多元主義的解釈とその問題点について詳しくは、小松（1990）を参照されたい。なお、ピーターソンの多元主議論については本書第Ⅱ部のアーバン・レジーム論との関連で詳述することになる。
24）『至高の制度』の外にも、都市のみでなく農村部や小規模タウンをも含めた公教育の発展を通史的に描いた『徳の管理者』（Tyack, 1982）や、1930年代の大恐慌時代の教育を中心に考察している『困難な時代における公立学校』（Tyack, 1984）を始めとして学会に強い影響を及ぼした労作があるが、ここでは割愛する。
25）「政治過程ならびに政策エリートが合意するように圧力をかけたかもしれないが、あらゆる時期の教育改革には社会的な価値の葛藤が存在していたのであり、改革をイデオロギー的に一貫していると見なすことはできない」（Tyack, 1995: 46）と近年の著作の中でも述べている。
26）同書第1章において、カッツやボウルズらの研究の方法、内容を徹底的に批判している。たとえば、「（ラディカルズたちは）学校教育のイメージを社会的な強制としてのイメージに押し留めてしまったこと。単純な政治モデルを用いて教育史を扱ったために多くの理論的経験的に究明すべき課題が手つかずのままに残ってしまったこと。表面的な歴史的事実をもとにして大雑把な結論を導いたために、労働運動が全体的には公教育の拡大を支持していたことを示唆する一連の研究を直接に参照しなかったこと」（Wrigley, 1982: 3）を批判している。
27）この点に関して、カッツネルソンらによれば、「両者とも自らの立場の正当性を排他的に立証しようとするために、知的な袋小路に陥ってしまった」（Katznelson, 1985: 91）と両説を批判している。
28）同趣旨に、Burgess（1987: 1555）がある。

29) この問題はカッツネルソンらだけではなく、「未だだれも答えていないままである」が「教育とアメリカ労働者の間の関係を解釈する上で重要である」(Katz, 1987b: 278) とのカッツの指摘は的を射ている。
30) 本文では都市教育政治史の研究系譜を明らかにする観点からラディカル・レビジョニズム批判を跡づけたために、他の観点からのラディカルズ批判には言及していない。そのため、たとえば「国家論の復権」と教育政策との関連を主題として、ラディカルズ批判を試みている研究(Shapiro, 1982)などは割愛せざるを得なかった。

第2章　革新主義期教育政治研究の動向と課題
――1980年代半ば以降の研究を中心として――

はじめに

　1980年代半ばまでの、ラビッチ、ピーターソン、リグレー、ホーガン、カッツネルソンらによる革新主義期の教育政治研究[1]がラディカル・レビジョニスト[2]による階級強制説への批判意識を共通基盤としていたのに対し、それ以降は単に「ラディカル・レビジョニズム批判」にとどまらず、研究の対象や方法においていっそうの広がりを見せている。たとえば、従来、事例研究となった都市としてニューヨークやシカゴを対象とする場合が多かったが、その外の都市も対象となり、綿密な実証研究が積み重ねられてきている。また、階級と並んで人種、民族、ジェンダーも研究の中心的枠組みとして用いられるようになっている。その結果、教育政治の動態を歴史的に明らかにしようとする研究は、これら多様な政治アクターの登場を見るだけでも、水準が飛躍的に高まってきていると言える。

　いずれにしても、今日のアメリカの教育政治研究者は、教育改革に果たしたエリートの役割のみならず、女性、人種、民族、階級の役割をも視野に入れて研究を進める傾向が強くなっている。こうした研究動向に影響を及ぼしているのは、「新しい社会史」研究の隆盛である[3]。背景には、1950年代60年代の公民権運動、ベトナム反戦運動などの民衆運動の盛り上がりや、特に都市の人種差別、貧困という社会的現実への注目などがあり、歴史家の中に、差別され抑圧され続けてきた人々の視点に立って歴史を見直そうとする気運がみなぎったことである。この「下からの歴史」の視点は、ヨーロッパの社会史から刺激を受けながら、伝統的歴史研究の対象から排除されていた黒人、

移民、女性などに焦点を当て、つまり、階級、人種、民族、マイノリティ、ジェンダーなどに焦点を当てた歴史研究が積極的に進められるようになった。教育史においても、一般史の研究動向の影響を受けて、1980年代以降これらのカテゴリーに重点を置いた研究が多くなってきている。

以下では、主要には1980年代半ば以降に刊行され、革新主義期の都市教育政治を主題とし、ジェンダー、人種、民族を中心的な分析枠組みにしている研究と、教員組合と教育政治の関連についての研究を検討し、近年の教育政治史研究の動向と課題を明らかにしたい[4]。

第1節　アクターの多様化

1．事例対象都市の拡大と政治アクターの多様化

教育政治史研究の現代的傾向を最も早くに最も包括的に示したのはW・J・リーズ（William J. Reese）であろう。彼は『学校改革の権力と約束』(Reese, 1986) の中で、ニューヨーク州ロチェスター、オハイオ州トリド、ウィスコンシン州ミルウォーキー、ミズリー州カンザスシティーといった中西部の中核都市を事例対象とする比較歴史的方法により、広範囲にわたる史料を駆使して革新主義期教育改革の政治過程を考察している。教育改革をめぐる争点は、教育統治の集権化と地域代表性との確執、専門的指導監督職の発生と父母・地域住民との対立、教育指導層における男性と女性あるいは女性運動団体の活動との対抗関係、教育運営の能率化と民主主義の相克などである。

この研究によって、教育改革にはきわめて多様で広範な集団が重要な役割を果たしており、学校は産業界、経済界の指導層や行政官僚的革新主義者によって容易に操作される対象であったのではなく、むしろ、労働者階級をも含む社会諸集団の間で葛藤が生じる論争の場であったことが明らかにされた。さらにリーズは、葛藤のみをもって政治過程を特色づけるのではなく、革新主義改革への合意的な側面にも目配りしている。また、先行研究の多くが黙示的であれ明示的であれ、政治過程はトップダウンであったと解釈するので

はなく「多様なコミュニティ集団を内包する動態的で相互交渉的な過程」(Reese, 1986: xxi) であったと解釈している。改革過程に係わった人々とは、女性団体、父母団体、労働組合、社会福音伝導 (Social Gospelers)、人民党 (Populist Party)、社会党などで活動していた人々であった。こうしたボランタリーな組織が多様な形態で連携して「草の根改革運動」を作り出し、教育改革において教育専門職者に対抗して強い影響力を持ったと彼は断じている。たとえば、学校を地域のセンターに変えたり、貧困児童生徒に無償で朝食・給食を実施したり、バケーション・スクールを開設したり、児童生徒の健康や歯科の検診を実施したり、運動場を確保したりすることに、これらの諸団体は非常に重要な役割を果たしたことが明らかにされた (Reese, 1986: xxii)。

　比較歴史的な研究方法を用いることによって、中西部の革新主義改革の政治過程が都市によって異なることが明らかにされただけではなく[5]、女性運動団体は職業教育や貧困層のための食事プログラムの導入、機械的暗記主義の廃止や規律の緩和など教授方法の改善、さらに女性教員の労働条件の改善などについても積極的に活動し、かなりの影響を及ぼした。こういった活動に参加した女性は階級的には上・中流階級出身であったが、社会主義者や労働組合とも連帯して活動していたことをリーズは示している。

　かくして、革新主義期の教育改革を評価する際には、階級強制説か多元主義説かのいずれかの学説に加担して論争に積極的に加わるのではなく、あるいは多元主義説の中で労働者階級や民族集団のみに焦点を当てるのではなく、綿密な史料調査にもとづいて、政治過程に参加したアクターを幅広く登場させることが可能なことをこの研究は示唆している。

　リーズの研究の中で、革新主義期の教育改革過程の特徴として、ある都市では葛藤よりもむしろ合意の側面を掘り出している。この合意政治的な特徴は、その後シアトルを事例としたB・E・ネルソン (Bryce E. Nelson) と、デトロイトを事例としたミレルによって、より明快に摘出されることとなった。

　ネルソンは『グッド・スクール』(Nelson, 1988) において、主要には1901年から1922年まで在職した教育長F・B・クーパー (Frank B. Cooper) の仕

事に焦点を当てながら、特に最初の16年間に行われた多様な改革には幅広い支援と合意が見られることを主張している。その結果、この時期のシアトルは革新的都市として特色づけることができ、革新主義都市政治のモデルとして全米に知れ渡った（Nelson, 1988: 4）。この評価を獲得することができたのは、共和党、民主党といった政党を問わず、労働組合も社会主義者も、多様な民族集団[6]も、さらに、女性クラブも改革を支持していたからであり、これら幅広い支持基盤に支えられて、シアトル公立学校は著しい改善を果たした。教育委員会を構成していた人々は、多くの他都市と似て、穏健な上・中流階級出身者であり、労働組合組織も社会主義政党も必ずしも弱体であったわけではない中で、学校改革への合意が成立していた。具体的には、児童生徒数の急増に応じて数多くの新設校を設置し、カリキュラムを拡大・多様化し、伝統的な暗唱や教科書を使用した教授と並行して進歩的な教授方法を採用し、障害児教育の学級を設け、教員を増員し、夜間学校を開設するなど、当時の他都市では見られなかった教育革新が行われていた（Nelson, 1988: 44）。

　まさに全米的な関心を集める「グッド・スクール」が第一次世界大戦の勃発時点までにシアトルに実現したとネルソンは主張する。この洞察は、革新主義期教育改革をめぐって政治アクター間に葛藤が必然的に発生したことを両者とも前提にしている階級強制説と多元主義説との間の論争に大きく風穴をあけることになる。しかしシアトルのこの合意を持続させることは出来ず、第一次世界大戦を経て、教育行財政の能率化が経済界、産業界指導層より強く要求されるにしたがい、クーパー教育長のリーダーシップで導入されていた教育革新は簡素化され、教職員数や給与が削減されるようになった。ネルソンはこの合意政治の崩壊と、教育政策の基本方針の変更がなされた1920年以降の経緯についても論述している。

　革新主義期教育改革への幅広い合意を摘出しているもう一つの研究は、ミレルの『都市学校システムの盛衰』（Mirel, 1993a）である。ただしこの研究は革新主義期だけを対象としたものではなく、デトロイトを事例とした「20世紀都市教育政治史」と名付けることのできる研究である。貧困な財政、低学力、高い中退率などに象徴される現代都市学校の悲惨な実態は、アメリカ

教育史全体を通してみると希有な現象であると彼は述べる。都市教育は少なくとも1940年代までは能率的管理、革新的な教育計画、質の高い教育といった点で比類なき名声を得ていた。にもかかわらず、なぜ現代の都市教育の荒廃が生じたのかを明らかにすることこそ必要であるとの問題意識から出発して、彼は都市教育の20世紀における歴史的展開を丹念に跡づけている (Mirel, 1993a: vii)。表題の「都市学校システムの盛衰」とは、1920年代に全米から称賛されるほどの高い質を維持していたものの、1930年代の経済危機を経て、1960年代の政治的混乱を経験し、1970年代から80年代にかけて衰退が著しかったことを指している[7]。

　都市学校の運命が変転する要因を、彼は従来の教育史家が等閑に付してきた財政、税、支出などをめぐる政治の変容に求めており、同時に、教育財政は都市公教育の歴史を構成する中核的な要素であったにもかかわらず、十分に分析対象にならなかった問題点を衝いている。ミレルは、教育史家が財政問題を教育統治やカリキュラムをめぐる葛藤から見れば副次的な問題であるとして重視してこなかったことを批判するとともに、デトロイトの教育政治史では統治、カリキュラム、財政が相互に密接に結びつき、都市学校の発展に強い影響を及ぼしていることを同書で明らかにした。また、社会階級、人種、文化、カリキュラム、家族構造、同輩集団、さらには価値が教育に及ぼす影響を軽視するのではないが、資源をめぐる政治闘争が都市公教育の事実上すべての側面を規定しており、資源問題の重要性を軽視してきたがために教育史家は動態的な過程の半分しか焦点を当ててこなかった (Mirel, 1993a: xii)[8]。革新主義期には教育支出の増大に関して合意が成立していたものの、大恐慌の影響と、1960年代70年代の人種間葛藤の結果、栄光の都市教育の歴史に終止符が打たれた。この間に、経済界と労働側、白人と黒人とが対立し、教育費支出への政治的合意が崩壊し、財政能力が破綻し、最終的に都市教育の質の低下がもたらされた。したがって、現代の都市教育に卓越性と高い質をもたらすには、幅広い諸集団、諸勢力を結集しながら、教育支出の増大と高い教育水準への合意を作り出し、都市教育の衰退に歯止めをかけるべきであるとの結論が導かれている[9]。

　このように、ミレルの研究によって、シカゴと並ぶ中西部の代表的大都市

であるデトロイトでは、革新主義期だけに限ってみれば、葛藤よりもむしろ合意を特徴とした教育政治が営まれていたことが分かる。それのみでなく、彼によって教育政治研究の分析対象として教育財政、教育資源もきわめて重要であることが示された。

2．教育政治研究におけるジェンダーの視点

既に触れたように、リーズは革新主義期教育改革、とりわけ、職業教育の導入、運動場の確保、児童生徒の健康診断の実施など、教育革新において女性団体の果たした重要な役割を摘出していたが、近年の教育史研究においても、意欲的に女性を視野に含めた成果が公表されるようになってきている。このことは、前述のアメリカ史研究における新しい社会史の進展、分けても女性史研究の進展と無縁ではない。男性のみを歴史の主役とし、男性の該当する史料のみに依拠して歴史を解釈し、その結論が通説として受け入れられていることは問題であるとの認識が広がり、今日では「何事を研究対象にしようとも、社会的構築物としての性・性差であるジェンダーがいかに影響を及ぼしたかを考慮しない研究は不十分であり、認められないという共通の認識が、普通になってきている」(緒方、1994: 11-12)。

アメリカの女性と政治との関係についての研究をレビューした石原圭子によれば、女性は19世紀後半から20世紀前半にかけて、参政権を持たず男性中心の政治から排除される制度的差別を受けるとともに、家庭という「女性の領域」に閉じこめられ、あるいは閉じこもるという社会規範に拘束されていた。しかしながら、たとえ政党政治から排除されていても「女性領域」の範囲内で政治参加をしており、男性とは異なる見解にもとづいて独自な貢献をしてきたことも次第に明らかにされてきている (石原、1995: 91-92)。

また、石原も指摘していることであるが、女性が政治領域に足を踏み入れることで、階級概念の捉え直しが必要となる。つまり「母性」や「女性」を基軸とすることで、女性が所属する階級のみならず人種的障壁さえも乗り越える場合があるし、逆に女性としてのまとまりが階級によって引き裂かれる場合もある (石原、1995: 92)[10]。

このことを教育政治に引き付けて考えると、たとえば、革新主義期で教育

革新の導入を目指した女性運動団体が、「母親」として子どもの教育条件の改善を労働組合とともに目指したり、「女性」としての一体性のもとに、ほとんどが女性教員から構成されていた初等学校の教員組合と婦人参政権獲得運動で連帯する場合がある一方で、上・中産階級エリートの「妻」として、教育費支出削減運動に参加したりする場合もあった。ここでは、女性が教育政治と密接に係わっていたことと、階級的に矛盾的する立場にいたことだけを確認しておきたい。

　革新主義期の教育政治過程における女性の果たした役割を明らかにした諸研究の中で、ここではJ・R・ラフタリー（Judith R. Raftery）とP・W・カウフマン（Polly W. Kaufman）の研究を検討しておきたい。前者はロサンジェルスの都市化に伴う広範囲にわたる政治的、文化的な問題と教育改革との関連を考察したものである。特に教育統治改革と教育内容、分けても児童福祉的な教育プログラムの導入に焦点を当てている（Raftery, 1992）。たとえば、非白人あるいは英語を話さない住民の急増に直面して、ロサンジェルスの改革派の人々は、政治的腐敗をただし、政治と教育とを分離させるために、上・中流階級の管理・専門職者から構成される教育委員会に改革することを目指したり、ミドルスクールが開設されたり、知能検査と学力テストを管理する部局が設置されたりしたことの経緯と問題点を摘出している。さらに、移民や貧困家庭出身の児童生徒への教育サービスの充実―給食、放課後の運動場開放、デイ・ケア・センター、幼稚園―が積極的に推進され、学校を社会事業センターにすべく努力が払われたこともラフタリーは指摘している。

　学校への社会事業的機能の導入に与ったのは女性団体であることにラフタリーは注目している。当初は上・中流階級出身であったが、後には大卒者や有職者をも含む女性たちは、女性クラブ、セツルメントハウス、慈善事業など「女性の領域」での活動経験に裏打ちされつつ、公共領域における橋頭堡を築き始めた（Raftery, 1992: 19）。さらに、女性たちは教育行政外部から改革を支援したのみでなく、内部でも進出がめざましかった。教員とは対照的に、校長や教育行政当局者のほとんどが男性によって占められていた当時に、全米からみれば相対的には早い時期に女性が教育委員、教育長に就任し[11]、他の部局への進出も盛んであった。これがロサンジェルス的特徴なのか、あ

るいは全米的な傾向の一端を表しているのか速断できないが[12]、いずれにしても、潜在的でインフォーマルな女性の有する政治的影響力が背景にあったことだけは事実であろう。

　ラフタリーの研究は、貧困移民のアメリカ化を推進するための教育政策の決定と実施、ならびにその効果を明らかにすると同時に、居住地の人種分離の進行にも言及している。この側面に目配りしているものの、全体的には『公平な約束の土地』との表題に典型的に示されているように、次説で考察するM・ホーメル（Michael Homel）らに比べて、その歴史解釈がどちらかといえば楽観的であり、現代都市教育問題の歴史的起源の解明への貢献については留保せざるを得ない。

　教育政治史研究に最初に自覚的にジェンダーの分析枠組みを用いたのはカウフマンであろう。彼女は『ボストンの女性と都市学校政治』（Kaufman, 1994）において、19世紀最後の四半世紀から20世紀初頭までのボストンを舞台とした教育政治の動態を考察している。彼女によれば、従来の政治運動や婦人参政権獲得運動についての研究は、残念ながら教育委員会内部や学校関連選挙に果たしている女性の役割を明らかにしていない。教育政治領域で女性は伝統的に考えられているよりもはるかに急進的な行動をとっていた、と彼女は主張する（Kaufman, 1994: xi）。このことを、1875年から1905年までの間にボストン教育委員会委員であった14名の女性が、委員会内での議論にどのように係わったのか、どのような教育問題を提起したのか、これらが学校、都市、さらには彼女たち自身にいかなる影響を及ぼしたのかに関して論証している（Kaufman, 1994: xi-xii）。

　さらに現代都市教育問題と関連づけながら結論的に述べているところを見ると、教育委員に占める女性の比率が高くなればなるほど、たとえ激しい論争が行われている時でさえ、学校改革が促進され、この事実は、1880年代と1980年代に共通している。たとえば、ボストンの女性教育委員にとって教育政策の中でも優先順位の高い幼稚園教育の推進は、たとえ政治的葛藤があっても最終的には両時代とも学校システムに組み入れられたり、あるいは新校舎の建設が促進されたりした事例などを指摘している。そして、「女性が教育政治に活動的であるときには必ずといってよいほど、子ども達の必要性に

合わせて学校のプログラムを再検討する機運が高まる」(Kaufman, 1994: xvi)[13]とまで断言している。

かくして、ボストンを事例としたものではあるが、カウフマンによって女性の意識や行動が革新主義期教育政治を特色づける重要な要因であることが明らかにされたのである。ただし、彼女の分析の中には、主たる研究課題ではなかったためであろうが、圧倒的多数が女性で占められていた教員ないし教員団体と女性教育委員との関係は必ずしも明らかにされていない。また、階級を媒介として両者が連帯したのか、あるいは離反する関係にあったのかは興味深いテーマであるが、曖昧なままである。さらに、宗教的背景にもとづく教育委員会内での紛争には触れていても、人種的葛藤に関してほとんど触れられていない。

次章で検討するように、シカゴでは上・中流階級の有力女性団体が必ずしも同一階層の男性と同一歩調を取ったのではなかった。圧倒的多数が女性であった教員組合と連携することもあったし、政治的影響力を発揮する場面が少なからずあった。いずれにせよ、ジェンダーの視点を組み入れた都市教育政治史研究が活発化してきているのが近年の特徴である。

第2節　人種・民族・教員組合

1．教育政治における人種と民族

アメリカの都市学校は歴史的に人種間、民族間の対立を基底にした政治論争の舞台になってきた。都市教育をめぐって論争が生起すると、多くの場合、地域社会と学校との分裂が顕著となってくる。そして、教育政治が最も熾烈な人種政治の様相を帯びることとなるのは、人種分離学校廃止問題であった。このことは本書第II部第1章および第III部第1章で論じるように、シカゴも例外ではない。

ところで、公教育における人種問題は1960年代に最高潮に達した公民権運動によって白日の下にさらされたが、その歴史的経緯について、近年の教育政治史研究が明らかにしてきている。すなわち、1930年代までにシカゴ公立

学校は人種統合から人種分離に移行しており、白人学校に比べると黒人学校は壊滅的な状態であったことがホーメルによって明らかにされた（Homel, 1984）。

　ホーメルの研究主題は、現代においても全米で最も人種分離された都市であるシカゴで、なぜ黒人はゲットー、雇用差別、犯罪、病気、家庭崩壊といった困難な生活の中に閉じ込められなければならなかったのか、分けても、学校は社会をより望ましい方向に改善するための触媒になったのではなく、なぜ学校自身が黒人の従属的な地位を強化することになったのかについての歴史的解明であった。第二次世界大戦後に黒人の多くが居住している地区の教育施設が改善されるようになり、連邦政府の教育資金が投入され連邦裁判所での人種分離学校廃止命令などの援護もあり、公民権運動の目標がある程度達成され、現代の黒人教育は戦間期からみれば大幅に改善されてきている。公立学校の人種分離の基本的パターンは戦間期に形成されたものであり、長期にわたり形成されてきた人種分離学校は現代においてもそのまま残存し、今日の都市黒人教育問題の主因をなしている（Homel, 1984: 187）。

　厳格な境界線を張りめぐらす黒人ゲットーは、1920年代と30年代に形成されたが、公立学校は黒人をこの地域に閉じこめておく装置として機能したのであり、この機能遂行を可能ならしめたのは、人種統合校から白人と黒人の人種分離校に移行させる社会的・政治的権力を掌握していた白人による教育政治であった。すなわち、シカゴではすべての白人が人種差別主義者であったわけではないが、すくなくとも第一次世界大戦から第二次世界大戦までの間に、人種的偏見を持った中流階級の学校行政官や政治指導層は、巧妙に黒人の子どもを施設・設備の劣悪な分離学校に追いやり、黒人教員をこれらの学校に配置し、黒人学校を孤立させるとともに、白人学校には相対的により多くの教育資金を投入し、結果的に黒人への教育の質的低下がもたらされた事実をホーメルは提示した[14]。黒人教育の歴史的特徴としての人種分離と、それのもたらす教育の不平等のパターンは、シカゴに限らず1940年代、50年代における北部の都市の典型例でもあった（Homel, 1984: x）。

　ホーメルの研究は、シカゴの公立学校が人種的に分離されるようになった経緯と、その結果もたらされた不平等を子細に、実証的に明らかにしている

が、黒人の側は教育政治でいかなる役割を果たしたのかについて明快ではない。この点の解明がなければ、教育条件に係わる政治的決定において、黒人父母、ゲットー地域住民、さらには黒人児童生徒を単に分離政策によってもたらされる不平等を甘受する人々として描く、いわばステレオタイプに陥ってしまう危険性はないであろうか。すでにピーターソンが『学校改革の政治』の中で言及していたように、1920年代の人種分離学校が固定化するまでの間に、あるいはその後も、黒人地域住民は常に白人学校への入学を働きかけるとともに、黒人地域にある学校施設の改善を求めて運動していた（Peterson, 1985: 111）[15]。こうした事実を踏まえれば、さらに教育政治史的関心からみれば、むしろ黒人の採用した戦略、たとえば、政治マシンの利用の意義や課題について、ホーメルの研究のみをもってしては十分に応えられないことになる。

　また、書評でリグレーが言及しているように（Wrigley, 1985: 141）、豊かな地域に居住する白人は子ども達が黒人の在学している学校に通学することに強く反対したが、それに比べれば、新しくやってきた移民の多くが居住する地域では人種的に統合された学校を受け入れている。ホーメル自身もこの点に関して先行研究を紹介しており、彼によって初めて明らかにされた事実ではない。この事実をどのように解釈するのかに関して、リグレーはホーメルの研究の不十分性を批判している。彼は分析対象を黒人集団に限定したためにこの批判を招いたが、視点を変えれば、人種あるいは民族集団の多様性に留意して、個別の集団と公立学校教育との関係について理解することも可能である。この研究課題に自覚的なのは、D・M・ピンダーヒュージ（Dianne M. Pinderhughes）とP・ファス（Paula Fass）である。

　両者とも都市教育政治を主題にする研究者であるとは言いがたいが、人種、民族を分析枠組みとして設定し、意志決定の場で移民国家アメリカの主要な民族集団がいかなる役割を果たしたのかを明らかにしており、近年のこの領域の研究をさらに掘り下げている。ピンダーヒュージは主に1910年から1940年までの間の、黒人、ポーランド系、イタリア系の市民の政治的統合および参加について、つまり、シカゴの人種と民族の政治を説明することを意図している（Pinderhughes, 1987）。その際に、刑事裁判と教育システムを事例と

して取り上げ、それぞれ一つの章で詳細に記述している。そして、教育資源の配分、雇用、施設・設備、教科書採択、学校関連施設の購入契約に係わって、黒人、ポーランド系、イタリア系の住民、教育委員会、教育長、教員団体、市長、民主党、経済界などの政治アクターが教育政策にいかなるインパクトをもたらしたのかを明らかにしている。教育政治の状況、たとえば教育問題に関する黒人住民側と政治マシンとの関係の変化などによって、教育費支出の人種、民族別のパターンは大きく変化する、との結論をピンダーヒュージは導いている (Pinderhughes, 1987: 227)。

分析対象となった政治アクターの範囲をより広く捉えて分析しているのはファスである (Fass, 1989)。ここでいうアクターにはマイノリティ集団である黒人、移民、女性、カトリックを含めている。彼女によれば、公立学校とマイノリティ集団との関連についての研究は、従来はどちらかといえば、学校はこれらの集団の子どもをどのように特定の行動様式を学ばせ学力を獲得させるのか、すなわちアメリカナイズしようとしたのかについての研究が主流であった。しかし、彼女は逆にこれらの集団がみずからの目的を達成するために、時には学校のあり方を変えながら、学校を利用しようとした方法に焦点を当てている。教育政治学的観点から見たこの研究の意義は、教育長、教育委員会、市長、産業界などの教育政治における既成権力を保持している人々に焦点を当てるのではなく、教育改革の客体としか見なされていなかったマイノリティ自身の意識、態度、行動に焦点を当て、その影響力ならびに重要性を提示したことである[16]。

都市学校教育の人種や民族をめぐる政治的論争の含意を明らかにするために、ファスは媒介変数として人種、民族などの文化的要因あるいは文化的差異を用いたのみならず、ジェンダー、宗教などの変数をも組み入れることによって、教育政治研究に新たな可能性を切り開いている。いずれにしても、公立学校と地域社会あるいは通学区住民の権力関係に不均衡が生じるときに、その状態を快復させる手段として、フォーマルな権力関係の再構造化だけではなく、インフォーマルで、潜在的で、文化を媒介とした教育改革手段も、その功罪はともかくとして、存在することが明らかとなった[17]。

2．教育政治と教員組合運動

　近年の教育政治研究において見落とすことができないのは、教員組合の政治的役割に関する歴史研究のめざましい進展である。背景として、1960年代初頭より教員組合が団体交渉権を獲得し、締結された労働協約が教育政策や教育行政を強く規定することになったことがあげられる。つまり、実体はともかく、アメリカの教育統治は伝統的に、専門家と素人教育委員との間の抑制と均衡によって、民主性と効率性とが最もよく発揮されるとの信念にもとづいて運営されていたものの、団体交渉の制度化によってこの観念が打ち砕かれることとなった。これは教育政治の様態を大きく変化させることであり、教員組合運動の政治性に対して多くの研究者が着目することになった。この一環として教員組合の歴史的研究が積極的に行われるようになった。特に、全米で最初に結成された教員組合がシカゴ教員連盟であり、20世紀初頭では全米で最大、最強の組合として名を馳せ、都市教育政治に多大な影響力を発揮したことも与って、教育政治と教員組合との関係についての研究の事例都市としてシカゴが注目され、教員組合史の組み替えが進んでいる。

　1979年に刊行されたW・J・グリムショー（William J. Grimshaw）の『教員組合の学校支配』（Grimshaw, 1979）は比較的早い時期にこの課題に取り組み、学会に大きな衝撃を与えた研究の一つである。彼はシカゴ公立学校の統制主体の歴史的変容として、政党マシンによる支配、革新主義改革派あるいは専門的教育官僚による支配、1970年代以降の教員組合による支配という構図を描き出している。そして、現代の教員組合による支配は、直接間接を問わず、有権者からの統制を受けていない点で、教育統治の民主性と著しくかけはなれている点を示唆している[18]。

　団体交渉の制度化、教員団体の組織化の進展、教員組合の戦闘化、教育政策形成への影響力の強大化といった現実を背景として、1980年代以降教員組合の歴史研究も大きく進展した。革新主義期の教育政治と教員組合との関係に焦点を当てた研究もいくつか試みられ、ここではW・J・アーバン（Wayne J. Urban）とM・マーフィー（Marjorie Murphy）の研究を検討したい。アーバンは1980年代前半に『なぜ教員は組織したのか』（Urban, 1982）

を刊行している。

　革新主義時代に都市の教育政治過程におけるアクターとして登場し、実際にもかなりの影響力を及ぼしたのが教育関係者の団体であった。それらは初等学校教員、中等学校教員、ハイスクール教員、初等学校長などのそれぞれの職域ごとに組織された。アーバンは、これらの団体の中でもシカゴ、ニューヨーク、アトランタを事例として、それぞれの主に初等学校教員で構成される教員組合はなぜ、どのように組織化されたのかを主題として考察している。

　教員の組織化の主因として彼が指摘しているのは、労働条件の改善という経済的目標であり、具体的には、年金制度の確立、給与引き上げ、身分保障であった。特に、身分保障に関して教員側の死守しようとしていたのは先任優先権（seniority rule）であった。教員の採用、昇任、報酬を決定する際に、資格や適性審査といった能力主義的な基準を導入しようとする教育行政官あるいは教育改革派の意図に教員団体は激しく抵抗し、厳しい論争が展開された[19]。特に、戦闘的でカリスマ的な指導者であったM・ハレー（Margaret Haley）らに率いられたシカゴ教員連盟は、1897年の結成時より1920年までのまさに革新主義期に、教員の権利擁護の運動、教育統治改革のみならず、市政改革、さらには婦人参政権運動にまで積極的に参加し、強い影響力を発揮したのであった。

　アーバンの研究が傑出しているのは、革新主義期の集権化に向けた教育統治改革や、労働者養成としての学校を目指す教育内容改革の推進勢力と対抗勢力として指摘されてきた諸集団、すなわち、前者の勢力としての都市改革派、教育専門職者、教育改革派、経済界などや、後者の政治ボス、政党マシン、移民集団などに伍して、ある場合にはそれらの集団以上に強い政治的影響力を持った団体として、都市学校の教員団体を正確に位置づけたことである。教員たちはこれら両陣営のいずれかに与して運動を展開したのではなく、自己の利益に資する限りにおいて、多様な戦略を用いている。さらに公立学校教員としての一枚岩的な意識や行動を伴ったのではなく、初等学校と中等学校にそれぞれ団体が結成されたように、利害の相違によって内部的な多様性がもたらされ、それぞれ独自に利益集団としての機能を果たしていた。い

ずれにしても、教員としての身分保障や退職後の保証などを確かなものとするために教員は組織化を急ぎ、その過程で獲得することができたり、または失ったりしたものもあった。要するに、教育政治過程において教員団体が用いた戦略は、きわめて矛盾する性格を持っていたことがアーバンによって明らかにされたと言ってもよい。

ところで、当時の初等学校の教員は大半が女性であり、逆に中等学校教員の多くが男性であったことから、それぞれの教員組合は性別組合の様相を呈していたことをアーバンは指摘しているが、これの持つ意味については深く追究されていない。すなわち、当時の一般女性の置かれた地位、女性労働運動との関連、職業としての教職と女性との関係、教員の階級的地位や民族性などを明らかにする上で十分とは言えない。次章で詳述するように、シカゴ教員連盟は女性教員からなり、労働運動と連帯して、強力な政治的影響力を発揮する。

全米を網羅した代表的な教員団体としてのNEAと「アメリカ教員連盟(American Federation of Teachers=AFT)」を分析するのに、ジェンダー、社会階級、人種、民族性などを積極的に組み入れた、教育史と労働史との両分野にまたがる研究成果がマーフィーによって出された（Murphy, 1990）。彼女は教員労働運動の特質を次のように捉えている。すなわち、NEAとAFTの運動史は「ジェンダーの相違に直面せざるを得ない運動であり、公務員ストライキの禁止が最初に検討された公務労働者組織であり、新たな『専門職主義』の規範に適合するように『科学的』に選ばれた労働者集団」(Murphy, 1990: 1) であったとしている。かくして、教員組合の結成要因を明らかにしようとするアーバンの問題意識とは異なり、マーフィーは、結成時のみならず、その後の展開についても、AFTとNEAの競合関係を基軸として、ジェンダーの新たな分析枠組みを用いながら丹念に論証を積み重ねている。

第二次世界大戦までシカゴ支部はAFTの執行部に選出され続けたことから分かるように、結成当初から強力な教員組合としてその名を轟かせていた。むろんマーフィーもシカゴ教員連盟の結成時はむろんのこと、20世紀初期の教育政治に果たしたその重要な役割や、教育統治の集権化ならびに教職の専

門職化の趨勢とシカゴ教員連盟との対抗関係について洞察を加えている。こうしたシカゴ教育政治における教員組合の政治アクターとしての活動や意義のみでなく、専門職組織指向の強いNEAと労働者組織指向の強いAFTとを対比的に分析することで、全国規模の教員組合の歴史的な変容や特徴をも適切に描き出している。そして、ジェンダーのみならず、教員の階級性、人種的・民族的特徴などにも濃淡の差はあれ言及している。

　しかしながら、革新主義期だけに限ってみれば、教育政治過程のダイナミズム、特に教員組合と政治諸アクターとの対立、抗争やそれの持つ意味について十分に掘り下げられているとは言えない。ただし、1970年半ばのたとえばW・E・イートン（William E. Eaton）による教員組合史研究と比較すれば、研究方法の多様化、研究の深化は一目瞭然である（Eaton, 1975）。

小　括

　以上見てきたように、教育政治史研究は内容のみでなく方法も多様化してきており、その成果もまさに百花繚乱の様相を呈している。基本的な趨勢としては、新しい社会史研究、すなわち、女性史、移民史、労働史、家族史、黒人史などの成果を積極的に吸収した教育政治史研究の盛況であると言ってよいであろう。これらの成果を広く組み入れた革新主義期の都市教育政治史研究が行われることによって、通説を大きく塗り替える可能性がある。

　すなわち、第一点目に次のことが言える。19世紀末の最高裁判決による「分離すれども平等に」原則が20世紀半ばまで貫徹しつづけ、北部大都市においても、この原則にもとづいて人種分離学校が形成されてきたとの理解が通説であろう。しかし、戦間期における白人の行政官ならびに政治家による教育政治こそ、人種分離学校の形成と進展において重要な役割を果たしていた。

　第二には、強固な人種分離学校の形成によって、劣悪な教育資源しか提供されない学校に隔離されてきた黒人児童生徒は、ブラウン判決を嚆矢としてその後の1960年代の公民権運動によって初めて改善の手が差し伸べられるようになったと理解されることが多い。しかしながら、20世紀前半に、黒人集団のみならずポーランド系、イタリア系などの移民集団は政治アクターとし

て既成の権力関係に部分的にではあれ影響力を行使し、白人学校との比較で教育費支出の相対的増大を引き出していることから、教育政治への一定の影響力を有していた。

　第三には、アメリカ公立学校教育の重要な機能は、移民集団のみならず黒人やネイティブ・アメリカンに対してアメリカナイゼーションを図ることであり、マイノリティは教育を受ける対象、客体でしかなかった。ところが、教育の客体としか見なされていなかったマイノリティ自身の意識、態度、行動に焦点を当てると、彼／彼女らは自分達のアメリカ社会での成功を目指して、主体的に、多様な方法を用いて学校の在り方を変え、学校を利用してもいた。

　最後に、教員組合の政治アクターとしての影響力の強さについては共通理解が成立するとともに、教員としての職業的な利害に関しては一枚岩的な把握しかされていなかった。しかし、構成員のジェンダー、社会階級、人種・民族などに焦点を当てると、教員組合運動内部の方針や路線の相違・対立が浮き彫りにされ、教員組合は内部的にさまざまな矛盾を抱えた政治アクターであった。

　今後のアメリカ教育政治史研究の課題として、これまで概観してきた諸研究の、分けても新しい社会史研究の成果を踏まえたその今日的動向を意欲的、積極的に、なおかつ批判的に摂取した革新主義期の実証研究が求められている。同時にそれは次章の研究主題でもある。

注

1) それぞれの代表的著作は以下の通りである。Ravitch（1974）、Peterson（1985）、Wrigley（1982）、Hogan（1985）、Katznelson（1985）。
2) ここでは主に以下の研究者を指している。カッツ、スプリング、グリア、カリエ、ビオラ、ボウルズ、ギンタス。
3) アメリカ史研究における「新しい社会史」の動向は、有賀（1990）が要領よくまとめている。また、アメリカの新しい社会史研究を意欲的に摂取した日本人研究者による論文集が刊行されてもいる（本田、1989）。
4) 以下で検討対象とする教育政治史研究は、本文でいうところの研究領域的カテゴリーに明快に分節化できるわけではなく、各カテゴリーは部分的に重複している。さらに、

本文で触れることのできなかった数多くの教育史研究が発表されていることは言うまでもない。ここでは、筆者の問題関心に近い範囲にある諸研究、しかも研究書として公刊されたものに関してだけ論究したにすぎない。

5）リーズによれば、ミルウォーキーとトリドは労働組合の影響力が強く、ロチェスターとカンザスシティーは教育改革に積極的ではなかった。

6）ちなみに1914年時点におけるシアトルの学校在籍児童生徒のうち最大のマイノリティ集団は日系アメリカ人であった。日系児童生徒が運動場で和服を着て和傘をさして踊っている写真も含め、施設設備が整い、進歩主義教育の実践を彷彿とさせる多くの写真が同書に収録されている。

7）「盛衰」は児童生徒一人あたりの教育費支出の歴史的変化を示すグラフをみても十分に理解できる（Mirel, 1993a: 402）。

8）ミレルは同一の問題意識から、本研究第III部で詳述する1988年のシカゴ学校改革の成否を握る重要な鍵として財政基盤について論究している（Mirel, 1993b）。同趣旨にCrowson（1992）がある。

9）この点は Mirel（1993a）のエピローグに要領よくまとめられている。

10）なお石原は黒人女性と教育との関係に係わる研究動向も検討しており（石原、1994）、参考になる。

11）S・M・ドーシー（Susan M. Dorsey）は1920年にロサンジェルス教育長に就任している。なお、大都市における最初の女性教育長は1909年に就任したシカゴのE・F・ヤング（Ella Flagg Young）であった。

12）19世紀末までに女性に参政権が与えられていたのは、ワイオミング、コロラド、アイダホ、ユタの西部諸州であることから、カリフォルニア州においてもこの影響があって、女性の社会進出に寛容的な風土があったのかもしれない。

13）また1905年のボストン教育委員会改革によって、委員数を24名から全市一区で選出される5名に削減したことが、女性の教育政治への参加を阻む主因であったとしている（Kaufman, 1994: 271）。

14）人種分離学校は黒人の「ゲットーへの居住と近隣学校への通学政策との単純な組み合わせ」（Homel, 1984: 344）によってもたらされたのではなかった。実際には、分離した不平等な人種分離学校の形成の要因は次のような背景を持っていた。すなわち、「シカゴ公立学校のような大規模制度では、公式のあるいは政策上の方針によってではなく、多様な個人レベルでの決定の集積によって、人種差別が行われるようになった。ゲットーの学級から異動した白人教員、人事と財政を決定する教育行政官、公立学校システムを監督する教育委員がゲットーの学校を分離させただけでなく不平等な学校にするのに貢献した」（Homel, 1984: 73）。

15) ピーターソンは同書で黒人の用いた具体的戦略にまで分け入って考察しているわけではないが、民主党マシンとその影響下にある教育委員会は黒人地域からの施設改善要求に中途半端であるが応答すると同時に、人種統合という政治的緊張を高める問題を回避する政策を用いたと述べ、アトランタと比較すれば、シカゴ黒人が一定の政治的影響力を有していたことを示唆している。
16) たとえば、マイノリティはアメリカの伝統的な学校教育の中ではアウトサイダーであり、アウトサイダーに学校教育を与える問題は、単に学校教育の目的と機能とをめぐる葛藤の発生以上のことをもたらした、とファスは述べる。なぜならばアウトサイダーが「学校の文化的な方向性を規定するとともに、学校をこの方向に向かって発展させる」(Fass, 1989: 230) ことまで成し遂げたからである。
17) 教育政治の動態を明らかにすることを目的とした研究ではないし、教育史研究あるいは教育政治研究の論争に必ずしも積極的に係わっていないが、J・パールマン（Joel Perlmann）の研究も人種・民族の差異と学校教育との関係を明らかにしており、非常に有益である（Perlmann, 1988）。彼は1880年から1935年までのロードアイランド州プロビデンスのハイスクール生徒の大規模な個人データを活用して、アイルランド系、イタリア系、ユダヤ系、黒人それぞれの三世代の教育的・経済的な地位達成における相違を分析した。その結果、ヨーロッパからの移民集団間で格差が生じる要因として文化的相違が背景にあることを明らかにすると同時に、地位達成が最も低い黒人は労働市場における過酷な人種差別に直面していた実態を摘出している。またユダヤ系移民に焦点を当てた研究として Brumberg（1986）もある。
18) シカゴ1988年学校改革の目的の一つとして、教員組合の政治的影響力を排除し、教育統制に民主主義の復権を計ろうとする意図があったことは、本書第III部で言及することになる。同趣旨に、Wong（1990）がある。
19) 現代の教員組合の実態と課題と係わってアーバンの研究で注目すべきなのは、教員ならびに教員組織は、歴史的に見て、昇任やその他の職業上得られる報奨の重要な基準として、先任優先権を重視することを明らかにしたことである。教員の有する伝統が現代においても効果的な組織活動の妨げになっていることをアーバンは鋭く指摘している。

第3章　教育統治改革をめぐる政治過程
— 革新主義期のシカゴを事例として —

はじめに

　本章では、革新主義期におけるシカゴ教育改革の中でも、特に教育統治改革に焦点を当てて検討を加える。この時期には教育統治改革のみならず、職業教育の導入、義務教育法の制定、ドイツ語授業の是非などに関しても激しい議論が巻き起こり、その政治過程についてカッツネルソンらは分析しているが（Katznelson, 1985）、本章ではそれらの論争を割愛せざるを得なかった。しかしながら、教育統治改革をめぐる論争に絞ったからといって、シカゴ教育政治の特徴が歪められるとは考えられない。むしろ、教育統治改革は以下に述べるように、シカゴの、ひいてはアメリカの都市の革新主義期における教育政治現象の一典型例と考えられるからである。

　以下、第1節では、シカゴで公立学校が創設された時期ならびにその後の学校教育の実態を、特に教育行財政の実態と課題に焦点を当てながら検討する。そこでは、すでに革新主義期以前に、教育行政当局にかなりの権限が集中するようになっていたことが示される。つまり、革新主義期だけをもってして、教育統治改革の着手と完結という結論は誤りであることが分かる。

　次いで、革新主義期の教育統治改革を促した背景、特に都市への移民の急激な流入が学校教育に及ぼした影響について素描する。そして、都市一般行政の改革が教育統治改革と密接に関連していたことが明らかにされる。第3節では、教育統治改革の過程を綿密に検証することで、支配階級-労働者階級の対立図式で教育改革の性格を評価することは困難であることが明らかにされるとともに、教育改革主体を明らかにするためには、その外の視点をも

視野に入れる必要があることを提示する。

現代と革新主義時代との社会・経済・政治的な相違を考慮しなければならないことは言うまでもないが、革新主義時代の教育改革についての本章の考察は、特にその政治的側面の考察は、現代教育統治改革の探求に貴重な示唆を与えてくれるのである。

第1節　シカゴ公立学校創設期の実態と課題

1．公立学校の創設と教育行財政

1833年のシカゴは、人口規模から見てタウンとしての法人格を取得するほどまでに都市的な形態を整えるようになっていたが、それ以前はミシガン湖に面したシカゴ川河口の小さな町でしかなかった。シカゴで最初に学校が建設されたのは、インディアン虐殺（Indian massacre）後にディアボーン砦が再建され、植民者が最初にこの地にやってきた1816年であり、この学校には毛皮会社の雇った教員1名が7、8名の児童生徒を教えていた（Clark, 1897: 11）。

1833年にはシカゴの含まれるクック・カウンティの校地理事会（commissioner of school lands）に、当時の有権者は百名以下であったものの、学校建設の請願が聞き入れられ、土地の売却益から生じる利子でシカゴ最初の、おそらくイリノイ州でも最初の無償公立学校の運営資金が拠出された。この資金は児童生徒数に応じて徐々に開設されつつあった世俗学校のみでなく、教派学校にも配分されていた。また、市域内に学区も設定されたが、単なる通学区域であり、学校の監督的機能を担うものではなった（Clark, 1897: 12）。

シカゴの教育行政が一定の体系性を持つようになったのは、1835年の州特別学校法の制定によってであった。タウンの有権者が教員勤務評定、教科書採択、学校訪問を担う査察官（inspectors）を選出することとされた。同時にタウン内のそれぞれの学区は理事会（trustee）を選出し、この理事会は教員の人事、学校の無償制、すべての白人子弟の学校就学督励などの権限と、最も重要な権限である学校資金のための課税権を付与された（Clark, 1897:

12-13)。

　しかしながらこの学校法は1837年にシカゴに市憲章が付与され、新たな教育行政システムが構築されたため、実施されることはなかった。この憲章では校地と学校資金はカウンティの校地理事会が掌握していたものの、シカゴ学校の全般的な統制権は市議会に付与された。直接的な管理権は1835年の州特別学校法と同様に市議会の任命する査察官に与えられたが、学区は学校税の課税、学校の設置管理、教員採用の諸権限を有する理事会を選出することとなった (Clark, 1897: 13)[1]。

　いずれにしても、都市として成長しつつあったシカゴの教育統治のための組織は短期間に改変を重ねており、必ずしも一貫性を保っていたわけではなかった。こうした状態はその後の急激な人口増加をみた1850年代以降も続いた。市に昇格した時点では、ミシガン湖と運河を利用した海上交通によってのみ東部と結ばれていたが、1852年にミシガン・サザン鉄道とミシガン・セントラル鉄道の両鉄道がつながることでシカゴは東部と深く結びつき、地の利を生かして木材業、精肉などの食料産業をはじめ諸工業が飛躍的に発展することとなった。都市人口も膨張し、1870年には30万名を突破、80年には50万名にも達し、その後の20世紀への転換期には10年ごとに50万名ずつの移民を主体とした人口爆発の時代を迎えることになる。シカゴに限らず、人口の増加は成人人口だけでなく、青少年人口の増加ももたらした。たとえば、アメリカ全体における5歳から13歳までの初等学校在籍児童数についてみると、1889-90年度で約1420万名であり、その後10年ごとにおよそ200万名ずつ増加し、1929-30年度では約2360万名にまで達している (United States, Office of Education, 1947: 8)。

　1920年のシカゴ市民のうち、アメリカ生まれの白人の占める割合は23.8パーセントであるのに対して、外国生まれの白人は29.8パーセント、アメリカ生まれの白人との「混血 (mixed)」42.2パーセントに較べてアメリカ生まれの白人が圧倒的少数派になっている。なお、「有色 (colored)」は4.2パーセントでしかなかった (United States, Department of Commerce, 1930: 22-23)。

　19世紀半ば以降の都市の膨張、および児童生徒数の急増は処理すべき教育

事務の増加や複雑化をもたらし、教育行政組織の肥大化をもたらした。1837年から1854年の間に市議会は7名からなる学校査察委員会（board of school inspectors）と各学区3名の学校理事を任命した。1857年までに学校査察委員は15名にまで増えている。1864年から1872年までは市内16学区それぞれ1名ずつ、後には20の区から1名ずつ選出されるようになった。1872年には査察委員の任命権は市議会の承認を得ることを条件に市長に移され、その際には区を基盤として任命される必要性はなくなった。1891年までにシカゴ教育委員会の委員は21名で構成されるようになった（Cronin, 1973: 45）。

以上見てきたシカゴの公立学校創設当時における統治システムの特徴は、後に徹底的に批判されることとなる区代表制の原理を採用していた。学校の創設ならびに維持が学校設置区域単位で審議され決定されていたためであり、市全域にわたる統治システムを優先する必然性がなかったからに他ならない。こうした特徴はひとり教育統治システムだけではなく、都市政治一般に対応するものであった。それを「地域主義（localism）」（Katznelson, 1985: 226）の現れであり、政治的権威を意図的に分割する装置であったとして肯定的に評価することもできるが、まずもって学校の設立と維持が優先されていた当時において、政策の選択肢が他になかったといったほうが実態を正確に表しているのではなかろうか。区代表制の原理が、偶然か必然かの検討は脇において、教育統治システムのモデルとして存在したことだけを確認しておきたい。

2．19世紀後半のシカゴの学校教育

1854年にはシカゴで最初の教育長にボストンの教員であったJ・C・ドーレ（John C. Dore）が任命され、1857年に市教育委員会が創設された。市全域の教育統治は市議会が権限を持っており、市の一般行政から教育の機能が分離され、実質的には区を単位として行われていた分権的システムの変容が始まることとなった。教育長職の設置と活動は次に見るように、当時の混乱していた個別学校の運営に対して、学校ならびに学区を網羅的に管理統制しようとするものであり、まさにシカゴの教育統治に「革命」（Clark, 1897: 18）をもたらしたのであった。たとえば、教育長は学級を監督し、校内組織

を整備し、統一した教科書の使用を主張し始めたことをH・B・クラーク（Hanna B. Clark）は紹介している。

　初代教育長自身による学校査察委員会への報告によれば、着任当初の教育長の仕事は公立学校システムの構築と学校の改善であり、学校を詳細に調べて、児童生徒の年齢と学力に応じて適切に区分し、学校のためにふさわしい調査研究を行うことであるとしている（Chicago Board of Education, First Annual Report of the Superintendent of Public Schools of the City of Chicago, 1985: 4）。

　初代教育長をはじめとしてその後に続く教育長も当時の混乱していた学校の運営を正すために悪戦苦闘することとなった。最も深刻な問題は過密学級・学校の問題であった。シカゴが市に昇格した頃の人口は3千名ほどであり、五つの学区に約4百名の児童生徒が在籍していたものの、2、3の学区には学校がなく出席児童生徒数は在籍数をかなり下回っていたことが報告されている（Clark, 1897: 13）。1850年には21名の教員が1919名の児童生徒を担当しており、教員一人あたり約百名の児童生徒を担当していたことになる。1850年代半ばまでは公立学校よりも宗派学校や非宗派系私立学校に通学する児童生徒数の方が多かったのであるが、1850年の学齢児童生徒数は1万3千5百名であり、数千名の児童生徒は公立学校にも私立学校にも通っていなかった（Herrick, 1971: 32）。1889-90年度におけるイリノイ州全体の児童生徒の日々平均出席率は66.7パーセントであり、19世紀末でも就学率は高くなかった（Report of the Commissioner of Education, 1890-91, Volume 1, 1894: 12）。公立私立を問わず、学校教育を受けることのできた子どもが半分くらいであったということと、たとえ公立学校に通うことができたとしても、すし詰め教室で授業を受けなければならなかった。

　こういった実状に対して教育当局は必死で努力をしていたものの、事態の好転をもたらすことはなかった。すなわち、初代教育長は児童生徒を学年別に配置し、出席記録をつけ、統一した教科書の使用を働きかけ、父母に対しては「移民としての特徴」を放棄して、子ども達を学校に通わせるよう説得することに努力を傾けていた（Herrick, 1971: 38）。

　1856年にはドーレ教育長の後任としてW・ウェルズ（William Wells）が

着任し、学年制を徹底させ、教員を激励し、カリキュラムを再編し、教育への公的な関心を高めるべく努力したものの、何千名もの子ども達が学校に通っても座る席のない状態が何年も続いた。1860年の初等学校には123名の教員が約7千8百名の子どもを担当し、平均学級規模は77名となるほどの相変わらずの過密学級であった（Chicago Board of Education, The 6th Annual Report of the Board of Education, 1860: 17-18）[2]。ただし、19世紀の最後の30年間にあらゆる人々のための学校教育という考え方は、少なくとも初等学校段階に関しては、さらに白人の子ども達に関してだけは実現した、とする評価視点（Katznelson, 1985: 58）は重要である。ただし、過密学級問題はその後も続き[3]、資本主義の発展、大規模移民の殺到、都市の急激な膨張をみた20世紀への転換期にはさらなる深刻な事態を招来することとなる。これはシカゴに限らず他の急成長を遂げていた産業都市も同様であった。

　1872年の州議会の法改正によって、教育委員会の組織が改組され、市議会の同意の下に市長が教育委員を任命することとなった。教育委員会は市議会の承認を経て校舎を建設し、校地を購入し、ローンを組むなどの権限が与えられた（Clark, 1897: 25）。1885年に連邦教育局の刊行した都市学校システムの直面する諸問題に関する報告書では、たいていの都市教育委員会は大規模であることを論じていた。委員は市全体からではなく2、3年任期で区を代表として選ばれており、「政治マシンの目的のために学校の利益が犠牲になることを何らためらわない無節操な政治家」（United States Office of Education, 1885: 15）であり、あらゆる都市にいると批判されている。

　諸都市はこうした事態にただ手をこまねいていただけでなく、教育委員数の削減や公選制から任命制に切り替えることを試みてもいた。ニューヨーク市での市長による任命、フィラデルフィアでの裁判官による任命、シカゴでの市長任命と市議会による承認などであった[4]。これらの19世紀末における都市教育行政改革、すなわち教育委員の区代表制の廃止、教育委員数の縮小、教育長の権限強化、ひいては都市教育の官僚制の形成について詳しくは次節で検討することになる。すでに簡単に言及したとおり、都市教育の官僚制化が1880年代以前に始まっていたことは明らかであり、この傾向が20世紀への転換期に急速に表面化することとなる。

第2節　ハーパー委員会報告の公表と影響

　他の大都市における教育委員会改革に比べると、1917年に実施されたシカゴの改革は大幅に遅れていた。革新主義期における改革の潮流、改革の方向性、改革構想などがすでに出そろい、それに即した改革が行われていたにもかかわらずシカゴでの改革が遅れたのは、諸勢力の間の政治的対立が非常に激しかったために、その帰結がもたらされるのに時間がかかったことによる。この教育政治過程で生じた紛争の当事者、政治アクターとして代表的なのは政治党派、ビジネス、教育官僚組織、教員組合であり、市民運動団体や労働組合やメディアがそれを取り巻いており、きわめて複雑な政治的動態をかいま見ることができる。シカゴだけが特異な事例を示しているのではなく、他都市でも多かれ少なかれこうした過程を経てきており、教育政治研究における教育政治過程の考察の重要性がおのずと理解されよう。すなわち、以下の論述で明らかにするように、改革の帰結に焦点を当てた分析のみではその歴史的意義を見失うこととなり、帰結のもたらされる過程が帰結と同様にあるいはそれ以上に改革後の教育を特色づける要因となっている。

1．ハーパー委員会の結成と委員会報告

　19世紀末の80年代、90年代にはシカゴの教育統治改革をめぐってさまざまな論争が展開され、それらの中でも、論争当事者の主張が明確に打ち出されているとともに、1917年改革に強い影響を与えたハーパー委員会報告をめぐる論争を以下では取り上げる。具体的にはハーパー委員会の結成と、委員会報告の内容の分析、委員会報告をめぐる各界の意見の対立について焦点を当てる。

　1890年代にすでに多くの都市で教育委員会の権限を集権化させることを目的とした改革が行われていたが、シカゴの革新主義改革派も後述するように、そうした動向に注目していた[5]。1896年の教育委員会報告でも教育委員長がビジネスの管理手法の導入を訴えているし（Chicago Board of Education, The 42th Annual Report of the Chicago Board of Education, 1896: 18-21）、「理

想的な教育委員会には学問があると同時にビジネスの感覚をあわせ持っていることが必要である」(Chicago Times-Herald, Dec. 1896: 6) とのマスコミの論調もあった。

こうした状況の中で、改革派市長のC・H・ハリソン (Carter H. Harrison) は1897年12月にシカゴ公立学校行政について調査・報告する委員会の設置を市議会に提案し、翌年5月、この委員会は市長による任命と市教育委員会の承認をへて正式に発足し、1年後に報告書が公表された。正式名称はシカゴ市教育調査委員会 (The Educational Commission of the City of Chicago) であり、委員長をシカゴ大学総長で同時に教育委員でもあったW・R・ハーパー (William R. Harper) が務めたために「ハーパー委員会」と呼ばれている[6]。

ハーパー委員会には当時の著名な教育関係者が係わっていた。たとえば、コロンビア大学の教育行政学講座教授のN・M・バトラー (Nicholas Murray Butler)、イリノイ大学総長A・S・ドゥレイパー (Andrew S. Draper)、ハーバード大学総長のC・W・エリオット (Charles W. Eliot)、連邦教育長官のW・T・ハリス (William T. Harris)、ニューヨーク市教育長W・H・マックスウェル (William H. Maxwell) をはじめとして大学総長、州ならびに大都市の教育長、教育行政学者ら総計54名がこの委員会のアドバイザーとして名を連ねている (Report of the Educational Commission of the City of Chicago, 1898: 241-242)。

それでは勧告案を具体的に見ていこう。内容的には教育委員会組織、教育委員会の事務管理、学校監督システム、教員の採用・任命・承認など20項目に分けられ、項目ごとに勧告内容が箇条書きで記されている。市長の諮問内容の中心は公立学校行政改革であったことから、教育委員会組織改革が最初の項に取り上げられ、その中に九つの勧告が出されている。教育委員は市議会の同意のもとに市長が任命する方式を継続すること、教育委員の人数は21名から11名に削減すること、委員の任期は4年間とすること、教育委員会の機能は立法的機能に限定され、執行機能は教育長と事務局行政官に委譲すること、常設委員会は教育、管理、財政の三つの委員会に削減することなどが掲げられており[7]、教育委員会改革の眼目として規模の縮小、常設委員会の

廃止、教育長の権限強化であった。

　以下ではこれらの勧告のうち、特に教育委員会の組織改革、教育長の職務、教員問題に限定して触れておきたい。まず、組織改革としての教育委員会の規模縮小、分けても教育委員数と常設委員会数の縮小の目的は、人口急増や市域の拡大によって教育委員数の増大がもたらされ、教育委員会の大規模化は常設委員会による管理を必然的にもたらし、結果として生じる立法機能と執行機能の混乱を回避することである。従来、教育委員会は些末な事項の処理に忙殺され、委員にはきわめて有能で豊かな公共心を持った市民を得難くしている。小規模化によって各委員は些末な事項から解放され、市の教育政策の形成に手腕を発揮することができ、委員としての職務に従事する時間のすべてを大局的な問題の解決に充てることができ、委員会の威信を高めることにも連なるとしている（Report of the Educational Commission of the City of Chicago, 1896: xiii　以下、同報告書を「RECCC42-1896」と略記する）[8]。

　教育委員の区代表制は市内の行政区ごとに委員が選出される方式であるが、それに代わって全市一区制の採用を求めている。なぜ区代表制が問題であるかといえば、市内の特定の区代表であるがゆえに、その仕事はつねに校舎や教員に使われる公金をできるだけ多く出身区に配分することに専心するからである（RECCC42-1896: 10）。他の都市でも採用されるようになった「新しい機能概念」（RECCC42-1896: 11）、すなわち、教育委員会の機能の中で行政機能よりも立法機能に限定する必要があると主張している。「権限と責任の集権化」（RECCC42-1896: 6）とともに、「教育委員に最善の人」（RECCC42-1896: 13）を求めている。

　タイアックは革新主義期の都市教育委員会改革の動向を次のようにまとめている。1893年に人口10万名以上の28都市の教育委員総数は603名であり、1都市平均21.5名であった。いくつかの大都市では数百名からなる区代表制教育委員会が存在していた。ところが1913年になるとこれらの都市の教育委員総数は264名で平均10.2名と半減し、区代表制教育委員もほとんどいなくなり、多くの都市教育委員は全市一区で選出されるようになった。1923年には平均7名にまで縮小されている。選出される教育委員も大多数がビジネス界出身あるいは専門職者で占められるようになっていた（Tyack, 1974: 127）。

したがって、シカゴの改革案が全米的な傾向の一端を示していることは改めて繰り返すまでもない。

ハーパー委員会報告の教育長の職務に関しては、教育委員会の機能を立法機能に限定しているために、教育長が執行機能を全面的に担うように勧告していることは言うまでもない。教育長は教育委員会が策定した教育政策を責任をもって執行する、行政機能を主体的に担う主席行政長官（chief executive officer）たるべきであると述べている（RECCC42-1896: 37）。具体的な教育長の権限は、「教員および公立学校での教授に関する一般的な責任を負い監督権限を持」ち、高度な自律性を付与され管理部門を担当するビジネス・マネージャーとしての副教育長、指導主事、校長などの助言や援助のもとに「カリキュラムの決定、学校の授業で用いられる教科書や教材の選択の権限」を持ち「副教育長、指導主事、教員、教育委員会事務局職員などの任命権」を持つことなどが勧告されている（RECCC42-1896: 43-45）。

当時の教員を始めとした教育関係職員の人事に関しては、区の政治家ならびにその代弁者たる区選出教育委員による恣意的な情実人事が横行しており、それが教育行政の政治的腐敗を助長していた。少数のエリートからなる教育委員会の監督下であれば、専門的訓練を経た教育長への権限集中は合理的な改革方策として考えられたのであった。すなわち、「教育長が教育委員会から信頼されている限り、そして教育長の地位にいる限り、健全な教育政策の方針にもとづいて学校を設立し管理する教育長の職務は制約されないし束縛されることもない」（RECCC42-1896: 41-42）。教育長の任期を6年に延長して身分的な安定を図るとともに、高給で優遇することによる有能な人材の確保も勧告されている。

最後に教員問題の中でも人事に関する勧告をみると、報告書では教育長に教員人事権を付与すべきと主張しているものの、大都市では教員希望者全員を教育長が直接審査することは不可能であるので、教育長、副教育長、3名の人事専門家からなり、採用人事に責任を持つ「人事委員会（board of examiners）」の設置を提案している（RECCC42-1896: 71）。

人事委員会は校長ならびに副教育長の作成する職務調書をもとに教員の学歴と教授能力を考慮して昇任人事の権限を持つとされている（RECCC42-

1896: 74)。教員給与に関して勧告している箇所をみると、この問題は「慎重に扱わなければならない」(RECCC42-1896: 76)としながらも、遠回しに理由を述べながら以下の提案を行っている。すなわち、シカゴの教員給与は他都市と比べると同水準にあり、教育委員会がさまざまな地位ごとに給与水準を差別化しているわけではない。しかし委員会としては、教員の職務の重要性や教職に能力と訓練と経験ある人々を引き付けるために、教員給与をより体系化すべきであるとの公共的関心から、給与の支給基準をより合理化することが教員自身にとっても利益となることであると述べ、具体的には職責(担当学年、担当科目)、能率性、勤務年数、学歴などに応じて調整されるべきであるとしている。

　こうした提案の背景には、従来の給与支出基準は勤務年数のみであり、その結果、専門家としての能力を高めるための他の効果的手段が犠牲にされてきたことへの反省があった(RECCC42-1896: 77)。同じ初等学校教員の中でも低学年担当教員よりも高学年担当教員の方に手厚く支給すべきであると述べている。また、当時の初等学校教員の性別構成が著しく女性に偏っており[9]、特に高学年担当の男性教員を増やすために女性よりも男性を高給で優遇すべきことを勧告している(RECCC42-1896: 78)。同じ能力と教育訓練を経た男女のうち、女性よりも男性を厚遇するのは必ずしも不当な差別には当たらない。なぜならば、男性のよりすぐれた身体的な忍耐力は、教師として相対的に説得力(relatively speaking)を持ち、学校システムの中でより価値のある存在となるからである(RECCC42-1896: 80)。

　以上やや詳しく触れてきたが、19世紀末シカゴの児童生徒数の急増に直面して、効果的な教育行政システムの構築や教育統治改革が不可欠であり、ハリソン市長もこの客観情勢の変化への対処に迫られていた。ハーパー委員会報告は当時支配的であった革新主義の改革気運を背景にして、まさに市政改革と一体となった教育に関する権限の統合と集権化を目指すものであった。むろん、教育委員選出における区代表制の廃止、常設委員会数の縮小などはその好例であり、教育委員数削減の勧告も都市の下層階級ならびに移民に代表される労働者階級からエリートに政治権力を奪い返すための方策であった。

　ハーパー委員会報告は当時の支配的なエリートの見解を集約している文書

であるし、同時に内容的に広範囲にわたっていることもあり、その後のシカゴのみならず他の大都市の学校システムを再編する際の重要な文書となった (Wrigley, 1982: 93)。

　ハーパー委員会報告に限らず、当時の市政改革と一体となった教育統治改革の内容的な共通項として、区代表制の廃止が指摘できる。シカゴだけではなく革新主義期の教育改革においては学校ごと、あるいは市内部の行政区単位に行政機関が設置されていた。学校通学区域や下位行政区は教育関係職の空きポストのみならず、個別学校が直面している問題について地域住民と対話できる空間であった。新しく都市にやってきた移民の中から教員として雇用したり、居住区の個人的な関係からあるいは民族的な関係から移民に教職以外の学校関係職を提供したりすることをこの空間は可能にしていた。こうした旧来のシステムがビジネスを中心とした改革派の人々から激しく攻撃され、鉄道業などに見られる新しい産業官僚制にならって改革されなければならないとされた。ただし、J・M・クローニン（Joseph M. Cronin）によれば、校長が教員を選ぶ権限を弱くして、カリキュラム、教科書、教授方法に関する教員の自律性を弱めることとなる教育統治改革に最も強く抵抗したのはシカゴであった（Cronin, 1973: 57-58）。

2．ハーパー委員会報告の影響

　ハーパー委員会報告に対して、当時の教育委員長であったG・T・ハリス（Graham T. Harris）は、「シカゴのような出身国や人種が多様な人々からなる大都市では委員数が21名であってもすべての委員が各種利益代表となることは不可能であり、それをわずか11名に削減することには反対意見がある」ものの、「個人的には委員会の改革案の多くを具体化するために努力したい」（Chicago Daily News, Nov. 15, 1898: 2）と決意を述べている。

　ハーパー委員会報告に盛られた勧告にもとづいて、すなわち教育委員の人数を21名から11名に削減し教育長の権限を強化することを内容とした改革案（通常、ハーパー委員会報告書をもとにしているために「ハーパー法案（Harper bill）」と呼ばれた）が1899年州議会に上程されたものの、議会の承認を得ることはできなかった。しかしながらこれにひるむことなく改革派の人々は同

様の法案を1901年、1903年、1905年にも上程し、ことごとく否決されることになった。さらに1907年には新しいシカゴ市憲章に教育統治改革を盛り込もうとしたが成功しなかった（Katznelson, 1985: 88）。シカゴの教育統治改革は歴史的に州議会の法改正によってもたらされており、シカゴ学区独自の規則改正には限界があった。1903年の改正案に関して教育委員長から教育委員会に宛てた文書によると、教科書採択権や人事権を教育長に与えるようにしたのは教育委員会の内部規則の改正によってであり、内部規則ではなくぜひとも州学校法の中でこの権限が認められることの必要性を訴えている（The Chicago Board of Education Bulletin, Series I, No. 3, 1903）。後に触れるように、教員組合をはじめとした教育関係諸団体が教育統治改革に激しく抵抗したために、州議会でハーパー法案は成立しなかった。

　シカゴでは1917年に抜本的な教育統治改革が行われた。その時点まで、改革を推進しようとしていた人々や組織は積極的に活動を展開していた。1890年代には「市民連盟（Civic Federation）」、「都市有権者同盟（Municipal Voters' League）」、1893年のJ・M・ライス（Joseph M. Rice）によるシカゴ学校の告発を契機に結成された「公立学校委員会（Public School Committee）」などが、市長に徹底的な教育改革を働きかけてハーパー委員会が結成された。1899年、1901年、1903年、1905年の州議会での審議の際には市民団体のエリート指導層やそれに協力する専門家がロビー活動を展開していた。1906年には、「シカゴ商人クラブ（Chicago Merchants' Club）」主催で当時の教育改革の全米的な旗頭であった人々（C・W・エリオット、N・M・バトラー）を呼んだ講演会が開催された（Tyack, 1974: 169）。

　ハーパーはシカゴ大学の初代総長であるとともに、シカゴ市民連盟の教育部会長でもあった（Hogan, 1985: 194）。1893年に組織されたシカゴ市民連盟は深刻化する労働問題に対応するための全国的な組織の必要性として結成された「全国市民連盟（National Civic Federation）」の前身であり、シカゴ市民連盟のみならず全国市民連盟の加入者には大企業指導層が多く含まれ、いわば「当時のアメリカ経済を支配していた大企業を代表して」いた（伊藤、1987: 45）[10]。全国市民連盟の影響力は経済、社会に大きな影響を与えており、教育も例外ではなかった。

当時のマスメディアの論調は、わずかの例外はあるが[11]、おおむねハーパー委員会勧告の実現を支持していた[12]。

　しかしながら、ハーパー委員会報告は教員からの激しい反発を招いた。組合員2500名を擁し当時全米で最大の規模を誇っていたシカゴ教員連盟が強硬に反対したからである。委員会報告で勧告されている教育長の権限強化、たとえば教員人事権やカリキュラム編成、教科書採択など教育行政権限の多くを教育長に委ねる方向とは逆に、各学校にカリキュラムを編成し教材を選択する権利を与えるべきであると教員組合は主張した。教育長の権限強化のみでなく、教員へのいわばメリット・ペイの導入に関しても教員組合は激しく反発した[13]。

　1870年代以降、シカゴ公立学校教員は学級規模の拡大、給与水準の固定化、教科書採択への発言権の低下、1870年代の財政赤字を理由としたシカゴ師範学校（Chicago Normal School）の閉鎖などをはじめとして、労働条件の悪化に不満を募らせていた（Cronin, 1973: 58）。教員組合の結成以後1900年前後までに、教員組合は州議会において年金や給与をめぐる闘いなどで勝利を収めていた余勢を駆って、ハーパー委員会報告書にもとづく改革案を葬り去ることにも成功した。

　1899年の州議会での法案の審議に際して、当時の教員組合の代表的な指導者であったハレーは「アメリカのビジネスにおけるワンマン権力」の好例がロックフェラーであり、ハーパー法案はこのシステムを教育に導入することになるとして激しく非難し、イリノイ州議会に対して州民が委員会報告について十分に検討する時間が取れるまで審議を延期するよう教員組合として請願を行った。この請願書には教員組合からの働きかけもあり、教員組合員だけでなく「シカゴ女性クラブ（Chicago Women's Club）」「労働連盟（Federation of Labor）」なども含めて5万名が署名していた（Reid, 1968: 57）（Nelson, 1899: 402-405）。こうした運動が功を奏して、ハーパー法案は結局廃案に追い込まれることとなった[14]。

　教員組合の力だけでハーパー法を廃案に追い込むことは不可能であった。背後には組織労働者の強力な支援があった。たとえば、1901年、1903年に市民連盟が主体となって上程された教育統治改革案は、9名の任命制教育委員

会、2年間の仮契約を経て5年任期の教育長職、ビジネス・マネージャーに対する教育長への監督権付与を柱とするものであったが、シカゴ教員連盟はシカゴ労働連盟の強力な支援のもとに、廃案に追い込むことができた（Herrick, 1971: 103）。1903年にはシカゴ市民連盟案とマーク＝クーリー法案が同時に州議会に提案された。両案とも教育委員削減数に違いがあるものの、教育長権限の強化に関してはほとんど同じであった。マーク＝クーリー法案のマークとは、C・マーク（Clayton Mark）のことであり、教育委員を1期務めたのちに「シカゴ商業クラブ（Chicago Commercial Club）」の教育問題担当責任者となった財界人であり（Wrigley, 1982: 103）、クーリーとは当時の教育長のE・G・クーリー（Edwin R. Cooley）である。さらにいくつかの条件もハーパー法案の成立を困難にしていた。

教員組合にとってのハーパーへの不信感の例として指摘できるのは、ハーパー委員会報告がシカゴの教員の能力を貶め教育への貢献を無視していることである。教職員の職場での職能成長をハーパーは認めていないし、1898年時点で1877年以前に教職の訓練をまったく受けていない教員がほとんどであるとのハーパーによる初等学校教員養成の不備と現職教員批判に強く反発していた。また、ハーパー委員会の審議内容は教職員の利害と密接に関連するにもかかわらず委員には教員、校長、指導主事さえ含まれていないことによる委員会審議のバイアスについても教員組合は批判していた（Goggin, 1899: 85）（Chicago Record-Herald, Nov. 22, 1902: 2）。ハレーは教育長の権限強化に関して次のように批判している。すなわち、「われわれの都市学校システムは、大きな機械のようになるであろう。教育長が『ボタンを押して』すべての教員が彼の命じるままに完璧に動くことになる」（Current Literature editorial, 1904: 612）。教員組合は任命制ではなく公選制の教育委員会を強く希望しており、この運動目標がシカゴ労働連盟に強く支持され、州議会において労働連盟の影響力が強かったたこともあり、法案の成立が不可能となっていた。

いずれにしても、教員組合の力のみではなくシカゴ労働連盟と密接に連携していたためにシカゴ教育統治改革は他の都市に比べて遅れることになった。教員組合内で全面的な賛同を得ていたわけではないが、教員組合指導層のハ

レーや C・ゴギン (Catherine Goggin) が労働運動と連携するようになったのは戦略的に有効であることが分かったからに他ならない。いくどか提案されたハーパー法案は部分的に異なるものの、基本的にはすべての教員を対象にするとともに、教職の安定性を揺るがす要素をもっていた。労働者の、特に組織労働者の身分的安定という労働組合の利害と教員組合の利害とが一致したのである (Katznelson, 1985: 109-110)。

シカゴ教員連盟は勢いを得て、シカゴ労働連盟の支援も取り付けて、教育委員公選制の実現を目指して運動を開始し、シカゴ市の住民投票の実現にまでこぎつけ 2 対 1 で公選制教育委員会への支持を獲得したものの (Chicago Record-Herald, April 7, 1904: 8)、最終的に公選制は州議会で否決されることとなった (Wrigley, 1982: 104)。

シカゴ教員連盟とはいくぶん距離をおいていたが、当時の教育上の世論形成に少なからぬ影響力を持ち、教員組合運動に理解を示していた「エラ・フラッグ・ヤング・クラブ (Ella Flagg Young Club)」などの小規模教員団体もハーパー法案に批判的態度を表明していた (Wrigley, 1982: 94)。このクラブは1909年から1915年まで教育長に在職することになるE・F・ヤング (Ella Flagg Young) を中心とした小規模な教員団体である。たとえばヤングは、大規模学校システムで最大限の能率性を引き出すために、行政的に行われる些末な事項にまでわたる監督 (close supervision) が教員による教授の創意工夫の妨げになることを指摘している (Young, 1901: 106-107)。学校が成功するか否かは、行政権限階層における上からの一方的な押し付けによるのではなく、行政当局と教員との「共同性の原理」にもとづいて学校の目的が具体的に設定され、それが実現するときであるとも述べている (Young, 1901: 9-10)。

最後に、改革派の一翼を担っていたものの、一枚岩として行動していたのではない市長、教育委員会、教育長のハーパー法制定をめぐる政治過程についても見ておこう。1898年の最初の州議会での法案化に失敗してのち、改革派の人々は教育長を交替することによって事態の打開を試みた。1898年夏に市長主導で、「共和党の利益に役立つだけであった」(Reid, 1968: 54) A・G・レーン (Albert G. Lane) に代わりブラウン大学総長であったE・B・ア

ンドリュース（E. Benjamin Andrews）が教育長に着任した。アンドリュースの着任の背景にはアンドリュースが総長であったデニスン大学でハーパーは教員としてのスタートを切ったこともあり、アンドリュースを「知識の父」として尊敬していた。

　ところが、アンドリュースの権威主義的性格がシカゴ市民、教育委員会、教員との間での意見の不一致をもたらすこととなった。新教育長の新しい教育政策はことごとく葛藤を引き起こすこととなった。たとえば、シカゴの教員は市内に居住すべきこと、既婚教員は退職すべきこと、大多数の教員は無能力であるとの非難などが緊張関係をもたらした。これらの政策に抗議して、当時、区教育長職にあったヤングは辞職した。こうして引き起こされたアンドリュースへの反感が、ハーパーと彼との間の親密さともあいまって、行政当局の一丸となったハーパー法制定の働きかけをできにくくしていた（Reid, 1968: 55）[15]。

　教育委員会はアンドリュースの権威主義的性格に反発し、教育委員の権限を無謀にも侵害しようとしているとの受け止め方をしており、彼に知らせずに教育委員会会議を開催するまでになっていた。彼もブラウン大学の総長として享受していた敬意をここでは受けることができないことが分かってきた。教育委員会事務局内部でも直属の部下であるヤングによる教育行政権限集権化反対の意思表示としての辞職をもたらすほどになった。四面楚歌の中でアンドリュース教育長はほどなく失意のうちにネブラスカ大学総長として転出していった（Wrigley, 1892: 100-102）。

　1905年以降のシカゴ市憲章の改正草案の中に教育統治改革が含まれ、ここでも激しい論争が巻き起こされた。1903年以来、シカゴ市当局とビジネス・リーダーは自治体としてのシカゴに少しずつ行政権を付与する努力を重ねていた。市政の多くが州議会の承認を得なければならない状況ではシカゴの発展は阻害されるとの認識が高まり、確かな自治権を確立するために市憲章の改正運動に取り組みはじめた。市憲章改正草案が作成され州議会の承認を求めたものの、州議会は内容を抜本的に手直しするとともに、市民による住民投票を実施するよう差し戻した（Wrigley 1892: 104-105）。市憲章制定検討委員会は教育委員の市長による任命制の継続を支持していたが、シカゴ教員連

盟とシカゴ労働連盟は公選制を強く主張し激しく対立することとなった (Chicago Tribune, April 11, 1906: 8)。州議会で検討された市憲章の教育条項はシカゴ商業クラブの影響力が強かった[16]。市憲章草案には教育長への権限の集中、公選制教育委員会の堅持が盛り込まれ、これらの点は教員組合が当時意欲的に取り組んでいた運動方針とことごとく対立するものであったことは言うまでもない。教員組合以外の政治アクターの市憲章に関する態度は当時の教育政治の特色を描き出していて非常に興味深い。

　リグレーはこの点を詳細に検討しており、彼女の論述にそって概観しておきたい (Wrigley, 1892: 107-110)。まず、シカゴ教員連盟と密接な連係を保っていたシカゴ労働連盟は、市憲章草案が公立学校を資本主義という機械の歯車にして、子ども達を惨めな強制労働に従事する大人に作り上げるものであり、将来の労働者に反動的な心的性格を植え付けようとするものであると非難している。また、教育行政権限の集権的なシステムは公選制を採用しておらず非民主的であり、他の条項には市議会議員の任期を2年から4年に延長しており、公選職者への市民の統制権を奪うものであるとの非難を浴びせている。さらに、女性の参政権を規定していないこと、住民投票権、住民発議権の規定が盛り込まれていないことなどに関してもシカゴ労働運動は批判を展開していた。

　改革派の意向の多くを取り込んでいる憲章草案であったが、必ずしもビジネスの全面的な支援を取り付けていたわけではなかった。なぜならば、憲章の制定によって税率が引き上げられる恐れがあったために、一部の人々は否定的な態度を取っていた。たとえば、「シカゴ商業連合会 (Chicago Association of Commerce)」が市憲章に関する会合を持ったときに、「シカゴ不動産理事会 (Chicago Real Estate Board)」の1906年の会長で市憲章検討委員会の委員でもあった人物は不動産業界の利益を代表して、草案にある固定資産税の税率の高さを理由に反対意見を表明している。

　市政改革を長年にわたって訴える市民運動に携わっていた中流階級専門職者を主体とする改革派の人々も市憲章の改正に関して必ずしも一枚岩ではなかった。典型的な改革派の一人でシカゴ大学政治学部教授であると同時に市議会議員も勤めたＣ・Ｅ・メリアム (Charles Edward Merriam) は市憲章の

改正を積極的に推進する立場を表明していた。市憲章は州議会によるシカゴの統制から脱して能率的な都市行政システムを作り出すことが規定されており、大きな前進であると彼は評価している。草案には欠点が含まれているものの、シカゴ市政の政治的腐敗と非能率性を克服するために是非とも制定されるように訴えていた。

メリアムも含むシカゴの「良き政府（good government）」を目指す市民改革派の中の指導的立場にいた L・F・ポスト（Louis F. Post）や R・ロビンス（Raymond Robins）らは市憲章の改正に否定的であった。ロビンスはそれまでメリアムと協力して市政改革運動を主導しており、メリアムとともに市憲章検討委員会委員に就いていた。しかし彼は、市憲章が「良き政府」を作ることが目的であるといわれているものの、良い政府ができることによって自らの権限が弱体化する政治家によって検討委員会委員は選任されたのであり、市憲章の限界がここに見い出せると述べている。このように、政党のボス支配の排除、市政の能率化という革新主義市政改革を目指していたものの、当時のビジネス界と労働界との対立がきわめて厳しい状況の中で、市民運動もいずれかの陣営に近い立場に立たざるを得なかった。

さらにその外の人々、すなわち移民集団からの激しい反発を市憲章草案は受けることとなった。移民集団は「社会連合（United Societies）」と呼ばれる組織の傘下にあり、あらゆる禁酒規定に反対した。スカンジナビア半島出身のルーテル派の人々を除けば、ほとんどの移民集団にとって禁酒措置は自分たちの出身国の文化への攻撃であると見なしたのであり、市憲章草案に関する市長の意見が日曜日の酒類販売禁止に触れていたために、1907年5月に社会連合は市憲章改正反対キャンペーンを精力的に開始した。

かくして、市憲章改正案は労働運動、税率引き上げを恐れたビジネス・リーダー、移民集団などの強力な反対姿勢に直面し、1907年9月の住民投票において6万票対18万票の大差で否決された。

市憲章改正案が否決された後に、シカゴ商業クラブは教育統治改革案を1909年に再度州議会に提案したものの、この時もシカゴ教員連盟、シカゴ労働連盟がロビー活動を展開し、さらにはリベラル派の教育委員の支援もあって州議会の委員会審議で法案は否決されることとなった。

第3節　シカゴ教育統治改革（オーティス法）をめぐる教育政治の動態

1．1910年代半ばまでの教育政治

　前節で見たように、ハーパー法案は法制化への取り組みが始まって10年近く経過しても、さまざまな政治的葛藤が発生し結局のところ成立しなかった。教員組合、労働組合などの強力な反対運動が法制化への障害となっていた。それに加えて、教育委員会内部においても法案化を目指して一貫した取り組みを行っていたわけではなかった。教育長の政治的手腕や個人的資質、教育委員の政治的傾向性など多様であり、さらにはシカゴ教育行政が市の一般行政と密接な関係にあったことから、市長の意向も教育統治改革のゆくえに大きく影響した。本項では1917年のオーティス法の制定にいたるまでの1900年代、1910年代の教育長、教育委員会、市長、教員組合を政治アクターとする政治過程について検討する。

　アンドリュース教育長の後任としてイリノイ州のハイスクール校長、シカゴ師範学校校長を歴任したクーリーが1901年に就任した。クーリー教育長が着任してからわずか2年の間に実施した教育改革をT・A・ドウィーズ（Truman A. DeWeese）は次のように評価していた。約6千名の教員、21名の教育委員で構成され、政治的な駆け引きと無責任体制による腐敗が蔓延していたアメリカ第2の都市が、20世紀の学校管理の理想に向かって急速に進みつつあり、それはクーリー教育長の強力なリーダーシップに負うものである。もしアメリカ大陸のいかなる都市でも、たった2年間で能率的な教育行政と最高度の水準の民衆教育に向けて明白な進歩が見られたとすれば、だれもが疑うであろうが、シカゴはまさにその進歩を見せていると、最大限の賛辞を表明している（DeWeese, 1902: 325）。

　それでは、市憲章を改正することによってではなく、州議会での教育法の改正によるのでもないクーリー教育長の指導性のもとに行われた改革とは具体的には何であったろうか。大きくは4点が指摘されている。一点目は教育

委員会の議題となる以前に検討事項に関して十分に根回しをしたことである。そうすることで教育委員会会議が円滑に行われるだけでなく、教育長の政策遂行への数限りない障害を避け、前任の教育長が経験したような屈辱を味わうことなく、シカゴの新聞記者の想像による記事執筆の素材提供を避けることができたとされる。二点目は次にふれる学区委員会（district committee）の改革と併せて、教育長による能力にもとづく教員の任命を可能としたことである。学区委員会は当時の市内の行政区ごとに設置され、教員候補者を推薦する権限を持っており、これを通して広範囲にわたる社会および政治からの影響を及ぼし、政治的駆け引きが学校システム全体に入り込んでくる経路となっていた。学区委員会の廃止は教員採用における教育長の専門的判断の優位性が認められたことの証左でもあった[17]。

　三点目はそれまで14あった常設委員会を4部会（学校管理部会、校舎・校地部会、学校財政部会、義務教育部会）に縮小したことと、上述の学区委員会を廃止したことである（DeWeese 1902: 327-328）。四点目は、学区教育長（district superintendents）の機能を副教育長（assistant superintendents）の担当に代えたことである。学区教育長は中央教育委員会とある程度独立して学区行政を行うことができたものの[18]、教育長の直接任命による副教育長にすることで、教育長直属でその命令に直接に従わせることできるようになった。これが教育長への権限の集権化を目的としていたことは言うまでもない（DeWeese, 1902: 336）。ドウィーズによれば、混沌状態を抜け出して体系的な秩序を打ち立て、一つの計画にもとづいてシステム全体を調整し、学校の教育的事項に関して責任を持つ執行長官としての承認を取り付け、しかも任命に関するすべての勧告に教育委員会の同意を得るようにしたことなど、「今までにない戦略と行政的な駆け引き」（DeWeese, 1902: 326）を用いたと評価しており、「政治家としてではなく、教育者として教育長になる」（DeWeese, 1902: 336）とのクーリーの発言も引用し、その政治・行政上の手腕を高く評価している。

　クーリーは教育事項とその外の事項とを明確に峻別し、教育事項に関する権限を教育長に集中させ教育長をして責任を担う行政長官に作り上げていった。この方法は教育行政の能率化キャンペーンや教育委員会での議事運営方

法の改革など、まさに政治的手法によって成し遂げたものであり[19]、ビジネスやマスコミからの支援も得ながら法制化によらない教育統治改革を推進していた。着任当初の教育長と教育委員会との良好な関係を背景として、クーリーは1902年から5年間にわたる異例の長期雇用契約を交わすこととなった。なお、1902年の教育委員会の規定改正によって、教育長の契約期間はそれまでの1年ごとの契約から5年契約に変わった（Dewey, 1937: 132）。

　着任して数年の間にこうしたクーリーの矢継ぎ早の改革が可能であったのは、ビジネス界と連携していた改革派の人々が教育委員ポストなど公立学校管理を実質的に支配していたからに他ならない。シカゴのビジネス界の「お気に入り」（Katznelson, 1985: 110）であったクーリーは、常設委員会の縮小、教員任命権の掌握、学区教育長の改革などを断行した。これら政治家と学校との癒着の典型例を改革することは改革派の重要な目標の一つでもあった。したがって、こうした後ろ盾があったがためにクーリー主導の諸改革が可能となった。

　クーリー教育長、教育委員会、ビジネスが連携した20世紀当初の法制化によらない教育統治改革に対して最も強く抵抗したのはやはり教員組合と労働組合との連合であった。

　1905年の市長選挙でハリソン市長は再選されず、新市長にはE・ダン（Edward Dunne）が当選した。裁判官であったダンの当選に大きく寄与したのは教員組合であった。シカゴ教員連盟は労働組合とともに十分に組織化された政治勢力として1900年代に市長選挙や市議会選挙などにおいて重要な影響力を発揮したのであった。ダンは1902年に巡回裁判所裁判官として教員側に有利な給与引き上げ判決を出しただけでなく、公共施設の市による管理経営、教員に有利な年金制度や身分保障などを選挙公約に掲げてもいた。1904年の市憲章改正に関する住民投票では教員の利害に係わる学校関連事項、たとえば教育委員の公選化、教員の身分保障、年金原資のための課税、昇任試験なども含まれ、この住民投票では女性も投票権を持ち、大多数が女性であった初等学校教員の意志、すなわちシカゴ教員連盟の方針が投票結果に大きく影響を与えた（Herrick, 1971: 109）。

　ダン市長は当選後2年の間に教育委員に社会事業家として著名であった

J・アダムスも含む人々を任命していった。これらの委員は21名の教育委員の中で多数派にはならなかったものの、市の教育政策に大きな改革をもたらした。その中には教員の勤務評価の密室性を廃止したり、教員の昇任試験に代えて授業期間中の教員研修の機会を認めたり、不当に安く賃借していたトリビューン社に対する定期的な賃借料評価を求める訴訟を起こしたりした（Reid, 1968: 126-127）。さらに、任期中に実現は見なかったものの、教育委員会から独立し教員で構成され教育委員会に対して発言権を持つ、公的諮問機関の設置案が教育委員の中から提案されたりした（Herrick, 1971: 109）。

シカゴ教員連盟の委員長であったハレーはアダムスと個人的に親しかったこともあり、これら新教育委員の任命はハレー個人のみならず教員組合全体でも歓迎していた（Reid, 1982: 102）。ところがしだいにアダムスと教員組合との間の溝が深くなってくる。直接的なきっかけは1906年にクーリー教育長による教育委員会への提案である教員の昇任手続き改正案（教員が昇任を認められるためには、昇任試験を受けるかあるいは各36時間で5種類の教育を受けなければならないとする案）をめぐる議論であった。教育委員会内部では前市長派と新市長派が対立する中でアダムスはその提案に賛成票を投じ、これがハレーの怒りを買うことになった。アダムス自身は経済界や産業界の意向を重視する保守派教育委員、社会的能率性への志向、戦闘的な教員組合との間で微妙な立場に立たされていた（Wrigley, 1982: 117）。1906年には新教育委員が加わり、クーリー教育長の提案が審議されたが、結局は教員側に有利となるように解決が図られた。クーリー教育長は教育委員会から教育長の権威に対する最初の大きな挑戦を受けたのであった。

クーリー教育長は「リベラル」（Wrigley, 1982: 113）なダン市政のもとで教育委員と対立したのみならず、シカゴ教員連盟だけではなく労働運動団体との対立も強めることとなり、厳しい教育行政運営を余儀なくされていた。ところが、ビジネス、新聞社のシカゴ・トリビューンなどのメディアの支援を受けたF・ブッス（Fred Busse）にダンが選挙戦で敗北し、1907年以降は教育委員に保守的な委員が任命されたことを受けて、クーリー教育長はふたたび影響力の発揮が可能となったものの、1909年には教育長を辞職することとなった。

いずれにしても、期間は短かったものの、ダン市政下の教育委員会でクーリー提案になる能力給制度導入の阻止、教員給与引き上げ、年金制度の保障など教員組合の利益は増進されたのであり、「教育における民主主義の計画を確かなものにした」（Reid, 1968: 128）と評価されている[20]。教員側はクーリー教育長の後任のヤング教育長の時代にはその政治的影響力をいかんなく発揮することができたのであり、それと同時に教育統治改革を積極的に推進しようとしていたビジネス中心の改革派との対立も激しくなっていった。

ヤングはすでに当時の教育界では有能な研究者・教育者であり著名な教育行政官としても名を知られており、ダン市政の時に任命された教育委員会のリベラルな雰囲気の中で教育長に任命された。任命されたときに彼女は64歳であり、それまでシカゴの学校システムの中で過ごしてきていた。1862年に初等学校教員としてスタートを切り、1865年には新たに設立された教員養成学校（training school for teachers）の校長となり、1887年には副教育長を経験している。1899年にアンドリュース教育長の部下である副教育長を辞職しシカゴ大学のデューイの指導の下で博士号を取得し、1905年にシカゴ師範カレッジ（Chicago Teachers' College）の校長として転出するまでシカゴ大学で教鞭を取っていた（Wrigley, 1982: 121）[21]。

1909年から1915年までのヤング教育長の時期は教員ならびに教員組合と教育行政当局との間の協調体制がまさにピークに達していた時期でもあった。ヤング教育長は教員の利益のために細心の注意を払い、長い間の教員の要求事項であった教員協議会（Teachers' Council）を設置し、行政上の決定に教員の意志を代表させるようにした。教員の側は労働組合との連携関係も長期にわたっており、すでに十分に労働者としての自覚を持ち行動をしてきており、教員から幅広い支持を得ていたヤングが教育長に就任しても「教員の側の要求をいくぶん和らげることができるだけ」であった（Katznelson, 1985: 111）。

1915年にW・H・トンプソン（William Hale Thompson）が市長に当選するやいなや、市政のみならず教育政治に関しても大きな混乱がもたらされた。トンプソンは市会議員、連邦上院議員なども歴任していた共和党の職業政治家であり、シカゴ共和党の政治ボスのF・ランディン（Fred Lundin）と深

いつながりを持ち、贈収賄、情実人事を含めて政治的腐敗の象徴としてやり玉にあげられることが多かった。しかしアイルランド系住民の支持を得て[22]、共和党の予備選挙、民主党現職市長ハリソンとの本選挙で勝利し、その後8年間にわたって市長職にとどまった。トンプソンが選挙戦で警戒したのはトンプソンに批判的な市政改革派の人々、たとえばメリアム、アダムス、市会議員のR・ベック（Robert Beck）らであったが、改革派の支持した候補者を共和党の予備選挙で破り、本選挙でも政治マシンを活用して当選に結び付けることができた（Peterson, 1985: 140）。トンプソンは、ランディンが市職員人件費を自由に使えるようにさせ、市の幹部も市の職員人件費もトンプソンらの取り巻きによって乗っ取られることになった。当選後4カ月以内に、1万もの臨時ではあるが契約更改できる職が市民サービスの必要性という美名の下に作られた。トンプソンとランディンは特定の職を廃止し職員を解雇し、新たな職を設けて彼らに忠実な人物を市職員としてその職に据えたりもした。

　こうした彼らの横暴な市政の私物化が改革派の市議会議員をしてきわめて急進的な市長批判をもたらした。新市長の政治の私物化批判はむろん学校問題にも及んだ。トンプソンが任命し市議会の承認を得ようとした教育委員候補者は、教育的識見を持たないだけではなく、シカゴに居住しているという条件すら満たしていないことを理由に、ひとりを除く教育委員候補者は承認されなかった。この事件をはじめとして、その後市長と革新主義改革派の対立が激化していった（Hizzoner, 1930: 83-84）（Peterson, 1985: 140-141）。

　シカゴ市政の腐敗について市会議員のメリアムは次のように酷評している。トンプソンが選出された時期に「猟官制は害虫のように市を食い荒らし、市庁舎は腐敗と無能の象徴となった。ハリソン市政の末期である1915年の最盛期を頂点として、その後のシカゴはコミュニティに対する市民の理想が瞬く間に崩れていく、歴史上最も落ち込んだ低迷期に入っていった」(Merriam, 1929: 22)。

　以上見てきたように、シカゴの教育行政は市の一般行政から独立しているものの、市長が教育委員の任命権を持つために、市長は現職教育委員を通して教育政策に関して強い影響力を及ぼすことができる教育統治システムであ

った。人事権だけではなく、教育財政に関しては市議会が支出規模を決定するために、市議会の構成も教育政策に影響を与えることができる。したがって、市長の政治姿勢ならびに市議会の構成が教育長、教員組合、ビジネス、市民運動団体などとともにシカゴ教育政治の特徴を決定付ける要因をなしている。1917年の教育統治改革をめぐる激しい戦いは、これらの政治アクター間で展開するのである。

2．オーティス法をめぐる政治過程

1916年の教育委員会規則であるローブ規則および1917年の州議会におけるオーティス法の制定をめぐって、教育政治は大きく揺れ動いた。革新主義改革派、市長、教育長、教員組合、ビジネスなどを主要な政治アクターとして、規則と法案の制定をめぐる激しい戦いが繰り広げられた。ここでは、各アクターの動きを中心に、それぞれの紛争当事者が相互にどのように交渉し、いかなる帰結がもたらされたのかについて検討する。

1917年にイリノイ州議会は以下の内容を含む教育法を制定した。すなわち、教育委員の人数を21名から11名に削減し、市長による任命制は維持し、教育委員会には学校の校地の購入・売却の権限や私有財産の収用権などを与えることで市からの独立性を高めさせ、教育長は任期が1年から4年に延長されるとともに教員に対する人事権が強化された。教員は3年間の試用期間の後に終身在職権が与えられ、解雇される場合には文書で理由が明記されねばならず、解雇権が乱用であったかどうかの調査を要求することができるなど、教員人事に係わる不服審査制度も部分的に確立され、職業上の身分の安定がもたらされることとなった。この法案は教育委員のR・オーティス（Ralph Otis）が成文化したために、オーティス法と呼ばれている。

このオーティス法の制定にいたるまでの政治過程において、教育委員会、市長、教員組合、労働組合、改革派市民運動、ビジネスなどが虚々実々の駆け引きを行ったのであり、このオーティス法は各紛争当事者の間での妥協の産物でもあった。この政治過程はまさにアメリカ都市教育政治の一つの典型例を示しており、教育政治史研究の格好の事例である。

前節で検討したように、シカゴでは革新主義改革を推進しようとしていた

ビジネスの支援のもとで、ハーパー報告書をもとにした教育統治改革の試みがおもに州議会を舞台として行われていたが、成功を収めることはできなかった。前途に大きく立ちはだかったのはシカゴ教員連盟と労働組合の強力な連携であった。と同時に、市憲章の改正を契機とした教育統治改革も移民集団や不動産業界の反対などに直面して暗礁に乗り上げていた。

1910年代半ばにおいて、委員の任命権を持つ市長の意向を後ろ盾とした教育委員会は、教員組合活動家を可能ならば解雇したいと願った。一部の市議会議員をも含む革新主義改革派の人々は、教員組合や労働組合の弱体化とならんで政治ボスの支配を止めさせる徹底的な市政および教育行政の改革をめざした。市内に網の目のように張りめぐらした集票組織である政党マシンを基盤としたトンプソン市長とビジネスは、改革に抵抗して既得権益を守るという状況であった。オーティス法はそれぞれの紛争当事者の「妥協が法律となった」(Peterson, 1985: 141)と評価されている。

教育委員会主導で進められていたシカゴ教育統治改革がことごとく教員組合と労働組合の抵抗に遭って実現しなかったために、教育委員会は直接的に教員組合の弱体化をねらいとして、教育委員会内の規則委員会(committee on rules)の委員長であったJ・M・ローブ(Jacob M. Loeb)を中心に、教員が労働組合に関連を持つあらゆる組識に加盟することを禁止する、通称ローブ規則(Loeb Rule)を1915年に制定した(Chicago Board of Education Proceedings of the Board of Education of the City of Chicago, 1915: Sept. 1, 734)。同年に州議会上院の組織したシカゴ教育委員会実態調査委員会によるヒアリングに対して、ローブは教員組合を「学校システムへの呪い」であると訴えている。またこの委員会のメンバーであった人物は、シカゴ教員連盟にとっての優先順位は「第一にも第二にも給与の引き上げであり、学校のことは最も低い」(Reid, 1968: 166-167)と非難している。

ローブ規則が教育委員会において11対9で可決される際に、委員会内での反対者は投票日を延期するように画策したものの成功しなかった。この規則が制定されようとしていることに対して、シカゴ労働連盟の委員長はアメリカ労働総同盟委員長のS・ゴンパース(Samuel Gompers)と打ち合わせて、反対のキャンペーンを計画していた。この規則によればNEAや「イリノイ

州教員協会 (Illinois State Teachers' Association)」からも脱退しなければならなくなることを教員組合支持派の教育委員が質問していた。しかしこの事に関して前 NEA 会長であり終身会員にもなっていた教育長のヤングは窮地に立たされることとなり、立場上明確な態度を表明できなかった (Chicago Tribune, Sept. 2, 1915: 1)。教育委員会は「不正なビッグ・ビジネス」に脅かされているとシカゴ労働連盟委員長は非難し、この決定に対して激しく反発するシカゴ教員連盟とともに、裁判所にローブ規則の不当性を訴える戦術を用いることが即座に決定された (Chicago Tribune, Sept. 2, 1915: 4)。

　クック・カウンティ上級裁判所は、ローブ規則が労働組合に加盟しているシカゴ教員連盟だけでなく NEA、イリノイ州教員協会への参加も禁じているとの教員組合側の主張を受け入れて、ローブ規則の仮差止命令を出した。その後1週間もしないうちに、教育委員会はローブ規則の修正案、すなわち加盟団体から NEA とイリノイ教員協会を除く修正案を可決した (Reid, 1968: 173)。教育委員会の動きに対してむろん教員組合も労働組合も反発したが、教育委員会はさらに教員組合潰しの急先鋒であるローブを教育委員長に選出し、教員組合を弱体化させる戦略をとり続けた。教育長のヤングは市の教育行政を混乱させる教育委員会の動きに反発してその職を辞し、後任には副教育長であり教育委員会の指示に唯々諾々としたがう「無色な行政官」(Reid, 1968: 174) の J・シュープ (John Shoop) が着任した。

　教育委員会が仕掛けた次の教員組合攻撃は、教員の大量解雇であった。教員の身分はこの時点までに採用試験、4カ月間の研修、3年の仮採用期間後には終身在職権が与えられていた。しかし1915-16年度末に、教育委員会はこの終身在職に関する条項を撤廃し、解雇通知のない教員は次年度も自動的に雇用されるとする規則に改正しており、この規則にしたがって1916年6月に68名の校長と教員の解雇を通知した (Chicago Board of Education, Proceedings of the Board of Education of the City of Chicago, 1916, June 27, 1916: 3080-3090)。

　新聞の見出しには「シカゴ教員連盟委員長ハースマン女史ならびに2名のハレーの血縁者『解雇』」(Chicago Tribune, June 28, 1916: 1, 8) とされてお

り、新聞社もこの大量解雇のねらいを的確に捉えている。解雇されたのは大多数が教員であり、指導力不足（inefficient）の教員も含まれるが、上司による勤務評価で高く評価されているものの、教育委員会からの解雇理由は反抗教員（insubordination）とされ、シカゴ教員連盟の委員長を含めた指導部の大多数が含まれていたことは言うまでもない（Chicago Tribune, June 28, 1916: 1）。65名の教員の勤務評価によると、3名が「可（fair）」、13名が「良（good）」、3名が「優（excellent）」、5名が「秀（superior）」であり、教育委員会によるこうした解雇のやり方は許されない、と学校管理職の専門雑誌は激しく非難していた（Pearse, 1916: 194）。

　恣意的懲罰的な人事行政であると捉えたシカゴ教員連盟は、教育委員会の決定を破棄すべく再び裁判所に差止め命令を求めて提訴した。しかしながら、イリノイ州最高裁は以前の上級裁判所の決定を覆し、教育委員会の主張を全面的に認める判決を下した。判決によれば、「教育委員会はいかなる理由があろうとなかろうとも、教員希望者の雇用または再雇用を拒否する絶対的権限を持っている。教育委員会委員を選任する市長を通して、市民にのみその行政運営に関する責任を負っている。教育委員会が学校の教員としてある人の雇用を拒否することは、人々の憲法上の権利侵害には当たらない。ある人が既婚者であるか未婚者であるか、肌の色が白いか黒いか、労働組合員であるか否か、さらに拒否の理由が全くない場合でさえ、雇用拒否の理由は問われない。教育委員会はその行政運営に関して理由を示す必要はない。教育委員会が選択した人はいかなる人であれ、自由に雇用することができる。憲法も法律も教育委員会の人事権にいかなる制約も課していないし、教育委員会がある人との契約を拒否したというただそれだけの理由で、裁判所があらゆる訴えを取りあげることはない。人事方針の問題は教育委員会のみによって決定されるのであり、裁判所はその妥当性を調べることはしない」（Counts, 1928: 54-55）。

　かくして、教育委員会による大量の教員解雇が教員組合の弱体化をねらった恣意的なものであったことを裁判所で認めてもらうことはできず、教育委員会の政策に批判的な人々は他の方法を模索せざるをえなくなった。労働組合への加入を禁ずるロープ規則に対しては、ピーターソンも紹介しているが、

当時のいくつかの雑誌が批判を行っていた。学校行政官の専門雑誌では教育長や校長など学校行政官の専門性を擁護する観点から、政治的に任命された教育委員ならびに教育委員長は、学校や教育の実態を知らずビジネスの意向のみを取り上げて、不当にも教員や校長を解雇したことを非難している。たとえば、『ニュー・リパブリック』でも多数の教育委員、特に委員長のローブは労働組合を破壊することが目的であり栄光であるとするわが国の製造業、ビジネスの世界の意見を代弁する者として選ばれたと非難している。そして、ローブ規則の制定と大量の幹部も含む組合加入教員の解雇は、明らかに教員組合潰しがねらいであったとしている（The New Republic Editorial, 1916: 267-268）。

このように、教育委員会はシカゴのビジネスの意志を十分に理解した市長の任命する人物から構成され、教員組合攻撃を繰り返しており、これに対して教員組合や労働組合が反発したのみならず、その外の当時の革新主義的な改革を志向していた団体に所属する人々、たとえば、「市民クラブ（City Club）」、女性クラブ、すでに何度か触れているアダムスのハル・ハウス、PTAなども教育委員会批判の戦列に加わった。1916年3月には都市有権者同盟、「イリノイ父母・教員会議（Illinois Congress of Parents and Teachers）」が学校問題に係わる市民運動団体の結成をめざして3千名を結集した集会を開催し、この団体の会長には「女性市民クラブ（Women's City Club）」の会長が就任した[23]。なおこの団体には傘下に28団体が加わっていた（Reid, 1968: 183）。

トンプソン市政と一体となったローブの教員組合攻撃は、こうした恣意的な権力行使に直面して苦境を強いられていた組織や団体への幅広い同情心を引き起こした、とレイドは述べている（Reid, 1968: 184）。これを皮切りに、1916年6月に「公教育協会（Public Education Association）」結成のための集会が開催された。この集会において市議会議員のR・バック（Robert Buck）は4千名の聴衆の前で、教育委員会は明らかに市政と密接なつながりを持ち、ローブ規則の目的は教職を政治的な利権にしようとするものであり、教員に鞭打つものであると演説している（Peterson, 1985: 142）。

教員組合、労働組合、革新主義的な市民運動団体の教育委員会批判、ひい

ては教育委員任命権を持つトンプソン市長批判が公教育協会の結成を促したのに対して、それに対抗する形で、教員組合批判を主目的として、「イリノイ製造業者協会 (Illinois Manufacturers' Association)」は「公立学校連盟 (Public School League)」を結成した (Katznelson, 1985: 116)。リグレーは公立学校連盟と公教育協会との違いを明確に次のように規定している。公立学校連盟は新教育委員の任命に影響力を及ぼすために市長と密接に結びついており、公教育協会はトンプソンの支配下にある教育委員による政治的操作を避けるために、州議会による新たなシカゴの学校再編計画の制定を求めることを目的としていた (Wrigley, 1982: 137)。公立学校連盟は「教育における能率性を高める」ために結成されたと表明されているが、本当のねらいは労働組合、教員組合の影響力を学校から排除することにあった。同連盟の中心的な人物は「シカゴ公立学校の現状の諸条件を十分に改善させるためのあらゆる努力は、シカゴ教員連盟とそれを取り巻く労働運動家たちの活動を徹底的に排除することを基本としなければならない」(Reid, 1968: 185-186) と記している。

　かくしてシカゴ教育統治改革のために州議会に上程される法案の提案主体が見えてきた。市議会議員バックらを中心とした革新主義改革派の勢力[24]、市長を中心とした現状維持を志向し公立学校連盟を基盤とする勢力、後に触れる両者の折衷的な立場の勢力である。

　市議会の常設委員会である「学校・消防・警察・市民サービス委員会」の委員長としてバックは学校の実態調査に乗り出し、その結果を市議会からの勧告という形で州議会における学校システム再編に係わる州法改正に生かそうと試みた。実態調査の一環として、シカゴ教員連盟、シカゴ労働連盟、PTA組織、シカゴ大学の著名な社会心理学者であったG・H・ミード (George H. Mead) らの支援を受けながら、教育委員会の現職と歴任者、現職教育長のローブはむろんのこと、全米の著名な研究者、教育行政官からの聞き取り調査を行った[25]。この市議会の学校実態調査委員会が教育委員会調査に着するに際して市長ならびに市長の政治マシンからの激しい抵抗をうけただけではなく、教育委員会自身もローブ委員長の指示で徹底的に抵抗した[26]。それとは対照的に、シカゴ教員連盟の実質的な指導者であるハレーは

積極的な協力を申し出ている。ハレーはヤング前教育長が教育長在職中に教育委員はいかに教員組合と戦おうとしていたのか、こうした秘密に属する事柄まで暴露してもよいとの承認をヤングから取り付けており、多くの事実を証言することが期待されていると報道された（Chicago Tribune, July 14, 1916: 8）。1916年11月に『市議会の学校改革計画』（Committee on Schools, Fire, Police and Civil Service of the City Council of Chicago, 1916）と題した報告書が作成され、市議会に提出された。

　州議会で検討されたシカゴ教育統治改革案は以下の三案であった。上述のバック市議会議員を中心として作成され市議会の承認を得た通称バック法案と、州議会上院議員のP・ボルドウィン（Perceval Baldwin）の名を用いたボルドウィン法案、教育委員のオーティスの名を取ったオーティス法案である。以下にそれぞれの法案の特色を示しておく。

　まずバック法案についてみると、市議会の学校実態調査委員会報告に盛られた内容がほぼ網羅されて、翌1917年2月に州議会に上程された。教育委員の公選制と有給化、教育委員数の縮小、下部常設委員会の廃止、委員選出における非党派性の導入、教員解雇手続きの明確化、指導主事、校長、教員などの代表からなる教育協議会の設置、教育委員会の機能の立法機能への限定などに見られるように、この法案の主眼は教育行政から市長の影響力を徹底的に排除しようとすることに尽きる。その代わりに専門的教育行政官としての教育長の権限が強化されている。またローブ規則の実施による混乱の反省を踏まえ、教員の権限は強化され地位の安定化も図られている[27]。

　ボルドウィンは州議会上院議員であり、1915年に州議会が教員組合調査を実施したがその委員長を経験しており、彼はトンプソン市長の意向を背景に、シカゴのビジネスを後ろ盾とする公立学校連盟と活動をともにして、州議会に改革案を提案した。内容的にはまさに当時の教育委員会が市長の意思を忠実に実行していたことから、表1から分かるように大きな変更点は見当たらず、まさに現状維持を志向する法案であった。

　オーティス法は教育委員のオーティスによって成案化され、革新主義改革派を基盤としたバック法案、市長や政治マシンを基盤としたボルドウィン法案のいずれとも距離をおき、公教育協会の意見を広く取り入れながら、どち

表1　シカゴ学校統治組織改革案

主要条項	現行法	バック法案	ボルドウィン法案	オーティス法案
教育委員会	・市長によって任命される21名の教育委員	・公選による7名の有給教育委員	・市長によって任命される21名の教育委員	・市長によって任命される11名の無給教育委員
教育委員の解職請求	───	・至近の選挙での投票数の5％の請願	───	───
課税	・市議会に課税と徴税の権限	・市議会に課税と徴税の権限 ・教育費の前倒し執行は不可	・市議会に課税と徴税の権限 ・教育費の前倒し執行は不可	・市議会に課税と徴税の権限 ・教育費の前倒し執行は75％まで可
教員	・教委による任命 ・任期の規定なし	・毎年度の教育長による任命 ・3年の仮採用後は終身在職権付与	・教育委員会による任命 ・任期も終身在職権もない	・教育長の推薦にもとづいて教育委員会が任命 ・3年の仮採用後は終身在職権付与
教員の解雇	───	・解雇理由必要 ・指導力不足ないし職務上の義務の懈怠 ・告知と聴聞の手続き必要 ・不服審査手続き可能	───	・解雇理由必要 ・職務上の義務の明記 ・対象教員は広範な調査の要求が可能 ・教育委員会が最終決定
教育協議会	・教育委員会の決定による	・教科書、教育内容、教育政策問題に関して教育長に勧告 ・政策問題に関する提案は可能 ・これらの義務や権限は法令の定めが必要	・教育委員会の決定による	・教育委員会の決定による
教育長	・任期1年	・任期4年	・教育委員会が定める	・任期4年 ・ビジネス・マネージャーや顧問弁護士に対する権限を持たない

出典：Peterson（1985: 146-147）（一部省略）

らかといえば折衷的な案となった[28]。たとえば、政治的に中立的な教育専門家への信頼を基盤としているものの、教員組合の懸念する教育長の権限強化につき、数多くの教育行政権限を教育長と新設のビジネス・マネージャーと教育委員会弁護士に分散させることで、教育長の独断専行を抑制する措置を採用してもいる（Wrigley, 1982: 137）。

州議会における審議の過程では、革新主義改革派の市議会議員や市民運動団体、市長と共和党政治マシン、教育委員会、教育長、シカゴ教員連盟やシカゴ労働連盟などがそれぞれの思惑を秘めてさまざまなロビーイング活動を展開したものの、最終的にはオーティス法がシカゴ教育統治改革法として可決された[29]。トンプソン市長は1917年2月の市議会議員共和党予備選挙において共和党内の市長派と改革派との激しい指名争いに忙殺され、改革派が大敗したものの4月の一般選挙でのキャンペーンにも積極的に係わっており、その結果州議会での教育統治改革案の審議に関してはほとんどタッチすることができなかったとされる（Peterson, 1985: 149）。

市長の動静が州議会における議論にあまり影響を与えることがなかったのとは対照的に、ローブ教育長、公立学校連盟、シカゴ・トリビューンはバック法がシカゴ教員連盟に学校の統制を委ねることになるとして、いっせいに攻撃した[30]。

ところが国際情勢の急変によって事態は大きく展開することとなった。すなわち数カ月間にわたって新聞紙上で繰り広げられていた個人名で記せばハレー、ローブ、バック、トンプソンの間の論争に代わって、第一次世界大戦の勃発により、一転して国際関係、国際政治や戦争遂行に関する記事で埋まるようになり、「国内問題に関しての議論がむしろ反愛国的な態度であると見なされるようになっていた」。そして、民主主義によって世界を救済するためであるならば、労働界は国内において共同して事にあたり、政治マシンも革新主義市政改革派も些細な議論は棚上げにすべきであると考えるようになった。その結果、ボルドウィン法とバック法という両極端の考え方の中間に立つオーティス法が魅力的な改革案として捉えられるようになってきたとピーターソンは述べている（Peterson, 1985: 150）。

州議会での法案の審議過程をピーターソンにならって素描すれば、ボルド

ウィン自身による州議会議員としての積極的な働き掛けもあり、最初に州議会の上院を通過したのはボルドウィン法であった。オーティス法は最初に下院で審議され、先に触れた当時の政治情勢から圧倒的多数で可決された。4月5日にオーティス法は上院に上程されトンプソン派の上院議員によるオーティス法廃案のための画策、たとえばオーティス法でさえ組合による学校支配がもたらされる懸念、下院で十分な審議が尽くされていないこと、上院では聴聞が開かれていないことなどを訴えたにもかかわらず、上院でも圧倒的多数でオーティス法が可決され同年6月には成立することとなった。下院での聴聞が十分に行われなかったのは、これも先に触れたように、トンプソン陣営が市議会議員選挙に忙殺されていたからに他ならない（Peterson, 1985: 150-151）。

ピーターソンはオーティス法が可決成立することとなった理由として、この法案が政治過程に参加したすべての当事者にとって全面的な敗北ではなく部分的な勝利をもたらすことになるからであると述べている（Peterson, 1985: 151）。すなわち、教員組合にとっては教員が終身在職権という身分的安定を確保することができるために、それまでの厳しかった戦いを正当化できたからである。

すなわち、シカゴ教員連盟は1915年、1916年には日刊紙や地域諸集団によって激しい攻撃にさらされていたこと、大量解雇の対象になった教員への裁判闘争費用と解雇教員への給与支払いなどのために教員組合の活動資金が底をついていたこと、教育委員会による大量解雇の非合法性を証拠立てることが不可能であり裁判での勝利を見込めなくなっていたこと、州最高裁において教員組合が敗北を喫する判決が出されたこと、教員組合加入者数の減少が続いていたことなどである（Peterson, 1985: 145, 148）（Wrigley, 1982: 138-139）。教員組合は組織を取り巻く情勢が厳しくなっていることを深く認識しており、オーティス法の規定している終身在職権を確保できるだけでも勝利であると考えるようになっていた[31]。これと関連するであろうが、6月には過半数の教育委員による解雇教員の復職を認める発言が報道され、実際に、教員の雇用契約を決定する時には労働組合への加盟を理由に解雇されていた教員も含む49名の教員の復職が認められた（Wrigley, 1982: 134）。

トンプソン市長側にすれば、バック法のように市民の直接選挙による教育委員選出方法ではなく、従前どおりの市長による任命をオーティス法は規定しているだけではなく、当時の危機的な状況にあった市の財政を翌年度予算の前倒し執行ができることが規定されているために、短期的な財政危機克服策として歓迎さえした。革新主義改革派にとってはハーパー委員会による勧告以来の懸案であった教育委員の人数の縮小、バック法ほどではないにせよ教育長の権限強化が盛り込まれていたために、やはり部分的な勝利を手にしたことになる。

3．1910年代の政治過程の意味

1900年前後から10年以上にわたって、ハーパー委員会勧告の法制化を特に革新主義改革派は目指していたが、シカゴ教員連盟、シカゴ労働連盟の激しい反発に遭って実現を阻まれていた。この点に関して、教員組合と労働組合とはまさに一体となってビジネス-改革派連合に対立していた。さらに、この法制化運動が男性教員の優遇という性差別的性格をもっていたことから、女性運動団体も反対運動に加わっていた。付け加えて、1907年の市憲章の改正による教育統治改革の動きの中では、移民集団は自らの文化的伝統が破壊されることへの恐れから、憲章改正の反対運動に加わり、その結果、改革が頓挫することとなった。

改革がことごとく阻止されたために、その原因である強固な組合運動組織の弱体化に矛先が向けられるようになり、ビジネス、トンプソン市長、トンプソンの任命した教育委員会によって、シカゴ教員連盟への直接的な攻撃が開始された。最初は1915年の州議会の上院で組織されたシカゴ教育委員会実態調査委員会によるものであり、次いで、ローブ規則による教員の労働組合加入の否定であった。教員組合も労働組合も組合攻撃にいっせいに反発し、裁判所に訴えることで差止め命令を勝ち取った。しかしながら、教育委員会は教員の雇用契約に関する規則を改正して、シカゴ教員連盟の主要組合員を含む教員の大量解雇に踏み切り、この措置は裁判所によって追認されることとなった。

こうした事態の推移の中で、改革派は教育委員会や市長の行政運営に不満

を募らせ、協力関係にあったビジネスとの関係を見直しはじめた。とくに市長による教育委員任命を含む教育への政治的介入に反発し、教育改革を目的とした公教育協会を結成することで、トンプソン市政と密接に係わりをもっていたビジネスと袂を分かった。ビジネス界の中でも、イリノイ製造業者協会は当時盛り上がりを見せていた労働運動への対応に苦慮しており、教育労働運動に関しても無関心ではいられず、公教育協会に対抗して公立学校連盟を結成し、教員組合の弱体化をねらって運動をはじめた。

　革新主義改革派を中心に策定された法案は、全市一区性で公選による教育委員選出と委員数削減、教員の身分保障規定を含むものであり、教員組合も労働側も支持していたことは言うまでもない。市長と教育委員会を中心とした案は基本的に大きな変更点はなく、既存の教育統治システムを維持しようとするものであり、教員の身分保障規定は含まれていなかった。両案の折衷的な案は教育委員のオーティスによって策定されたものであり、基本的には革新主義改革派の意向に沿っているものの、教育委員の選出方法には手を加えず、委員数の削減を含み、教員の身分保障規定も含まれていた。これらの法案は州議会に提出され審議が行われたものの、市議会議員選挙、第一次世界大戦の勃発などによる情勢の変化によって、どれかの法案を成立させなければ、いずれの紛争当事者も何らの利益も得られないことが次第に分かってくるにしたがって、最終的に折衷的な性格のオーティス法の成立を見た。

　今までの記述の中でも触れてきたが、以上の政治過程の中で政治アクターはいかなる状況認識のもとで、どのような判断を行ったのであろうか。まず本研究で考察対象となった革新主義改革派を代表する人物としてメリアムやバックらがおり、その外の都市改革を推進しようとする団体に、都市有権者同盟、女性クラブ、PTAなどがあり、これらの団体は社会階級的に中流階級で職業的には専門職者を中心に構成されていた。これらはハーパー委員会報告に沿った改革、すなわち教育と政治との分離、教育行政の専門化、能率化を目指した改革を求めていた。ところがトンプソン市長の当選によって教育と政治とのつながりが今まで以上に強まったことなどによって、市長と結びついていたビジネスとは距離を置くとともに、教員の専門職化を推し進めようとする観点から、教員の身分保障を含むバック法を支持した。

したがって、ビジネスという社会・経済的な支配階級と知識人を中心とした改革派の溝が深まっていた。上・中流階級主体の改革派は労働者階級を抑圧するのではなく、労働組合と一体となっていた教員組合を支持する態度を表明し、教員給与の引き下げに反対し、教育委員会による組合攻撃から守るといった、彼女たち教員組合員のための活動を展開していた。

　市長は実質的な社会経済的支配階級であったビジネスと深く結びついていた。ビジネスは反教員組合のための団体を組織し、そこを基盤として、シカゴ・トリビューンという影響力あるメディアと一体となって活動を展開しただけではなく、この階級の利害を反映する教育委員を教育委員会に送り込み[32]、ビジネスにとって邪魔となる教員組合ひいては労働組合の力を削ぐことに意を注いだ。

　シカゴ教員連盟は改革派の提案であるバック法案を全面的に支持したものの、バック法案の急進的な改革が州議会で可決されることは困難な情勢であった。オーティス法案を支持すれば長年の運動目標であった教育委員の直接公選制が実現できないばかりでなく、教員の意思決定への参加の経路として期待されていた教育協議会ないし教員協議会の設置も実現できない。しかしバック法案と同じく、終身在職権は確保され、教育長への権限強化の恐れはあるものの、独立した権限を持つビジネス・マネージャー職と教育委員会弁護士職の新設によって、教育長への権限集中が避けられることを期待した。また、シカゴ教員連盟自体が組合員数の減少や財政的逼迫によって弱体化の危機にあったことも、革新主義改革派との連携に踏み切った要因であった。

　かくして、バック法案はその急進性ゆえに実現は不可能であり、オーティス法案が教員組合、労働組合、革新主義改革派の支持を得て成立することとなったのである。

4．1920年代前半のシカゴ教育政治

　オーティス法の制定以後のシカゴ教育政治について補足的に見ていきたい。シカゴの教育統治に関する重大な変更が加えられたオーティス法の制定以後も、シカゴは教育をめぐる政治的葛藤の渦に巻き込まれ続けた。リグレーによれば、「オーティス法はシカゴの学校に合理的専門的な視点を導入し、学

校を特徴づけていた不快な政治的闘争と腐敗を終結させることを目的としていたものの、皮肉なことにこの法律はそれとは正反対の効果をもたらした」と述べている (Wrigley, 1982: 139-140)。

1917年6月から1919年10月まで、2年以上にわたって二つの教育委員会が併存する不正常な状態が続いた。1917年6月、トンプソン市長は21名から11名に削減し、任期を4年から5年に延長したオーティス法にしたがって教育委員を任命した。任命された委員のうち2名は再任であり、その中にローブも含まれていた。市議会は11名の委員を承認したものの、承認に係わる再審議などの手続上の問題があり、この11名の委員としての法的根拠があいまいなままになってしまった。しかしこの11名の委員は教育委員室に入り、やはりオーティス法の規定にしたがってビジネス・マネージャーと教育委員会弁護士を選任するなど、教育委員会としての通常の業務を開始した。しかしながら、新教育委員会の法的根拠の不備を理由に、それまで21名で構成されていた教育委員会は裁判所に訴え、1918年6月には法的に正統性を有する教育委員会であるとして州最高裁に認められ復職できることとなった。この21名からなる教育委員会は、結局のところ、トンプソン市長がオーティス法にもとづいて11名の委員を選任した1919年5月まで職に就いていた (Counts, 1928: 253) (Herrick, 1971: 137-138) (Wrigley, 1982: 141)。

教育委員会に限らず教育長の選任に関してもこの時期に混乱が生じていた。1915年以降シュープが教育長職を担っていたが、彼は病弱であったこともあり、教員組合と教育委員会との間の激しい戦いやオーティス法の制定をめぐる政治的葛藤の渦中でほとんど実質的な活動を行っていなかった。1918年にこのシュープ教育長は死去し、後任をめぐって混乱が生じた。裁判所の判決で復職した21名の教育委員会はデトロイトの教育長であったC・E・チャッセー (Charles E. Chadsey) を1919年3月に選任した[33]。チャッセーの着任は市長と共同歩調をとっていた教育委員会が市長に反旗を翻したことになる。つまり、教育委員会は改革派と見られる候補者リストの中からチャッセーを採用したのであり、市長と教育委員会との間の反目を見い出すことができる。グリムショーはこれを指して教育委員会は「反逆者」(Grimshaw, 1979: 31) になったとしている。

4月の市長選挙で再選されたトンプソンはこの人事に不満を抱いており、トンプソン市長が任命した11名の新教育委員会はオーティス法が1919年3月には施行されていなかったことを理由に、チャッセー教育長を執務室から追い出し、教育長としてP・モーテンソン（Peter Mortenson）を選任した。チャッセー側はオーティス法が1917年に成立し、彼は4年任期で採用されたことを根拠に地位保全を求めて提訴し、同年11月に巡回裁判所はこの訴えを認めチャッセーは復職が認められた（Herrick, 1971: 138）（Wrigley, 1982: 142）。チャッセー教育長は職務遂行に際して教育委員会の妨害にあっており、その職責を十分に果たせないことを理由に11月に抗議の意味で辞職願を提出するとともに、市の政治家が公立学校行政に関与する権限がないことを確認するよう裁判所に訴えてもいた。裁判所はチャッセーの訴えを認め、教育委員6名と教育委員会弁護士には罰則が与えられた（Herrick, 1971: 139）。チャッセーの後任には、先にトンプソン市長の肝いりで就任したモーテンソンが正式に教育長に就任した。

　モーテンソン教育長に対する教員側の態度はどうであったろうか。グリムショーによれば、教員組合はチャッセー教育長とモーテンソン教育長への態度は対照的であったと分析している。改革志向の強いチャッセーが政治家による嫌がらせを受けているときでさえ、冷淡であった。なぜならば、チャッセーが教員からのみでなく校長からの学校問題に関連した数多くの忠告に耳を傾けなかったし、また、チャッセーの強力な支援者がかつての労働組合への加入を理由に大量の教員解雇を実施した教育委員であったからである。逆に教員組合はモーテンソン教育長を支持していた。マスメディアや改革派が、モーテンソンは政治家の言いなりなっており、チャッセーへの嫌がらせに加担し、政治家の利権あさりを放置しているとして激しい批判を展開しているときでも、教員組合は彼を支持していた。その理由として、それまでの半世紀に勝ち取った教員給与の引き上げ率よりも多い引き上げをモーテンソンがもたらしてくれたからであるとグリムショーは見ている。教員が尊敬し価値を認める基盤にあるのは、疑いもなく自分たち自身の利益である、と述べて、グリムショーは教員組合の態度に厳しい批判を展開している（Grimshaw, 1979: 31-32）。

1920年代に入ると、市民の間での教育委員会批判が広がりはじめ、シカゴ都市有権者同盟をはじめ市民運動団体が司法機関に学校調査を要求し、大陪審が1922年に調査を開始することとなった。精力的な調査の結果、たとえば、教育委員会に雇用されている校舎などの保守管理技師（custodian engineers）は給与の引き上げが認められたことの謝礼として教育委員に9万ドルの贈賄を供与していたことをはじめとして、校地、備品、職などでも贈賄を受けている事実が明るみに出された。そして、大陪審は正式に前教育委員長、前副教育委員長、教育委員会弁護士など40名の政治的腐敗に係わった学校関係者を起訴した（Counts, 1928: 260-263）（Katznelson, 1985 117）（Tyack, 1974: 172）[34]。

　1923年の春にはトンプソン市長の任期が切れ、次の市長に民主党のW・E・ディーバー（William E. Dever）が選出された。1920年代のシカゴ教育政治をつぶさに検討したG・S・カウンツ（George S. Counts）は、トンプソン市政下の8年間は無能と腐敗についての批判が繰り返され、人々はリーダーシップが代わることを切望していたと述べている。ディーバーは腐敗にまみれた都市の改革を訴え、さまざまな市民団体に支持されて当選したのであり、就任後さっそく数名の教育委員を任命し、学校を政治から引き離すことを約束し、実際にも教育委員会の行政運営から距離を置いていたとカウンツは評価している（Counts, 1928: 264）。翌1924年には、新教育長としてニューヨーク市の副教育長であったW・マックアンドリュー（William McAndrew）が着任した。マックアンドリュー教育長は使命として「学校の掃除」を掲げ、彼の3年半の任期中にのみ、シカゴの革新主義改革派はビジネスと一体となって実際に公教育を統制したと評価されている（Katznelson, 1985: 117）。

小　括

　以上、詳細に19世紀末から20世紀初期のシカゴにおける教育政治過程を考察してきた。第1章、第2章で検討した革新主義期を対象とした教育政治史研究が色濃く反映されて、教育統治改革をめぐる議論の中だけに限定しても、教育政治はきわめて多元的なアクターの相互交渉によって特色付けられることが明らかとなった。教育政治過程において、ビジネスの強力な影響力の下

に、州議会での鋭い対立を含みながら教育行政の集権化・能率化を目指した改革が行われようとしていたものの、それは必ずしも所期の目的を達成したわけではなかった。シカゴ教員連盟やシカゴ労働連盟の激しい反発を引き起こし、厳しい対立がもたらされた。ビジネスと労働側の対立のみではなく、人種・民族集団や女性団体も積極的な働きかけを行っていた。かくして、多様なアクターの活発な動きが結果的にシカゴの教育統治体制を作り出したと見ることができ、教育政治の多元主義的特徴を描き出すこともできよう。ただし、単に均等に平等に各種アクターが教育政治過程に参加したのではない。本章の限界でもあるが、背後のアクター間の合従連衡については描ききれていない。本書第Ⅱ部第2章で論じることになるシビック・キャパシティーの観点から、21世紀への転換期の教育政治分析を行うことが今後の研究課題となろう。

注

1) 1837年のシカゴの人口は3千名であり、市内には5学区があり在籍児童生徒数は400名と記録されていた。しかし実際には、就学児童生徒数はそれよりも下回り、2、3の学区には学校がなかったりした、とクラークは述べている。

2) ウェルズは学年制と学年ごとのカリキュラムを構想して、それを実施に移してもいる。当時の約1万4千名の児童生徒を10の学年とハイスクールの学年に分けて、123名の教員を各学年に配置し、学年別の教育の内容と方法を詳細にわたって規定し、それらは1862年に『教師のための学年別教育内容と方法』と題して出版されるや、北西部諸州の公的カリキュラム課程（official curriculum）として採用されるほどの影響力を持った（Herrick, 1971: 42-43）。

3) たとえば、1888年のシカゴ教育委員会年次報告書では、教育委員長が教員一人あたりの児童生徒数を40名以下とする州法の制定を訴えている。当時の規定では62名であり、これでは教育環境をいくら整えたとしてもすべての教員が行き届いた教育を行うことは不可能であるとしている（Chicago Board of Education, The 34th Annual Report of the Chicago Board of Education, 1888: 16-17）。

4) ボストンでは1875年に委員数を116名から24名に削減するとともに、区代表制から全市一区に変更している。この改革の意味について詳しくは、北野（1990）参照。また、

主要都市における当時の都市教育委員会改革について詳しくは、小松（1982）を参照されたい。
5) 1893年に刊行されたJ・M・ライス（Joseph M. Rice）の著書によって、シカゴ公立学校の教育条件のみならず内容的な質の低さは関係者に広く知られていたことも、教育改革を急がせた重要な要因であった（Rice 1893: Ch Ⅲ）。
6) この委員会は3名が市議会議員、2名が現職教育委員、2名が元教育委員、4名が有識者の計11名で構成されており、委員には「共和党や民主党、多様な宗教的信条が含まれて、党派的・宗教的に偏っていないし、偏見を持たず批判的思考を持つものの、公立学校に好意的な態度を持つ」人々から構成されたと報告書に記されている（Report of the Educational Commission of the City of Chicago, 1898: viii）。
7) 1889年の教育委員会年報を見ると、学校管理部会、器具・調度部会、用務・供給部会、校舎・運動場部会、校地・通学区域部会などをはじめとして16の部会が列挙され、それぞれの部会は3名、5名ないし7名から構成されることが記されている（Proceedings of the Board of Education of the City of Chicago, June 12, 1889: 253）。
8) ちなみにシカゴの1900-01学年度の教育委員数は21名であり、常設委員会として「学校管理部会」「校舎・校地部会」「財政部会」「義務教育部会」の四つがあった（Chicago Board of Education, The 47th Annual Report of the Chicago Board of Education, 1901: 2-3）。1860年代70年代においては、年度ごとに設置される常設委員会が実質的に教育行政を支配していたことに関し、Dewey（1937: Ch. 6）が詳しい。
9) 1880年代半ばのシカゴ初等学校第1学年の担当教員は1107名であり、うち男性はわずか45名でしかなかった（United States, Office of Education, 1985: 1127）。
10) 市民連盟については、伊藤（1990）でも詳述されている。市民連盟の教育部会は市内の全校の衛生状態、教室の収容力、校舎の採光や暖房、教員の一般的能力や指導方法を調査し、教育部会による勧告の多くが教育委員会に採用されていることが報告されている。さらに具体的活動の一環として、すべての教育委員会の会議や常設委員会の会議の傍聴も行っていた（Small, 1895: 87-88）。20世紀への転換期のみならず、その後も一貫してシカゴの教育統治改革を目指して市民連盟は活発に活動を続けている。たとえば、1940年代に市民連盟はシカゴ商業連合会と合同調査委員会を設置し、ビジネスの管理運営方法にならった教育委員会改革を求める勧告書を出している（The Chicago Association of Commerce and the Civic Federation, 1943）。
11) シカゴ・クロニクルは、たとえ教育委員数を削減しても教育委員一人あたりの情実人事による不正な分け前（share）が増えるだけであること、教育事業の拡大方針よりもアメリカのコモン・スクール創設時代のシンプルな構造に立ち返るべきことなどを指摘している（Chicago Chronicle, June 19, 1898: 8）。

12) たとえば、「小規模教育委員会でこそより良い人（better men）を得ることができる」（Chicago Times-Herald, May 23, 1898: 6）や、教育長の権限拡大、小規模教育委員会、給与の低水準化、男性教員の増加、教育行政官の任期延長などの大見出しで（Chicago Tribune, Nov. 15, 1898: 5）、ハーパー委員会報告への賛意を示している。

13) 既に触れたように、ハーパー委員会報告書では「給与水準と昇任基準は単に勤続年数だけではなく、能率性や取得した学歴にもとづくべきである」（RECCC42-1896, xiv）とされていた。ところが教員側は、すでに情実人事の充満している学校システムにおいてメリット・ペイを導入することは情実や差別をいっそうもたらすだけであり、教員をいつまでも俸給表の最低額に押しとどめようとするものであるとして批判を強めた（Wrigley, 1982: 96）。

14) ハレー自身によるハーパー報告批判の矛先は鋭い。たとえば、ハーパー委員会の委員は「ハーパーの単なる代弁者」でしかなく、ハーパー自身は教育における「反動主義者」であり、ドイツで教育を受け「女性を軽蔑する」人物であると、厳しい批判を展開している（Reid, 1982: 35）。

15) アンドリュース教育長自身によれば、ハーパー法の制定が不発に終わったのは、ハーパー委員会報告書の本当の目的が誤解されていたからであり、特に教員の身分保障を危険にさらすと考えられたからであるとしている（Report of the Educational Commission of the City of Chicago, 1899: 155）。しかしながら、着任早々のアンドリュースによる矢継ぎ早の教員攻撃からして、教員の身分的安定への脅威と受け取られても仕方なかろう。

16) この点はシカゴ商業クラブの歴史の中でも自画自賛的に触れられている（The Commercial Club of Chicago, 1922: 118-119）。

17) クーリー教育長が就任した当時の教員採用システムは、教育委員と学区教育長が教員候補者リストを作成し、採用希望者は教育委員や有力な教育委員会事務局職員に採用を働きかけており、ここに情実任用や贈収賄の発生する余地があった（Wrigley, 1982: 112）。

18) たとえば、クーリーが教育長に就任するまでは教育委員会と14の学区教育長が実質的な教育行政権を掌握しており、学区教育長は自分の学区から異動することはなく、学区内の学校の教育内容を決定し教員人事権を持つ、半ば独立的な支配権を持っていた。こうした事態に対してクーリーは、学区教育長の人数の削減、異動の実施による政治的人脈の切断に努力し、学区教育長職を教育長直属に変えていった（Wrigley, 1982: 111）。

19) クーリーがシカゴの政治状況を熟知しており、その個性と手腕によって教育委員会の持つ権限のいくつかを制限することができたことを、M・J・ヘリック（Mary J. Herrick）も指摘している（Herrick, 1971: 81）。リグレーはクーリー教育長の成功の要因

を次のようにまとめている。すなわち、彼が政治的な力量を持っていたこと、後に彼を教育顧問として雇うことになる有力なビジネス団体の支援を受けていたこと、保守的な教育長であるC・ハリソン（Carter Harrison）の任命した教育委員とともに職にあったことである（Wrigley, 1982: 113）。

20) 市政と教育委員会との関係について補足しておくと、ハリソン市長の後任のダンによる市政のもとで任命された教育委員の何人かの主導で、給与や身分の面で教員に有利な決定が行われつつあった時期に、ダンの後任のブッス新市長は1907年5月に21名の教育委員のうち12名の辞職を要求し、3名は辞職を承認した。さらに同市長は他の7名の委員にも辞職を求め、これに反発して5名の委員が辞職した。7名の強制的に辞職させられた委員はイリノイ州最高裁にその不当性について提訴し、翌年1月には判決にもとづいて復職を果たした。判決では市長が専断的に教育委員を解雇できないとされた（Herrick, 1971: 111）。

21) 彼女の個人的資質・能力などに関しては、Chicago Schools Journal, Editorial (1918) が詳しい。

22) トンプソンは選挙キャンペーン中にイギリスによるアイルランドへの圧政を非難して、数十万名のアイルランド系アメリカ人の支持を集めたといわれる（Cronin, 1973: 110）。

23) クローニンは女性市民クラブを「戦闘的な『監視』集団」と表現している（Cronin, 1973: 110）。女性市民クラブよりも長い伝統を持つ「シカゴ女性クラブ（Chicago Woman's Club）」は1876年に結成され、20世紀への転換期まで多様な社会活動を展開していた。教育に関連する活動として、たとえば1890年前後に取り組んでいた課題として、州議会での義務教育法制定、シカゴ教育委員会委員への女性の任命、手工科（manual training）や職業訓練の導入、貧困児童生徒の救済（truant aid）などがあり、1900年には教育長が教科書を採択し、教員を任命し、教育委員会の決定への拒否などの権限を持つことで学校システムを再編する教育統治改革法案を準備した（Chicago Woman's Club, 1916）。いずれも社会階層では上・中流階級であるものの、男性会員からなりビジネス団体への所属と重複する市民クラブと都市エリート女性からなる女性市民クラブが革新主義期における政治アクターとして都市問題、教育問題に関してどのような態度、行動をとったのかに関して、M・A・フラナガン（Maureen A. Flanagan）は詳細に論じている。職業教育の導入問題と学級規模の縮小を事例に取り上げて論じるなかで、1915-16年（女性市民クラブ会員2800名）に夫婦で両組織に所属している者の比率は16パーセントであり、両組織は同一の指向性を持っても不思議ではないが、これらの教育問題解決の目的や方法は異なっていた。市民クラブが行政管理の能率化であるとすれば、女性市民クラブは福祉の充実を重視していた（Flanagan, 1990）。

24) バックは議員になる前は代表的な日刊紙であるシカゴ・トリビューンとデイリー・ニ

ュースの労働問題担当記者であった（Peterson, 1985: 139）。
25）たとえば、ニューヨーク、セントルイス、ミネアポリス、デトロイトの教育長や、ヤング前教育長、ハーバード大学総長のC・W・エリオット、デューイ、カバレーらである（Herrick, 1971: 132）（Peterson, 1985: 143）。
26）たとえば、教育委員会は記録の開示を拒否し、委員会自ら調査委員会の設置を画策し、その委員会委員5名のうち4名は大量の教員解雇に賛成した委員であった（Peterson, 1985: 143）。
27）バック法案に対する批判として、たとえば、シカゴ・トリビューンは公選制の問題点、教員組合偏重などを指摘するとともに、ローブ教育長の教育行政を支持する論陣を張っている（Chicago Tribune, Dec. 1, 1916: 6, Feb. 10, 1917: 6）。
28）ピーターソンによれば、オーティスは公的な議論で自説を展開することはなかったが、もともとローブと協力関係にあり、教育委員会による年度ごとの教員との契約更改に改める規則の改定と68名の大量解雇を見て、ローブ教育長、トンプソン市長、シカゴ教員連盟のそれぞれに違和感を持っていた（Peterson, 1985: 144）。
29）州議会で審議中の3案に関する意見交換会が1917年3月に市民クラブ主催で開催され、バック、オーティス、シカゴ大学のC・H・ジュッド（Charles H. Judd）、ミード、デトロイト教育長で1918年にシカゴ教育長として着任することになるC・E・チャッセー（Charles E. Chadsey）ら、教員組合を除く各法案の推進派、反対派がそれぞれ主張を展開しており、意見交換会はこれらの人々の見解を知るうえで有益である（The City Club Bulletin, Vol. X, No. 5, March, 1917）。
30）Chicago Tribune, Feb. 18, 1917: 10、Feb. 20, 1917: 9に掲載されている。なおこれらの記事では、「ハレー＝バック法案」と名付けており、シカゴ教員連盟の実質的指導者であるハレーの名を冠しているところに、トリビューン紙の姿勢が明確に表われている。
31）リグレーはこの点に関して、「（ハレーは）繰り返し言明してきた教員組合の長期的な目標よりも、短期的な利益を優先させた」と述べている（Wrigley, 1982: 139）。なお、オーティス法が最終的に成立する以前の1917年5月にシカゴ教員連盟はシカゴ労働連盟からのみならずAFT、「イリノイ労働連盟（Illinois Federation of Labor）」、「女性労働者連盟（Women's Trade Union League）」からも脱退した。この原因として、解雇教員を復職させる代わりに労働組合に加入しないという密約がハレーとローブ教育委員長との間に交わされていたこと、シカゴ教員連盟は組合員数が激減し訴訟費用と解雇教員の給与支払いに耐え切れなくなっていたこと、などが推測されている（Herrick, 1971: 135）。
32）1910年から1919年の間に71名が教育委員に任命されたが、その中で58名の委員の職業が分かっている。このうち3名を除く委員全員の職業は企業幹部、企業経営者、法律家、

医師あるいはその外の専門職者であり、残りの3名だけが非管理職被雇用者あるいは労働組合幹部であった (Peterson, 1985: 152)。

33) 新教育長は着任前の1917年に市民クラブ主催の講演会に呼ばれ、教育長の任期を毎年度ごとの更新ではなく延長すべきこと、教育長の権限を明確化して、教科書採択、カリキュラム課程編成などの権限を教育長に付与すべきこと、教育委員選出は公選制のほうが望ましいことなどを主張していた (The City Club Bulletin, Vol. X, No. 5, March, 1917: 114-120)。

34) カウンツの著した『シカゴにおける学校と社会』は以下の文献で詳しく紹介されているとともに、近年、邦訳が刊行された（中谷、1988：8章3節）（カウンツ、2006）。

第Ⅱ部

都市教育の課題と改革の理論

第1章　社会変動と都市教育の課題

はじめに

　本章は第1節で、第二次世界大戦後から1980年代にいたるまでの都市の社会的・経済的変動について素描し、それが都市空間の形成にいかなる影響を及ぼしたのかを考察する。戦後の都市は人種的・民族的な多様化が促進され、社会問題としての貧困層の滞留やスラム化が進行していった。都市教育に関しても、マイノリティ[1]児童生徒の急増と学力格差をはじめとした教育の不平等が顕著になっていった。

　第2節では、都市労働市場の変貌と教育問題に焦点を当てて検討を加える。経済変動によってマイノリティの就業機会が著しく制限され、それが経済格差をもたらしていること、それに拍車をかけるのが教育機会の不平等であることが明らかにされる。都市教育の課題解決のためには単なる学力格差の是正だけではなく、家族も含めた社会関係の再構築が求められることについて検討を加えている。

　第3節では、1950年代以降の学校教育における不平等解消の処方箋と見なされていた人種分離学校廃止へのシカゴ教育当局の取り組みの実態と、公民権運動団体などの市民運動団体の動きについて検討する。さらに、1990年代の都市教育改革への視点として、政治経済的条件への配慮が必要であることを明らかにする。

　本章での考察は、第Ⅱ部第2章で検討する都市教育改革の理論の背景説明であるし、本章で第二次世界大戦後のシカゴの教育課題を時系列的に検討しているのは、第Ⅲ部で検討する現代シカゴ教育統治改革がいかなる歴史的背

景のもとで実施されているのかをよりよく理解するためでもある。

第1節　戦後の都市の変動と都市教育

1．黒人とヒスパニックの急増

　戦後の都市の変容で特筆すべきは、都市への移住者の絶対数が増大したことと、それ以上に重要なのは、都市住民の人種・民族構成が著しく変化したことである。すなわち、都心部に居住していた人々は、住宅不足、郊外での持ち家政策、道路網ならびに鉄道網の整備などの公共政策によって郊外に移住し、代わって、多様な人種的・民族的な出身の都市居住者が増加した。このことが、都市での生活はむろんのこと、都市教育の社会経済的な環境を激変させた。具体的には、白人が郊外に脱出し、黒人ならびにヒスパニックが都市に流入したのである。

　黒人についてみると、1900年代初期以前には、大多数は南部の農村に居住していたが、第一次世界大戦前後からしだいに北部の都市に移住し始めた。1910年から1970年までに黒人人口は倍増しているが、その半分以上は1970年までに南部以外に居住するようになっており、そのうちの4分の3は都市地域に居住している。都市部への黒人の移動は1950年前後以降加速度的に急増しており、1970年までに大都市に居住する黒人は660万名から1310万名へと倍増している。シカゴでは、同じ時期に都市人口に占める比率が13.6パーセントから32.7パーセントへと急上昇している（Hummel, 1973: 74-77）。ちなみに、2000年時点でのシカゴの黒人は38パーセントであり、いかにこの間に急増したのかが分かる。

　1970年代には黒人の都市への移住の波はおさまったが、次いで、ヒスパニックの70年代における都市への流入が顕著となってきた。1970年から1980年の間に、シカゴの人口は35万8千名減少している。内訳は、白人が約70万名の減少、黒人は11万名の増加であり、ヒスパニックは19万名増加している。この結果、マイノリティの都市人口に占める割合が、41パーセントから57パーセントに上昇し、過半数を越えるようになったともに、ヒスパニックの占

める割合がこの間に倍増し、14.1パーセントになり（Kasarda, 1985: 52）[2]、2000年には26パーセントを占めるまでになっている。ヒスパニックの急増傾向はシカゴだけではなく、ニューヨーク、フィラデルフィア、デトロイトなどでも同様である。

　北部の主要都市で黒人やヒスパニックが急増するにつれて、白人の郊外脱出が顕著となってきた。郊外に脱出した白人は、当初、郊外に住宅購入でき都心部への通勤に支障をきたさない経済的ゆとりのある上・中流階級の人々であったが、しだいに労働者階級も脱出するようになる。白人人口の急減の原因がここにある。北東部と中西部の20の大都市についてみると、1960年と1980年の間に白人人口は4百万名（24.3パーセント）減少し、黒人は195万名（38.8パーセント）の増加を見た。ヒスパニックの急増はすでに見たとおりであり、白人の20大都市での人口比率は53.8パーセントにまで落ち込んだ（Peterson, 1988: 45）。

　大都市を脱出した白人は郊外や小規模タウンやサンベルト地域に移住し、1980年には全黒人の58パーセントが都市圏に居住するようになったのに対して、白人は25パーセントだけになった。北東部や中西部の大都市だけに限ってみると、この比率はそれぞれ77パーセントと28パーセントにまで差が開いている。数多くの公民権保障に関する法律が制定されたにもかかわらず、大都市において、白人と黒人は分離した状態で居住しており、1960年から1970年の間に居住地域の人種分離は続いている。

　シカゴでは、黒人人口の85パーセント以上が市域内の特定行政区に居住しているとともに、白人と黒人との混住地区でもしだいに人種的に偏った地域になりつつある（Peterson, 1988: 45-46）。郊外には白人に限らず、中産階級の黒人も脱出しているが、その絶対数は白人に比べるとわずかである。1950年にシカゴと郊外を含む都市圏域（metropolitan area）の黒人のうち94パーセントは市域内部に居住していた。しかし1970年にはわずかに減少し、90パーセントになり、さらに10年後の1980年には85パーセントになっている。20万名の黒人が郊外に脱出したことになるが、たとえ郊外に脱出したとしても、郊外の特定地域に集住する傾向が強かった（Orfield, 1988a: 166-167）。都市内部は郊外への脱出を望まなかったあるいは脱出ができなかった高齢者、貧困

層、マイノリティによって占められるようになる。

2．都市の貧困・スラム問題

都市部の黒人と白人との社会的・経済的な格差の隔たりはきわめて大きい。たとえば、ニューヨーク、シカゴ、デトロイト、フィラデルフィア、ボストンについてみると、1980年時点で黒人は最も不遇な立場に立たされている。彼／彼女らの平均収入は約1万3千ドルであるのに対して、白人は2万4千ドルである。貧困水準以下の生活をしている黒人は29.6パーセントであるのに対して、白人は8パーセントである。黒人の失業率は白人よりも9.4パーセント高く、成人黒人の就業率は白人よりも11.9パーセント低い。全黒人のうち52パーセントが18歳以下の子どもをもつ女性世帯主の家庭であり、この家庭は白人の場合、13.9パーセントでしかない。その外にも、ハイスクール卒業率が56.3パーセント対70.2パーセント、個人所有住宅居住率が36.3パーセント対60.8パーセントなどとなっている（Peterson, 1988: 45-46）。

都市と郊外との人種的・民族的な居住者の分離は、経済的な格差の裏返しでもある。1959年から1984年までの黒人一人当たり家計収入は白人を1とすると、0.49から0.57の間を推移している。ヒスパニックは0.57から0.6の間である（Tienda, 1988: 27）。こうした経済格差による都市と郊外との居住パターンはすでに1960年までに明確となっていた。職業、収入、教育水準を指標とした社会・経済的な階層ごとの居住パターンを見ても、上位階層ほど郊外に居住し、下位階層はインナーシティー（都心部）に居住しており、人種別では白人はこの傾向がより強い。

1960年当時のシカゴのハイスクール卒業者の25歳以上の成人のインナーシティーと郊外との居住人口比率をみると、ハイスクール卒業という相対的には有利な立場にいる人々は明らかに郊外居住者が多くなっており、この傾向はカレッジ卒業者ではさらに顕著となる（Havighurst, 1966: 62-64）。社会経済的地位によるインナーシティーと郊外居住者との分極化はすでに1960年までに明瞭となっており、それが1960年代1970年代にさらに促進された。

このように、インナーシティーと郊外との人種・民族的な分離は、住宅市場における消費者の選好によってもたらされたのではない。黒人が郊外での

居住を希望しても、さまざまな制約によってそれが不可能となっていた。たとえば、白人土地所有者が郊外の土地を黒人に売却しなかったり、人種を理由としてきわめて排他的な態度をとり続けたりしたことにもよる。このことは、シカゴにおいて、移民の急増期以前の黒人人口が相対的にはるかに少なかった今世紀初期においても、すでに、白人と黒人との敵対関係が形成されており、移民の急増期以後は、住宅や学校を始めとした領域で皮膚の色によるさらに強固な障壁が作られていった（Spear, 1967: 201）。

インナーシティーに居住するようになった黒人は、白人の住宅市場からは完全に見放された環境的には最悪の地域に居住することを余儀なくされた。シカゴにおいては、住宅維持の困難化や住宅管理方法の不備による最悪の居住環境、慢性的な失業、犯罪の増加と社会的無秩序形態、商店所有者のたびかさなる変更や閉鎖あるいは新規投資の低下などの典型的なゲットー化が進行した。シカゴのように世界有数のコミュニケーション都市でありながら、ゲットー地域は不動産価値としては最悪の場合ゼロとなった。このゲットー化のサイクルは1980年までの約半世紀の間にいたるところで観察されたのであり、このサイクルには何も新しいものが付け加わらなかったし、新しく付け加わったことはその規模が拡大したことである（Orfield, 1988a: 162-163）[3]。

都市での人種分離状態を示す方法は多くあるが、いずれの測定方法を用いてもシカゴ都市圏域は分離度の最も高い地域であるとされる。たとえば、完全なアパルトヘイト状態を100とし、都市の全域にまんべんなく分散居住している状態を0とすると、シカゴは1970年に93、1980年に92であり、これらの数値は1940年以来ほとんど変わっておらず、全米で最も高度な人種分離都市であると評価されている（Orfield, 1988a: 167）。強固に人種分離された状態は、ゲットー化のサイクルが根付いていることの証左でもある。ゲットー化のサイクルは、後にも触れる差別的な労働市場とあいまって、劣悪な居住環境、高い失業率、単親家庭、犯罪といった特徴を有する都市の過密集住地域であるスラムの定着化をもたらすこととなった。

街頭犯罪や麻薬の横行、家庭崩壊の高い比率、慢性的貧困といった大都市の病理現象、住宅放棄や無人地区の増加といった住環境の悪化、生活や文化環境の悪化、白人や企業の郊外脱出による都市産業基盤の崩壊、都市財政の

逼迫といったことが混在して、ひときわ病理現象を進行させている[4]。都市の病理現象に直面して最も生活が脅かされる人々は、言うまでもなくマイノリティであり貧困層である。大都市の人種と社会階級と居住地域との密接なつながりは、第一次世界大戦前後からの黒人の北部への移住者の急増と、差別的な住宅政策ならびに白人の敵意によって、黒人と70年代以降の特にヒスパニックは居住環境として劣悪な地域に押しとどめられたのである。

以上見てきたように、戦後におけるアメリカの都市変動は長期にわたって、人種・民族的特徴を大きく変えてきた。こうした都市変動は本研究の課題に引き付ければ、政治と教育のあり方に強い影響を及ぼすことになる。具体的には20世紀半ばまでの都市の政治状況とは根本的に異なる状況を生み出したこと、貧困マイノリティ児童生徒の教育条件のいっそうの悪化がもたらされたことである。

前者についてみると、課税基盤の弱体化、中流階級の脱出などが都市の政治状況を一変させることとなった。シカゴでは都市人口に占める黒人比率の急増によって政党への有権者の支持が大きく変化しており、特に住宅政策、教育政策が激しい政治的コンフリクト発生の舞台になったと指摘される (Kleppner, 1985)。後者については、次節で触れるように、単なるマイノリティの教育条件の悪化だけではなく、労働市場の変動によって、マイノリティはさらなる過酷な条件のただなかに放り込まれることになった。

3．マイノリティ児童生徒の急増と人種分離学校

戦後の都市教育は特に1970年代に急激な変動を経験している。すでに見たように、都市の人種あるいは民族の構成が激変したことによって、都市人口における人種・民族構成の変化以上に、公立学校在籍児童生徒の人種・民族構成は変化した。教育学的な検討対象となるのは、貧困層ならびにマイノリティの子どもを多く抱えたインナーシティーの学校と、郊外の白人を中心とした中産階級の学校という二重学校システムの形成と、学力、中退率をはじめとした教育上の人種・民族間格差の存在である。以下では、マイノリティ児童生徒の急増問題と、居住地の分離から導き出される人種分離学校の実態、ならびに学力格差を中心とした、都市教育の直面している課題について検討

しよう。

　全米的なマイノリティの公立学校在籍児童生徒数の変化をみると、1968年から1986年までの間の白人公立学校児童生徒数は、16パーセント減少したのに対して、黒人は5パーセント増加し、ヒスパニックにいたっては103パーセントもの増加を見ている。シカゴでは1968年に白人の公立学校児童生徒数の占める割合は38パーセントであったが、1980年には19パーセントにまで落ち込んでいる。この結果、マイノリティの通学する学校は例外なく大多数が低所得層の子ども達で占められ、大多数が白人の低所得層で占められる学校はほとんどなくなってきている（Orfield, 1988b: 114）。

　黒人とヒスパニックの都市居住者は白人と比較して平均年齢が低く、出生数が多いために、市全体の人種・民族構成に比べると公立学校在籍率は高くなっている。シカゴでは、1971年から10年間に白人児童生徒が60パーセント減少し、白人カトリック系学校の児童生徒数は47パーセント減少している。これは言うまでもなく、白人の出生数の減少と郊外脱出に起因する。この間にヒスパニックの公立学校在籍者は46パーセント、カトリック系学校在籍者は40パーセント上昇している（Orfiel, 1988a: 166）。こうした学校在籍者数の変化の結果、1991年の初等学校在籍者の人種・民族別構成は、白人、黒人、ヒスパニックがそれぞれ12パーセント、58パーセント、28パーセントであるのに対して、市全体の人種・民族構成はそれぞれ、37パーセント、38パーセント、19パーセントとなっている。

　さらに、1980年代に限ってみると、シカゴではすべての児童生徒が黒人で占められる初等学校は、全初等学校数の中で60パーセントを占めている。白人児童生徒の減少によって、過半数が白人で占められる初等学校数は1980-81年度では67.5パーセントであったものが、1988-89年度には28.5パーセントにまで急減している。また、過半数が白人で占められるハイスクールは、この同じ期間に77.3パーセントから6.9パーセントにやはり急減している（Easton, 1990: 629）。

　人種分離学校の状態に対して、ブラウン判決以降の裁判所主導による分離学校廃止が積極的に進められてきていた。ブラウン判決とは、1954年に連邦最高裁による人種分離教育の違憲判決であり、従来の「分離すれども平等

に」を覆す画期的なものであった。黒人学校と白人学校の教育資源が平等であっても人種隔離そのものが違憲であるとの全員一致の判決が下されたことから、その後特に1970年代初期には全米的に数多くの人種分離学校廃止訴訟が提起され、南部では人種統合に向けた努力を重ねていた。

この努力は南部のみならず北東部や中西部の大都市にも波及しかけたものの、1974年のミリケン対ブラッドレー判決によって、全米でも最大の都市圏の一つで都市と郊外との児童生徒の人種分離学校の廃止は暗礁に乗り上げてしまった（Orfield, 1988b: 115）。同判決の下級審では、人種分離学校は地方学区と州による恣意的な政策や行政の結果もたらされたものであり、大多数が黒人児童生徒からなる都市でのいかなる改善策も有効ではなかったと判示されていた。しかしながら最高裁判決は、広域都市圏にまたがる人種分離学校廃止計画を却下し、その実施は単一の都市教育行政区内部で行うように求めた。少数意見は長期にわたる都市のデモグラフィックな傾向を考慮に入れれば、すなわち、都市内部での白人の郊外脱出と白人児童生徒数の絶対数の減少を考慮すれば、多数意見の示している計画は無益であると警告していたが、G・オーフィールド（Gary Orfield）が述べているように、経験的には少数意見が正しかったことを証明している。

つまり、証拠立てられた人種分離の意図にもとづいて通学区域を設定したと認定されない限り、たとえ人種的に分離された学校が急増しても、学区の人種分離学校廃止の努力が足りなかったとは認定されなくなった。人種分離学校廃止の努力よりも、地方学区の運営の自律性のほうが優越すると判断されたことになる。この結果、大都市部では人種統合を促進しようとしても、統合校を実現するための白人児童生徒の絶対数が不足するようになってきていたし、郊外白人学校へのバス通学が学区外であるために不可能となったために、一段と人種分離学校の増加をもたらすこととなった。すでにこの判決が出される以前に、裁判所による強制的な人種統合命令による学校教育の質の低下を恐れた白人児童生徒の郊外への脱出や、私学進学者の急増がみられ、この判決は人種分離学校の廃止に歯止めをかけただけでなく、その増加を促すことにもなった。

4．人種・民族別の教育格差

在学年数だけを比較すると、1940年に黒人青年（25歳から29歳）の男性と女性の平均学校在学年数は6.5年と7.5年、白人青年男性と女性とはそれぞれ、10.5年、10.9年であり、男性の場合その差は4年、女性で3、4年も開いていたものが、1980年までに、黒人平均で12.6年、白人平均で13年となり、差は半年以下にまで縮小してきている（Jaynes, 1989: 334-335）。黒人もヒスパニックも白人児童生徒との相対比較でみれば、全米的に学力格差は縮小してきているものの、インナーシティーと郊外児童生徒との学力格差は歴然としており、大都市部でもマイノリティ・貧困児童生徒の集中する学校では、教育上の達成（performance）が困難となってきている。たとえば、人種構成を知ることができただけで、そのハイスクールの貧困層の割合や、平均的な学力、中退率、カレッジ入学試験得点などを驚くほど正確に予測することができる（Orfield, 1988b: 113-114）、と言われる。

しかしながら、より子細に検討してみると、マイノリティの教育上の不利益は必ずしも今後とも継続するとはかぎらず、むしろマジョリティとの格差を縮小しつつある傾向も見逃すことはできない。つまり、移民・移住第一世代と比べて、アメリカ生まれの第二世代の方が白人との差を縮小させてきている点と、同じマイノリティであっても黒人、ヒスパニック、アジア系の間での相違を視野に含めなければならないからである。

R・D・メーア（Robert D. Mare）らは、人種・民族集団間の教育格差をアメリカ生まれか否かにもとづいて検討した結果（Mare, 1988: 194-195）、プエルトリコ系やメキシコ系集団を含むいくつかのヒスパニック集団は、他の集団に比べて基本的な教育上の不利益を被っており、アジア系の中でも特にインド系、中国系、日系は教育上有利な立場にいることを明らかにしている。1973年と1980年のセンサスにもとづく調査によれば、すべてのマイノリティ集団の教育歴は白人よりも長期化しており、その中でも特に、アメリカ生まれのすべてのマイノリティ集団の上昇が著しいと述べている。また、彼らによる就学率の分析によれば、白人と比べてすべての集団で、今後の教育水準の上昇を示唆している。特に、白人と黒人の就学率はほぼ同じであり、アメ

リカ生まれのメキシコ系は白人の就学率よりもわずかばかり下回るだけである。アジア系は白人やその外の集団よりも在籍率が高く、この集団が今後、教育歴においてかなり有利になると予測している。マイノリティ集団の中で就学率が最も厳しい状態であるのは、外国生まれのメキシコ系児童生徒であるとされる。1980年に26〜35歳のこれらの人々は、アメリカ生まれのメキシコ系よりも平均3.5年少なく、白人よりも5年少ない。

　以上のことを踏まえたメーアらの政策的な提言として、社会政策上重視されるべきはアメリカ生まれか否かを峻別することと、マイノリティ集団の中でも、特に教育上のハンディキャップを負っている外国生まれのメキシコ系アメリカ人への重点的な配慮の必要性である。それに続けて、白人とその外の人種・民族集団との間の教育上の格差の2分の1から3分の2は、家庭的背景とアメリカ生まれか否かによって説明することができ、特に、父母の学歴と父親の職業の相違は次の世代の学歴における集団間格差の重要な要因となっている。したがって、社会政策の議論は、不利益な背景を持つ人々を保障する制度やプログラムに焦点を当てるべきであると結論づけている。そして、学校に在籍していない人々の間の経済的不平等を減らすプログラムは、次世代の教育上の不平等を減少させる可能性があるということも示唆している。

　こういった研究成果は、すでにかなりの黒人を擁し、それに加えて、ヒスパニック人口の、特にメキシコ系住民の急増を見たシカゴにおいても教育政策上の重点事項がどこにあるのかを指し示すことになる。

　シカゴの低学力問題は当時のベネット連邦教育長官から全米で最悪と評されたように、きわめて深刻な様相を呈していた。たとえば、1984年に公表されたシカゴのハイスクールの教育実態に関して行われた大規模な調査によれば、1980-81学年度に4年制ハイスクールに入学した3万9千5百名の生徒のうち、4年後の結果を見ると、カレッジに入学することのできる学力を身につけることのできた生徒は6千名（15.2パーセント）のみであった。とにもかくにも卒業することができても、読解力で第8学年以下であるとされた卒業生は1万2千5百名（31.7パーセント）もあった。こうした低学力のまま卒業した生徒を含めても、シカゴのハイスクール卒業率は46.8パーセントであり、過半数に満たない。入学から卒業までの間に2万1千名（53.2パー

セント）の生徒が何らかの理由で中退したり（1万8千名）、他の学校システムに転校したり（3千名）している（Designs for Change, 1985: 5）。

1980年代初頭での全米平均のハイスクール卒業率が73パーセントであることからすると、シカゴの卒業率47パーセントは深刻な状態である。より深刻であるのは、都市と郊外との卒業率の格差と、人種・民族別の格差である。シカゴはシカゴを取り囲んでいる行政区域であるクック・カウンティに含まれるが、シカゴを除くクック・カウンティの平均卒業率は92パーセントもの高率となっている。また、大多数が黒人児童生徒で占められるハイスクールの卒業率は35パーセント、ヒスパニック児童生徒で占められるハイスクールの卒業率は36パーセントでしかない（Designs for Change, 1985: 27）。

ハイスクール中退率の全米的傾向を示す1991年の統計によれば、白人が3.7パーセント、黒人が6.2パーセント、ヒスパニックが7.3パーセントである（U. S. Department of Commerce, 1993: xiv）。つまり、上述のシカゴの平均卒業率の47パーセント自体が、全米平均からすると極端に低く、付け加えて、卒業率の人種・民族間格差は歴然としている。中退者の社会・経済的背景として、社会階層上で低位におかれている児童生徒が多く含まれていることは周知の事実である。たとえば、家計収入別の中退率調査の全米的傾向は、2万ドル以下が6.8パーセント、2万ドルから4万ドル未満が3.5パーセント、4万ドル以上が0.9パーセントとなっている（United States, Department of Commerce, 1993: xiv）。社会経済的地位と学力と人種・民族との相関の高さは、すでに1960年代にシカゴの調査によって明らかにされていた（Havighurst, 1966: 58-60）。21世紀に入って数年経過した今日においても、アフリカ系アメリカ人ならびにヒスパニックと白人・アジア系アメリカ人との間の、貧困層と富裕層との間の、都市と郊外との間の学力格差は縮小するどころかむしろ拡大してきていることが報告されている（Evans, 2005）（Talbert-Johnson, 2004）。

大都市に低所得、貧困児童生徒が増えれば増えるほど、卒業率の低下が顕著になるだけではなく、10代での高い妊娠率といった問題も現れてくる。たとえば、社会経済的地位の高い学校に通学している児童生徒は第10学年と第12学年の間でのハイスクールの中退率が低く、さらに、社会経済的地位の高

い学校に通学している女子児童生徒は、同じ家庭的背景であっても、低い学校に通学している女子児童生徒よりも、10学年と12学年の間の妊娠率が低いと言われている。大多数が黒人やヒスパニックであるような学校に通学している白人児童生徒は、同じ家庭的背景であっても、白人児童生徒が大多数を占める学校に通学している児童生徒よりも中退率が高く妊娠率も高い (Mayer, 1991: 334)。

　マイノリティ、社会・経済的地位の低い学校への通学、中退率、十代の妊娠率との間に一定の関連があり、大都市のマイノリティ児童生徒は中退ならびに妊娠・出産によって教育の場から遠ざかり、ひいては学習機会を喪失し、就業機会を狭める可能性が高い。

第2節　都市労働市場の変貌と教育問題

1．都市経済の変動

　戦後における都市住民の急増は、都市が就業機会および社会移動の可能性を提供していたからである。都市部へのマイノリティの集中は産業界での労働需要への対応であったが、それが大都市の病理を引き起こし、すでにみたような教育上の人種・民族格差といった問題をも引き起こした。かくして、アメリカにおける大都市マイノリティの教育問題は、都市の産業の実態やその変動とも密接に関連している。

　第二次世界大戦後における北部大都市における工場労働者の需要の高まりは、南部から北部の工場に半熟練・非熟練のマイノリティ労働者を数多く引き付けた。労働市場と人種・民族問題との関連について、戦後労働市場の発展を研究したW・J・ウィルソン（William Julius Wilson）によると、戦後には産業界で人種的な障壁が暖和されたため、黒人にとって階層移動が容易となり、彼／彼女らの社会・経済的地位が変化し、黒人社会内部での階層分化が顕著になってきたとする。つまり、黒人のおかれている状況を決定する第一義的な条件として、人種問題であるよりも階級問題の方が重要性を増してきている (Wilson, 1980: Ch. 7)。しかしながら、代表的な都市での人種分

離的な学校ならびに住宅の存在や、黒人による市政治支配への強固な白人の抵抗などのことを考えれば、依然として人種が重要性を持っているとウィルソン自身が述べているように（Wilson, 1980: 152）、労働市場での人種の重要性は低下しつつあるとしても、大都市に限っていえば人種は労働市場において鍵的な要素を持ち続けている[5]。

　戦後の大学卒業者に限ってみれば、人種・民族別の労働市場における格差は相対的に弱まってきていると見なすことができるものの、失業率の経年変化を見る限り、人種・民族間の格差は歴然としている。たとえば、1970年代以降、全米的な失業率の上昇がみられるが、黒人とヒスパニックの失業率は白人に比べてかなり高い。黒人は白人の失業率のおよそ2倍を常に維持している。1960年代における白人の平均失業率が3.81パーセントであり、同時期に黒人は8.4パーセント、1970年代には4.98パーセントと10.9パーセントである。ヒスパニックは白人と黒人とのちょうど中間ぐらいの失業率になっている（Hirschman, 1988: 66-67）。

　人種・民族別の失業率格差をもたらし拡大させた都市の経済動向の中でも重要であるのは、都市の基幹的産業が製造業からサービス業へとその比重を移したことである。1950年代以降の高速道路網の整備により、産業の中心であった都市部から離れた場所に工場を建設することで、職場が地理的に移動した。国際的経済競争に打ち勝つため、工場用地や倉庫として安価でより広い空間を確保することのできる郊外や、さらには西部や南部への移転が相次いだ。大量生産と流れ作業による製品製造システムが普及するにつれて、ブルーカラー産業の郊外への脱出を促した。

　工場の郊外進出は、従来から都市中枢部に依存していた電気・ガス事業、上下水道事業、警察や消防、高速道路関連事業、住宅関連産業といったすそ野の広いさまざまな事業の郊外進出も促した。都市部での製造業、卸売業、小売業の衰退傾向は、1970年代以降の経済の不況期に北東部と中西部の大都市で一段と強まった。製造業などの都市からの脱出はブルーカラー職種の都市部での減少をともない、既に触れたような上・中流階層の郊外脱出の要因となった。この結果、都市での非熟練労働者の失業の増大を招くこととなった[6]。

1972年から1978年の間に、シカゴでは製造業の雇用が8万3千減少したものの、郊外ではわずかに上昇している。1979年から1981年の間にはさらにその10分の1の雇用が減少しているが、シカゴが含まれるクック・カウンティの西側に隣接するデュページ・カウンティでは建設業、輸送業といった分野でも職が少なくなっている。北西部の郊外コミュニティのうち14コミュニティでは、1972年から1981年の間に、これらの職種は4千から1万6千の雇用増をみた。ただし、これらのコミュニティにおける黒人の平均居住率はわずか0.05パーセントであった (Orfield, 1988a: 177-178)。

　都市で製造業の衰退と入れ替わりに産業の中枢を占めるようになったのは、サービス業である。経済活動が活発化しグローバル化すればするほど、行き来する情報量も膨大なものとなる。都心に活動の拠点を構えることによって、事業の効率を極大化することのできる事業分野、たとえば、広告代理店、不動産斡旋業、コンサルタント企業、金融関係企業などが、都市の商業地区に集中するようになった。1970年代以降に情報を商品として売買することを中心とした経済活動が都市の中核的な産業となってきた。代表的な急成長産業として、都市が情報の集積する場所になるにしたがって各種会議が開催されるようになり、観光都市としても多くの旅行者を受け入れるようになった結果、会議・観光産業の発展が見られ、娯楽や文化的催しや余暇サービスを提供する場所としての重要性も増してきている。すなわち、都市は国際化時代の頭脳中枢として、多様な文化の発信基地として脱産業社会の先端を突き進んでいった[7]。

　都市の経済活動が物質的な財の生産および配分活動から、情報の交換とサービスの消費を中心としたものになってくると、就業機会に影響を及ぼすようになる。都市で需要が増大した職種は、製造業に代わってサービス産業それもホワイトカラーのサービス産業職である。産業基盤の変動とブルーカラー職種の減少によって最も強く影響を受けたのは、第二次世界大戦後に移住者の急増を見た北部の代表的な工業都市の労働者であり、彼／彼女らは新たに成長しつつある都市の産業に適応して職を得るには、教育水準が低すぎた。そして、これらの都市の中心部で失業率は全米平均よりも高くなっており、教育的に不利益な立場の都市マイノリティこそ経済変動の波を直接にかぶる

ことになった。たとえば、1948年から1977年までの職種別の雇用人口の変動を見ると、シカゴでは39万6千の雇用が消失しており、その中でも製造業は約30万の減少であった。この減少のうち6割近くが1966年から1977年の間に発生している（Kasarda, 1985: 44）。

イリノイ州の経済は、1981年から1983年にかけて不況にみまわれ、企業がレイオフや工場閉鎖に追い込まれたとき、最初にシカゴ市内の生産能力の削減を実施し、次いで郊外で行った。経済変動によって最も不利益な立場に立たされるのはマイノリティであった。1975年不況から脱して景気が拡大していた1979年においてさえ、市全体での男性の就業率は68パーセントであったのに対して、非白人の就業率は58パーセントであった。80年代初期の不況期には黒人男性の就業率はさらに悪化し、53パーセントにまで低下した。多数の黒人は労働市場から閉め出され、もはや求職活動をする意欲さえ失ったとされる（Orfield, 1988a: 178）。シカゴのインナーシティーに居住して、求職活動をしている子どもを持つ失業者の大多数は、この求職活動で落胆を味わっている。シカゴのこうした状況にある人々は、全米の19歳から44歳までの子どもを持つ人々と比較しても、就学機会が少なく、失業率が高くなっているために、無職期間の長期化が顕著となっている（Tienda, 1991: 151-152）。

マイノリティの就業機会は学歴や技能をはじめとした就業資格だけによって制約されているのではなく、その外に居住地域や通勤手段といった面でも制約を受けている。すでに見てきたように、シカゴのマイノリティはインナーシティーの特定地域への集住を余儀なくされているが、彼／彼女らが最も多く労働力を提供してきた職種が郊外に移転するにつれ、郊外への通勤を強いられる。郊外に就職するためには通勤手段としてバスや郊外電車といった公共輸送機関を利用することとなるが、この利用率がマイノリティは白人の2倍となっている。さらに女性世帯主の場合は、男性世帯主の2倍の利用率である。通勤途中での治安の問題や自家用車の所有率の低さといった問題もあり、マイノリティの郊外への通勤の困難性もまた、高失業率の要因として指摘されている（Orfield, 1988a: 178-179）。

2．学歴と失業問題

　1970年代半ば以降、マイノリティ労働者の就業機会が低下してきているが、就業機会と教育歴あるいは学歴との間の相関について検討しよう。既述のように、白人とマイノリティとの学歴格差は縮小してきている。とすれば、貧困から脱出する契機としての学校教育の規定力が弱まってきているのであろうか。連邦政府をはじめとした政府レベルでの財政事情の悪化による公務労働者の採用数の減少や、雇用や教育面における女性やマイノリティの積極的な優遇政策であるアファーマティブ・アクションの規制力の低下や、その外に、労働組合の弱体化といったことがらがマイノリティの就業機会を低下させてきていることは事実である。都市の主たる経済基盤が製造業からサービス業に転化し、より高度な教育水準を持つ労働者を要求するようになったことも事実である。20世紀半ばにおいても学習意欲の低い児童生徒は在学していたであろうし、これらの児童生徒はハイスクールを中退してもあるいは高度教育内容を習得していなくても就業可能なブルーカラー職が数多く存在しており、それらの職に吸収されることは多かった。ところが、国際経済と労働市場の変化が低所得で低技能の職を払拭することになる。

　平均的な在学期間が12年以下の単純労働型の職と、14年以上の知識集約型の職との、1970年から1980年までの10年間の大都市での変化を見ると、単純労働型はニューヨークでは50万近く、フィラデルフィアでは10万以上の雇用が減少しているのに対して、知識集約型はそれぞれ9万2千と2万5千増加している。この傾向は北東部の諸都市で顕著であり、南部の大都市のヒューストンでは両職種とも増加しているものの、知識集約型の方が伸び率は高い（73.8パーセントと119.4パーセント）（Kasarda, 1985: 50）。

　知識集約型の職が増加したからといって、直接に高学歴者が求められるようになるわけではない。教育水準と職務遂行の効率性との関連は別の問題である。しかしながら、雇用側が高学歴者を、つまり、高等教育卒業者を求めるならば、当然のことながらハイスクール卒業証書の価値が低下し、さらには、ハイスクール未修了者の雇用機会はさらに狭まることとなる。雇用者側の要求する教育水準と大都市の平均的な教育水準との関数によって、失業者

数や被雇用者数が決定され、学歴インフレの昂進が低学歴者の失業率を押し上げることになっている。

　この点について、C・ハーシュマン (Charles Hirschman) によれば、白人・黒人・ヒスパニックのそれぞれの男性労働者の在学年数を比較すると、その差は縮小してきている。1959年に、黒人と白人労働者の在学年数の差は3年であったものの、1984年時点では半年以下となっており、白人とヒスパニックとの差は1年以内となってきている (Hirschman, 1988: 73)。ところが、在学年数が同一であっても、人種・民族間で就職率に格差が生じることを彼は明らかにしている。すなわち、彼の示したデータによれば、1962年以降、在学年数による黒人と白人との失業率の相対的水準がかなり変化したことを示している。60年代と70年代には失業者中の黒人と白人との格差は、在学年数を6分割するとその中位の在学年数において最も開きがあった。最も少ない在学年数では、黒人と白人では同じような失業率である。大学卒業者に関しては、黒人のほうが失業率は高いが双方とも失業率はわずかである。1975年と1980年代初期の景気後退によって、失業率はすべての人種・民族集団で上昇したが、黒人と白人との格差はかなり開いた。そして、ハイスクールを卒業していない白人労働者はハイスクール卒業以上の学歴の白人労働者の約2倍の失業率であった。ただし、ハイスクールを卒業していない白人労働者の失業率は、黒人労働者のハイスクール卒業者や一部のカレッジ卒業者の失業率と類似の水準であった。さらに、1982年以降1984年までの教育歴が16年以上の黒人カレッジ卒業者の失業率は白人の2倍以上となっている (Hirschman, 1988: 73-76)。

　このように、在学年数にもとづく失業率の人種・民族間格差は歴然としており、とくに景気の低迷期にはその格差は一段と開き、マイノリティにいっそう過酷な条件を課している。就業機会がマイノリティにも平等に開かれているかどうか、つまり失業率の人種・民族間格差があるかどうかといった問題と並んで、職位や賃金における格差の問題もある。この点についてここで詳しく触れることはできないが、失業率あるいは就業率が同一であったとしても、たとえば、同一学歴であり、同一のサービス産業に就業していたとしても、人種や民族を理由として職位や賃金に格差があれば、すなわち、職業

上の差別的待遇があれば、白人とマイノリティとの労働市場の機会均等が保障されたことにはならない。いずれにしても、都市部での就業機会は人種・民族間でかなり開きがあることだけは確かである。

都市経済の変化によって、低学歴層が労働力として低く評価され、高賃金職から低賃金職への移動を余儀なくされる。つまり、知識集約型の産業が大都市で発展していることは、これらの事業分野での就業者に高学歴を要求することとなる。労働市場の変化や製造業の郊外への移転、低学歴が組み合わさって、失業の増加や経済的上昇移動の制約やマイノリティ男性の労働市場への参加意欲の低下がみられる。

3．ゲットーアンダークラスとマイノリティ児童生徒

1990年10月に調査のためにシカゴに立ち寄ったコゾルは、大多数が黒人で占められる地域の幼稚園を訪問し、園児たちの行動をつぶさに観察したあとで、次のようにシカゴ学校教育の惨状を述べている。この子ども達の大多数は、9年後に次のようなハイスクールに通学することになる。すなわち、99.9パーセントが黒人児童生徒であり、68パーセントの生徒が学校での無償・補助給食券を配布されている貧困家庭の出身であり、出席率が66.2パーセントで、5名に1名は正当な理由がなく年間授業日の1割以上欠席しており、卒業率が27.9パーセントでしかない1ブロック離れたところにある汚れた校舎のハイスクールである。そして、中退率が相変わらずであるとすれば、12年後にはここの幼稚園児23名のうち14名がハイスクールを中退し、14年後にはせいぜい4名がカレッジに進学し、18年後には1名だけがカレッジを卒業し、この間に12名の男児のうち3名が刑務所暮らしを経験している（Kozol, 1991: 45)[8]、と慨嘆している。

低所得層の子ども達がインナーシティーの学校に通学するということ自体、その児童生徒は学校で失敗するかなりの危険性を持っており、その悪循環を断ち切ることは困難である。なぜ、都市マイノリティの子どもは学校で成功することができないのかについての説明がいくつかなされている。M・R・ウィリアムズ（Michael R. Williams）は学級内での問題と学校システム全体に関する問題をそれぞれ次のように説明している（Williams, 1989: 29-54)。

まず、学級内での問題として、インナーシティーのマイノリティ児童生徒の有する文化と教員の文化とのギャップの存在である。ストリート文化を学校に持ち込んでいる児童生徒の生活実態や生活経験とかけ離れたカリキュラムにもとづいて授業を行っているために、児童生徒と教員の双方ともが文化的ショックを受ける問題と、教員側の児童生徒の向上への期待感の低下ならびに、生徒側の学力をはじめとした向上意欲の減退との悪循環の問題がある。さらに、現実として児童生徒の基礎学力の圧倒的不足と、秩序だった学習への教員の意欲とがミスマッチしたまま非効果的な授業が進行するという問題である。

　学校システム全体の問題として、都市学校システムが画一性や客観性や合理的統制によって結果を予測できると考える、機械的な官僚制構造を持っており、この組織の構造的特徴として常に肥大化・硬直化し、システムを取り巻く環境の変動に柔軟に対応できなくなる問題と、マイノリティの子どもが多くを占める学校に投下する教育資源の少なさ、つまり教育財政における不平等の問題である。

　要するに、マイノリティ児童生徒と学校や教員との文化的な相違や、それを補強する学校システム全体の構造が、マイノリティの教育上の達成を困難にしている。ただし、先に触れたように、学力の達成度や学歴などの教育上の達成が白人と同様であったとしても、就業機会の平等につながるわけではない。いずれにしても、インナーシティーのマイノリティの社会的・経済的におかれている条件とあいまって、彼／彼女らを取り巻く文化が学校での成否の鍵の一つとなっていることは事実である。

　都市マイノリティの低学力問題の背景には、彼／彼女らの貧困の要因ともなっている離婚率の上昇による家庭の崩壊、女性世帯主家庭の増加、十代の未婚女性による母子家庭の増大、恒常的な失業、犯罪の増大、福祉への依存、黒人中流階級のゲットーからの脱出による役割モデルの喪失といったことが横たわっている。

　シカゴを研究フィールドとしてきたウィルソンは、長期にわたって貧困状態にあり、福祉に依存しており、教育訓練を受けず技能も持たず、失業者であり、時には路上での犯罪に係わっている人々とその家族のことを、従来か

ら用いられている「下層階級」という概念では適切に捉えることができないために、「アンダークラス」と呼んでいる（Wilson, 1987: 143）。ゲットーにはかつては多様な社会階層の黒人が居住していた。そして、労働者階級も中流階級もゲットーの近隣社会において逸脱行動に対する制裁を加え、確固とした社会規範と価値を植え付けていたものの、この階層が都市のゲットー外に引っ越したり郊外に脱出したりするにつれて、ゲットーは特定階層の人々で占められるようになり、ゲットーアンダークラスが作り出されていった。こうした背景のもとで、コゾルが指摘したような事態が現出している[9]。

小　括

「都市」は都心部と成熟した郊外からなるが、とりわけ1990年代以降の都心部は今まで以上に移民、マイノリティ、貧困層が集住するようになっている。都市の多様化が促進される状況の中で、現代の都市政治は今までとは比較にならないくらい異なる動態を示すことなる。教育問題の噴出の背景には、都市教育統治システムが十分な対応をしてこなかったことも批判されている。すなわち、都市の官僚的構造が応答的な都市教育を作り出すことに失敗してきたとして指弾されている。社会的・経済的な構造変動に都市教育統治システムは十分に対応することを怠ってきたがために、貧困マイノリティ層はいっそう苦境に立たされているのである。

第3節　人種分離学校廃止問題とシカゴ教育政治

1．人種分離学校廃止運動

ブラウン判決以後、特に南部諸州では決して円滑に行われたわけではなかったが、裁判所による積極的な介入もあり、学区の境界を越えた人種分離学校廃止計画が着実に実施されつつあった。それに対して、北東部や中西部の都市学区では遅々として進展を見なかったし、先に触れた1974年のミリケン対ブラッドレー判決以後はその歩みは止まったままであった。とりわけシカゴは全米でも屈指の分離されている都市であることもあいまって、人種分離

学校の存在は際立っていた。1960年代の初頭までには、公立学校在籍児童生徒数の過半数を超えるようになっていたシカゴのマイノリティ児童生徒の中でも、黒人児童生徒の90パーセントは、90パーセント以上が黒人で占められる学校に通学していた。人種分離学校廃止問題はシカゴの教育政策ならびに教育行政において最も解決が困難な課題となっていた。以下では特に1950年代以降の教育政策、教育行政の歴史的推移と関連づけながら、人種分離学校廃止問題について検討する。

　1950年代のシカゴ教育当局は児童生徒数急増への対応に追われていた。シカゴの初等学校の児童数は1953年の約28万名から1965年の約42万名へと急増し、同じくハイスクール生徒数は約8万7千名から1966年までに13万名へと急増している。したがって、初等学校や中等学校での過密学級が深刻になっていた (Herrick, 1971: 306)。急増した児童生徒の親のシカゴへの移住目的には、職を確保することと並んで、子どもによりよい教育機会を与えることもあったといわれており (Herrick, 1971: 303)、マイノリティは学校の新設による過密学級の解消のみならず、学校教育の質の問題についても関心が高かった。1953年にH・ハント (Harold Hunt) の後任となり、その後の在任期間が13年間とシカゴではまれに長期になる教育長のB・ウィリス (Benjamin Willis) は、児童生徒の急増にともなう学校新設の仕事に忙殺され、人種分離学校の増加に関してはほとんど無視していたと言ってよい。このことが結局は、のちに市民運動活発化の引き金となった。

　ウィリス教育長は在任初期に、教員給与の引き上げ、学級数や教員数の増加により初等学校1学級当たりの平均児童生徒数を1953年以降10年間で39名から32名まで縮小させること、ハイスクールのカリキュラムの柔軟化、教育的に不利益な児童生徒への放課後補習の実施、障害児教育や視聴覚教育の充実をはじめとして、意欲的に諸種の教育課題に取り組み、シカゴ教育組合は彼を強力に支援していた (Herrick, 1971: 307-310)。

　しかしながら、ウィリス教育長の在任初期の実績にもかかわらず、辞職する3年前には多方面から批判の矢面に立たされることになった。M・J・ヘリック (Mary J. Herrick) によれば、多くの人々が教育長への態度を変えたのは主に三つの理由があった。第一は、社会問題の解決への学校システムの

責任に係わる彼自身の考え方に関することである。彼はこういった事項の決定は教育委員や素人ではなく、専門職者の専管事項であるという考えを持っていた。第二の理由は、彼に対するあらゆる批判を受け入れようとしない彼の態度である。たとえば、学校システムが実際のところどの程度改善されているのかについて正確に評価していないとして、批判者はむしろ憤りさえ見せた。この点が彼と教育委員との亀裂を深めていった。第三には、教育長がシカゴ教育組合の要求に対して非応答的になってくるのにしたがって、組合は団体交渉による労働協約の締結を重視し始めたために、教育長との関係が変化してきたことである (Herrick, 1971: 311)。

ウィリス教育長在任中のシカゴ教育政治を分析する中で、J・L・ラリー (John L. Rury) はヘリックの指摘する第一と第二の点と同様の視点を示している。ラリーによれば、ウィリス教育行政下において教育システムと政治とは分離されるべきであるとのゆるぎない信念は単純すぎるし見当違いである。1980年代の連邦教育長官による民主党支配のシカゴ市政批判を含めたシカゴ学校のメルトダウン発言や、ビジネスからの教育改革要求の高まりといった深刻な政治的危機に直面した時に、学校のリーダーは無能になると述べている (Rury, 1999: 141)。

教育行政における専門職主義の徹底が結局は教育委員会からの反発を招き、彼の個性への反感が強くなったことや、着任当初の大歓迎ぶりとは異なって教員組合との関係もこじれてウィリス批判が渦巻いてくる。ウィリス教育長が着任した翌年にブラウン判決が出され、南部諸州で法制化されていた「分離すれども平等に」の原則は違憲であるとされた。南部では当初、人種統合を引き延ばす戦略にでたが、次第に統合されるようになり、北部でも1960年代初頭より最高裁判決によって人種分離学校廃止が促進されるようになった。同時に、法制上のみではなく、事実上の人種隔離や差別的慣行を廃止しようとする運動が盛り上がり、シカゴでも教育長の行政責任が厳しく問われるようになってきた。

着任当初のウィリス教育長の優先的な行政上の課題は二部制授業と過密教室の解消であった。しかし、児童生徒の急増の著しいシカゴの南部地域に新たに導入された設備や仮設教室は、教育行政に批判的な父母や公民権運動団

体を満足させるには、絶対数が圧倒的に不足していた。その後、学校の過密状態はいくぶん改善をみたものの、除去されたわけではなかった。そして、学校新設をめぐる問題は、単に机の過不足の問題から、学校はどこに新設されて、だれがその学校に通学するのかという問題に移っていった（Cuban, 1976: 9）。

　この焦点の移動は当時の教育当局にとって思いがけない問題提起であった。つまり、居住地と距離的に最短にある学校に就学措置をするという近隣学校政策は、それまで当然のごとく受け入れられてきたが、この政策の正統性そのものについて、父母や公民権運動団体が意義申し立てを始めたからである。ウィリス教育長ならびに教育行政当局の対策は、児童生徒の急増地域において仮設教室を不十分ながらも建設するといった、学校の施設の拡充だけに限られていた。そのために市内児童生徒の人種構成の変化にともなう、一方での余剰教室を抱える白人学校と、他方で過密すし詰め黒人学校の増加を生み出した。人種分離学校の存在自体が違憲であるとの最高裁の判決を受けて、特に公民権運動団体は教育行政が人種分離的で違憲であると告発し始めた。

　公民権ならびに人種分離学校廃止に係わる運動団体として、「全米黒人地位向上協会（National Association for the Advancement of Colored People＝NAACP）」、「全国都市同盟（National Urban League＝NUL）」、「人種平等会議（Congress on Racial Equality＝CORE）」といった有力団体のシカゴ支部があり、1950年代半ばに、これらの団体は学校が人種的に分離されていることを告発していた。たとえば、黒人児童生徒が多数を占める学校では二部制授業が行われ、過密教室であり、施設設備で劣っていることを証拠立てながら、教育委員会や特定の教育委員に積極的なロビーイング活動を展開した。マスコミもこの問題を取り上げるようになったが、1961年までには何らの対策も打ち立てられなかった。そして同年ついに運動団体の支援を得て、黒人父母は2百名の子どもを大多数が白人で一部制授業を実施し余剰教室のある学校に通学させるという強硬手段に訴えた。これが当局によって拒否されるや、教育委員会は全員が黒人児童生徒で占められるような学校を作り出すために意図的にゲリマンダーリングをしていること、1学級が60名にもなる過大学級規模問題を放置していること、質の低い授業、施設の不備など、教育委員

会と教育長は黒人児童生徒に対して差別していることを理由として、黒人父母は白人学校へのバス通学の要求を掲げて訴訟（ウェッブ対教育委員会事件）に踏み切った（Cuban, 1976: 9-10）。

その後、運動団体と教育委員会や教育長との間では、余剰教室の数をめぐる議論や、近隣学校政策の是非をめぐる論争や、ウェッブ事件以外の訴訟の提起や、座り込みやボイコットといった直接行動など、激しい闘いが展開され、原告と被告の主張は平行線をたどったままであった。

1963年に教育委員会はいくつかの訴訟事件のうちの一つにおいて、人種分離学校の実態について調査研究する専門委員会の設置を条件に和解に応じた。他方で、運動団体のなかで、たとえば、「コミュニティ組織調整委員会（Coordinating Committee of Community Organization＝CCCO）」と呼ばれる白人と黒人との緩やかな市民運動組織などは、シカゴの学校の状態を明らかにするとともに、連邦の「公民権委員会（Civil Rights Commission）」やマスコミに対して実態に注目するように働きかけた（Herrick, 1971: 312）。

1963年の夏には公民権運動が急速に盛り上がり、公立学校の人種分離学校廃止問題をめぐる紛争が最高潮に達したのであった。むろん、批判の矛先は教育委員会と教育長ウィリスに向けられた。また、教育長の提出した通学区の境界を変更する案の取扱いをはじめとして、教育委員会内部での不協和音も表面化してきた（Cuban, 1976: 14-15）。そして、人種統合のためのバス通学政策実施の表明と撤回、教育長の辞職を求めての同盟休校の実施、教育長の辞意表明といった混乱がしばらく続いた。

1964年には和解案にもとづいて設置されていた「人種統合審議会（Advisory Panel on Integration）」から答申が出された。シカゴ大学社会学部長のP・ハウザー（Philip Hauser）が委員長を務めたことから、ハウザーレポートと呼ばれる。これによると、14万8千名の黒人初等学校児童のうち、90パーセントの児童は90パーセント以上が黒人児童で占められる学校に通学しており、3万6千名の普通科ハイスクールに在学する黒人生徒の67パーセントと7千名の職業科在籍生徒の45パーセントは、全員が黒人生徒のハイスクールに通学していることを明らかにしている。1学級児童生徒数が35名以上の学校は、黒人学校では40パーセントであるのに対して、白人学校では12パー

第1章　社会変動と都市教育の課題　175

セントであることをはじめとして、過密学校、中退率、校舎の築後年数、仮設教室などのあらゆる指標からみて、シカゴでは人種的に分離された学校が数多く存在し、黒人学校の劣悪な教育条件が明らかにされた。そして、レポートは余剰教室のある学校への無料バス通学、人種統合のための通学区の境界変更、各学校での教員の経験年数の均等化、マイノリティに関する教員と行政官への研修といったことをはじめとして11項目にわたって勧告している（Herrick, 1971: 324-325）。

　同年にはシカゴ大学のR・J・ハヴィガースト（Robert J. Havighurst）を代表とする調査委員会が大部の報告書を公表し、人種分離学校は黒人児童生徒にとって有害であると警鐘を鳴らした。両報告書で明らかにされたシカゴの学校の実態は、公民権運動にとっては貴重な理論的基盤を提供するものであったが、人種分離学校廃止に係わる教育政策の策定や教育行政の対応からすれば、教育当局に対するこれらの報告書の影響は無視できるほどのものであった。

　教育委員会や教育長が公民権運動団体や人種分離学校廃止運動団体の要求に応答的でないために、教育長の辞任を求める要求が強まり、教育委員の中でも教育長の方針と対立する場面が現れ、ウィリス教育長は結局1966年8月に辞任することとなった。辞任までの間には、1965年7月にノーベル平和賞を受賞して間もないキング牧師のシカゴ訪問による人種差別廃止を掲げた3万名の大行進が行われ、1964年の連邦議会での公民権法の制定によって公民権運動がさらに盛り上がった。1965年に連邦議会で成立した初等中等教育法にもとづく教育補助金の交付が可能となったにもかかわらず、シカゴは人種にもとづく差別を行っていることを理由として延期されることで、教育当局への責任追求は非常に厳しいものとなり、ウィリス教育長は辞職要求に耐えることができなかった。

　後任の教育長にはJ・F・レッドモンド（James F. Redmond）が着任した。彼はいくつかの都市での教育長の経験があり、いわばシカゴ学校システムのアウトサイダーではあるが、1953年までシカゴの教育長を務めていた人物のもとで6年間アシスタントを経験していた。公民権運動は反ウィリスキャンペーンで消耗しており、新教育長による人種分離学校廃止の提案が出るまで

静観する構えをとった。1967年8月にレッドモンドは人種分離学校廃止計画を提案し、教育委員会にその実施を求めた。内容としては、マグネット・スクールの創設と、インナーシティーの学校に勤務する教員の給与引き上げ、通学区の変更、人種統合のためのバス通学などであった。教育委員会はこの提案を原則的に承認し、およそ千名の黒人児童生徒のバス通学が実施されようとしたときに、児童生徒を受け入れる地域の白人からの激しい反対運動に遭遇した。教育委員会はレッドモンドの計画の変更を求め、結局、一部地域での強制バス通学を撤回したり、強制的なものから自発的バス通学に切り替えたりすることとなった（Peterson, 1976: 143-144）[10]。

　連邦政府や最高裁の人種分離学校廃止への努力は、既に触れたように、1974年のミリケン判決までは、一定の割合で意図的な人種差別があるという証拠があれば、裁判所は学区全体での人種分離学校廃止を命令できる。そのため南部のみならず北部でも大規模で強制的な人種分離学校廃止の努力が続けられていたが、シカゴでは自発的なバス通学でさえ積極的に推進させようとの行政側の働きかけもなく、結局のところ、従来からの近隣学校政策が継続していた。レッドモンドの在任中に彼の提案の中で実施に移されたのは、マグネット・スクールを1校新設することだけであった（Kyle, 1992: 27-29）[11]。

　1976年に人種分離学校廃止運動側は、もし教職員が徹底的に統合されていないならば、公民権法のタイトルIVにもとづく補助金が支出できないという規定を活用した戦術を用いて州教育当局に働きかけ、州から人種分離学校廃止計画が実施されなければ補助金を配分しないとの言質を得た。運動側の戦略に対して、教育委員会はマグネット・スクールと自発的なバス通学というレッドモンド教育長の計画を再度持ち出し、この提案を「卓越性へのアクセス」（Access to Excellence）と名付け、1978年に実施したものの見るべき成果はなかった。

　連邦政府の健康・教育・福祉省は「卓越性へのアクセス」では不十分であると決定し、1980年に起訴が可能かどうかを法務省に問い合わせた。1980年9月に、教育委員会、法務省、連邦区裁判所判事は当事者の同意のみにもとづいて下される同意判決（consent decree）を行った。1981年に教育長とし

て着任したR・ローブ（Ruth Rove）教育長の政策勧告にもとづいて、教育委員会は新たな人種分離学校廃止計画を立案し1981年４月に承認され、次年度から実施され始めた。その結果、マグネット・スクールは45校となり、それぞれは外国語、美術、数学、理科などの特色のあるカリキュラムを編成していた。マグネット・スクールの校長は年功序列にかかわらず教員を選択することができ、児童生徒は人種統合を維持するために抽選で学校が指定された。

　1980年代初頭までには、残っていたすべての白人学校は人種統合されるようになった。すなわち、白人学校は少なくとも30パーセントのマイノリティ児童生徒の受け入れを承諾した。しかし、ほとんどの黒人学校とヒスパニック児童生徒の学校は、人種的に分離されたままであったことに変わりはない。

　以上のように、人種分離学校廃止に関しての運動側と行政側との長期間にわたる論争並びに対立が続いていた。ところが、インナーシティーと郊外とを強制的にバス通学させることが裁判所によって認められなくなっただけでなく、人種統合しようにも白人児童生徒の絶対数が激減していた。その結果、圧倒的多数の公立学校は人種的に分離されたままの、全米でも著名となっている二重学校システムがそのまま存続し、シカゴの学校教育の特徴を形成している。人種分離学校廃止の方策として鳴り物入りで創設されたマグネット・スクールは、ニューヨークで通学生徒の階層性の問題が指摘されているように（Kozol, 1991: 107-108）[12]、シカゴにおいても、貧困家庭の子どもにとっての通学手段の制約、学校選択についての情報不足、入学者選抜過程での排除などにより、結局は豊かな階層の児童生徒のための学校となる可能性が高いのである。

　1970年代後半以降、人種分離学校廃止運動はかつてのような盛り上がりを見せることもなくなった。1970年代半ばから80年代半ばまでの約10年間に人種分離学校廃止問題が比較的平穏であったのは、黒人の教育問題が解決したからではない。むしろ、カッツネルソンらが述べているように、黒人が平等な教育を達成するための手段を捜し求めていたものの、袋小路に陥ってしまったからであろう（Katznelson, 1985: 206）。

2. シカゴの教育改革動向

1970年代後半以降、人種分離学校廃止運動は行き詰まりを見せ、将来的にも人種統合の実現は困難となってきていた。このことについて、F・ブラウン（Frank Brown）は次のように簡潔に述べている（Brown, 1982: 103）。

1. たいていの人種分離学校廃止訴訟において原告となっている黒人は、彼／彼女らの活動の優先順位を人種統合の方向性よりも、質の高い教育を獲得することや社会階層上の上昇移動に重点を移している。
2. 人種統合関係訴訟において、裁判所は人種分離学校廃止を実現させるには原告に過酷になってきている。
3. 多くの学校関係者は、人種統合校内部で黒人を再度、分離する方法を見つけ出してきている。
4. 黒人生徒が学力的に成功するための障害となっている黒人英語（black English）を認めてもらうといった、従来とは異なる方法で、質の高い教育を獲得することにエネルギーを向けている。

人種統合という目標が遠のくにしたがって、黒人はたとえ人種的に分離された学校であっても、自分たちの通学する学校の質の改善に努力を傾けるようになった。この人種統合への取り組みの変化はシカゴにもあてはまる。これまで詳しく見てきたように、20年以上におよぶ、ある時は過激なまでの人種分離学校廃止運動にもかかわらず、人種統合は進展せず、むしろ、マイノリティの子どもの教育条件が加速度的に悪化していることへの危機感と並んで、硬直した画一的な都市学校官僚制の弊害、効果的学校研究の研究成果、リストラクチャリング論やSBM論に代表される学校への父母参加への着目も人種分離学校廃止運動の方針変更をもたらした。要するに、人種分離学校廃止運動の停滞は、マイノリティをして近隣学校の質の向上に向かわせ、第Ⅲ部で詳しく検討することになる学校協議会という学校単位の意思決定機関の設置へのマイノリティの支持をもたらした。つまり、マイノリティ自身による自律的・自治的な学校運営を求めようとする方向に大きく舵を切ったこ

とになる。

　人種統合教育の意義については、これまでも繰り返し主張されてきている。たとえば、統合教育は多様な人種の子どもが、人種間の相互の接触を可能とする多元的な環境を作り出すことになる。この環境においてこそ、地位は人種や階級やその外の要因によって決まるものではないことを学び、それぞれの児童生徒は自己の能力を最大限に引き伸ばすことのできる平等な機会を得ることができる。そして、平等な統合教育にアクセスすることはマイノリティの政治的見識を高め、公選職へのマイノリティの進出を促し、政治的平等への基盤を提供することにもなる。政治的平等より以上に教育の平等と関連するのは経済的平等である。なぜならば、中流階級の地位を獲得し高賃金職に就職するためには、それに必要な教育を平等に受けなければならないからである[13]。このように、現行の教育機会や教育の質の構造的な格差を解消するためには、まずもって人種統合教育が必要であると主張されてきた。

　多くの人々の共通理解にもかかわらず、人種分離学校廃止運動が結局は成功をおさめることができなかったのは、戦後のシカゴのデモグラフィックな変化や産業構造・就業構造における激変があり、マイノリティに課された過酷な教育条件を改善する要求に、都市教育当局が十分対応できなかったからである。そこで、戦後の都市教育の失敗の主因を官僚制構造の非応答性に求めるならば、官僚制構造の頂点に立つ教育委員会と中央教育行政機構の改革こそ第一に取り組むべき課題となった。

　K・J・メイアー（Kenneth J. Meier）らは、質の高い統合教育を実現するための方法として次の三つのステップを考えている。第一ステップとして、黒人コミュニティが教育への平等なアクセスを獲得するために、政策形成機関である教育委員会への代表をより多く獲得することが必要である。教育委員会に黒人代表を選出することができるかどうかは、黒人の資源（とくに住民人口）や選出方法や地域によって影響を受ける。すなわち、全市一区制よりは区代表制によって委員を選出する教育委員会にすれば、より多くの黒人を代表にすることができる。第二ステップとして、黒人が教育政策における政治権力を獲得するためには、教育行政職への就任者を増やすことである。教育行政官は学区政策を実施するだけではなく、他の政策を策定し個人的な

活動をするのに自由裁量権を持つからである。第三ステップとして、教職に黒人教員をより多く採用することである。子どもの教育経験において最も重要な影響力は教員である。教員は学校政策を実施し、アカデミックなグルーピングや規律といったことがらに関して、最初の判断を下す立場にいる。教員は学習を支援するような、または、学習の阻害要因を除去するような教育環境を作り出すことになる (Meyer, 1989: 139-140)。彼らは、具体的な政策勧告として、教育委員の選出において全市一区制に代えて区代表制を採用すること、より多くの黒人教員を採用すること、連邦公民権局の権限を活性化させること、連邦平等雇用機会委員会の収集したデータを公開すること、能力別授業を廃止あるいは少なくすること、規律指導を再検討することを指摘している (Meyer, 1989: 141-148)。

　この提案が統合教育を実現する特効薬になるとは考えられないが、シカゴの市教育委員会の委員構成で黒人委員の比率は児童生徒数の比率に比べればきわめて不均衡であったし、教育行政官や教員の構成比にしても同様であった。人種分離学校廃止との関連で教育委員会改革を考える際のアイデアとしては検討に値するし、現実にこうした方向でシカゴに限らず他の主要都市でも改革が進められていった[14]。

　ところで、学校協議会という学校を単位とする教育統治機関を設置することは、個別学校での教育要求を集約し、効率的に意思決定することができ、狭域利益の表出と利益への応答性を高めることができるであろうし、改革の狙いでもあった。しかし、学校協議会において、通学校区のなかで生じる意見の対立や利害の衝突を回避したり処理したりすることは容易となるものの、対立や利害を明らかにし通学校区を超えた主張にまで高めるには不向きである。児童生徒数ではマイノリティのほうがはるかにまさっており、集団としてのマイノリティの教育の質の向上という目標、すなわち、マイノリティ集団としての広域利益の表出とそれへの対応という点では、学校協議会方式は弱いと思われる。教育官僚制の弊害を乗り越える都市教育統治システムの再編とそのための方法の探索が必要であり、次章で検討の俎上に載せるのはこの点にかかわっている。

　次に、学校改革は都市の再生のための努力と相互に密接に関連づけられて

こそ、改革の目標達成が可能になることについて述べよう。

マイノリティの教育問題の背景には、都市部での居住地域の人種・民族的分離と、雇用機会の格差による貧困の問題が横たわっていることは、すでに何度か触れたとおりである。たとえ経済が好転し、雇用の増加があっても、都市マイノリティの就業者数はそれに比例して増加しないという構造があり、悪循環を繰り返している。インナーシティーの住民構成・居住地域と雇用機会とのミスマッチが存在し続けている。さらに連邦政府をはじめとした各種政府の失業対策計画の不備が追い打ちをかけている。

教育問題の背景にある社会的・経済的問題に着目することの重要性について、D・J・カサルダ（John D. Kasarda）の主張に耳を傾けてみよう。彼は、都市の福祉計画は不利益な立場にいる人々の教育や技能訓練の水準を向上させるための真剣な努力とバランスを保たなければならないとする。たとえば、貧困・マイノリティの有する技能に適した就業機会が増大している地域に、これらの人々の転居が可能になるように補助金を支出するといったことをはじめとして、住宅や雇用での差別を解消し、抑圧的な都市部からの脱出を望んでいる人々の行動を妨げている制度的な障壁を解消するための政策や、従来のプログラムの変更が必要であるとしている。むろん、公民権法の厳格な適用や、私的セクターでの雇用機会の増大をもたらす、広範囲にわたる経済開発計画が必要であることを付け加えている。人種・民族差別や知識・資源の偏在によって、白人との雇用機会をはじめとした機会均等が達成されていない以上、こうした手厚い政策の実施が必要であるとの認識を示している (Kasarda, 1985: 65 67)。

都市の産業構造の変動は製造業を衰退させ、代わってサービス産業の成長をもたらしているが、脱産業社会ではたとえハイスクール卒業証書を持っていても、マイノリティは人種・民族差別によって、昇進の機会が望めないような低賃金サービス労働に押し込まれる可能性が高い。その結果、ハイスクールでの学習の意義を見いだすことのできないマイノリティ青少年が続出しても不思議ではない。近隣社会にはマイノリティ児童生徒にとって役割モデルとなるような成人がすでに居住せず、あるのは犯罪と麻薬と貧困だけであるような、ゲットーアンダークラスの絶対数が増加している。

したがって、教育官僚制の弊害を克服する都市中央教育行政制度の改革や、学校レベルでの地域住民や父母のニーズに応答性をもたせるための改革は、インナーシティーの人種分離のもたらす社会的・経済的な否定的影響を排除するための政策や計画と関連を持つのでなければ、その実効性は危ういと言わなければならない。

3．1990年代の都市教育改革

　多かれ少なかれ他の都市でもシカゴと同様の課題に直面していた。都市教育の改革について多くの利害関係者は手をこまねいていたわけではなかった。全米57の都市学区を対象に1992年から1995年の間の都市教育改革を調査したF・M・ヘス（Frederick M. Hess）は次のことを明らかにしている（Hess, 1999: Ch. 4）。この間に学区の直面する問題として指摘された項目を回答数（2択）の高い順に並べると、財政不足（19学区）、公正／人種（分離学校）問題（13学区）、統治一般の問題（13学区）、児童生徒の学力（11学区）、施設設備（10学区）、教務関連改革（9学区）、学校を基盤とした経営と構造改革（9学区）、安全／規律（7学区）、学校選択／マグネット・スクール／民営化（4学区）、教員組合／教員人事（3学区）、外部からの命令（2学区）の順であった。では直面する課題への取り組みに成功したのか否かをたずねると、成功せず／持続（14学区）が最も多く、成功事例として児童生徒の学力（13学区）、マグネット・スクール／人種分離に関連した学校選択の導入（13学区）、コミュニティの学校参加（11学区）、施設設備／財政（10学区）などが続いている。これら多岐にわたる改革内容がいわば一斉に提案され、40学区は3年間に取り組んだ改革課題の数として10から12の改革であったと回答し、13〜15項目の改革課題に取り組んだ学区は25学区、16〜18項目に取り組んだ学区も11あった。

　この調査結果を総括してヘスは次のように結論付けている。すなわち、ほとんどすべての改革提案が実施されたために、教育行政官たちや教員は多種多量の改革の流れに対処することを余儀なくされた。ところが、これらの改革のほとんどは教育長と教育委員によって推進された内部のゲームであり、学区が日常的に直面している財政問題、危機管理、管理問題に忙殺されるま

まに、学区全体にわたる改革課題としては控え目なものにならざるをえなかった。その結果、諸改革は学校を改善する特有のアプローチとして見なすことはできず、一気に注意が向けられ提案されただけの改革となったのである（Hess, 1999: 102）。

　アメリカの都市のゲットー化に強い危機感を抱くJ・アニョン（Jean Anyon）はニュージャージー州ニューアークの都心部学校の実態調査報告において、1990年代の都市教育改革を紹介しながら、そのいずれも成功を収めていない要因として、都市を囲んでいる政治経済的環境こそまずもって改革されなければならないことを訴えている（Anyon, 1997）。彼の紹介している都市教育改革にはシカゴも含まれるが、ニューヨーク市の事例として、システム全体にわたる分権化、市内数学区での学校選択の実施、小規模校や個人指導学校や共同学習や統合カリキュラムなどの多様な試みをしている数多くのオールタナティブ学校の開設などを紹介している。フィラデルフィアでは地元大学と連携し他の大規模改革を経ている全米的な学校のネットワークと結びつきながら大規模総合制ハイスクール内部に小規模で自己充足的な学習コミュニティ（チャーター）を作っており、これは学校の民主的統治、学校を基盤とした意思決定と資源の管理を実現するために学区行政を分権化するというフィラデルフィアの目的を示していると述べている。

　ヘスの調査結果から分かることは、都市学区は改革を忌避していたのではなく、むしろ積極的な取り組みを行っていたものの、方法的に学校官僚制の内部でのあるいは既存の教育専門者主導の取り組みでしかなかったことである。またアニョンが主張するように、都市の政治経済的な条件を考慮に入れたより包括的な改革こそ急務となっていることへの認識が弱かったことなどが1990年代を通じて多くの都市で教育荒廃が進行し続けた要因であると指摘できる。これらの諸点はこれまで触れてきたシカゴの教育改革にもそのまま当てはまる。

小　括

　本書第III部で検討することになるシカゴ学校改革法は、教育行政権限を父母とコミュニティ住民に付与する教育統治改革である。しかしながら、この

改革をピンクは歴史的に失敗し続けてきた学校に通学する低学力児童生徒の教育学的、心理学的、社会的なニーズからの教訓を引き出しながら実施されていないことを根拠として批判している (Pink, 1992: 111)。中流階級住民が多数を占める地域では教育関係者は家庭と連携しながら子ども達の教育活動を支援し、子ども達自身も存在価値を承認されることで期待と希望の生活をすることが可能であろう。しかし貧困層の集中する都心部で経済的苦境に立たされている家庭は子どもの教育に関心を向けることさえままならず、子どもの自尊感情が芽生えることなく、学校関係者も低い期待しか持たないことから投下資源も制約され、結果として資源と機会の不平等な配分が拡大していくことになる。

　この悪循環を断ち切り、上述のピンクの批判に応えるためにも、圧倒的に不利益な立場にいる都心部住民を対象とした、福祉政策、労働政策、住宅政策と一体となった、マイノリティの子どものニーズに即した教育政策が求められる。この教育政策を可能とするためには、多様な改革の提案と対処を教育長や教育委員会の内部ゲームに矮小化するのではなく、社会的経済的な条件を考慮した都市の政治的取り組みが重要な手がかりとなるのである。

注

1) アメリカのマイノリティ集団について補足しておくと、アメリカのマイノリティはアフリカ系アメリカ人、アジア系アメリカ人、ヒスパニック、ネイティブアメリカンの4集団に大きく分けられる。本書ではシカゴを事例としたマイノリティの教育課題に係わって繰り返し触れることになるが、その際にはアフリカ系アメリカ人集団が主たる対象となる。シカゴにおけるヒスパニックの教育の実態や課題についても重要な研究課題となっているが、十分に言及できていないし、その外のマイノリティ集団に関しても同様である。ただし、アフリカ系アメリカ人こそ、最も過酷な教育環境の渦中に置かれているマイノリティであることは改めて言うまでもない。なお、「黒人」の用語に関して付言しておくと、「アフリカ系アメリカ人（African-Americans）」は1988年の大統領選挙キャンペーンでJ・ジャクソン（Jesse Jackson）が使用してから、頻繁に用いられるようになっている。歴史的事実を踏まえれば、「アフリカ系アメリカ人」を用いる方

が望ましいが、本書では引用・参考文献における表記などを斟酌し、「黒人（black）」の用語を用いている箇所もある。また、本書では「人種」の表現を使用している。人種は「その社会の成員がエスニシティの点で重要なものとして選びだした身体的相違」（ギデンズ、1992: 242）であることから、むしろ「エスニシティ」あるいは「民族」の用語の方がふさわしいが、文脈によって「人種」と「人種・民族」を使い分けている。

2）ヒスパニックの定義が変化しているために、人口動態調査でヒスパニックの人口推移を厳密に明らかにすることは困難であるが、シカゴでは、1930年までにはメキシコ系住民が2万1千名になっており、プエルトリコ系は第二次世界大戦後から居住し始め、1980年には58万1千名ものヒスパニックを擁する全米第4の都市になっている（Orfield, 1985: 164）。

3）今世紀初頭におけるシカゴの黒人ゲットーの形成や理論的課題については、竹中（1995）が詳しい。

4）貧困や飢餓の問題が都市部だけに限らず全米的な現象となっていることについては、1970年代後半以降のその実態をルポしているブラウン（1990）が詳しい。

5）アメリカの都市における黒人の社会経済的不平等の実態に関する邦語文献として、大塚（1992）、大河内（1998）などがあるので参照されたい。

6）都市や雇用基盤の変容に関しては、Kasarda（1985: 39-51）を参照した。また、同論文によれば、約180万の非管理職の雇用が食品産業と飲料産業というファースト・フード部門で生み出されており、この数値は、アメリカの自動車産業と鉄鋼産業とを合わせた製造業従事者数の2倍以上である。ところが不幸にも、このように急速に拡大しているサービス産業は、大多数が非熟練都市労働者の集住しているところからかなり離れた、郊外や準郊外や非都市地域に立地されている、と述べている（Kasarda, 1985: 65）。

7）特に1970年代の北東部や中西部の大都市の産業基盤の変動による、同一都市での衰退と再生という二面的性格については、ニューヨーク市を中心に論じているが、加茂（1983）が詳しい。

8）なお、本文中の当該ハイスクールの人種構成、給食券の受給率、出席率、長欠率、卒業率は、Chicago Public School（1992: 175）を参照した。

9）必ずしも教育問題に焦点を当てているわけではないが、ゲットーアンダークラスの実態や課題については、竹中（1995）、上坂（1992）、上坂（1993）、小谷（1993）などが詳しい。

10）人種分離学校廃止手段としての「強制バス通学（busing）」は、文字通り強制的に特定の2校を対象にする方法（paring）、2校以上を対象にする方法（clustering）、特別の通学区域を設置して人種的均衡化を図ろうとする方法（zoning）に限らない。強制を伴わず、児童生徒数の上限枠を設けない自由入学方式（open enrollment）や、特定

人種の偏りを自発的に避けて人種的均衡化を自由意志にもとづいて実現しようとする方法（majority-to-minority transfer）もある。マグネット・スクールは裁判所で実施が強制される場合もあるが、後者の自由意志による方法である。

11) 本文の以下の人種分離学校廃止運動は Kyle（1992）を参照した。
12) なお、マグネット・スクールの教育効果への疑念を提起しているものに Orfield（1990）がある。
13) 人種統合教育の意義に関する主張は、Meir（1989: 136-137）を参照した。
14) ただし、その帰結は後に J・R・ヘニグ（Jeffrey R. Henig）らによって批判的な検討にさらされることになる（Henig, 1999）。この点については、次章第3節で詳細に検討する。

第2章　都市教育改革の理論

はじめに

　アメリカ大都市はマイノリティと白人との間の学力格差、過大学級規模、教師の低い期待、カリキュラムの貧弱性、学校の施設設備の不十分性といった劣悪な学校環境に加えて、家庭崩壊、反社会的行動、薬物・アルコールにアクセスしやすい社会的ネットワーク、問題行動への社会的統制の欠如など地域教育環境も劣悪である。前章で考察したように、アメリカ教育の中で矛盾が集積しているのが都市、とりわけ都心部であり、さまざまな改革が行われてきている。

　教育統治改革に限定しても、1960年代末における都市学区の権限の下位学区への分権化や、徹底的分権化と見なすことのできる1990年代初期からの学校選択制度導入などがある。その外にも、バウチャー制度、チャーター・スクールなども拡大しつつある。定められた学力水準に達しない学校や教育困難校を多く抱える学区を直轄管理する権限を州政府に与える改革も進行中である。外にも、児童生徒一人当たり教育費支出の均等化などの教育財政改革や教育行政へのビジネス管理手法の導入、教育委員会の権限縮小あるいは廃止による市長の教育統治、教育行政の支配、小規模校化運動や単一学校内でのミニ学校の創設など、その手法や内容には枚挙に暇がない。

　1990年代以降の都市教育改革をJ・G・シブルカ（James G. Cibulka）とW・L・ボイド（William Lowe Boyd）らは、以下の三つに分けている（Cibulka, 2003a: ix-xviii）。

　第一には包括的改革（systems reform）である。これは1983年の『危機に

立つ国家』を嚆矢とした州による基準設定あるいは基準の引き上げなどによって、学区や学校に強制的に改革を迫る強権的でトップダウンの改革ではなく、学校に焦点を当てて再構築（restructuring）を敢行するボトムアップの改革でもない。この改革は、学校レベルでの改革が確実に州全域に行き渡るような一貫した包括的な戦略であり、効果的学校の形成に不可欠な行政、統治、資源、政策のさまざまな障害を乗り超えることを目的としている。具体的には、カリキュラム、専門職能開発、アカウンタビリティー評価システム、学校改革支援サービスを体系的に調整することが必要となる。

　第二は市長の役割の強化である。公立学校システムは大規模な資源を使っているだけでなく、経済・社会の存続にとって重要な都市の制度の一つである。にもかかわらず、市長には、都市のニーズに不適切であると考えても制度改革を通して公立学校の優先事項やパフォーマンスに影響力を行使する道が閉ざされていた。そこで、公立学校を他の都市制度と一体的に市長が統制下におき、市長を支援するビジネス、労働組合、市民団体ならびにコミュニティ・リーダーらとともに、これら関係諸主体であるステークホルダーの多様な関心を糾合しながら都市学校教育の改革を推進しようとする。

　第三は外部からの干渉である。連邦システムを採用しているアメリカではいかなる機関も全権を持つことはできない。学校教育の場合、公立学校の管理は一義的に学区に委ねられているが、その権限行使に瑕疵があった場合、抑制と均衡の原理にもとづいて監督・干渉が作用しなければならない。その結果、実際に少なからぬ州で公立学校の直轄統治、すなわち、州による都市学校の直接的統治が行われている。

　これらのさまざまなアメリカにおける都市教育改革の中でも、本書の副題である教育統治改革に焦点を当てると、近年、民主主義、ネットワーク、アーバン・レジーム、シビック・キャパシティーに関連づけた研究が積極的に進められていることが分かる。教育統治研究の新展開と言うことができるほど、研究が活発化している。そこで、本章では第1節でソーシャル・キャピタル論を、第2節ではアーバン・レジーム論を、第3節ではシビック・キャパシティー論を取り上げて、これら教育統治改革に係わる理論の内容、意義、実践的有効性を検討する。

第1節 ソーシャル・キャピタルとネットワーク

 アメリカの主要都市において多様な改革が進められているが、その際に、都市教育改革を担う組織、機構、機関、人々、団体など改革主体の多様化が見出されている。市長部局はむろんのこと、ビジネス、市民団体、コミュニティ組織などが複雑に入り組んだネットワークを構築して改革の起動や持続に重要な役割を果たしている。むろん、都市によって改革の諸主体は異なり、これら改革を担ったステークホルダーの構成要素は何か、相互の関係はどうなっているのか、それが改革の成果とどのような関連を持つのかについて研究が進められている。その際に重要な概念として引証すべきであるのは、近年政治学で注目されているソーシャル・キャピタル[1]論であると筆者は考えている。

 本節は、全米の主要都市における都市教育統治改革の実態と課題を明らかにし、改革戦略を構想する前提作業に位置づけている。以下では、わが国においても急激に関心が高まっている統治理論としてのガバナンス理論をネットワークに焦点を当てながら概略的に検討する。次に、教育分野におけるガバナンスについて理論的な検討を加え、最後に、アメリカのみならずわが国でも近年注目されているソーシャル・キャピタル論の概要を検討し、都市教育政治ならびに教育統治改革の理論構築に資するソーシャル・キャピタル論の意義を探究する。

1．ガバナンスの概念

 ガバナンスが世界的に注目を集めるようになった契機は、1988年にG・B・ピーターズ（Guy B. Peters）とC・キャンベル（Colin Campbell）を編集者として創刊された雑誌『Governance』であり、今や「『ガバナンス』という表現は、流行のファッションのような様相を呈してきている」（中邨、2001: 4）[2]。企業経営はむろんのこと、国際機関、国際政治、中央政府、地方政府などあらゆる政府レベルでの政治や行政の在り方に関する論稿で言及されるようになっている。

ガバナンスの用語は必ずしも新しい概念ではなく、すでに14世紀には英語の語彙である"governance"が登場しているものの、その後ほとんど用いられることはなく、1980年代末に世界銀行が用い、次に国際通貨基金（IMF）、さらに国連開発計画（UNDP）でも用いられるようになって復活したとされる。経営学・経営管理論ではすでに「コーポレート・ガバナンス」（企業統治・管理）という用語で広く用いられている。語源的には政府（government）と同じ政治的舵取り（steering）を意味するラテン語の"guberno"から派生していると言われる（福田、2002: 19）。

　国、中央官庁、地方自治体などの作用はガバメント（government）であり、現代までガバナンスとは呼ばれなかった。ガバメントではなくガバナンスの概念が提起されてきた背景には、政府の統治能力の低下に対する懸念が強く共有されるようになったからである。特に1970年代以降、エネルギー危機を契機として経済成長が鈍化しはじめ、人々の価値観の多様化とあいまって、環境問題や教育問題など解決困難な新しい問題の重要性が高まってきた。しかしながら、期待されたほど貧困問題や失業問題の改善は見られず、政府の公共政策に対する信頼や意思決定過程と執行過程に深く関与している公務員への信頼が著しく低下してきた。また、国際紛争の続発が国連をはじめとした国際機関の統治能力に対する信頼を低下させてきてもいる。こうした事態の進行を背景に、統治する側である政府の統治能力の低下について懸念が増大し、統治される側の社会の多様性、複雑性、動態性が増していることからやはり統治可能性が低下し、結局のところ、統治の困難性が増幅してきている。つまり、伝統的な統治方法であるガバメントに頼る統治主体の適応能力が問われ、国家および政府の能力・役割と、政府と社会の関係について根本的に再考しようという動きがガバナンス論の隆盛をもたらしている（宮川、2003: 4-5）。

　政府の統治能力低下と社会の統治困難性の増大に着目する視点だけではなく、政府への批判意識を基礎とした市民参加の増大もガバナンス論隆盛の要因として重要である。新川達郎はガバナンス論を主導するJ・ピエール（Jon Pierre）とピーターズを引用しながら、1990年代における新たな政府観、ガバナンス観の広い分有について次のように述べている。すなわち、政府観

が変化したのは、第一に、政治不信の中で公約による行動や結果を厳しく問われることになり、政府が自由市場や個人主義などの時代精神に応答的でなければならないこと、第二には、公的支出の削減を支持し正当化する新たな国家観であり、政府への不満に対応した市民参加の増大があり、第三には、大きな政府観が過去のものになったとしても国防や市場の保護など伝統的な政府の役割は残され、あらためて政府の役割を明らかにすることが課題となった（新川、2001: 33）。

かくして政府セクターの統治能力の低下と非政府セクターでの活動の活発化、とりわけ市民参加の増大を背景として、国家あるいは政府の役割や政府と社会の関係の抜本的な再考が行われる中で、社会の統治に関して新たな考え方が模索されてきた。中邨章によれば、ガバナンスの時代になると、中央政府と自治体の関係はそれまでの上下から水平の関係に移行しはじめ、両者は肩を並べ、その間に水平レベルの関係が生じると同時に、中央政府・自治体と民間企業・住民との間にもタテからヨコに並列した水平型が基本になる。その結果、中央政府は自治体、企業、住民との間に協力関係を生み出す調整機関に成長する。要するに、ガバナンスには政府、自治体、企業、住民、NPO、NGOなどがそれぞれ同じ目線に立ち、足並みをそろえて社会問題の解決にあたる協調型政治の実現を期待する意味が込められている（中邨、2001: 6）。つまり、「ガバメント」と対比させて、多様なセクター・アクターの共同統治的な意味を含めた新しい概念として「ガバナンス」を使う場合が多くなってきている。

伝統的な国家・政府の権威が下位の諸集団に向かって移転してきており、かつての一元的統治に依拠していては各種利益の達成は困難であり、多元的ニーズにふさわしい多様な政治的対応が求められているのが21世紀初期の構図である。中央・地方の政府とサブ・ナショナルな集団との間の関係性だけでなく、サブナショナルな集団間の関係性も鋭く問われるようになっている。

ガバナンスの概念は多岐にわたるが、代表的論者の一人であるR・A・W・ローズ（R. A. W. Rhodes）はガバナンスの使われ方として、①（公的関与の範囲と形態を再検討して「公共」サービスの配分で市場や準市場を利用することによる）最小国家としてのガバナンス、②企業統治としてのガバナンス、

③（私的セクターの管理手法を公共セクターに導入しようとするマネイジリアリズムと、公共サービスの提供に市場競争などのインセンティブ構造を導入しようとする新制度派経済学の二つを源流とする）新しい行政管理（New Public Management）としてのガバナンス、④（第三世界を対象とした融資政策で世界銀行が用いている）「良いガバナンス」としてのガバナンス、⑤（政策に係わる多様なレベルでの関係者への社会的・政治的・行政的な介入と相互作用の結果もたらされる）社会的自動制御システムとしてのガバナンス、⑥（サービスの提供に関して政府よりも広範囲であり、政府・民間・ボランティアなどのセクターの多様な組み合わせによってサービスが提供される）自己組織化ネットワークとしてのガバナンスの6タイプに分けている（Rhodes, 1997: 47-52）。なお、ローズはその後新たに7タイプに編成し直している（Rhodes, 2000: 55-63）[3]。ローズによれば、イギリス政府は、地方政府を迂回してサービス配分のための特定目的の機関を設置し活用しながら、公-私のパートナーシップを強化している。そして、イギリス政府構造の中でネットワークは次第に顕著になり、ガバナンスは自律的で自己統治的なネットワークの管理と酷似してきている（Rhodes, 2000: 51-52）。

　同様に、ピエールはガバナンスの意味を大きくは次の二つに分け、さらに後者を二つに分け併せて三つに腑分けしている。20世紀末に現れた外部環境への国家の適応の経験的な政策表明に関する意味（国家中心ガバナンス）と国家による社会システムの調整ならびにその過程における役割の概念的・理論的な説明の意味（社会中心ガバナンス）であり、後者を次の二つのカテゴリーに分けている。一つ目は国家による政治的な橋渡しと目標設定の優先順位の決定によって、国家はどのように何によって有り得る成果をもたらすよう社会と経済を「舵取り（steers）」するのかに係わる問題であり、これは「古いガバナンス」である。二つ目は、大部分が政策ネットワークの役割についてであり、公的かつ私的な公-私の相互作用や調整に係わるガバナンスである（Pierre, 1997: 3）。

　上述のローズやピエールに限らず、国家・政府の能力や役割、政府と社会との関係についての根本的な再考の中から提起されてきたガバナンスの概念はネットワークに関心を集中している。ガバナンス論の学説史を詳細に論じ

ている堀雅晴によれば、ガバナンス論の源流はプルーラリズムとエリート論にまで遡ることができ、1970年代後半以降に登場したコーポラティズムや行政官僚制論・インプリメンテーションを経て、現在はネットワークというコア概念にまで到達している（堀, 2002: 89）。

次項では、ガバナンス論における中核的な概念と見なされるようになっているネットワークの教育統治への適用可能性を探りたい。近代国家では、特にわが国では公教育の供給主体として、公益の名の下に官が公益概念を占有してきたのであり、特に教育分野においてはこの傾向が強かった。教育サービスの供給も国家による伝統的で一元的なサービスの提供形態、すなわち国家中心ガバナンスから、多様なセクター、多様なステークホルダーをもサービス供給主体として位置づける社会中心ガバナンスへの移行が、すなわち、教育サービス供給における国家と社会の関係の組み換えが求められているのではなかろうか。

2．教育ガバナンス論

上述のように、ネットワークに着目するか否かはともかくとして、ガバナンス論を牽引し広く展開しているのはイギリスであった。自覚的にガバナンス概念を用いた教育統治論、教育行政論を展開しているアメリカの研究者は管見の限りではあまり多くない[4]。しかし、時代的論調を敏感に反映して貴重で重要な論稿を登載していると考えられる「全米教育研究学会（National Society for the Study of Education）」によって近年刊行された第102年報のタイトルは"American Educational Governance on Trial"（Boyd, 2003）となっている。ただし、イギリスやわが国における諸論稿でしばしば言及されるようなガバメントとガバナンスを意識的に峻別し特定の含意を持たせた「教育ガバナンス論」を展開しているわけではない。

わが国においても、ガバナンス改革について議論を展開する条件は十分に整っていると考えられる。すなわち、文部科学省を中心とした中央政府や自治体の統治能力への懸念は教育においても例外ではないからである。教育課程行政に係わっていえば、1998年の「生きる力」を目指した学習指導要領の改訂以降、時を経ずして全国的に学力低下の懸念が表明され、さらには学習

意欲の低下についての危機意識が広まってきている。不登校児童生徒数は10万名を突破したままであり、校内暴力の件数も急増し、いじめ問題の解決は手探り状態が続いている。政府は新たに導入された総合的学習の時間の削減をも含む対応策の検討に入っている。学校現場では朝令暮改的な教育政策に振り回されているのが現状である。教育財政に関しても、義務教育諸学校教員給与費の2分の1補助を規定している義務教育費国庫負担法の見直しに係わって、文部科学省と都道府県知事会をはじめとした地方団体との間で厳しい対立があり、地方分権や規制緩和の趨勢にひとり文部科学省が抵抗しているという構図が出来上がりつつある。それがひいては文部科学省の存在理由の根本的再考に至るのは時間の問題であると推測できる。

　国レベルでの教育行政能力に対する信頼の低下は地方教育行政においても同様に見出される。1985年発足の臨時教育審議会の指摘をまつまでもなく、教育委員会制度の形骸化が指摘されて久しい。中央教育審議会は1998年に地方教育行政の抜本的な見直しを含む答申を出し教育委員会制度の在り方を活性化に向けて方向付けようとしているが、2000年以降は中央政府や地方団体、学界からも教育委員会廃止論が提起され論争が続いているし、地方自治体首長が教育行政をも担う教育行政一元化への動きが活発化している[5]。

　他方、中央や地方を問わず政府レベルでの教育政策の行き詰まりと同時進行で、あるいはそれを背景として、NPOなどの非政府セクターによる活動の活発化が顕著となってきている。政府が教育事業を独占していたのは公共性を根拠としていたからである。ところが、NPOの社会活動が社会連帯的価値や社会的有用性を追求していく中で、従来から政府が独占的に定義してきた公共性とは異なる「新たな公共性」が発現しつつある[6]。政府や行政による失敗の中でさまざま問題を押し付けられたり取り残されていたりした人々が、自分自身で活躍するようになってきた。従来の考え方であれば、政府の失敗に対しては市場での問題解決を図るということになり、教育においても民営化の傾向が強まっていることは事実である。しかしながら、この方向性ではなく、市民一人一人の自助努力を超えて、さまざまな人々が地域の中で助け合いながら生きていこうとする方途が模索されてきた。そして、NPOなどのボランタリーセクターが組織され、その活動は活発化してきて

おり、その能力が注目されている。

　教育に限らずわが国の統治構造は大きく変動しつつあり、国家と社会との関係の変容が迫られている。地方分権や規制緩和は政府部門内における変動への対応であると見なすことができる。教育の分野でもガバナンスの視点から多様なセクターやアクターが統治に関与することの重要性に関する議論が展開されつつある。こうした中で、わが国の教育行政研究においてガバナンスに言及した論稿が散見されるようになってきた[7]。しかしながら本研究で焦点を当てようとするネットワークと関連づけた教育ガバナンスに関しては今までほとんど論じられていない。

　筆者は伊藤正次の教育委員会制度改革論（伊藤、2002）を手がかりに、ガバナンス論の観点から、既存の法制度的な枠組みや制約に拘束されることなく、ネットワークとしてのガバナンスを提示しようと試みた（小松、2004）。伊藤はガバナンスの概念について論及しているわけではないが、教育委員会制度の改革に係わって次の三つのガバナンス・モデルを提示している。第一には文部（科学）省のみならず教育学界、教員組合関係者などからの幅広い支持を得ている教育委員会活性化モデルであり、第二には教育委員会制度の廃止を内包した地域総合行政モデルであり、第三には教育行政機構を徹底的に分権化して公教育の供給をめぐる競争市場の創出を目指す市場・選択モデルである。筆者はこれらのモデルを退けて、地方教育行政におけるネットワークとしてのガバナンスの構築を試みた。すなわち、ネットワークとしてのガバナンスを「中央政府や自治体が政治的正統性を根拠として公共的問題に係わる政策形成を独占するのではなく、政府部門はむろんのこと、企業、NPO、NGO、住民など多様なステークホルダーが有機的で開放的なネットワークを形成し活動することによる公共的な問題解決の方向性」であると定義し、地方レベルに限定してはいるが、教育ガバナンスの可能態を構想しその必要性を提起した。しかしながら、教育サービス供給主体の多様化、自治体と他のステークホルダーとの対等・平等な関係性、教育（改革）課題の共有、資源の協力的供出などアクター間の相互依存関係の重要性について言及したものの、ネットワークの全体的な構造と機能、ネットワーク内でのセクターやアクター間の相互規定性、ネットワーク自体の政治的正統性、ネット

ワークのステアリング主体は国家なのか自治体なのかといった課題の解明は未解決のままである。

　アメリカの政治学で今日注目されているソーシャル・キャピタル論にはネットワークが中心的位置の一角を占め、教育改革を考える上でも示唆に富む。事実、次節で検討するように、アメリカの都市教育改革においてソーシャル・キャピタルを理論的背景とした研究成果が相次いで公刊されるようになってきている。ソーシャル・キャピタル論は果たして都市教育改革にとって有益な理論となりえるのか、さらには、改革戦略としての意義をネットワークに見出すことができるのか。究極的には、教育改善のための新たなガバナンスあるいは社会中心ガバナンスにもとづく統制システムを展望することができるだろうか。

3．ソーシャル・キャピタル論

　ソーシャル・キャピタルが広く知られるようになった契機はR・D・パットナム（Robert D. Putnam）が『民主主義を機能させるために』（Putnam, 1993）を公刊したことによる。この刊行以後、政治学、経済学、社会学、歴史学、国際協力、環境問題まで含めた幅広い学問分野で関心を呼び起こしており、社会科学研究のみならず政策実践においても強い影響を与えつつある[8]。

　同書は、1970年代のイタリアの産業、保健、住宅、都市等の政策分野における中央政府から州への分権化による地方制度改革について、20年間にわたる詳細な調査に取り組んだ成果であり、南部と北部との制度パフォーマンスの格差を明らかにした。彼はその理由として「調整された諸活動を活発にすることによって社会の効率性を改善できる、信頼、規範、ネットワークといった社会組織の特徴」（パットナム、2001: 206-207）の蓄積の違いを指摘している。彼は、国民投票の投票率、政党の用意した候補者リストから特定候補に支持の意思表明ができる優先投票率、新聞購読率、スポーツ・文化団体数の四つの指標を合成した市民共同体指数（civic community index）を独立変数にしている。そして、内閣の安定性、予算成立の迅速性、統計情報施設の充実度、立法能力、保育所や家庭医の数、産業政策、農業、住宅・都市開発、

第2章　都市教育改革の理論　197

官僚の応答性に関するコミュニティ・リーダーと市民の評価からなる制度パフォーマンスが従属変数である。両変数の相関から、水平的なネットワークがあり、社会的信頼が厚く、参加が広範に見られ、各種団体・組織の参加が高いイタリア北部では制度パフォーマンスが良好である。したがって、ネットワーク、信頼、規範からなるソーシャル・キャピタルの多寡が制度パフォーマンスと経済発展の違いを規定していることを統計分析によって説得的に論証した。ソーシャル・キャピタルの構築は容易ではないとしながらも、その蓄積こそ民主主義が有効に機能し経済発展を支える条件であると結論づけている。

　パットナムは2000年に「一人でボウリングをする」と題した、ソーシャル・キャピタル論をアメリカ政治の分析に応用した論文を発表し、これも多くの人々の注目を集めることとなった（Putnam, 2000）。この著作の原型として既に同名のタイトルの論文が1995年に発表されており（Putnam, 1995）、ソーシャル・キャピタル論の多様な展開を触発していた。彼はこれらの著作を通じて、第二次世界大戦以後のアメリカにおけるソーシャル・キャピタルの低下、衰退を膨大なデータを用いながら論証している。かつてのアメリカは競技連盟に加入して多くの人々とボウリングを楽しんだものの、今では一人でボウリングをするようになったのはソーシャル・キャピタルの低下の象徴であることを指してタイトルに用いている。とりわけ過去20～30年間におけるアメリカの市民参加が質的にも量的にも著しく低下し、この低下は政治的経済的にアメリカ社会に深刻なダメージを与えることを警告している[9]。

　ガバナンス論が隆盛となっている背景には、政府による失敗があったことはすでに見てきた通りであり、市場による失敗もすでにわれわれは多くを経験している。政府と市場の両方とも欠陥を持ち、20世紀のガバナンス思想に依拠しただけでは理想を実現できなかったがゆえにソーシャル・キャピタルが注目されるようになったことを、宮川公男はボウルズとギンタスの論稿を紹介しながら論述している。宮川は政府と市場のみに拠らない第三のガバナンス形態であるコミュニティ・ガバナンスをソーシャル・キャピタル論と関連づけて論述している（宮川、2004）[10]。コミュニティ・ガバナンスは小規模な集団の一連の社会的相互作用であり、経済的成果を左右する。コミュニテ

ィは個人によっても市場や政府によっても対処できない問題に取り組むことができるが、国家、市場に取って代わるのではなく、それらと相互補完的なものでもある（宮川、2004: 17）。

　ボウルズらが主として経済学的な関心からソーシャル・キャピタルの意義と限界を明らかにしているのに対して、鹿毛はソーシャル・キャピタル論の政治学的意義として以下の3点を指摘している（鹿毛、2002: 110-111）。第一には制度が一義的にアクターの行動を拘束し、制度が異なれば結果も異なるし、制度が同じであるならば同じ結果がもたらされるはずであるとの制度論への批判的視座を提供した意義である。第二には、日常的な草の根のネットワークが政治パフォーマンスに強く影響することを明らかにし、その政治的意義、機能、重要性を再発見したことである[11]。第三には、福祉、環境、対外援助などの分野で重要な役割を果たしてきているにもかかわらず、政治的な意義を検証することは少なかったが、ソーシャル・キャピタル論は非政府・非企業のいわゆる「非営利セクター」の重要性、市民社会の重要性を発見したことである。

　ソーシャル・キャピタル論に対する批判は多方面から寄せられているが[12]、本研究の主題の観点からその意義に限定すれば、以下のことが言えよう。すなわち、ソーシャル・キャピタル論は新たなガバナンスを模索する際に必要な次のような視座を提供している。ガバナンスを検討する上での分析単位としてのコミュニティへの着目、制度論的アプローチへの批判的視座の提供、統治システムの在り方についての非政府セクターへの着目、コミュニティにおけるネットワークが政治や制度のパフォーマンスに強く影響することへの関心の喚起などであり、それがひいては民主主義のパフォーマンスを強く左右しており、民主的な教育ガバナンスの構築にとって重要な手がかりを与えてくれるのである。

4．ソーシャル・キャピタルと教育ガバナンス

　パットナムは『民主主義を機能させるために』においてイタリア各地域の州政府の制度パフォーマンスと民主主義の機能する条件を主題とし、「一人でボウリングをする」では市民の政治、労働組合・宗教・友愛などの各種組

織・団体、PTAなどへの積極的参加の低下とソーシャル・キャピタルの衰退との相関関係を主題とした。両著書とも教育を主題とした研究ではない。ところが、ソーシャル・キャピタルが現代の専門用語として登場し、理論枠組みの構築に寄与したのは、パットナムによれば、J・S・コールマン (James S. Coleman) による教育における社会的ネットワークの役割に関するセミナーでの発表 (Coleman, 1988)（コールマン、2005）を契機としている (Putnam, 2001: 58)。

コールマンとは1966年にいわゆる「コールマン・レポート (Equality of Educational Opportunity)」を発表し、貧困の黒人の子ども達は人種統合された中流階級出身児童生徒の通う学校で学力が向上することを明らかにした。これが教育機会均等の概念に決定的な影響を及ぼし、人種分離学校廃止政策の推進に重要な貢献をした。

コールマンとパットナムの関連性について検討しておきたい。コールマンは機能によってソーシャル・キャピタルを定義している。すなわち、ソーシャル・キャピタルは、社会構造のある側面からなり、構造内にいる個人にある種の行為を促し、それなしでは達成できないような目的の達成を可能にする（コールマン、2004: 474-475）。コールマンはソーシャル・キャピタルの形態として、一つは、義務はいつか報われるということを意味する社会環境の信頼性や、課されている義務の強さなどを含む社会環境における義務、期待、社会構造の信頼性、二つには、行為の基盤を提供するのに重要な社会関係に内在する情報の潜在的可能性、三つ目は、高学力の達成という効果的な報酬を支援し提供するコミュニティの規範は、学校の教育活動を確実に促進するという事例に見られるような、規範と効果的制裁を指摘している (Coleman, 1988: s102-s104)（コールマン、2005: 91-120）。

コールマンが提示しているソーシャル・キャピタルの形態は、パットナムのソーシャル・キャピタル論が掲げる社会組織の特徴である、信頼、規範、ネットワークと重なり合う。コールマンのソーシャル・キャピタルの概念化について、自己利益の実現のために社会ネットワークを利用する行為者という合理的選択理論と、情報の流れと規範の強制を実現できるネットワークこそソーシャル・キャピタルを醸成すると考える社会ネットワーク理論が並立

している、と金光は述べている(金光、2003: 240)。金光淳によれば、コールマンのこの折衷的な側面が、後に、前者は私的、競争的なソーシャル・キャピタル論を導き、後者は公的、連帯的なソーシャル・キャピタル論を導いた。この理論系譜における後者、すなわち、ソーシャル・キャピタルの公的側面を受け継いだのがパットナムであり、ネットワークと相互性の規範を中心としたソーシャル・キャピタル論が強調されている。

　筆者は、コールマンのソーシャル・キャピタル論の理論的重要性を高く評価している。このコールマン以上にパットナムのソーシャル・キャピタル論に着目したのは、ソーシャル・キャピタルの「公的、連帯的な側面」を重視するパットナムの方が、新たな教育ガバナンスを構想するためにより有効であると判断したからである。

　コールマン・レポートよりも半世紀さかのぼった革新主義期における教育改革の議論の中で、当時ウェストバージニア州農村部教育指導主事の職にあったL・J・ハニファン(Lyda Judson Hanifan)は今日で言うところの地元の公立学校(community school)問題を論じる中で「ソーシャル・キャピタル」を初めて用い、現在のソーシャル・キャピタル概念の主たる要素のほとんどを網羅していた(Putnam, 2001: 59)。さらに、現代の意味でソーシャル・キャピタルを最初に用いたのはJ・ジェイコブス(Jane Jacobs)による『アメリカ大都市の死と再生』(Jacobs, 1961)であった(パットナム、2004: 59)。

　このことから分かるように、ソーシャル・キャピタル論は教育問題、都市問題と密接不可分な関係を持ちながら理論構築されてきていることに付け加えて、都市をフィールドとした研究においても鍵概念となっていることだけは確かである。そして、パットナム自身、ソーシャル・キャピタルと教育パフォーマンスとの関連について詳細に論じてもいる(Putnam, 2001)。概要だけを見ておくと、子どもの低学力や中途退学の問題は原因として学校ならびに教育関係者に帰せられることが多いが、学校を取り巻く社会的ネットワークやコミュニティ自体にも要因があるのではないかとの仮説の検証を意図している。具体的には、組織への参加、公共的事柄(public affairs)への参加、コミュニティでのボランティア活動、インフォーマルな社会化、社会的

信頼であり、細かくはそれらを13の項目に分けて、コミュニティを基盤としたソーシャル・キャピタルならびに市民的積極参加の多寡を独立変数にしている。従属変数である教育成果は全米学力調査（National Assessment of Educational Progress）の算数・理科・読解の得点、学力判定テスト（Scholastic Assessment Test）、ハイスクール中退率を指標として州間比較をしながら相関を調べている。パットナムは結論として「三つに分けた教育成果についての筆者（パットナム）の説明は、コミュニティを基盤としたソーシャル・キャピタルの多様な水準のもたらす教育成果に対してより多くの注意が払われるべきであることを示唆している。…教育成果の州間格差を説明するデモグラフィー、経済、純然たる教育による影響などの要因よりもはるかにこの（コミュニティを基盤としたソーシャル・キャピタル）要因のほうが重要である」(Putnam, 2001: 76)。

なお、結論部において、ソーシャル・キャピタルの逆機能的な側面に触れながら留意事項を列挙している。具体的には、ネットワーク、規範、信頼からなるソーシャル・キャピタルを新たに作り出すことに専心する必要はなく、シカゴでソーシャル・キャピタルの高いコミュニティにある学校では教育が成功している例から分かるように、それぞれの州やさらにはコミュニティの歴史的経緯も踏まえてソーシャル・キャピタルは検討されるべきある。さらに彼は、イタリアでの事例から分かるように、ソーシャル・キャピタルを改善することによって既存の教育も含む社会的な不平等・不均衡の拡大の恐れがあることについても触れている (Putnam, 2001: 85-87)。

ソーシャル・キャピタル論の重要な要素の一つである「信頼」を学校改善研究に導入しているのはA・S・ブライク（Anthony S. Bryk）とB・シュナイダー（Barbara Schneider）である (Bryk, 2002)。1988年のシカゴ学校改革法は学校改善を推進するために個別学校で民主的な制度を作り出すことを目的としていたために、パットナムの理論を適用することで、学校での社会的信頼の水準が必ずやシカゴの分権化改革の有効性に影響を与えることになるとして、彼らの研究のキーワードである「関係的信頼（social trust）」の学校内での構築を探索しようと試みている (Bryk, 2002: 12-13)[13]。

ソーシャル・キャピタル論が教育分野とかかわりを持ちながら展開されて

いる研究状況を明らかにしてきた。ブライクらの研究に見られるように、パットナムのソーシャル・キャピタル概念の重要な一部である「信頼」に焦点を当てた研究や、同じく重要な「規範」、すなわち「互酬性（reciprocity）の規範」[14]に焦点を当てた教育研究も今後展開されるであろう。ソーシャル・キャピタルが十分に蓄積されているコミュニティでの生活は心地よいものとなる理由として「市民的積極参加のネットワークが、一般化された互酬性という強固な規範を促進し、社会的信頼の出現を助長する」（パットナム、2004: 58）。「社会的ネットワークは価値を持つ。それはソーシャル・キャピタル論の中心的知見である」（Putnam, 2001: 59）、と述べられていることから、本研究は教育ガバナンス論と係わってネットワークに着目した。すなわち、伝統的な階層型ガバナンスから、市民がお互いに手をつなぎ合った水平的な信頼関係からなるネットワーク型ガバナンスの可能性をソーシャル・キャピタル論は内包している。このネットワーク型ガバナンスが教育統治改革において研究的にも実践的にも有効であるか否かを検証することが今後の課題となる。

小 括

　本章の冒頭で紹介したように、1990年代以降の都市教育統治改革は包括的改革を要請していること、伝統的な教育委員会による大規模教育官僚制にもとづく改革ではなく、市長による一元的な改革が試みられていることなどを特徴としている。学区が伝統的な学校管理手法から脱して、新たな統制・統治システムを作り出そうとし、それがどれだけの有効性をもちうるかは、都市教育改革に参加する多様なセクターやアクターからなるネットワークが鍵になると考えてパットナムのソーシャル・キャピタル論に着目した。上述の学説史を瞥見しただけでも理解できるように、ソーシャル・キャピタル論には教育、都市、民主主義の直面する諸課題が含まれており、筆者の問題関心をも同時に網羅している。

　ソーシャル・キャピタルの用語を初めて使用したのは、アメリカの教育者であったハニファンであり既に1916年公刊の論文で、隣人と緊密につながりを持つコミュニティこそ学校への支援を成功させる鍵であると見ていた。

1960年代のアメリカの都市再開発が伝統的な都市コミュニティのもつ活気、生命力、連帯感を奪って、都市を死に向かわせるとの危機感を背景に、都市コミュニティに着目したのはジェイコブスであった。コールマンは学力の人種間格差の要因を探るとともに、ソーシャル・キャピタルを専門用語として定着させ、教育における規範、信頼、ネットワークの重要性に着目した。パットナムの『民主主義を機能させるために』では研究目的として同書冒頭に「民主的な政府がうまくいったり、また失敗したりするのはなぜか」を突きとめることであると述べている。このように、都市学校改革を成功に導くのに必要な教育ガバナンスを構想するために、ソーシャル・キャピタルは有効な理論枠組みを提供していると考えることができる。

既に触れたように、アメリカの都市教育改革においてソーシャル・キャピタルをも理論的基盤としている研究成果が相次いで公刊されており、それらの文献を渉猟すると、ソーシャル・キャピタルに依拠しながらも、内包する理論上の問題点を批判的に捉え直して再構成した「シビック・キャパシティー（civic capacity）」の概念を用いた研究成果が豊かに蓄積されてきている。それら一連の研究成果からわれわれは何を学ぶことができるだろうか。そして、都市教育改革の糸口を見出すことができるだろうか。次節以下で検討していきたい。

第2節　都市政治研究におけるアーバン・レジーム論

本節は都市教育政治の理論を明らかにするための基礎的作業として、アーバン・レジーム論（urban regime theory）[15]の概要を検討する。アーバン・レジーム論は今日のアメリカ都市政治分析において重要なパラダイムとして広く承認されているだけでなく、本書が対象としている都市教育政治の実態や課題を分析し、改革を展望するためにも有益な分析枠組みを提供していると考えられる。すなわち、アーバン・レジーム論は次節で検討するシビック・キャパシティーの概念を導き出す契機となった理論であり、アーバン・レジーム論の概要を検討することは不可欠である。ただし、アーバン・レジーム論の理論的展開や理論の有効性の検証などについて包括的に論じることはこ

こではできないし、筆者にはその力量もない。あくまでも都市教育政治の理論と関連する範囲でその概要を検討していく。

以下では、アーバン・レジーム論の理論系譜、現代の評価について概略を示し、代表的論者であるストーンの主張に耳を傾け、最後にアーバン・レジーム論批判を紹介したい。

1. アーバン・レジーム論の系譜

アーバン・レジーム論は過去10年以上にわたって地方ガバナンス分析において支配的パラダイムとして幅広く行き渡っていると評されたり（Imbroscio, 2003: 271）、過去10年以上の間、都市政治と都市政策の分野で支配的なパラダイムとなっていると評されたりしている（Mossberger, 2001: 810）。K・モスバーガー（Karen Mossberger）らによれば、当初、アーバン・レジーム論はアメリカ都市の公−私セクター間の関連性を説明するツールであったが、その後、この概念は多くの多様な分野に応用されるようになった。この概念は多様な利益が統治連合（governing coalition）に組み入れられるのか、あるいはどのように組み入れられるのかを検討するために用いられてきている。むろん、次節以下で検討することになるストーンらによる都市学校改革研究にも適用されている。今日では、批判的にも共感的にも多くの研究者がアーバン・レジーム論に言及するようになっており、アメリカのみならずニュージーランドやヨーロッパにまでその影響力は及んでいる（Davies, 2002: 1）。

アーバン・レジーム論の理論系譜を簡潔に要約しているG・ストーカー（Gerry Stoker）によれば、都市変動への多様な対応をどのように理解すべきであるのかについて検討する中で、都市政治研究者は経済的社会的変化に適合するための政府と非政府の間の相互依存性に焦点を当て、政府アクターと非政府アクターとの間の協力と調整の問題に着目するようになった。すなわち、国によって違いはあっても、今日では全ての先進諸国で一定の形態の公私協力（public-private cooperation）の必要性が存在していることは明確となっている。都市研究の分野では、投資対象としての都市の間における競争激化や地方の意思決定に対するビジネスの関心が高まってきた。また、分権化や州内での責任の委譲、財政的制約の高まり、営利・非営利組織の両者を

活用することによるサービスの民営化の進展なども地方政府の複雑性を強めてきている。かくして、都市政府の変化と都市ガバナンスへの関心が一連の政策領域に現れるようになった。これらの領域には、経済発展、人的資本と訓練プログラム、犯罪防止、環境保護、薬物乱用防止などが含まれており、都市政府の役割が従来とは変化してきている。政府と非政府のアクターが境界を越えて活動し協調するようになるにつれて、アーバン・レジーム論との関連性が出現するようになっている（Stoker, 1995: 54）。

また、アメリカを基盤としたアーバン・レジーム論は地方での鍵となる参加者として公職職者とビジネスに注目しているものの、非政府アクターをビジネスに限定せず、多様なコミュニティの利益、たとえば、マイノリティ、近隣住民、組織労働者などの利益をも考慮するようになっている。さらに付け加えて、技術・専門職者も有力な参加者であり、これらの人々は公選職に任命されあるいは非公選の機関に勤務しながら、自らの有する知識と経済的地位とを合体させて一定の集団を形成し、意思決定への特権的なアクセスを可能にしている（Stoker, 1995: 60）。

本章第4節で検討する1990年代以降のアメリカ都市教育改革には、市長や市議会といった公選職者、都市内部の有力ビジネス団体と多様な市民利益集団、教育長以下の教職員をも含めた専門職集団が深く関与している。アーバン・レジーム論は、これら主要なアクターを視野に含めた都市教育の動態分析において、その有効性を発揮することになるのである。

アーバン・レジーム論に先鞭をつけた研究者として、S・S・ファインスタイン（Susan S. Fainstein）、N・I・ファインスタイン（Norman I. Fainstein）、S・L・エルキン（Stephen L. Elkin）らがいる。ファインスタインらは1970年代の急激な都市化を理論的・経験的に説明する新たな都市政治経済理論の構築を目指して、5都市の比較研究プロジェクトを進めて、都市変動によって生起した諸課題を解決するための一般理論を導き出そうと試みた。その際に、たいていの都市で中心的な問題となっており、地方と国家の間の関係性がきわめて重要となる分野であり、都市政治経済の重要な領域の一つである都市再開発に焦点を当てた研究が行われた。

5都市を調査した結果、再開発の過程や成果は資本主義の社会関係によっ

て強く規制される一方で、葛藤解決に関して比較可能な都市集団であっても異なる結果がもたらされることを明らかにした。この多様性をもたらす要因として重要であるのは政治的圧力であり、ニューオリンズとサンフランシスコの低所得層の諸条件の格差は、両都市の経済条件の格差によってもたらされるだけではなく、（サンフランシスコの方が強力な）動員力の格差によってもたらされることを解明した（Fainstein, 1983: 245）。一例としてのこうした格差をもたらす都市政治体制を指して、ファインスタインらはレジームと呼んでいる。

彼らによれば、レジームは国家の戦略的目標がどのように活動に翻訳されるのかについての違いをもたらし、国家の活動をめぐって生じた政治的葛藤に対する行動計画（agenda）を決定する。再開発においてビジネス階級の集合的で実利的利益を生み出すのにレジームの役割は特に重要であり、強力なビジネスの利益集団を作り出したりする。同時に、レジームは労働者階級集団を組織化したり分裂させたりもし、イデオロギーや計画のありかたに応じて、集団意識、一体感、政治的能力を強化しながら、特定の階級的・人種的利益を政治的に関係を持つカテゴリーとして形成する。さらにレジームは単に国家に依存するのではなく、特定の媒介（都市再開発、コミュニティ活動）の創造や排除、政治的代表のメカニズム（市民委員会）によって国家を形成してもいる（Fainstein, 1983: 257）。

都市再開発に際してのレジームは都市ごとに異なるが、第二次世界大戦以後の地方のレジームを3期に分けると、国家の政策の変化、資本の流れの変化、政治的諸力の変化に応じて全米的な都市レジームは、命令的レジーム（1950-64年）、妥協的レジーム（1965-74年）、保護的レジーム（1975-81年）と変化してきたことについてファインスタインらは説明しており、レジームは社会経済的変動に即して変化する。

ダラスの土地利用を事例として都市政治を研究したエルキンも、アーバン・レジーム論の理論的基盤を強固にするのに貢献した[16]。エルキンの研究テーマは、都市政治制度の作用、政治制度の諸次元、われわれの期待する政治的生活様式、われわれの期待に有益な仕方で民衆統制の制度改革を主導するのに必要な政治的判断であった（Elkin, 1987: 15-16）。そして、ダラスの主

要なビジネスの利益はどのように組織されたのか、都市政治は都市の経済成長のためにビジネスの集合的利益をどのように推進したのかを明らかにした。後述のピーターソンが明らかにしたように、開発に関してダラスはエリート支配のために政治的緊張度の弱い都市であったが、それもつかの間で、ダウンタウン中心部の開発政策は必ずしもマイノリティや近隣住民集団に配慮していなかったものの、これらの集団が動員され都市の政治構造が変化するにつれて、開発政策も修正されていったことを明らかにしている (Elkin, 1987: 25)。

エルキンのレジーム論は、国家と市場との分業についての認識を理論的基盤としている。この立場をとるのは、今日ではほとんど注目されていないコミュニティ権力構造研究におけるエリート理論と多元主義理論の間の議論を乗り越えようとする意図があるからである (Elkin, 1987: 7)。

では、この分業とは何を指すのか、乗り越えようとする論争とは何を指すのかについて、以下で簡単に見ていきたい。

エルキンによれば、現代の都市で民衆統制が作用するのは、都市において顕著である国家と市場の分業に因るのである。この分業とは、一方で都市における生産財の所有が大部分は私的所有に委ねられ、公職者は市民の福祉水準への責任をこれらの私的会計と共有している。他方で、公職者は経済的成果に対して指揮することはできず、単に経済活動を誘発するだけである。そして、市民福祉に関する公職者や公務員の関心は選挙で選ばれるか選挙で選ばれた人による任命によってもたらされる (Elkin, 1987: 18)。

こうした国家と市場の分業の結果、都市政治は次のような特徴を備えるにいたっている。第一に、公務員と特に固定資産を持つビジネスマンとの間に相互の利益を尊重しようとする強い傾向が生じることである。第二には、その地位を求める市当局者は多様な利益連合を接合し、連合を維持し続けるために多くの十分な寄付金の流れを見つけ出す必要がある。第三には、裁量権を拡大し維持しようとする機能的官僚制は、都市の政治を形成するのに重要なアクターとなっている (Elkin, 1987: 34)。

アーバン・レジーム論は、ピーターソンが『都市の限界』(Peterson, 1981) で提示した経済決定論 (economic determinism) を批判し、政策決定におけ

る都市の相対的自律性を重視した理論を展開してもいる。アーバン・レジーム論と経済決定論の相違について、D・L・インブロッシオ (David L. Imbroscio) によれば、地方の政策形成を枠づける一つの勢力として都市政治はほとんど関係を持たないと経済決定論者のピーターソンは断じている。(資本主義の本質から帰結する) 経済的資源の動員は、(連邦主義の本質から帰結する) 投資への政府間 (サブナショナル) 競争と組み合わされて、アメリカの都市を経済的圧力によって拘束している。この拘束は地方の政治選択の範囲を狭め、都市は必然的に (都市の経済的地位を高める) 開発政策を追求することを余儀なくされる一方で、(この経済的地位に悪影響を与える) 富の再配分政策を抑制する。開発政策は都市の経済的地位を高めるので、その継続は (全体として考えられる) 都市の単一的利益となり、その結果、地方の政治的論争となることはほとんどない (Imbroscio, 2003: 272)。

これに対して、アーバン・レジーム論は都市開発の政策形成をより綿密に調査し、その中で多くの葛藤の存在や特殊利益の追求を提示して、ピーターソンの単一利益モデルを否定するだけでなく、ピーターソンが主張するほど経済的拘束は強固なものではないことを明らかにしている。また、都市政治経済の経済面を直接に分析する中で、拡大可能性を都市空間に依存するビジネス機会の存在が都市経済における資本移動を制限し、それが経済的制約を緩和していることも示している (Imbroscio, 2003: 272-273)。

アーバン・レジーム論の理論的源流を遡れば、1950年代60年代のコミュニティ権力構造論にたどり着く。すなわち、権力エリートによるコミュニティ支配を明らかにした1950年代のF・ハンター (Floyd Hunter) によるアトランタ研究 (Hunter, 1953) 以後、それを批判して、政治的資源の多元化・分散化を明らかにしながらコミュニティの権力多元論を提起した1960年代のR・ダール (Robert Dahl) のニューヘブン研究 (Dahl, 1961) など、その後のコミュニティ権力構造をめぐる論争がアーバン・レジーム論に色濃く反映している。アーバン・レジーム論は1960年代の多元主義的コミュニティ権力構造論を継承していると見ることができる。

権力エリート論と多元主義論の対立の観点から見ると、レジーム論は多元主義論に近いが、以下の点で袂を分かっている。ストーカーは、その違いに

関して次のように述べている。レジームの視点から政治を見れば、政治は選好（preference）の総和ではない。つまり、選好がどのように形成されるのかの前提となる問題を多元主義は無視しているからである。複雑で分散的な世界において、選好は行為、社会関係、経験を通して形成されるのであり、多くの多元主義論者の研究はこの点を不問にしている。それに対して、アーバン・レジーム論は選好の形成を重視する。政策選好は単純に存在するのではなく、混乱した不安定な政治の世界で形成される。アーバン・レジーム論の立場から見ると、選好は政治過程のダイナミクス内部で進展してくるのであり、そうであるからこそ、何が可能であるのかの状況や判断のロジックの影響に従属する（Stoker, 1995: 60）。

J・S・デービス（Jonathan S. Davies）によれば、エルキンはC・E・リンドブロム（Charles E. Lindblom）のネオ多元主義、すなわち、資本主義国家の政府は経済成長を必然としており、市場システムにおいて決定はビジネス・リーダーによって行われ、政府は限られた役割しか果たさないとの視点を継承している。同時に、洗練されていない多元主義、すなわち、集団は意思決定過程に平等にアクセスできるとの考えは欠陥を持つとのリンドブロムの主張をアーバン・レジーム論は受け継いでいる。そして、先述のように、生産財の所有は大部分が私的セクターの手中にあり、政府の機構は民衆統制に服しているために国家と市場が分業体制となっていることを前提としている。アーバン・レジーム論者は公的セクターと私的セクターとの間の橋渡しに関心を持ち、レジームとは政治における民衆統制と経済の私的統制を媒介する有機体である（Davies, 2002: 3）。

アーバン・レジーム論が国家と市場との分業を前提としていることや、コミュニティ権力構造論争の発展的継承を背景としていること、公的-私的セクターの架橋に関心を集中していることについて検討を加えてきた。それのみでなく、アーバン・レジーム論は望ましい都市政治、民主的都市政治を作り出すための条件を模索しようとする真摯な姿勢から生み出されてきていることをも明記されねばならない。

たとえば、エルキンは都市の民衆統制が特定の利益に有利になるような体系的バイアス（systemic bias）によって特徴付けられているかどうかを検討

している。もし体系的バイアスが存在しなければ政治的平等が実現していると判断できるし、都市で議論となっている政治課題が特定の政治アクターの選好を反映しているならば、体系的バイアスがかかっており、都市の民衆統制は不備であり、そこでの決定は政治的平等と深刻にかけ離れていると述べている（Elkin, 1987: 4）。また、次項で触れるストーンの理論には、この政治的平等性に係わって、社会経済的な不利益を蒙っている集団への政府の応答性の鈍さを克服しようとの問題意識が垣間見える。

いずれにせよ、ここでは、都市政府の民衆統制と都市での投資ならびに経済活動の私的統制との間の潜在的で敵対的な分業によって都市政治が形成されることと、次の点を確認しておこう。すなわち、分業の結果、アメリカの都市では政治エリートと経済エリートの連携（alliance）あるいは都市の統治連合が開発に係わる政策形成で最も重要な交渉と協力（cooperation）を通して国家と経済の分業を架橋したり調整したりするのである（Horan, 2002: 22）。

2．C・N・ストーンのアーバン・レジーム論

現在のところ、最も精力的で強い影響力を持つアーバン・レジーム論を展開していると見なすことのできる研究者はストーンである。デービスによれば、先に紹介したエルキンは都市政府の構造的圧力がもたらす政府アクターと非政府アクターの間の協力的規範（collaborative imperatives）と規範的な意味を持たせた商業共和国（commercial republic）の形成過程に関心をもち、その後理論化の作業を進め、商業共和国を地方政治が拠り所とする良き社会概念として発展させている。これに対してストーンは、こうした構造的圧力が発生する詳細な政治過程に着目した。ストーンによるアトランタのレジーム政治研究は、政治権力がどのように都市生活に実現するかについての研究であり、同時に、都市生活における不平等にも注目している。その後のストーンは政治実践と学校教育における不平等是正の困難性に関心を向けている（Davies, 2002: 2）。

ストーンは主著『レジーム政治』（Stone, 1989）において、1946年以後のおよそ40年間にわたるアトランタの都市政治を綿密に検討することによって

都市政治の一般理論を導き出した。アメリカ大都市において白人と黒人、富裕・中間階層と貧困層との間で政治的対立が先鋭化し、時には暴動をも引き起こすことについてはかねてから指摘されている。しかしながら、アトランタの40年間にわたる政治状況を検討してみると、一時期は黒人が有権者の過半数となり市政府の支配的勢力となりつつも、人種的対立が都市政治や市民生活を左右したことはなく、むしろ、人種横断的な連合が形成されており、その連合こそ都市統治体制の統合的部分を構成していた。この統治を成り立たせている体制を指して彼はレジームと名付けている。

同書第1章の「研究視点」に即して、彼のアーバン・レジーム論を詳しく見てゆきたい。アトランタの統治を可能とするのは「政府の公式の機構ではなく、市役所と市内中心部ビジネス・エリートの間の非公式のパートナーシップ」(Stone, 1989: 3) であり、この非公式のパートナーシップとそれが作用する仕方が都市のレジームを構成し、レジームを通して主要な意思決定は行われる。レジームとは公式な政府権限の行使を取り巻き補完する「非公式の取り組み (informal arrangements)」である。ストーンは、私的所有を基本とする私企業の自律性や憲法、政治的伝統などによって、あらゆる政府権限は非常に限定され、権限行使は容易ではないがゆえに、非公式の取り組みこそアトランタのみならず都市政治一般にとって特に重要であると主張する。

レジームには決定を行うために協力するあらゆる非公式の集団だけを含むのではなく、政府の意思決定において持続的役割を持つことが可能な制度的資源へのアクセスができる非公式でしかも相対的には安定的な集団も含んでいる。ある集団を非公式な集団にするのは、その集団が制度的関係を持たないからではなく、その集団が一つの集団として非公式の協力様式によって制度的関係を作り出すという事実である (Stone, 1989: 4)。ストーンの言うレジームとは、行為を促進する一つの方法として作り出され維持される目的的な存在なのであり、重要なことはレジームが力を与える (empowering) のであるとも述べている。

アーバン・レジーム論を具体的事例に即して理解するのに類型化は有益である。ストーンはレジームを四つのタイプに分けており、最初の三つのタイプはアメリカ諸都市の研究で容易に見出されるものであり、最後のタイプは

仮説的なものであると述べている（Stone, 1993: 18-22）。

　第一のタイプは「現状維持レジーム（maintenance regimes）」であり、既存の社会的経済的慣行を変更する試みは行われず、私的資源の動員を拡大する必要性がなく、行動における実質的な変化も求められない。このレジームでは日常的なサービス供給に重点を置き投票箱による定期的な承認だけが求められる。

　第二のタイプは「開発レジーム（development regimes）」であり、主要には成長を促し衰退に立ち向かうための土地利用の改革に関心を持つ。このレジームは既存の社会的経済的パターンを修正する努力を示し、私的投資を公的活動と関連づけることを必要とする。資源を委ねる投資家は積極的改革が実行可能であると考えなければならず、一連の公共的活動はその実行可能性を確実なものとするのに必要な手続きである。この手続きは土地の売買、公共施設の建築、補助金の配分などから成る。たいていの開発計画は論争を引き起こし、それを支援する公務員はリスクを抱えるために、開発行動は民衆統制から一定の距離を置こうとする側面だけでなく、同時に、職、契約、手数料、新しい学校、公園、劇場施設など小規模な機会を生み出す側面も持ち、葛藤を制御し対立を緩和したり、人々を分裂させたりもする。

　第三のタイプは「中流階級革新主義レジーム（middle class progressive regimes）」であり、環境保護、歴史的景観保存、手ごろ価格の住宅、デザインの質、アファーマティブ・アクション、多様な社会目的に関連づけた基金といった施策に特に焦点を当て、制度エリートの活動を監視し、活動と規制の最適な組み合わせをもたらす誘引と制裁を必要とする。このレジームの下での統治の任務は複雑な規制形態となる。開発レジームとは異なり、政府-ビジネス関係に関して、ビジネスは投資を引き上げるという選択肢を持つが、両者は任意な関係ではなく強制的側面が強くなる。なお、他の先進資本主義諸国と比較したアメリカの特質として、特に地方レベルでは弱体で行動力を持たない党派が存在するだけでなく、都市計画の責任は地方に任されてもいる。党派組織が弱体であるために非政治的な市民組織が特に重要となり、中流階級が自発性を基礎として提供できる組織的・技術的な技能が重要となっていることから、中流階級が多くを占める革新的政府において重要な役割を

果たしている。

　第四のタイプは「下層階級への機会拡大努力レジーム（regimes devoted to lower class opportunity expansion）」であり、豊かな教育と職業訓練、交通アクセスの改善、ビジネスや自宅所有への機会の拡大を伴う。このレジームは未だ仮説の域を出ていないが、コミュニティを基盤とした統治レジームとして、あるいはシカゴのH・ワシントン（Harold Washington）市長時代のように、いくつかの都市でまれにこの方向性が見出される。

　ただし、レジームタイプの全米横断的な地方別の比較は中央政府の構造、国家政策、党派システムなどの相違によって、非常に複雑で困難であるとも断っている。さらに、ストーンはこれら4タイプのレジームの存続可能性について一覧表にまとめているが、第一のタイプ（日常的サービス配分）、第二のタイプ（制度上のエリートの調整）、第三のタイプ（複雑な規制）、第四のタイプ（大衆動員）と進むにしたがって、統治の任務は困難をきわめるようになること、またこれと同じ順序でレジーム存続に必要な資源の水準が高くなることを明らかにしている（Stone, 1993: 23）。

　都市は指揮命令系統を結合する構造を欠いた組織であり、指揮命令権が明瞭に確認できる制度的セクターは都市内部に存在しているものの、それらのセクターは相互に独立しており、調整のためには弱体な公的手段しか持たないために、協力を促進する非公式の取り組みは特に有益なものとなる。これら非公式の制度境界を横断する調整努力の様式こそストーンが「市民的協力（civic cooperation）」と呼ぶものである（Stone, 1989: 5）。ストーンがしばしば言及する統治連合はレジーム概念を具体的に明示するひとつの方法であり、非公式の取り組みは重要な意思決定に繰り返し協力する典型的には内部機関である中核的集団によって維持される。アトランタの場合、統治連合とはレジームを作用させる中心部にいる中核的集団を意味している（Stone, 1989: 5）。ここで用いている「統治（governing）」とは、命令‐統制的な規則を意味するのではなく、他者との間の非公式の調整を処理し状況に適応するための努力の動員であり、絶対的統制を意味するのではない。同じく、「連合（coalition）」の含意は、一つのレジームがコミュニティの多様な要素と、その要素が統制する多様な制度的能力を糾合することの両方を含んでいる

(Stone, 1989: 5)。

　アーバン・レジームは地方コミュニティの政策決定を行うインフォーマルであるがしかし長期にわたる安定的な連合を形成する。したがって、レジーム理論家はピーターソンの経済決定論の示すところの構造的条件のみが地方政策を形成すると考えるのではなく、統治連合のメンバー間の相互作用が政策を形成すると主張する。公的アクターも私的アクターも相互の協力なくして政策を形成できないことが一つのレジームの形成を不可避にしているのであり、そのレジームで統治連合のメンバーは統治を容易にする政府ならびに非政府の資源を配分する。

　地方政府は統治に関する公的責任のほとんどを負うが、資源が不足していることと、統治権限の範囲が狭いことによって有力な私企業の積極的支援と協力なくして統治は不可能である。そのために、アーバン・レジームの定義は、「自治体と私益が統治に係わる決定と実施を可能にするため共に機能する非公式の取り組み」(Stone, 1989: 6) である。また、単にアーバン・レジームが非公式の取り組みであるというだけでなく、この概念を用いることで、だれが統治連合を構成しているのか、統治を可能にするためにだれが共に協力し合うのか、こうした協力はどのように達成されるのか、だれが協力することであるいはどのように協力することでいかなる結果がもたらされるのかが明らかとなる (Stone, 1989: 6)。したがって、アーバン・レジーム論は都市政治の解明に有効な分析道具に成り得るとの自説をストーンは展開している。

　統治連合への参加に係わっても、ストーンは重要な指摘を行っている。統治連合が有効であるためには、主たる政策課題にふさわしい資源の動員は不可欠である (Stone, 1993: 17)。非公職者のガバナンスへの参加は達成しようとする目標に極度に依存しており、参加によって目標が修正されるかもしれないが、参加なくして統治連合の意味は成立しないのである。

　上述のように、ストーンのアーバン・レジーム論を詳述したのは、政府権限の行使を取り巻き補完する公私関係を含む協力と統治連合の形成による制度的関係の構築、ならびに、そのための資源動員の重要性を明快に論じているからである。アーバン・レジーム論は都市政治分析に有効な枠組みを提供

しているし、都市行政一般に限らず、まさにストーン自身が取り組んだように、都市教育統治の分析においても有効な枠組みを提供していると考えることができる[17]。

次節で詳述するように、1990年代以降のアメリカ主要都市における教育改革は、その意図において共通点を有していたものの、異なる帰結をもたらしている。この多様性をもたらしたのは、都市政治の様態、教育改革の起動因、方法、改革の意思決定のありかたなどが多様であったからに他ならない。この多様性をもたらした要因を突きとめること、すなわち、アメリカの都市教育政治分析にアーバン・レジーム論を適用し、統治連合のありかたが教育改革の帰趨を制したことを明らかにすることが必要である。換言すれば、いかなる公私関係を含む協力や統治連合の形成による制度的関係であれば、さらには、どのような資源動員であれば、求める改革が実施され、望ましい教育を実現することができるのかを考える際に、アーバン・レジーム論は貴重な示唆を与えてくれるのである。

3．レジーム理論批判

以上のストーンを中心としたアーバン・レジーム論に対しては、多方面から理論的課題が突き付けられてもいる。以下にアーバン・レジーム論批判、アーバン・レジームの発展的継承なども含めたいくつかの論稿を紹介したい。

都市ガバナンス論の比較研究の可能性について検討しているピエールは、アーバン・レジーム論を次のように批判している。すなわち、アーバン・レジーム論は理論化が不十分な枠組みであり、要因として考えられるのは、アメリカ都市政治経済の事例から導き出されたものだからであると論じている。都市の比較研究に適用するために、レジーム理論は文化的にも歴史的にも都市ガバナンスのアメリカ特殊モデルとして認識されるべきであると主張する。アーバン・レジーム論は私的資本と政治権力との間の連関について説明し、都市社会においてこれらの局面の間で生かしうる相乗効果の可能性を説明している。同時に、（地方の統治において政治構造に依存する）都市政府と、（明確な集合的目標に向けて都市社会を調整し舵を取る）ガバナンスとの間の相違を強調している。アーバン・レジーム論は、アメリカ都市ガバナンスの一理

論モデルであり、ガバナンスにおける政府の役割を示してもいる。

ところがこのモデルは、ヨーロッパ大陸諸国、スカンジナビア諸国、アジア諸国におけるモデルと異なっている。これらの諸国の公的領域は都市社会の規模が異なるだけでなく、経済的社会的生産において圧倒的な影響力を持っている。したがって、ストーンのように、他の国や地域の文脈における都市政治の概念的・分析的枠組みの提供を目指して、アーバン・レジーム論の分析力を強化するのであるならば、レジーム理論は都市ガバナンスのレンズを通して理解しなければならない。そして、アメリカン・スタイルのアーバン・レジームがアメリカの都市に典型的な価値や規範や実践を深く組み込んでいることを認識しなければならないと述べて（Pierre, 2005: 447-448）、アーバン・レジーム論のアメリカ的特殊性に注意を喚起している。

モスバーガーらはストーンのアーバン・レジーム論を簡潔に要約した後に、次のように批判的見解を述べている（Mossberger, 2001: 814）。レジーム理論は一つの理論であるよりも多様な側面を擁する概念であり、その多様な様相をどのように重みづけるのかは明確ではないと論じている。たとえば、レジームの特性のいくつかが特定の都市で見出され他の都市で見出されない場合に、一つのレジームは存在するのであろうか。どちらのレジームが重要なのであろうか。またストーンがアトランタの研究で明らかにしている「原型的」レジームの特徴は他の事例にも拡大適用できるのかどうか、どの程度拡大適用可能なのかについて曖昧なままである。この曖昧性は先述のレジーム・タイプの類型化にもあてはまり、ビジネスの役割や選択的誘引（selective incentives）の重要性は異なってくるとして、モスバーガーらはアーバン・レジーム論のさらなる精緻化を求めている。

以上の比較研究への適用可能性の問題点に加えて、教育政治の分野でもアーバン・レジーム論の問題点が指摘されている。一例を挙げると、多くのレジーム理論家は都市教育改革を考察する際に、地方アクターはどのように教育政策の変更に影響するのかに焦点を当てている。つまり、都市教育への地方の関心の効果に焦点を当てているために、教育改革への州政府の直接的な影響を過小評価している。この批判を踏まえて、P・バーンズ（Peter Burns）はニュージャージー州の学校改善に失敗している学区であるニュー

アークの公立学校を州が直轄管理したことを事例に取り上げながら、なぜどのように州政府が特定の都市教育レジームをもたらしたのかを明らかにしている（Burns, 2003）[18]。

また、ストーンも含めたアーバン・レジーム論者の研究はレジームの形成と運営における公-私のパートナーシップの本質的な役割について認識しているものの、ビジネスセクターのアクターよりも公的制度の役割を精緻化することにより多くの注意を払っている。それに加えて、多くのアーバン・レジーム論者は都市ガバナンスへのビジネスの参加を考察しているものの、参加した私企業のセクターをひとまとめにして、一枚岩の組織体として扱うことを特徴としており、公-私パートナーシップへのビジネスセクターの参加を十分に捉えていないし、現実を無視している（Austin, 2002）[19]。

以上のように、アーバン・レジーム論は決して都市政治の万能の分析ツールでないことが分かる。

小　括

上述のアーバン・レジーム論批判にもかかわらず、都市教育政治の分析と理論化にとって、すなわち、現状の分析、改革課題の提示、改革戦略の展望のためには、レジーム理論が光を当てた公私関係の再編と制度の生成、統治連合の形成、資源の動員などは重要な分析枠組みを提供している。

アーバン・レジーム論批判を真摯に受け止めながら、都市政治の分析ツールとしてその有効性を承認し、都市政策領域として重要な教育領域にこの理論を適用すると何が見えてくるのであろうか。都市の経済開発という特定の領域での政策の決定と実施に焦点化した研究にもとづいて打ち立てられてきたアーバン・レジーム論を教育領域に適用する場合を想定してみよう。そうすると、統治連合への参加メンバーとして、市当局、経済セクター、非営利団体、市民組織、近隣住民組織、専門職者、教員組合などを想定できる。そこで実際の構成はどのようになるのか、統治連合におけるそれらの相互の関係はどうか、教育が政策課題となったときに、あるいは、多様な教育課題のうち何を教育政策課題としたときに、いかなるレジームが構築されるのか、あるいは構築すべきであるのか。その結果、いかなる教育改革がもたらされ

るのか。

　既に何度か触れてきているように、ストーンらは数多くの研究者を組織して都市教育改革とレジーム変革との関連性に関する研究を進め、その成果を世に問うている。次節ではこの点について検討する。

第3節　シビック・キャパシティー論

　本節ではシビック・キャパシティーの概念を中心に検討を加えていく。前節で検討したアーバン・レジーム論から導き出され、主として都市教育政治を説明する概念として確立してきているシビック・キャパシティーは理論的にも組織論的にも重要な役割を果たし得ると考えられる。最初に、本章第1節で検討したソーシャル・キャピタルへの批判を紹介する。概念の混乱を避けるためと、シビック・キャパシティーの理論的基盤を明確にするためである。

　次いで、ソーシャル・キャピタルとシビック・キャパシティーとの概念の違いならびにシビック・キャパシティーの概念的説明とその有効性を主張している論稿を紹介する。最後に、代表的論者であるストーンと彼の研究グループに所属している研究者群のシビック・キャパシティー論を検討する。

1．ソーシャル・キャピタル批判

　本章第1節で触れたように、ソーシャル・キャピタルの影響力の強さは衆目の一致するところであるが、同時に、さまざまな角度からの批判にさらされてもいる。本節ではそれらソーシャル・キャピタル批判を網羅的に渉猟して検討を加えることはできない。以下ではまず経済学の用語を援用することの問題点から検討しておきたい。

　「ソーシャル・キャピタル」の用語を使用することの問題点について指摘しているS・スミス（Stephen　Smith）らは次のように議論を展開している（Smith, 2002: 167-168）。すなわち、第一には、現代のグローバル資本主義下における収入と財産の不平等の拡大はソーシャル・キャピタルの観点から見て重大な社会問題である。こうした中で、多様な形態をともなうにせよ、あ

らゆる当事者はキャピタルへの投資にアクセス可能であり、適切なソーシャル・キャピタルへの投資は金融資本に起因する不平等を是正できることが示唆されている。しかしながら、ボウリング連盟、PTA、教会組織、近隣組織などに幅広く体現されているいかなるソーシャル・キャピタルも金融資本の支配に抵抗することや、金融資本へのアクセスが可能な人々の享受しているソーシャル・キャピタル（つまり、制度的加入と有力な人々のネットワーク）に近づくことさえほとんど不可能である。

　第二には、民主主義のエリート理論に対抗する参加民主主義、審議民主主義、つまり、真の参加を可能にして公共生活における平等な発言権を保障しようと試みる豊かで魅力的な代替案を提示する論者の主張する民主主義形態の発展をソーシャル・キャピタルの用語は阻害することになる。これらの民主主義論者にとって、質の高い参加は市場取引と異なるし、公共的審議や推論は他の形態の社会的・戦略的コミュニケーションと異なる。審議や参加から民主主義を捉えようとする視点は、政治的相互作用を最善の追求、すなわち、公共的問題の解決によって動機づけられると考える人々の雰囲気や態度を必要とする。ところが、経済取引は寛大さや親密さといった態度を必要としないし、元来が既得権益の最大化を目指すものであり、あくまでも形成的なものではなく手段的なものでしかない。かくして経済学での用語を用いるソーシャル・キャピタルの用語は公共的コミュニケーションを私事化（privatize）することになる。

　第三に、パットナムは労働者組織さらには貧困層組織の連帯はソーシャル・キャピタルの一形態であると述べており、労働者の場合「永遠なる連帯」が叫ばれ、この連帯が一人は皆のために皆は一人のため（all-for-one and one-for-all）を意味していても、資本や資本主義を想起させる競争や個人主義とは正反対である。

　以上のように、「キャピタル」の用語には経済学や資本主義の概念が不断につきまとっている。現下のグローバリズムの進展のもとで、キャピタルへの投資可能性が階層によって著しく異なっている現状を踏まえれば、一部の人々にとってのアクセス可能性は幻想でしかない点、経済学の用語の使用によってソーシャル・キャピタルが政治的相互作用を説明しようとしても、結

果的に審議や参加を重視する民主主義理論に混乱をもたらす点、ソーシャル・キャピタルが社会的連帯を重視したとしても、競争や個人主義を基調とする資本主義社会と不断に対立せざるを得ない点などが指摘されている。

また、ボルティモアを事例として現代都市教育政治を研究したM・オアー（Marion Orr）は『黒人ソーシャル・キャピタル』（Orr, 1999）の中、でソーシャル・キャピタルの概念的問題について次のように指摘している。パットナムのソーシャル・キャピタルはソーシャル・キャピタルの向かう方向性を不問にしている。一定の条件下では望ましい集団行為を促すと同時に、破壊的な政治活動に動員されることもある点に注意を喚起すべきである。また、社会中心の分析手法を採用しているために、市民社会の背後にある政府という重要なアクターを無視していることも付け加えている（Orr, 1996: 5-6）。なお、オアーは同書でソーシャル・キャピタルを以下の二つのカテゴリーに分けて論じている。一つは「ブラック・ソーシャル・キャピタル」であり、アフリカ系アメリカ人コミュニティ内での対人的制度的な形態を指し、二つ目は「集団間ソーシャル・キャピタル」であり、黒人-白人の分離、特に社会的政治的組織のエリートレベルでの分離を架橋するセクター横断的な相互信頼の形成と協力のネットワークである（Orr, 1999: 8）。

次項で詳述するストーンはソーシャル・キャピタルに対して以下のように論じている。ソーシャル・キャピタルの概念は小さな協力的活動が互酬性と信頼の習慣を助長し、コミュニティ生活でこれらの技能を学習する人が多くなればなるほど、より広範な活動に次第に拡大適用できることを前提としている。しかし、ボルティモアの事例を次のように紹介しながら拡大適用の行き詰まりについて次のように述べている。ボルティモアでは、市長、州教育委員会、有力黒人教会の聖職者、有力財団、有力なコミュニティ活動団体、州議会議員、教員組合幹部、ジョン・ホプキンス大学などの大学の研究者、多様な父母団体の代表、多くの教員・教育行政官が協力して、人種分離を克服することやコミュニティ生活における多くのセクターを団結させるなど多様な努力を積み重ねたものの、この試みは市全体の試みになることはできなかった（Stone, 1998b: 267）。

この事例を踏まえて、ストーンは個人性と集団性に着目しながらソーシャ

ル・キャピタルの移転可能性について検討している。つまり、ある事業のために投下された資金はほかの活動にも投下することができ、小規模な資金をプールして大規模事業のための資金として投資することも可能である金融資本と異なり、ソーシャル・キャピタルの移転可能性は極めて限定的である。ソーシャル・キャピタルの基底にはメンバー間で共有される忠誠や義務があり、互酬性と信頼とは密接に絡み合っている。このソーシャル・キャピタルは一定のサークル内では適用できてもほかのサークルに応用することは容易でない。一定範囲内での対人関係が重要な役割を果たしているからである。互酬性と信頼に満ちた対人関係を集団間関係に適用すると、集団間関係においては利益の競合が顕著であり、個人の努力が集団的忠誠と衝突することが頻繁に起こる（Stone, 1998b: 268）。

このように、ストーンは個人間のソーシャル・キャピタルを集団間のソーシャル・キャピタルに移植することの困難性を指摘し、次節で検討する個人間の行為を超えた集団間の取り組みである、セクター横断的な連合構築としてのシビック・キャパシティーの重要性を説くことになるのである。

2．ソーシャル・キャピタルとシビック・キャパシティー

先にソーシャル・キャピタルの用語の特に「キャピタル」を使用することから発生する問題をスミスらの論稿を手がかりに取り上げたが、スミスらはソーシャル・キャピタルを文脈に即した語彙に変えることの必要性を訴えてもいる。ソーシャル・キャピタルの指し示す関係を取り扱う中で、多くの研究者が文脈を斟酌しようと試みているが、その中で最も洞察力に富んでいるのが、ストーンの低所得層児童生徒に提供される教育の地方的多様性の研究であると述べている（Smith, 2002: 178）。スミスらによれば、ストーンらのシビック・キャパシティーの概念は、ソーシャル・キャピタルの用語が示すものよりも文脈にひときわ注意を払っている。さらに、「シビック・キャパシティーはソーシャル・キャピタルの一つのカテゴリーであると考えられ得る」[20]とするストーンの論述を紹介しながら、シビック・キャパシティーの概念の明快さと対照させつつソーシャル・キャピタル概念の問題点を次のように説明している。すなわち、シビック・キャパシティーのシビック

（civic）はソーシャル・キャピタルのように公と私の間の違いを曖昧にするのではなく、公共的活動に関する明快な観念を想起させる。公共的活動を強調することは重要な概念的経験的な利益をもたらす。対照的に、ソーシャル・キャピタルは基本的に小規模な協力（cooperation）によって互酬性と信頼を養うことができる方法を対象としている。

さらにスミスらは、ストーンの主張を引用しながら、人間関係の習慣が必ずしも公共政策の目標達成にとって必須の集団間協力に形を変えるわけではないこと、われわれの共同生活（associational life）が過去においていかに豊かであったとしても、問題解決のためのコミュニティ全体にわたる能力に関してより多くのものを生み出すことはない。なぜなら、アメリカの都市はコミュニティ全体に有益でその問題解決に応答する仕方で方向付けられるようエネルギーが注がれることのない「私的都市（the private city）」であり続けたからである。

同様に、E・オリバー（Eric Oliver）もソーシャル・キャピタルとシビック・キャパシティーとの類似性に着目しつつ、その差異を次のように明確に述べている（Oliver, 2000: 15-16）。双方の概念とも市民活動との関連にもとづいて提起されてきた概念であるとともに、民主的統治にとって重要な要素となっている。パットナムによれば、ソーシャル・キャピタルとは市民が組織的参加を通して育むネットワークと互酬性の規範であり、市民相互の社会行動と態度に関連した概念である。つまり、ソーシャル・キャピタルは行為の促進に係わる諸個人間の関係性に注目し、個人的目標達成のための個人によって用いられる資源を指している。パットナムによれば、個人のソーシャル・キャピタル獲得の方途は基本的にはボランタリー組織への参加である。ソーシャル・キャピタルが個人レベルでの行為や活動に着目し、個人の活動は基本的にはボランタリーで非政府活動を基礎としており、個人の政治参加は副産物でしかないのに対して、シビック・キャパシティーは、個人レベルではなくコミュニティレベルでの行為や活動に着目し、ボランタリー活動や非政府活動に限定せず、あらゆるタイプの市民的・政治的な活動に関心を注いでいる。

次項で詳述するストーンらは、ソーシャル・キャピタルの有効性を承認し

つつも、あえてシビック・キャパシティー概念を用いることの意義について以下のように述べている（Stone, 2001: 5）。ソーシャル・キャピタルについての研究の多くは、たとえば、どの程度隣同士の家庭が共同して子どもを監視したり世話をしたりしているか、一人でボウリングをするのかボウリング連盟に加盟してプレーするのか、教会の主宰するボランティア活動への参加度など、個人的で私的な行動に関心を寄せている。シビック・キャパシティーは正面から公的領域での活動に焦点を当て、統治制度や主たる集団の代表などを含めている。そして、教育改革を語るときには、基本的セクターを結集して語る必要があり、その場での市民集会には公共セクターが中心とならざるを得ない。公共政策を変更させることやパートナーシップを通した公的セクターの権限強化のためには、公的セクターを中心とした集合的努力が不可欠だからである。

　さらに、ソーシャル・キャピタルや市民社会の概念が価値ある洞察を提供してきていることを認めながらも、以下の2点においてわれわれの関心を誤った方向に導いているとストーンらは主張する。第一には、政府とは別の社会領域において自然に容易に協力が成り立つことを強調したために、政府や政治を分裂や葛藤をもたらす腐敗の原因として描くこととなった。第二には信頼と対人関係の持つ重要な意味を発見したことの裏返しとして、公式の統治制度がその力や権限を強化することのできる意味を正当に評価できなくなった。もしその力や権限がなければ、善意の志を同じくする人々の活動でさえ口論となり失敗することになるかもしれない（Stone, 2001: 5-6）。要するに、ストーンらは、ソーシャル・キャピタルが私的で個人的なあるいは個人間の関係や活動に焦点付けたために、政府や政治の順機能を軽視することになった点を批判しているのである。

　また、シビック・キャパシティーは日常の対人関係の無意識的な副産物であるミクロレベルのソーシャル・キャピタルとは異なって、重大な問題が解決できるような状況を作り出そうとするアクターを意識的に創造することにも連なる（Stone, 2001: 156）。

　以上のように、市民活動にせよ政治参加にせよ、個人レベルに重点を置くか集団ないしは政府活動のレベルに焦点を置くかによって、無意識の産物か

意識的な創造かによって、分析装置としてのソーシャル・キャピタルとシビック・キャパシティーの両概念の有効性は異なってくる。筆者は、ソーシャル・キャピタルの対象とする個人レベルでの関係性を集団に適用することはまったく意味を持たないとは考えないが、少なくとも本研究が対象としている学区を対象とした教育政治研究の場合は、ソーシャル・キャピタルよりもシビック・キャパシティーのほうが有効な分析枠組みであると考えている。

3．シビック・キャパシティーの概念

シビック・キャパシティーの概念を最初に提示して、都市教育改革と関連付けて検討したのはストーンである。ストーンのシビック・キャパシティー概念について検討を加えよう。ストーンがアトランタの経済開発を事例としてレジームを四つのタイプに類型化していることを前節で言及した。教育を対象としてアトランタを考察した際に、ストーンが論及しているレジームは雇用レジーム（employment regime）とパフォーマンス・レジーム（performance regime）である。

ストーンによるアトランタ教育政治の概要をみると、1940年代までに経済エリートと教育長とは親密な関係を築いており、教育支出の増加に関して経済界からの支援を取り付けていた。ところが、その後の長期にわたる白人の郊外脱出、アフリカ系児童生徒の公立学校在籍数の急増があり、人種分離学校廃止のための強制バス通学の実施について合意はあったものの、裁判所での訴訟が相次いだ。結局のところ、アトランタ学校システムの政治的・行政的統制の特色として、人種政治的色彩、つまり、アフリカ系アメリカ人による公立学校システム支配に移行していった。教育における人種政治の特色として、一方で、中流階級児童生徒の占める割合の減少による学校への父母参加の低下、教育に対する経済界の関与の縮小とともに、他方では、黒人の教育行政官・教員の急増などが顕著となった（Stone, 1998a: 9-12）。

こうした人種による教育政治の支配を、つまり、アフリカ系アメリカ人による学校システム支配によって、教育関係の職と教育関係職内部での昇進などキャリア形成における再配分的な特質を持つ体制が構築され、この特定の人種からなる教育専門職者による支配の政治を雇用レジームとストーンは呼

んでいる。もう一つのレジームは、集合的目標に向かって市民の広範な動員の可能性を秘めているが、そのための取り組みや持続性に困難がつきまとうパフォーマンス・レジームであり、公立学校児童生徒の学力向上を目指して取り組もうとする連合である。パフォーマンス・レジームの構築に立ちはだかる障壁は、貧困層とともに仕事をしている教育関係者の投入資源拡大要求に対し、既に投入されている資源の効果性への検証を求める勢力が常に存在することであり、この軋轢がパフォーマンス・レジームの構築を困難にしていると主張する。また雇用レジームが配分政治の特色[21]を持つのに対して、パフォーマンス・レジームは社会目的政治であるとも述べている。すべての子どもに確かな学力を身につけるという目標を掲げて都市教育政治が構造化される時に、パフォーマンス・レジームが形成される。パフォーマンス・レジーム形成にとって必須であるのは、同時に教育改革をもたらすのに必要なのは社会目的、集合的目的の実現を目指した連合の構築であり、そのためには、多様なステークホルダーが教育システム内での自分たちの利害を抑制し、古い秩序を新しい秩序に変えようとする包括的な運動を継続させることである[22]。

それでは、社会目的政治を作り出すためには、つまりストーンが都市教育改革において喫緊の課題であると見なしているパフォーマンス・レジーム構築のためには何が必要なのであろうか。人々を教育改革に向かわせるために、積極的参加を促すために彼が用い始めた概念こそシビック・キャパシティーなのである。

本研究では、ストーンのシビック・キャパシティー概念を重視していることから詳しく見ていきたい。シビック・キャパシティーとはコミュニティ全体の問題解決のための支援にむけた多様なステークホルダーの動員に係わることであり、二つの要素が重要であるとされる。一つはコミュニティの問題に対して一定の仕方での貢献を含む参加ないし関与であり、各セクターの参加が高まれば高まるほどシビック・キャパシティーも強化される。もう一つは理解であり、シビック・キャパシティーは人々が一つの問題をコミュニティ全体の問題であると把握し、集合的な（つまり、市民的な）対処を必要とする際に作用する。シビック・キャパシティーは人々がある問題を個人的な

関心事と捉えたり、特殊利益を増進させる機会であると捉えたりすることを超えた問題であると判断したときに形成される。多様なアクターの関心が細部で異なっていたとしても、それらのアクターが共通の関心にもとづいて活動し共同的な責任を負う一つの連合に団結することは理念的に可能である。シビック・キャパシティーはコミュニティの直面する問題をめぐってセクター横断的な動員（多数のアクターのカテゴリーを包括する連合）に明確な形となって現れる（Stone, 1998a: 15）。

　既に触れたように、都市再開発ならびに経済開発において公-私のパートナーシップ、政府セクターと非政府セクターの協働に焦点を当てることでアーバン・レジームの理論化が可能となった。次節で詳細に検討することになるストーンが中心となって組織した「シビック・キャパシティーと都市教育(Civic Capacity and Urban Education) プロジェクト」（以下では「CCUEプロジェクト」と略記する）は、このアーバン・レジーム論を他の政策領域、すなわち都市教育をめぐる協働の政治に適用した。

　ストーンによると、教育政策は開発政策に比べてはるかに多様な動機とアクターを含んでおり、とりわけ困難な政策領域、すなわち、「高反響性(high-reverberation) 政策サブシステム」である。高反響性とは、安定がいともたやすく覆され再建が困難であることを指している。なぜならば、動員されるステークホルダーが絶えず入れ替わり、価値や信念体系が複雑で激しく競合しており、教育の専門的提供者である教育関係者と消費者である父母の利害が深く絡んでいることなどを背景としているからである（Stone, 2001: 48-51）。こうした特徴を持つ都市教育を改革するための条件は何であろうか。

　ストーンらは同研究プロジェクトの二段階にわたる研究過程を指摘している。第一段階は、いかなる政治的条件が公教育の改善のための強力な運動をもたらすのかである。彼/彼女らは回答として「よりいっそうのシビック・キャパシティー」である（Stone, 2001: 12）。第二段階は、都市教育問題をめぐってどのようにすればシビック・キャパシティーを高めることができるのかであるとしている。シビック・キャパシティーの向上は、コミュニティの問題に協働して取り組むコミュニティの能力に密接に関連する。

　問題解決のために連合の形成が不可欠となるが、形成される連合の重要な

アクターとしてストーンは特に教育関係者を重視している。教育関係者のノウハウや運営上のこまごまとしたことがらに対する統制は重要であり、教育関係者は学校教育活動の改善において必須のパートナーであり、彼／彼女らの実体的協力なくして学力向上を目指した教育活動組織化のあらゆる試みは失敗に帰すことになる。したがって、教育におけるシビック・キャパシティーは学校システムへのアウトサイダーからの圧力として考えるべきでなく、構築された連合にはインサイダーとしての教育関係者が含まれなければならないことを彼は付言している (Stone, 1998a: 15)。

連合の形成やシビック・キャパシティーの強化は容易に達成されるわけではなく、その困難性についてストーンは以下の事柄を指摘している (Stone, 1998a: 17)。第一には、提起されている教育改革の多くは体系的改革 (systemic change) を目指しているものの、政治的現実とのずれがあり、達成が困難である点である。学校教育に不満を持つ父母やコミュニティ代表はたいていが特定集団のための利益に関心を集中させ、全体的利益の拡大に関心を示さないからである。改革への抵抗も十分に組織されており、改革の範囲を狭めることになる。

第二に、教育改革を推進しようとしている人々は現状を改革する一連の代替案を提示し、何がなされるべきであるのかに焦点を当てているものの、代替案を実現するために必要な関係性、つまり政治的文脈に対して関心を払っていない。この点に関連してストーンが取り上げているのはアカウンタビリティーの原則である。もし教育関係者がアカウンタビリティーを職務に取り組む際の一部としてそれを内面化しないならば、それが作用する可能性は低い。多様なステークホルダーが積極的な役割を果たし、教育関係者にとって成功のための支援であると確信するときに内面化は果たされる。

第三には、パフォーマンス・レジームの構築に向けた努力を結集させるのではなく、拡散させる多様な力が働いていることである。父母やその外のステークホルダーの関心の分散性、教育関係者自身の職の確保やキャリア形成への強い関心などが児童生徒の学力向上への関心を曖昧化する。

以上のように、ストーンはシビック・キャパシティー形成の困難性を認識しつつも、現実に各都市で取り組まれている体系的改革あるいは学力向上の

試みにおいて、シビック・キャパシティーがどのように作用しているのかを検証する必要性を提起すると同時に、大規模調査を実施してその検証結果を公表している。この検証結果は次節で詳しく検討することになる。

　ストーンと並んでヘニグらも、都市経済開発へのビジネスの参加と学校改革への連合構築の違いについて検討する際にシビック・キャパシティーの概念を用いている（Henig, 1999）。ヘニグらは都市教育政治の人種政治的特色を描き出しながら、都市教育の抜本的改革のための連合構築に向けた取り組みの複雑性を明らかにしている。主要都市では黒人首長が相次いで誕生して市政を掌握し、黒人教育長をトップとして黒人が多数を占める教育行政官が都市学校システムを統制していたものの、公教育の質の改善は進まなかった。この要因を解明するためにシビック・キャパシティーの概念を用いている。ヘニグらは確信を持って「人種はシビック・キャパシティーの発展において混乱要因となる」（Henig, 1999: 7）と主張する。この主張は、人種的マイノリティがフォーマルな権力を欠いているところでは、この欠如が重要な論点となるものの、この人種的要因がもし反転したらいったいどうなるのであろうかとの問いへの回答であった（Henig, 1999: 5）。実はヘニグらの対象としたアトランタ、ボルティモア、デトロイト、ワシントン D.C. の4都市は、いずれも黒人市長であり、黒人有力者が都市を統制し、黒人教育長が教育官僚のトップの座に就き、公立学校児童生徒はむろんのこと都市人口も黒人が多数派であり、黒人住民や黒人家庭は黒人主導政治による教育改革を強く期待していた。

　人種政治的特色の問題点を摘出したのみでなく、ヘニグらは特定のコミュニティでは体系的な教育改革を実施し持続させることができる一方で、他のコミュニティではわずかばかりの形式的な努力で満足したり、根付くことのない部分的な改革でエネルギーを消耗したりしているのはなぜかを解明している。ここでもシビック・キャパシティーの概念を用いてその要因を明らかにしている。一つのコミュニティの多様なセクター—学校関係者、コミュニティ活動家、企業幹部、公選職者など—が共通目標を明確にし達成に向けて公式・非公式の手段を発展させることと関連づけてシビック・キャパシティーを捉えている（Henig, 1999: 14）。

なお、ヘニグらがシビック・キャパシティーに着目した背景について触れておきたい。従来の都市教育改革の言説と実態に対する鋭い問題提起となっているからである。彼／彼女らによれば、第一には、改革の必要性が主張されて、学校を基盤とした経営、地方への権限委譲、学校選択、実験的カリキュラム、非学校関係者との多様なパートナーシップなど学区は数年の間は実験を行うものの、改革に着手しただけでは未だ途半ばである。改革に着手すること以上に改革を持続することのほうが重要であるにもかかわらず、このことへの自覚が極めて乏しいと従来の改革を批判している。第二には、低学力の原因を単に誤った管理、官僚的命令主義、構造化されていないカリキュラム、不十分な資源や父母参加に帰すことによって問題解決の方向を単純化してきていることを批判している。第三には、都市教育問題の原因であるとして政治を否定的に捉える傾向が強く、問題解決の方途として政治が捉えられていなかったことである。教育改革の提案は政治環境で検討されなければならない。都市学校で真実の改革を実施するのに必要な政治的・社会的資源を集めるための持続可能な連合を生み出す政治的リーダーシップの視点が重要であることを問題提起している（Henig, 1999: 274-275）。

都市教育改革研究においてヘニグらと同様にシビック・キャパシティーの概念を用いているJ・ポルツ（John Portz）らの研究についても触れておかなければならない（Portz, 1999）。彼／彼女らはコミュニティ権力、アーバン・レジーム、教育改革の相互関連を検討し、都市問題に係わるセクター横断的な連合構築の果たす重要な役割を明らかにしている。つまり、都市開発において経済目標達成のためにセクター間の連合が政府とビジネスを結び付けるのと同様に、学校選択や専門職能開発などの教育改革においても連合は学校リーダー、政府当局者、ビジネス・リーダー、コミュニティ活動家を結び付ける重要な役割を果たしていることを明らかにしている。

コミュニティ全体にわたる連合を明確にするために、彼／彼女らはやはりストーンのシビック・キャパシティー概念に依拠しながら、分けても制度とリーダーシップの重要性に注意を喚起している。シビック・キャパシティーは「政策やプログラムを実施する制度的能力と同時に社会経済的な諸セクター横断的な市民的（civic、原文はイタリック）連合の構築を伴う」（Portz,

1999: 19)。そして、市民的連合は、政府、ビジネス、教育、コミュニティの多様なセクターを共同的で明確な目標の支援のために結び付け、政府レベルにおいて機能し、目標達成に必要な権限と資源を強固にするためにプログラム論的なレベルで機能する。

　制度とリーダーシップが相互作用してシビック・キャパシティーを形成することの重要性を指摘するポルツらの主張に耳を傾けてみよう[23]。活動的で効果的なアーバン・レジームにとってシビック・キャパシティーは中心をなすものであり、シビック・キャパシティーの構築には次の重要な段階があると述べている。共通目標の明確化、セクター横断的な連合の形成、プログラムと政策のための資源の創造、活動基盤の設定である。多くの都市において、経済開発という目標達成に係わるシビック・キャパシティーの構築に成功しているものの、教育分野では成功例があまりないとも述べている。成功のためには制度とリーダーシップの円滑な相互作用が不可欠であると述べ、それぞれを以下のように説明している（Portz, 1999: 21-22）。

　学区の教育行政担当部署、学校-ビジネスのパートナーシップ、セクター横断的なネットワークといった制度は、人々に権限を与えあるいは制約する都市環境内で継続して存在しており、市民の集合的な活動を考え展開する経験的な場を提供する。リーダーシップもまたシビック・キャパシティー構築にとって重要である。リーダーは共通の展望を切り開き実現するのに有益な制度の構築にとって重要な役割を果たす。具体的には、学校システム内部の教育長は外部の市長やコミュニティ指導者と並んで鍵となるアクターである。これらのリーダーはコミュニティが直面している問題と課題を明確化することによって、そしてコミュニティの社会経済セクターを架橋することによって、重要な役割を果たしている。かくして、「シビック・キャパシティーの発展を通したレジーム形成は、制度とリーダーシップの間の動態的な関係性の結果もたらされる」（Portz, 1999: 23）と主張する。このシビック・キャパシティー発展のモデルにおいては、制度がリーダーの利害、戦略、行為を形成するし抑制もするのであり、制度と制度が生み出す政治文化が具体的な政治活動の諸段階を設定することになる。ただしリーダーは制度の諸力によって単純に育てられるのではなく、むしろリーダーは制度の形成と変容に重要

な役割を果たすことも付け加えている。

小 括

　以上述べてきたように、シビック・キャパシティーはソーシャル・キャピタルの批判的検討を踏まえて提起されてきた。筆者はソーシャル・キャピタルが都市教育政治分析のための概念として有効性を持ち得ないことを主張しているのではない。本章第1節で論じたように、諸個人のレベルでの市民的積極参加のネットワークの重要性に焦点を当てたソーシャル・キャピタル論は、都市教育政治研究においても有益な理論枠組みを提供してくれているとの理解に変化はない。すなわち、アメリカ都心部の共同的な生活を活性化することによって、コミュニティを基盤とした組織やPTA、教会、学校、ビジネスのパートナーシップを通した市民参加のネットワークを拡大するによって、ソーシャル・キャピタルが作り出される。このネットワークがステークホルダー相互の協力を可能とし、互酬性や信頼を高め、同時に重要な都市教育改革をもたらすシビック・キャパシティーのために不可欠である。

　ストーン、ヘニグら、ポルツらのシビック・キャパシティー論を紹介してきたが、実は、これらの研究はいずれも、さらには先に紹介したオアーの研究もまた1990年代初頭からストーンが中心となって組織したCCUEプロジェクトの成果である。このプロジェクトについては既にわが国において河田潤一によって紹介されている（河田、2002）。河田はストーンらのCCUEプロジェクトの研究成果を引用しながら、アメリカの都市における学校改革の困難性の実態と課題を簡潔に紹介しているが、本書ではより詳細に同プロジェクトの研究成果を検討し、それを批判的に受け継ぐ都市教育改革理論の構築を目指したい。

　なお、河田は"civic capacity"の訳語に「市民能力」を当てている。パットナムの主著『民主主義を機能させるために』の邦訳者でもある比較政治学者の河田による訳語は尊重されなければならないが、"capacity"は単に「能力」と捉えるよりも、より積極的な含意を持つ「力能」と理解すべきであることから、あえて邦訳すれば、「市民的力能」「市民力」「市民力能」「地域力能」なども可能である。また、"civic"を「市民」と邦訳すると、「市

民」概念の外延があまりにも広いことや、教育に関係する諸主体（ステークホルダー）に焦点を当てようとする本研究の意図を曖昧化する恐れがあることから、カナ表記を用いた。

ここで筆者が重視したいのは、邦語訳の問題であるよりもむしろ、都市コミュニティ構成員一人ひとりの、つまり市民の力能をいかに高め、それをコミュニティ全体の力能として凝集させることができるか否かが都市教育改革の成否を握るのであり、シビック・キャパシティーの形成・維持・発展の契機は政治にあることを提示することである。

次節では、このプロジェクトの研究成果を基礎に、個別都市に即して教育改革とシビック・キャパシティーとの関連性を明らかにする。

第4節　都市教育改革とシビック・キャパシティー

本節はCCUEプロジェクトの研究成果を中心として検討を加える。都市教育改革の成否を握るシビック・キャパシティーは都市ごとに多様である。シビック・キャパシティー豊饒化の成否を握るセクター横断的な連合の構築が可能となる条件を探ることを目的として、同プロジェクトの調査対象となった諸都市の教育改革について分析したい。

1．CCUEプロジェクト11都市のシビック・キャパシティー

CCUEプロジェクトの主たる調査対象都市はアトランタ、ボルティモア、ボストン、デンバー、デトロイト、ヒューストン、ロサンジェルス、ピッツバーグ、セントルイス、サンフランシスコ、ワシントンD.C.の合計11都市である。CCUEプロジェクトに参集した20名近くの研究者がそれぞれ1名から3名程度に分散して、11都市の人口動態、教育プログラム、財政データなどの文献資料は無論のこと、数多くのインタビュー調査、質問紙調査も実施し、多数の報告書を刊行している[24]。

CCUEプロジェクトが用いた1990年時点の各都市のデモグラフィックな特徴は以下の通りである。これら11都市のうち、3都市は人口が100万名以上を擁し、3都市は40万名以下であったものの、いずれの都市も全米で大規

模な都市学区であることに変わりはない。児童生徒数は最大のロサンジェルスの約65万名を筆頭に、ヒューストン（約20万名）、デトロイト（約18万名）、ボルティモア（約11万名）と続き、相対的に児童生徒数の少ない都市はピッツバーグ（約4万名）、セントルイス（同）、アトランタ（約6万名）、ボストン（同）、デンバー（同）などとなっている。

各都市の公立学校に在籍している児童生徒の特色は、有色の貧困層が多数を占めていることである。1990年時点では11都市のいずれも白人児童生徒が少数派である。6都市は80パーセント前後以上を黒人層が占めている。また、9都市は多くの児童生徒が連邦政府の給食費補助対象となっている（Stone, 1998b: 251-253）[25]。

ストーンは11都市のシビック・キャパシティーを形成する重要な指標であるアクターの参加度を表2のように一覧表にしているのでそれについて検討しておこう。

地方レベルで最も重要な教育政策形成機関であると観念されてきた教育委員会は表から省かれている。教育委員会は一つの主要な勢力としてめったに表面化することがなかったために表から省いた、とストーンは簡単に記述しているだけである。ストーンに限らずCCUEプロジェクトで教育委員会がシビック・キャパシティーとの関連で論じられることはめったにない。この点に関してJ・P・ビテリッチ（Joseph P. Viteritti）は教育委員会廃止論の立場から次のように述べている。都市の多数の人が学校改革を求めており、広範な管轄区域を対象に仕事をしている主席行政長官は、低い関心と低い投票率を特徴とする閉鎖的な場で運営されている教育委員会よりもこういった集団の圧力に対してよりよく耐えることができる。学校改革の妨害を支え、民衆の無関心に依拠した組織的利益に対して、大規模な選挙上の多数派は対抗勢力として有益であると述べている（Viteritti, 2005: 321）。

すなわち、狭域利益に奉仕し、教育委員選挙の低投票率に見られる市民の無関心を背景として、学校改革の抵抗勢力となっている教育委員会とは対照的に、都市全域を目配りするとともに都市全体の選挙民の意向を反映せざるを得ない主席行政長官のほうが、市民の意向に応答的であるとの主張である。なお、ビテリッチによれば、都市教育政治に関して過去10年間に行われた最

表2 都市別のシビック・キャパシティー：教育改革で抽出されたアクターの参加度

ランキング	都市	ビジネス	父母	教員組合	教育長	その他
①	ピッツバーグ	広範囲にわたり制度化	一部の父母は参加しているが中心的なアクターではない	改革連合に含まれている	活動的推進者	財団、州政府、コミュニティ組織
②	ボストン	広範囲にわたり制度化	多様であるが凝集された勢力とはならず	改革連合に含まれている	活動的推進者への過渡期	財団、市長、州政府、コミュニティ組織
③	ロサンジェルス	広範囲にわたり制度化	影響極小	改革連合に含まれている	活動的推進者	財団、権利擁護団体
④	ボルティモア	少しの範囲にわたって制度化	影響極小	影響極小	内容次第で推進者に	財団、市長、州政府、コミュニティ組織
⑤	ヒューストン	いくぶん参加して制度化	影響極小	影響極小	新任教育長であるが改革を支援	財団、コミュニティ組織
⑥	ワシントンD.C.	制度化されているが制約あり	影響小	改革に抵抗	固い政治的基盤の欠如	連邦議会
⑦	デトロイト	制度化されているが論争になっている	含まれるが極小	改革に抵抗	改革派教育長が失脚	財団、州政府
⑧	アトランタ	影響小	影響小	影響極小	指導者不在の後の新任教育長	州政府、コミュニティ組織、ジミー・カーター・アトランタプロジェクト
⑨	デンバー	影響小	影響小	改革に強く抵抗	新任教育長で選択的に推進	財団、非営利団体、州政府、連邦裁判所
⑩	セントルイス	影響小	影響極小	影響極小	影響極小	財団、連邦裁判所、市長
⑪	サンフランシスコ	影響極小	影響極小	影響極小	活動的推進者	連邦裁判所、権利擁護団体

出所：Stone（1998b: 256）、Stone（2001: 78）

も精緻な社会科学的研究は CCUE プロジェクトであると述べている（Viteritti, 2005: 313-314）。

　表2から分かることは、アクターとして抽出されたビジネス、父母、教員組合、教育長、財団、市長、州政府、コミュニティ組織などの参加が都市によって多様性を示していることである。こうした多様性を示しつつも、都市教育への各アクターの果たす役割や関与の度合いを相対比較してランキングしてもいる。表の最左列の番号が順位である[26]。

　上位3都市のピッツバーグ、ボストン、ロサンジェルスについてみると、これらの3都市はいずれも学校改善に向けた広範な連合を形成し、その連合にはビジネスと教員組合を含んでいる。ストーンによれば、ビジネスは教育運営の経済性と能率性に関心を集め、父母は自分の子どもの教育機会に関心を集中させ、教育関係者は給与と専門職者としての既得権に関心を持つことから、連合の形成は非常に困難を極める。しかし、「シビック・キャパシティーは教育改善に向けて連合を作り出すだけではなく、単なる連合の構築以上に、参加メンバーを活動に参加させ議論を活発にする」（Stone, 1998b: 256）ことになるとして、3都市に高い評価を与えている。ボルティモアでは散発的に連合形成が試みられたものの一貫したものではなかったし、ヒューストンやデトロイトは教育改革をめぐって激しい葛藤を経験してもいる。

　本章第2節で触れたように、ストーンはアトランタのアーバン・レジームを綿密に分析して、都市経済開発に際して確固としたシビック・キャパシティーが形成されたことを提示した。そのアトランタでは教育分野に関するシビック・キャパシティーの形成は見られず、デンバーも同様であった。

　十分なシビック・キャパシティーが形成されたとしても、それが自ずと都市教育の改善を導くことになるかどうかは検証が必要である。CCUE はシビック・キャパシティーと教育改善の相関性についても検討している。表3は11都市の教育改善に向けた行動を点数化したものである。

　表3の「支援のインフラストラクチャー」とは、初等学校就学前教育、父母参加、学校-労働連携プログラム、学校関連サービスの提供により、学力達成に向けたレディネスを高め動機付けを強化する学校外での特別な取り組みである。「学校内部での活動（internal moves）」とは、学校経営改善への

表3 教育改善の努力

	支援のインフラストラクチャー	学校内部での活動	包括的努力
ピッツバーグ	13.5	13.5	27.0
ボストン	11.0	11.5	22.5
ロサンジェルス	11.0	12.5	23.5
ボルティモア	9.0	9.0	18.0
ヒューストン	8.5	7.5	16.0
ワシントンD.C.	9.0	8.5	17.5
デトロイト	9.5	6.0	15.5
アトランタ	8.0	5.0	13.0
デンバー	7.0	10.0	17.0
セントルイス	8.0	6.5	14.5
サンフランシスコ	8.5	7.5	16.0
順位相関係数	.83	.71	.81

出所：Stone (1998b: 260)

取り組みであり、具体的には学校を基盤とした経営、学校改善ティームなどへの父母参加、教育上の決定についての情報を提供するために調査研究や評価を学校システムがどの程度活用しているか、児童生徒の学習を促進するための評価手段の活用である。右の列はこれら二つの指標の総計であり、包括的努力（comprehensive effort）と呼んでいる。

いくつかの例外はあるにせよ[27]、相関係数からも分かるように、シビック・キャパシティーと教育改善努力とは密接に関連していると結論付けられている。この密接な関連性から導きだされる結論として、一定の成功を収めているピッツバーグを除けば、いずれの都市も包括的な教育改革に成功していない。各都市とも部分的で小規模ではあるが改革に取り組んでいるものの、強固な改革連合の形成やその持続にまでいたっていない点が今後の課題として浮かび上がっている。同時に、CCUEプロジェクトからの重要な知見として指摘できるのは、教育改革過程の伝統的なパターンはその「正統性」を失ってきていることである。正統性を失ってきているパターンとは、中央で運営し専門的に実施される教育改革というパターンである。したがって、もはや教育専門職者の専門性に全面的に依拠した教育改革は実態として成立していない、あるいは、成立しにくくなっているし、その正統性さえ疑われる

ようになってきている。

　ところで、CCUEプロジェクトによる11都市比較研究に対しては、シカゴでのシビック・キャパシティー研究を進めているD・シップス（Dorothy Shipps）から研究の対象と方法に係わって厳しい批判が提起されている。第一点はセクター横断的データを収集しているが、都市が異なれば新しい学校統治レジームを創出ないし再編する段階が異なることについて考慮していないとの批判である。たとえば、改革のキャパシティーが多くの都市で弱体であったとしても、当初は弱体であるように思われたものが後に長期にわたる連合構築過程の一部であったことが分かるかもしれない。したがって、全米的なシビック・キャパシティーの傾向性を評価するには有益であっても、シビック・キャパシティーを異なる都市の学校改革にどのように適用するのかに関する理論構築という目的からすると、これらの都市のデータは限定的である。

　第二点目は、ストーンらが改革のタイプを区別しないままランキングしていることへの批判である。ストーンらは改革課題が深刻であればあるほどより多くの改革が行われるということを前提にしている。したがって、学校改革の多様なタイプについて熟知しておらず、あらゆる改革が現状よりも良いと決め付けているのではないか、と疑念を示している[28]。ストーンらがほとんどすべての改革は同じものであり、改革を維持するために必要なシビック・キャパシティーを理解するという目的のために、多くの改革が行われるほど望ましい、と仮定しているならば、このアプローチはアーバン・レジーム論と矛盾することになる。つまり、アーバン・レジーム論によると改革連合は特殊で達成可能な行動指針にそって形成されるからである（Shipps, 2003a: 847-848）。

　シップスは11都市横断的な研究を全否定しているわけではない。彼女は、特定の都市で長期にわたって重ね合って進められた改革運動の軌跡を分析することで、シビック・キャパシティーの学校改革への適用可能性を探ろうと試みている。既に触れたように、CCUEプロジェクトを構成する研究者は政治学者であり、教育学者からの批判は甘受しなければならないであろう。ただし、CCUEプロジェクトの提起したシビック・キャパシティー論は今

後の特定都市での事例研究の蓄積によって、理論基盤を一段と強固にする可能性を秘めていることに変わりはない。

2．3都市の事例

　CCUEプロジェクトが明らかにしたいくつかの都市のシビック・キャパシティーの実態について検討を加えたい[29]。制度とリーダーシップの相互作用によってシビック・キャパシティーが形成されることに関して3都市を事例に明らかにしたのは、前節で言及したポルツらであった。彼/彼女らが調査対象としたのは、先にも触れたシビック・キャパシティー形成の一定の成功例であるピッツバーグとボストン、形成されなかったセントルイスである。同調査は3都市を比較対照させながら、以下の視点に即したシビック・キャパシティーの形成・発展を論じており、都市教育政治の実態分析と、それを踏まえた理論展開のために貴重な知見を提供している。視点とは、人種分離学校廃止に関する各都市の対応の実態、フォーマル組織、団体、ネットワークからなる制度、政治文化、リーダーシップである。これらの視点からみた3都市のシビック・キャパシティーに関する研究成果の概要は以下の通りである（Portz, 1999: Ch7）。

　1970年代に3都市ともマイノリティ児童生徒の急増によって人種分離が進行するとともに、他都市と同様に、住民、州政府、裁判所からの人種分離学校廃止要求も厳しさを増していた。この要求に対して、3都市はそれぞれ異なる対応を見せていた。彼らの分析において重要な位置づけをされているのは、3都市それぞれに組織されていたビジネス団体である。ピッツバーグには「コミュニティ開発アルゲニー会議（Allegheny Conference on Community Development）」（以下では、ACCDと略記する）、ボストンには「ボールト（Vault）」、セントルイスには「シビック・プログレス（Civic Progress）」があった。その外にいくつかの団体も組織されて活動していたが、これらの組織はビジネス界のみならず都市（教育）政治の重要なアクターとして、そして、シビック・キャパシティーの鍵を握る重要なアクターとして登場している。

　ピッツバーグでは1960年代末から市内の有力人権団体が教育当局に対して

人種分離学校廃止計画の策定を要求していたものの、当局の応答は鈍く、市民の教育行政不信が続いていた。1980年にやはり同じ人権団体が人種分離学校廃止計画の策定を求めたとき、当局は廃止計画に関する市内の意見対立を収拾することができず膠着状態に陥っていた。そこでACCDが問題解決に乗り出し、人種問題の解決に重要なリーダーシップを発揮したのみならず、制度的なフォーラムを形成する役割も果たした。

ボストンではマイノリティからの人種分離学校廃止要求に対して教育当局や州政府が拒否的態度を示し、有力ビジネス団体のボールトは関心を示さず、市内は同問題をめぐって一触即発の状態が続いていた。1974年に連邦裁判所が人種分離学校廃止命令を出し、その後の10年間にわたって廃止計画を実行に移すよう命じるとともに、同問題に係わって学校システムを統制することになった。その後、1982年にはビジネス界、政府、学校のセクター横断的な「ボストン・コンパクト（Boston Compact）」が結成され、学校教育改革のためのリーダーシップを発揮するようになった。

ボストンと同じくセントルイスも当初は人種分離学校廃止に係わって、制度、リーダーシップとも完全に欠如していた。1972年以降1982年までの間に、同問題に対する裁判所からの命令に従うこととなり、マグネット・スクールの開校や市内と郊外との強制バス通学の拡大がもたらされた。経済団体のシビック・プログレスは強制バス通学の際の暴力発生の予防を支援しただけであり、人種分離学校廃止問題に係わることはなかった。

ポルツらによれば、ピッツバーグ（都市人口に占めるマイノリティの比率が1990年時点で27.9%）、ボストン（同37.0%）、セントルイス（同49.0%）の順にマイノリティの比率が高くなり白人の占める比率が低くなることから、この順位はCCUEプロジェクトの示すシビック・キャパシティーの順位と同じである。そして、大多数が白人からなるビジネスや政治リーダーの人種問題についての関心の低さともあいまって、マイノリティの急増がシビック・キャパシティーの発展を阻害していると結論付けることもできる。しかしながら、シビック・キャパシティー発展の規定要因として、人種よりもむしろ制度とリーダーシップのほうが強く作用していると彼／彼女らは指摘する。

ポルツらの言う制度やリーダーシップとは具体的に何を指すのであろうか。

表4 制度とリーダー：公教育へのシビック・キャパシティー拡大の有効性

	ピッツバーグ		ボストン		セントルイス	
最も有効であった時期	1980年代		1993-1998		有効な時期はなかった	
	アクター	有効性	アクター	有効性	アクター	有効性
制度						
・フォーマル組織	・強力な市長と市政府	低	・強力な市長と市政府	高	・弱い市長と市政府	低
	・ピッツバーグ学区当局	高	・ボストン学区当局	中位	・セントルイス学区当局	低
	・ピッツバーグ教員組合	高	・ボストン教員組合	中位	・セントルイス教員組合	低
	・ピッツバーグ教委	中位	・ボストン教委	中位	・セントルイス教委	低
	・ピッツバーグ大学	高	・高等教育コンソーシアム	中位		
			・民間産業協議会	中位		
・団体	・ACCD	高	・ボールト	低-中位	・シビック・プログレス	低
・ネットワーク	・ACCD ・Education Fund ・Council on Public Education	高	・ボストン・コンパクト	高	・チェンジ	低
特徴的政治文化	・市民的責任と協力	高	・個人主義と市民的責任の混合	中位	・偏狭で個人主義的	低
	・中位の人種的対立		・中位の人種的対立		・強度の人種的対立	
リーダー	・教育長 　(R. C. Wallace) ・教育委員長 ・ACCD 責任者 ・PTU 議長	高 高 高 高	・市長（R. Flynn) ・市長（T. Menino) ・教育長 　(T. Payzant)	中位 高 高	・市長（F. Bosley) ・市長（C. Harmon) ・教育長	中位 低 低

出所：Portz（1999: 139）（一部省略）

　ポルツらは制度とリーダーの観点から3都市の公教育へのシビック・キャパシティー拡大の有効性について一覧表にまとめている（表4）。

　制度を構成するフォーマル組織のアクター（name）として市長、市政府、教育委員会、学区当局（教育委員会事務局）、教員組合、大学などを抽出している。ピッツバーグでは教育財政が市の一般財政から独立していることもあり、市長や市政府の学校教育への関与は弱い。この市当局と教育行政当局との責任分担がピッツバーグのシビック・キャパシティーの形成に影響してい

ることをポルツらは示唆している。ボストンでは1992年に教育委員を公選制から市長任命制に制度変更しており、市長が教育行政に影響を及ぼす途ができ、教育費総額の決定権を市長と市議会に握られていることともあいまって、任命制への切り替えがシビック・キャパシティーの形成・発展に作用している[30]。セントルイスの市長は政治的基盤を市議会や市役所内の他の公選職者に置いており、市内の区ごとに選出される28名の市議会議員は自己の選挙区の利害に関与しても、教育など市全体の利益実現には消極的であった。

　学区当局についてみると、ピッツバーグは積極的に教育革新を導入する強い専門職志向を特徴としている。集権的教育行政を志向する教育長から分権的な学校を基盤とした経営を志向する教育長に交替しても専門職志向は継続し、多様な専門職能開発プログラムの導入に積極的であった。教員組合は1960年代と70年代にストライキを決行したものの、1980年代以降は学区当局と協力関係を築くようになり、学区当局による公教育への市民的支援の動員に貢献することになった。ボストンは1980年代初期以降4名の教育長が着任し、集権化や分権化も含む組織改革を行ったものの、教育行政官や教員からは教育改革のための一貫した政策として受け入れられることはなかった。1996年に教育長は多様な形態を伴うが、学校を基盤とした経営をすべての学校に導入し、教職員の専門職能開発のために「リーダーシップ開発センター (Center for Leadership Development)」を設置した。これらの学区当局の動きの背景には、一定の緊張感はあるものの、ボストン教員組合が学区当局の多様な試みを支持している側面を見逃すことはできない。セントルイスは学校改革の受容力が弱く、専門職能開発には消極的で新たな改革への支援を取り付けることに失敗している。そして、学校システムは高度に集権化されたままであった。セントルイス教員組合は州政府によって団体交渉による契約締結の当事者として認定されておらず、組合内部の対立もあって、教育改革を支持する重要なアクターにはなっていない。

　次に教育委員会についてみると、ピッツバーグは公選教育委員会が教育長からの改革提案に対して非常に応答的であるとともに、教育改革一般に関しても促進者としての役割を果たしている。ボストンは既に触れたように1992年に公選制を廃止しており、要因として、公選教育委員会と市長との間の不

一致が教育改革への市民的支援の動員に障壁となっていたと評されている。ただし、市長任命制による市長と教育委員会との一体化への支持は、財政的一体化による教育支援への期待の裏返しでもあるし、市長自身による教育行政責任の積極的引き受けをもたらしてもいる。セントルイスでは1983年から1991年までの間、教育委員は人種分離学校廃止反対派が多数を占め、同問題をめぐる内部的対立などもあり、教育委員会の教育政策形成能力を弱めるとともにリーダーシップ発揮の余地もなかった。

　ボストンも含む6都市（ボルティモア、ボストン、シカゴ、フィラデルフィア、サンディエゴ、シアトル）における1990年代の教育統治改革について、「改革の強烈さと根の浅さ」をメタファーに掲げた実態調査報告書をL・キューバン（Larry Cuban）らは刊行している（Cuban, 2003）。この共同研究はCCUEプロジェクトを構成する政治学者とは異なり、教育学者主体であり、1990年代の教育の体系的改革[31]、特に教育統治システムならびにリーダーシップの改革に焦点を当てて分析している。市長部局による教育行政の一元化や教育界出身者でない教育長の採用、教員組合の改革への支援や反発、ビジネス界の多様な支援など、各都市の学力向上を主軸とした教育改革への取り組みは一様ではなかった。6都市のうち、相対的にみて意欲的積極的に改革を推進していたのはボストン、サンディエゴ、シアトルであったとしているが、いずれの都市も改革の「根は浅」かった。CCUEプロジェクトでの中心的概念であるシビック・キャパシティーに対比できるであろう概念として、キューバンらの研究では、「市民連合（civic coalition）」（Cuban, 2003: 153）について言及している。ただし、その内実は十分に説明されているわけではない。

　キューバンらが要約しているボストンの改革についてだけ紹介しておきたい。市長が1990年代初期より教育責任を積極的に引き受けるようになっていること、州がボストンの教育改革を積極的に推進するようになったこと、教員組合が市長主導の教育改革を支援していたこと、改革のための教育統治システムが1995年以降集権化されていること、学力向上を目指した教授上の支援として、校長の役割を明確化し、教員の専門職能開発に積極的に取り組み、カリキュラム・教科書・テスト・専門職能開発の緊密化を図ったことなどが

挙げられている。

　CCUE プロジェクトの言う制度についての検討に戻ろう。その外のフォーマル組織として財団や大学が含まれている。ピッツバーグの都市人口は全米で40位であるものの、独立財団からの資金援助は第1位で、企業やコミュニティからの寄付金も全米で10位以内に入るほど学校改革に対して支援的であり、地元のピッツバーグ大学も「学習研究開発センター（The Learning Research and Development Center）」を開設し、学区全体のニーズの評価を行うことなどを通じて重要な支援的役割を果たしている。ボストンでは、1979年に設置された「民間産業協議会（Private Industry Council）」がビジネス側からの学区当局への支援のパイプ役として重要な役割を果たすとともに、学校とビジネスとのパートナーシップの取り組み、ボストン・コンパクトのためのスタッフ支援など教育関連プログラムを支援し続けていた。また、裁判所からの判決や命令は、3都市とも教育改革のための種をまく程度の機能に限定されており、学校支援のための構造の維持、シビック・キャパシティーの形成に際しての役割は限定的であった。

　制度を構成する第2番目のアクターとしてポルツらが指摘しているのは団体（associations）である。ピッツバーグのビジネス団体である ACCD は都市の経済発展を主たる目的として1943年に結成され専従職員を擁している。当初は都市の物理的な開発に焦点を当てていたものの、1950年代には住宅政策を、1960年代と70年代には失業やマイノリティ問題にも係わるようになり、政策分析に関する法的なアドバイスを行うなど広範な領域にわたって活動を展開してきている。ボストンのボールトには専従職員はおらず必要に応じて企業から職員が派遣される程度であり、目に見える活動を展開することはなかった。その後、ボストン・コンパクトを通して学校問題に関与するようになり、その際には民間産業協議会の職員が実行部隊となり学校改革の支援を構築する重要な要素となった。ただし、CCUE の調査時期に経済変動を要因としてボールトは事実上活動を停止している。セントルイスのシビック・プログレスは1950年代からあったが専従職員は配置されておらず、1960年代以降は市内できわめて限定的な役割しか果たしていなかった。副次的に教育や社会の諸問題に関与することはあったものの、公教育の包括的体系的な改

革に関与することは決してなかった。

　本章第1節でソーシャル・キャピタル論の意義として、ネットワークについて言及し、それが新たな教育統治システムの鍵となることを論じた。CCUEは「制度」にネットワークを含めて論じており、ポルツらのシビック・キャパシティー論においても、「ネットワークは都市のシビック・キャパシティーの中心である」(Portz, 1999: 146) と述べられているように、きわめて重視されていることから、3都市の教育改革をめぐるネットワークの実態を検討しておこう。

　教育と他のセクターとを結び付ける重要なネットワークをピッツバーグもボストンも構築していた。前者はACCDが、後者はボールトがネットワークの中核となっている。両団体主導によるセクター横断的なアプローチの個別具体例は省くが、さまざまな教育改革の導入において触媒的な役割を果たしている。ただし、ポルツらはネットワークに付与される利益、財政的制約、政治的見解の相違などは無論のこと、ネットワークが都市の多様なセクター、ステークホルダーから構成されるようになればなるほどその維持は困難になると論じている。その要因として、多様なアクターがそれぞれ教育問題に関して独自の見解を持ち、独自の解決手段や方法を持ち寄って同じテーブルにつくために、安定的なプライオリティーを設定できなくなるからである。

　ボストンのネットワークの典型例であるボストン・コンパクトは1982年に形成され、ビジネス、市政府、労働界、高等教育、市民リーダーをも含むものであり、1980年代に積極的に活動していたものの、ビジネス側は学校改革の歩みの緩慢さや学力の停滞に業を煮やしていた。しかしこうした時期を乗り越えて、ボストン・コンパクトはコミュニティ内の多様なセクターの共通課題である学校教育改善のための重要なフォーラムを提供してきており、シビック・キャパシティーに重要な役割を果たしている。ボストンではボストン・コンパクトだけでなく、その外にも1973年からの「全市教育連合 (Citywide Educational Coalition)」や近年の「重要な友人 (Critical Friends)」などもあり、ピッツバーグでは1963年からの「公教育協議会 (Council of Public Education)」がコミュニティの権利擁護 (advocacy) のための協働の場を提供するとともに、後にピッツバーグで採用された学校を基盤とした経営の

ために設けられた学校協議会の研修の場としても有益であった。これらの2都市とは対照的に、セントルイスでは「チェンジ (CHANGE)」と名付けられたビジネス、学区当局、教育委員会、近隣組織を含むネットワークと呼ぶことのできるものがあったものの、その活動範囲は非常に限定的であり、財政基盤の喪失とともに影響力は消失してしまった。

　シビック・キャパシティーの形成に重要な要因となる都市の政治文化についてもポルツらは詳細に検討しているが、ここでは、ピッツバーグの紹介だけにとどめたい。ピッツバーグではACCDがやはり強い影響を持ち、ACCDによって「市民的責任、協力、強い服従心」(Portz, 1999: 149)[32]を持つ政治文化が形成されたと見なされている。ACCDの組織横断的な議論と高いレベルの専門性が広くコミュニティの関心に染み渡り、必ずしも成功を保証するものではないが、ピッツバーグのシビック・キャパシティーにおいて中心的な役割を果たしてきた。

　ポルツらによれば、連合は教育改革をもたらすのに必須であり、ビジネス界の組織とその地方政府との関係性が学校改革の能力に影響を与え、その際のリーダーシップこそ改革をもたらすのにきわめて重要なものとなっている。では、3都市でリーダーシップがシビック・キャパシティーの発展にどのような役割を果たしたのであろうか。制度とリーダーシップの相互作用的な関係に着目しながらポルツらは次のように述べている。すなわち、制度はリーダーに対して状況を認識させるとともにリーダーの活動を制約することになるが、リーダーは制度を再設計したり再編成したりすることもできるがゆえに、リーダーの活動する環境は変更可能である (Portz, 1999: 151)。そして、3都市の調査を踏まえたリーダーシップ確立の要件として以下の3点を指摘している。単一のセクターからの単一のリーダーはたとえ教育長であれ市長であれビジネス・リーダーであれ、シビック・キャパシティーの構築と活性化には不十分であり、多様なセクターのリーダーの組み込みが不可欠であるとしている。二点目は、リーダーと制度の戦略ならびに活動を方向付けることのできる共通問題を明確化することである。第三には、教育改革の連合の構築と維持のために制度的資源にコネクションを持つことと、これらの資源を有効に確実に管理できる能力である。

以上のように、人種、リーダーシップ、資源、コミュニティの参加、政治のすべてが3都市の教育改革への取り組みと密接に係わっていると同時に、改革の結果にも強い影響を与えていることが明らかとなった。各都市の政治環境、社会的経済的な状況によって、そして制度とリーダーシップの態様によって結果は異なり、改革の障壁となる共通点も存在している。この点について次に検討しよう。

3. 都市教育改革の困難性

　地元の新聞社や教育活動家やビジネス・エリートが都市の深刻な教育問題を「発見」し、改革のための集合的な運動に手を携えて熱狂的に邁進するものの、課題が当初予想していたものよりもはるかに手に負えないことが分かると、高い期待はたいてい崩壊してしまう (Stone, 2001: 13)、と述べるストーンらは、都市教育統治システムに固有の機能的自律性と雇用レジームに着目している (Stone, 2001: 134-139)。

　まず機能的自律性について触れたい。彼／彼女らは機能的自律性に財政的独立性を含めている。調査対象の11都市のうち8都市は教育財政が独立しており、学区が独自に課税権を有しており、全米の大都市の多くはこの方式を採用している。ただし、この財政的独立性には教育における専門職主義の確立と維持が深く関係している。なぜかといえば、財政権の独立には、専門家として尊敬を得ながら専門職者としての地位を獲得し維持してきた教育関係者の長い歴史があるからである。

　教育専門職者の独立性は、20世紀を通じて政治と学校との分離の観念によって形成されてきた。人種分離学校廃止問題にせよ、1960年代末からいくつかの都市で試みられたコミュニティ・コントロール問題にせよ、熱狂的な議論が沸き起こっても、学校構造の内部問題や学級での日常的な教育実践は、政治的検討対象にならなかった。専門的自律性は学級担当教員によるよりもむしろ、教育行政官によって確立されてきた。つまり、教育長部局と中央教育行政官僚の肥大化とともに機能的自律性が確立されてきている。大規模官僚制の存在自体が、学校運営に多大な影響を及ぼし抜本的改革への取り組みに対する抵抗力を強めたとストーンらは見なしている。また教育官僚の威信

は、自らの地位を脅かすことのない教育革新や狭い範囲の改革の導入実績によって高められ、これも官僚制の肥大化に寄与している。

かくして、機能的自律性が外部からの改革要求を打ち砕き、官僚制内部が傷つかない部分的改革の導入に矮小化させてきている。教育官僚は教育問題を自分たち自身で定義したり、あるいは自らは制御できない幅広い社会的な諸力の問題にすり替えたりすることで、改革の勢いに対する消音器としての役割を果たしている。教育をめぐる法的政治的な議論が沸騰していたときでさえ、シビック・キャパシティーが形成されなかった都市であるセントルイスとボルティモアでは、教育長をはじめとした教育官僚の交替率がきわめて低かった[33]。この事実は、大都市教育官僚制の堅固制を示す好個の事例である。

機能的自律性の壁を乗り越えて都市学校を改革することができるのは、抜本的な外部からの干渉だけであるとストーンらは述べているが、外部からの干渉にも大きな障壁が立ちはだかっており、それは雇用レジームである。学校が都市コミュニティとどのような関連を持つのかを理解するためには、学校を職（jobs）、労働協約（contracts）、職階制（career ladders）を通して都市経済における重要な位置を占める物質的利益の塊であると捉えることが重要である[34]。そして、単に都市経済において従事者数が多いだけでなく、学校教職員は強固に身分保障されている中流階級が多くを占めてもいる。3年間雇用された後に終身在職権が与えられ、少なくとも最近までは部分的なアカウンタビリティーが課せられていただけにもかかわらず、十分な給与が保障されている。教員や教育官僚も含む職員の労働組合としての組織化は給与水準、身分保障、労働時間などの物質的な関心をめぐって政治的に組織されるのである。

連帯を組織構成原理とする教員組合は、自らの利益実現のために、地方政治での政治勢力として表舞台に登場している。教員組合による選挙活動は、配分政治の形成に適合し、給与や身分保障といった直接的利益を追求し、学校改善要求は後景に追いやられることになる。安定的身分や給与の確保を要因としているかどうかはともかく、教員が教育専門職者として充足できる職場環境で勤務すれば教育効果が高まることについてストーンらは言及してい

る。しかしながら、こうした職場環境は望めず、貧困児童生徒が集中しているところでは、教員や行政官の内在的なモチベーションもまた低下する傾向にあり、教員や行政官の政治的基盤を日常的（bread and butter）問題に没頭させることになり、教育改善に対しては新校舎の建築や修繕などに関心が注がれるだけである。

このように見てくると、教育改革に成功をもたらすことがなかった要因として、改革に頑強に抵抗する教育官僚制が浮かび上がってくる。都市教育統治システムの特質が大多数の人々の望む改革を妨げていることも事実であるが、最も手ごわい「改革の障害物は要望や理想を密接な持続的な集合的な取り組みに変換することである」(Stone, 2001: 126)。すなわち、政治こそ変換を可能とする作用なのである。

アメリカの教育統治、教育政治、教育行政の実態や課題を分析する際に、たとえば、教育統制の集権性と分権性、教育委員会の任命制と公選制といった制度実態を中心に、あるいは、教員組合と学区当局との関係がパートナーシップか対立かといった問題設定を、つまり、制度形態の二項対立性を中心として検討を加えることが多かったように思われる。CCUEプロジェクトの成果は、教育統治のあり方を規定してきているのは政治であり、直面する問題点を克服する改革をもたらすことができるのも政治であることについて、私たちに再認識を促している。教育政治研究を二項対立を前提とした特定の制度形態の是非論に限定するのではなく、教育政治の構造と機能の分析が必要不可欠なのである。

小　括

以上のように、数都市の事例に限って、ポルツらによる制度とリーダーシップの概念を用いながら、シビック・キャパシティーの形成・発展・維持の過程を見てきた[35]。ポルツらの調査やCCEUプロジェクトの調査からわれわれが学ぶことのできるのは、都市の多様性にもかかわらず、都市の重要な任務として、すなわち教育政治の役割として、教育行政や市長や市政府のリーダーの変更があったとしても学校システムに継続性をもたらす支援的な制度を作り出すことである。そのための一つの戦略として、改革努力への支援

を維持するという目標を持って、市政府、学区当局、ビジネス界、市民のネットワークを強化することである。事例対象となった都市には20世紀への転換期以来の政党マシンの支配が色濃く残る都市が含まれ、経済的な成長をしていたり衰退していたりする都市が含まれているものの、これらの変数は改革の成否と相関関係を示していなかった。改革の成否はひとえに広範囲にわたる市内の重要なステークホルダーとの継続的な連携を教育改革者たちが作り出す力能があるか否かである。

　教育問題の解決は教育の世界のみで教育の論理の内側だけで解決できるものではないことについての認識は今までもあったが、CCUEプロジェクトの研究は都市全体でよりよい学校教育を提供するためにどうすれば市全体を動員できるのか、換言すれば教育と都市政治を関連付けた検討の必要性を余すところなく示してくれている。学校改革の成否の鍵を握るのは、何よりも政治そのものなのである。

注

1) 「ソーシャル・キャピタル」は社会資本、社会関係資本、人間関係資本、市民社会資本などと訳され、未だ定訳がないことからカナ表記を用いた。なお、金子らは「地域力」を訳語に当てている（金子、2005: 125）。
2) わが国においても、主題だけに限ってみても「ガバナンス」を冠した著書が相次いで公刊されており、政治や行政の分野では、市長村シンポジウム実行委員会（2001）、宮川（2002）、武智（2002）、村松（2003）、神野（2004）、武智（2004）など加速度的に増えており、経済、経営、企業に関連した「ガバナンス」を含めると今や膨大な数になろう。
3) ローズも含めたガバナンスの類型論については堀（2002）が詳しい。
4) たとえば、公共セクターが教育のあらゆる側面に責任を持つ体制が見直されてきている要因として、公教育の効率性・効果性への疑義、貧困児童生徒に対する公教育の公正性やアカウンタビリティーへの疑義、教育企業による改革や競争原理の導入による教育改善への着目、教育支出の抑制と公費以外の教育費確保の必要性などを背景として、教育における政府の役割の根本的見直しと、公的-私的両セクターの間の多様な選択肢について論じていても（Tooley, 2003: 950）、その中で「ガバナンス」の用語は使われて

いない。
5) 中央教育審議会答申「今後の地方教育行政の在り方について」(1998)、教育改革国民会議「教育改革国民会議報告―教育を変える17の提案―」(2000)、新藤 (2002a)、新藤 (2002b) などを参照されたい。
6) 詳しくは、佐藤 (2001) などを参照されたい。
7) 今野 (2001)、小島 (2001)、伊藤 (2002)、大桃 (2004) などがある。
8) 内閣府はソーシャル・キャピタルに関連する市民の意識や行動を把握することを目的とした調査を実施し、報告書を刊行している (内閣府国民生活局、2003)。同書では、先進諸国でもわが国と同様にソーシャル・キャピタル概念の有効性を検証するための調査研究が行われていることを紹介している。
9) パットナムに限らず、ソーシャル・キャピタル論の影響力が強かっただけに、それに対する批判もさまざまな角度から行われている。本書ではその意義を言及するにとどめ、その限界や問題点について深く立ち入ることはしない。わが国では、本書の注で紹介している論稿のほかに、ソーシャル・キャピタル論に関する研究成果が蓄積されつつある。井戸 (2000)、坂本 (2003)、坂本 (2004)、鹿毛 (2002)、鹿毛 (2003)、細見 (2004)、五味 (2004) などを参照されたい。
10) ボウルズとギンタスの論文とは、Bowles (2002) である。
11) この点と係わって、岡本仁宏は近年の市民社会論への関心の高まりを理解することと、それに付随する諸論点の整理を目的とした論稿の中で次の点に触れている (岡本、1997: 13)。資本主義と国家に対する市民社会論の展開方向の一つに、国家の制度的パフォーマンスを左右するソーシャル・キャピタルとしての市民社会への注目がある。そして、国家の制度が市民社会の形を規定するという通常の把握とは別に、統治システム、経済システムの信頼性は市民社会の在り方によって規定されているという視点に市民社会論の可能性を見出している。この岡本の論点は鹿毛利枝子の関心とも共通している。
12) 特に、鹿毛 (2003) を参照されたい。
13) ブライクらの研究については高野良一によって紹介されている (高野、2004) (高野、2005)。
14) 互酬性とは、模倣や市民教育を含む社会化や制裁によって教え込まれ、プレゼントや返礼などの行為にみられるような人間相互の期待を伴う持続的な関係である (パットナム、2001: 213)。
15) アメリカ政治学会において用語として「アーバン・レジーム論」が常に用いられているわけではなく、「レジーム分析 (regime analysis)」「レジーム理論 (regime theory)」と呼ばれることもある。アーバン・レジームを「都市統治体制」「都市体制」と邦訳することもできようが、管見の限りでは定訳が見当たらないために「アーバン・レ

ジーム論」と記述する。なお、以下の本文で参照することになるアーバン・レジーム論の代表的論者であるストーンの近年の論稿では（Stone, 2005: 335）、自身の研究アプローチが都市政治を広範囲にわたって理論的説明を可能にするとの誤解を避けるために、「アーバン・レジーム理論」よりもむしろ「アーバン・レジーム分析」の用語を用いると述べており、事実や認識について説明できる体系的知識としての理論であるよりも、実態分析のツールとしての有効性を主張していると考えられる。

16) エルキンの主著はElkin（1987）である。
17) シカゴの政治にレジーム理論を適用して分析している優れた研究として、Ferman（1996）がある。
18) 州の政治プレーヤーがアーバン・レジームに参加する能力や動機を維持しているがゆえに、都市の統治連合における州政府の役割の重要性について研究されるべきであるとして、バーンズは都市政治研究者に注意を促している。
19) なお、本文でも引用・紹介しているインブロッシオやデービスらのストーン批判に対して、ストーンは反論を行っているとともに、近年においても精力的にアーバン・レジーム論の精緻化に心血を注いでいるように思われる。詳しくは、Stone（2004a）、Stone（2004b）などの諸論稿を参照されたい。
20) 彼らの論文でのストーンの引用は、下記のアメリカ政治学会1996年大会に提出されたストーンのペーパーであり、本書執筆時点ではこのペーパーを入手できなかったために重引している。Clarence N. Stone, "The Politics of Urban School Reform: Civic Capacity, Social Capital, and the Intergroup Context." Paper presented at the 1996 annual meeting of the American Political Science Association, San Francisco.
21) 配分政治の問題点として、ストーンによれば、非対称的な誘因が優勢なプレーヤーと劣勢なプレーヤーとを分けてしまうことになる。最も強い直接的な利害を持つ人々は自己の利益を促進し維持するために動員して勝利に導く傾向が強い。対照的に、「広く分散している感情に訴えようとする広範な目標を持つ人々は人数的に多くなく非効果的な政治参加者でしかなく」、支援を動員したり維持したりすることは困難を伴う（Stone, 1998a: 12）。なお、「」内はPeterson（1976: 44）からのストーンの引用である。
22) ただし、社会目的政治の困難性について次のように述べてもいる。すなわち、第一に、普遍的目標への支援と貢献のために、非対称的な動機を克服し多様なプレーヤーを糾合することの困難である。第二には、多様なプレーヤーに見解の相違があったとしても、普遍的目的に向けた支援を安定的に維持するよう納得させることの困難性である。第三には、諸個人を共有された目標に貢献するように動機付けることの困難性である（Stone, 1998a: 12-13）。
23) ポルツらの制度概念とリーダーシップ概念について補足しておきたい。制度について

みると、彼らは制度の特性として2点を指摘している。第一には、フォーマルな組織やネットワークなどが活動を規定する一連のルール、誘因、制裁を作り出し、アクターに権限を与えたり制限したりすることによって、人々の思考と行動を形成する。第二には、一定期間持続するのに十分な一貫性と自律性を持ち、自己永続的である。かくして制度は教育改革の持続性を高め広める重要な役割を果たすと見なしている。リーダーシップについてポルツらはリーダー個人の特性や属性を強調するアプローチとリーダーとフォロワーの関係性を強調するアプローチがあるが、どちらかといえば後者に力点を置いて、リーダーとフォロワーの価値や動機を示す特定目的のためにリーダーがフォロワーの行動を促すことであると概念設定している。そして、教育改革にとってリーダーが直面する課題は、共通目的を設定し、活動計画を実施することである（Portz, 1999: 31）。

24) Stone (2001) が最も包括的な報告書である。Stone (1998a) の含まれる同氏編著書にはヒューストン、ボルティモア、サンフランシスコを含んだ6都市（圏）の教育実態調査報告が収められるとともに、ストーンの執筆による11都市調査を総括した論文がある。本文ではこれらの報告書とCCUEプロジェクトの研究成果であるその外の著書も参考にした。

25) 2001-02年度調査によれば、11都市のうち7都市で数パーセント程度黒人児童生徒の比率が縮小していると同時に、ヒスパニックの児童生徒の占める割合がデンバーの13パーセントを筆頭に多くの都市で数パーセントずつ増加している。また、給食費補助対象児童生徒の割合は2都市（ボルティモアとサンフランシスコ）を除き5パーセントから17パーセント（ヒューストン）に増加しており、11都市の平均が59パーセントから67.5パーセントに増加している（The Council of the Great City Schools, 2006）。要するに、ヒスパニック系児童生徒ならびに貧困層の増加が最近10年間の特徴になっているといえよう。

26) なお、11都市が調査対象となったのはランダムサンプリングではなく、地域的分散性も考慮しているが、シビック・キャパシティーの発展度から三つのカテゴリーに分けて抽出されている（Stone, 2001: 21-23）。

27) デンバーとサンフランシスコが先のランキングから見れば包括的努力の得点が高くなっている。この点についてストーンによれば、サンフランシスコでは連邦地方裁判所の人種分離学校廃止問題に関する同意判決によって、教育長と裁判所の専門調査会がマイノリティの学力向上のための学校再建に努力したことや、デンバーでは教員ストライキを契機に州知事が乗り出し労働協約を締結したことの外にも、一連の学校改善を実施したことなどを要因として、この2都市の得点が高くなっている（Stone, 1998b: 260-261）。

28) シップスの主張は、シカゴの市長主導の教育統治改革、市長による教育統治の一元化

への批判意識を前提としたものであり、改革の質の吟味が求められることを指摘している。このシップスの見解については、本書第Ⅲ部第3章第3節で詳述することになる。

29) ここではポルツらによる3都市のシビック・キャパシティーについてのみ言及しているだけであり、11都市のうちアトランタはストーンらによる『シビック・キャパシティーの構築』(Stone, 2001) の第1章で触れているし、ストーンが編者となっている『都市教育の変動』(Stone, 1998a, 1998b) にはサンフランシスコ、ボルティモア、ヒューストンの事例研究の論稿が収められ、ヘニグらの編集した『学校改革の色』(Henig, 1999) はアトランタ、ボルティモア、デトロイト、ワシントンD.C.の事例を収載している。そしてオアーによる単著 (Orr, 1999) はボルティモア研究である。詳しくはそれらを参照されたい。
30) ボストンを事例とした市長主導の教育改革については Portz (2004) が詳しい。
31) 基準に依拠したカリキュラム編成、カリキュラムと学力テストとの関連の強化、学力得点にもとづく教員や校長への制裁と褒章を特色としたアカウンタビリティー政策などが重視される改革である。詳しくは、Cibulka (2003a) や Smith (1993) を参照されたい。
32) ただしこの引用箇所は、Ferman (1996: 20) からの重引である。
33) CCUE研究時期におけるセントルイスの教育行政官僚の平均在職年数は30.2年であり、ボルティモアは21.8年である。
34) 彼／彼女らはデトロイトにおける雇用事業体の被雇用者数のランキングを掲載している。それによれば、デトロイト公立学校が最も多く約1万9千名であり、第2位のデトロイト市政府約1万6千名、第3位の自動車産業クライスラー約1万4千名を大きく引き離している (Stone, 2001: 137, Table6-5)。
35) なお、本文で一部紹介したL・キューバンらの研究のほかに、P・T・ヒル (Paul T. Hill) を研究代表者とする研究グループが6都市 (ボストン、メンフィス、ニューヨーク市第二学区、サンアントニオ、サンフランシスコ、シアトル) を事例として1990年代の都市教育改革を検討し、以下の三部作にまとめており、実態の解明や改革の提言についてシビック・キャパシティーと関連付けながら貴重な知見を提供してくれており、言及すべきであろうが、本研究ではCCUEプロジェクトの事例都市に限定せざるを得なかった。Hill (1998)、Hill (2000)、Hill (2004) を参照されたい。

第Ⅲ部

シカゴ教育統治改革の動態

第1章　1980年代半ばのシカゴの学校と教育行政

はじめに

　現代のシカゴ教育統治改革をよりよく理解するためには、1988年と1995年のイリノイ州議会によるシカゴ学校改革法そのものの評価と制定過程の分析は必要不可欠である。なぜならば、改革法の制定過程における政治的布置状況こそ改革法の成否に強く作用すると考えられるからである。そこで、本章では、1980年代半ばまでの学校と教育行政の実態ならびに課題について検討を加える。

　第1節で人種構成の観点を中心に1980年代の児童生徒のデモグラフィーを明らかにし、これが人種分離学校廃止を重要な教育政策課題にしていたことを明らかにする。人種分離学校廃止のみならず、その他の政策課題も人種的・民族的な範疇に即して提起されていたことを指摘する。これらの政策課題はひとり教育行政が担うものではなく、市政全般の政策課題にもなっていたことについて検討する。

　第2節では、イリノイ州政府主導の諸種の教育改革と1985年シカゴ学校改革法の概要を示し、それが1988年法の先駆的な意味を持っていたことを明らかにする。同時に、シカゴ市内における教育改革をめぐる議論の進展の中で、主導的な役割を果たしている人々や団体を詳細に検討し、1980年前半における教育政治の主要アクターを抽出し、次章で考察する1988年法に強い影響力を及ぼしていることを示したい。

第1節　シカゴの児童生徒と教育政策課題

1．シカゴの児童生徒

　1987年秋の調査によれば、シカゴ公立初等・中等学校在籍児童生徒数は約42万名であり、ニューヨーク市学区の約94万名、ロサンジェルス学区の約59万名に次いで、アメリカ第三の規模を有している（National Center for Education Statistics, 1989: 92）。公立初等・中等学校児童生徒数の増減の全米的趨勢にもれず、シカゴにおいても、1970年前後に児童生徒数のピークを迎え、その後の10数年間に急減している。1968年に58万5千名のピークに達していたのが（Hess, 1991: 60）、1988-89年度には約41万名となり（Sietsema, 1991: 13）、この約20年の間におよそ30パーセントの児童生徒数の急減を経験している。

　なお、1988-89年度時点での全公立学校599校の校種についてみると、472校は幼稚園から第8学年までを含む初等学校であり、29校がミドルスクール、66校がハイスクールであり、残る32校はその他の学校として分類されている（Sietsema, 1991: 23）。

　公立学校システムは、この間にただ単に児童生徒数の急減を見たというだけではなく、児童生徒の構成に著しい変化がもたらされた。すなわち、児童生徒の人種構成が急変した。シカゴは伝統的に黒人児童生徒の占める割合が全米で相対的に高くランクされ、1970年以降の黒人児童生徒数の比率は、60パーセント前後を占め続けている。しかしながら、1971年に全児童生徒数のおよそ40パーセント近くを占めていた白人児童生徒が、1985年には15パーセント弱にまで急減し、かわって、1971年に10パーセントほどであったヒスパニック児童生徒が、20数パーセントを占めるようになった。ヒスパニック児童生徒ほどではないが、アジア系児童生徒数も漸増して1985年には2.8パーセントを占めるようになっている（Moore, 1990: 154-155）。また、1980年度から1986年度の人種別児童生徒数の増減の比率は、白人と黒人がそれぞれ26.6パーセント、3.4パーセント減少しているのに対して、ヒスパニック系

とアジア系がそれぞれ17.7パーセント、23.2パーセントもの増加を示している (Council of the Great City Schools, 1986: 8)。

学校システムの人種構成の変化は、当然のことながら個別学校の人種的バランスに著しい変動をもたらすことになる。すべての児童が黒人で占められる初等学校は、全初等学校数の中で一貫して60パーセントを占め続けている。白人児童の減少によって、たとえば、過半数が白人で占められる初等学校数は1980-81年度で67.5パーセントであったのに、1988-89年度には28.5パーセントに急減したり、同じくハイスクールの場合では77.3パーセントから6.9パーセントに急減したりしている (Easton, 1990: 6)。これらの学校別にみた児童生徒の人種構成の変化は、本書第II部第1章で言及したように、人種分離学校廃止の要求を高め、教育当局にその実施を強く迫ることにつながるのである。

ちなみに、教員の人種構成をみると、1986-87年度時点で黒人教員と白人教員はそれぞれ50パーセント弱であり、ヒスパニック教員は5.6パーセントとなっており (Moore, 1990: 154)、児童生徒数の比率にくらべるとヒスパニック教員の割合が低くなっている。

2. 教育行政組織と教育政策課題

1988年改革前の教育行政組織について、D・R・ムーア (Donald R. Moore) の紹介に即して素描しておこう (Moore, 1990: 155-156)。所在する通りの名称である「パーシング・ロード」とも呼ばれる市教育委員会および事務局は、公立学校の管理責任を負っている。教育委員会は市長任命による11名の委員で構成され、市長は教育委員のポストがあいた場合、市民で構成される審査委員会の提出した3名の候補者名簿の中から新委員を任命していた。

教育委員会はジェネラル・スーパーインテンデントと呼ばれる教育長の任命権を有している。シカゴ学区は1970年から1985年まで市内を20の教育行政区に分割し、各下位学区に学区教育長を配置していた。この下位学区教育長には実質的な権限は付与されておらず、上意下達式の教育官僚制の一部として機能していたにすぎない。1960年代末に、父母や市民の教育行政への参加要求に対応して、構成メンバーの過半数を父母が占める「学校諮問協議会

(Local School Advisory Councils)」と「学区諮問協議会 (District Advisory Councils)」を設置したが、これらの協議会の意思は無視されるか、教育委員会にとって都合よく利用されていた。

具体的にみると、協議会に付与されていたのは諮問機関的機能であり、協議会の判断が教育行政官僚の見解と一致しない場合には、たいてい無視されることとなった。与えられていた唯一の権限として、校長候補者にインタビューし協議会の意思を勧告することがあった。しかしながら、下位学区教育長は本命視されていた校長候補者に多くの情報を与えるとともに、他の応募者に辞退を勧めたり、父母の入手できる情報を制約したり、自らに都合のよい候補者を推薦するよう父母に圧力をかけるなどの手段を通じて、校長選考過程を操作していた (Moore, 1990: 195-196)。

また、後に詳しく触れるが、1985年に制定された州法で父母参加のルートが確保されたが、その実効性は疑わしいものであった (Wong, 1990)。つまり、1985年に都市学校改善法 (Urban School Improvement Act) が制定され、各学校に「学校改善協議会 (Local School Improvement Councils)」を設置し、父母は協議会メンバーとして3年間の学校改善計画を開発する権限が与えられたものの、自由裁量的に学校計画を策定することはできなかった。さらに、同法により市内の20下位学区に「下位学区教育諮問協議会 (Subdistrict Education Advisory Council)」が設置され、父母はこの協議会の構成員の70パーセントを占めていたものの、この協議会にも実質的意思決定権は与えられず、諮問機関的な機能を果たすのみであり、父母参加の観点からの実効性は疑わしかった。また、市の中央レベルでも「都市学校改善委員会 (Urban School Improvement Committee)」が設置され、学校関係者と父母・地域住民との意思疎通や父母参加を意図していたが、やはり教育委員会との形式的な意見交換の役割しか果たしていなかった。

全公立学校児童生徒数に占める白人児童生徒の割合の急激な低下は、白人の郊外脱出を背景としている[1]。白人の郊外脱出が結果的にマイノリティ児童生徒の比率を高め、教育政策を複雑にしている。市内の人種的なバランスに変化が生じたのと同様に、政治的なバランスにも変化が生じてきた。人種分離学校廃止問題にこのことが端的に現れ、人種間の緊張が高まっていた

(Katz, 1992: 63)。豊かな国であると同時に多くの貧困層も抱えるアメリカは、1980年代においても景気の低迷がつづき、この貧困のしわ寄せはことに大都市の黒人層をより厳しい試練に直面させることとなった[2]。失業を回避しよりよい仕事を獲得するためには適切な教育を受けることが必要であり、人種的に分離された学校での差別的な教育ではなく、人種的に統合された学校で教育を受けたいとする要求となって現れた。

　シカゴの学校は人種分離学校廃止に関する連邦裁判所による合意命令（consent degree）のもとで運営されていたために、大多数が黒人で構成される学校はあっても、ほとんどが白人で構成される学校は既に存在しなかった。しかしながら、マイノリティの大多数は人種分離学校廃止政策の不徹底を批判し、完全な廃止を要求し続けていた（Hess, 1991: 60）。つまり、人種分離学校廃止問題は当時の教育政策上最も喫緊な課題であるとともに、解決が困難な課題であり続けた。

　約15年間にわたって市民権運動団体は市を相手取った人種分離学校廃止訴訟を計画していたが、コストの問題から訴訟の提起にまで踏み切れなかった。しかし1980年に連邦法務省が人種分離学校廃止に関する集団訴訟について検討を開始したために、教育当局は自発的な児童生徒の転校により人種分離学校廃止を促進することを意図した、マグネット・スクール計画を拡大することによって対処しようとした（Moore, 1990: 156）。しかしながら、マグネット・スクールの導入や拡大が人種分離学校廃止の根本的な解決策となることはできず、この問題は円滑な教育行政運営にとっての桎梏となっていた。いずれにしても、人種分離学校の実体的な廃止措置を市当局が何年にもわたって怠ってきたことに変わりはない。

　これら黒人側の要求が極度に高まったのが、1983年に行われた市長選挙であった。住民構成の変化を背景として、シカゴの歴史始まって以来初の黒人市長であるワシントンが当選し、彼は積極的にアファーマティブ・アクション政策を取り入れ、市の教育行政職に黒人を数多く採用していった。しかしながら、こうした事態の推移は、以下で触れる市の財政危機ともあいまって、市の人事政策への批判を引き起こすこととなった。市の教育官僚制批判は同時に新たに市の官僚となった黒人批判をも随伴することとなった（Katz,

1992: 63-64)。このことは、黒人中産階級の学校改革への姿勢に特異な様相を帯びさせた。市の教育官僚組織の中で人数的にも一定の比率を占めるようになった黒人中産階級は、後にも触れるように、学校改革に対して一定の距離を置く態度を示すとともに、改革過程における政治地図を複雑化する要因にもなった。

　教育政策上の課題としてぜひ触れておかなければならないのは、財政危機の問題である。たとえば、1979-80年度の会計年度で、すでに州からの財政援助を受けていたのに、教員給与の遅配が生じていた（Hess, 1991: 60）。財政危機の要因はいくつかあるが、特に1970年代に教員組合がしだいに強固な組織になり戦闘性を増すにつれ、給与やその外の労働条件の向上を目的としてストライキを構え、結局財政的な裏付けを欠いたまま給与引き上げが行われ、市の財政赤字を招くことになった（Moore, 1990: 157）。

　教育行政や教育政策の特徴としてぜひ指摘しておかなければならないのは、市長部局と教育当局との関係である。シカゴは伝統的に教育行政ならびに市政と民主党政治組織が密接な関係を保っている。これは今世紀のはじめから1980年代まで続いていた[3]。特に1960年代のＲ・Ｊ・デーリー（Richard J. Daley）市政の時代以降およそ2万名の授業を担当しない教育職員が市教育委員会に雇用されており、これらの採用の決定を市長と民主党の圧力の下で、教育委員会は唯々諾々と承認していた。1960年代を通じた学校システムの権力者は教育長のウィリスであり、ウィリスと教育委員会事務局は合議制教育委員会にイニシャティブを握らせるようなことはなかった[4]。この点は、シカゴが全米で最も人種的に分離された大都市学区であるとの非難に直面しても、ウィリス教育長が近隣学校政策を採り続けたことからも分かる。つまり、居住地域自体が人種的に分離しているために、近隣学校政策を維持することは、結果的には黒人学校と白人学校との存続を認めることになる。このウィリス教育長の教育政策は市民からの強い反発に直面し、結局1966年に辞職することとなった。

　その後1981年までに2名の教育長が着任するが、伝統的な教育政治は改革されることはなかった。この2名の教育長は市教育官僚の出身であり、人事や各種契約に実質的な影響力を及ぼした。教育委員会についてみれば、Ｒ・

J・デーリー市長の後任の市長が伝統的教育政治を改革しようとする志向を持つ何人かの教育委員を任命したものの、任命権が市長にある以上、結局は市長の意向に忠実な委員が教育委員会の多数派を占めることに変わりなかった（Moore, 1990: 157）。

第2節　学校改革への胎動

1．1980年代半ばのイリノイ州教育改革の動向

他州と比較したイリノイ州教育行政の特徴は地方学区の自律性を尊重し、州内の個別学区の運営にはできるだけ関与しない伝統を有していることである。この結果、今世紀初頭以来の全米的な学区統合政策の強行実施にもかかわらず[5]、イリノイ州ではいまだ小規模学区が多数存在している。

州は数多い学校法の中で、シカゴを対象としたイリノイ州学校規定（Illinois School Code）の第34条を根拠に、シカゴに配分される教育費総額に関してだけ教育責任を負い、教育内容や具体的な条件整備に関しては、事実上シカゴ教育当局の意思に委ねていた。したがって、バイリンガル教育や障害児教育などの分野に関して、州全体での統一的な政策が必要であると考えられたにもかかわらず、州教育当局は州法を盾に体系的な教育計画を策定することに歴史的に失敗してきたとの非難を浴びることとなる（Moore, 1990: 160）。

州の基本的姿勢にもかかわらず、1980年代前半からの教育改革の波は全米を被い、イリノイ州においても州政府がイニシャティブを握って教育改革のための政策が実施されるようになった。1983年に公表された『危機に立つ国家』をうけて、イリノイ州議会は1985年に州学校改革法（P.A. 84-126）を制定した。内容的には、幼児教育、学校中退対策、初等教育での読解力向上策の三つの領域で改革を実施することを意図していた。この法案の成立に係わったのは、州議会文教委員会、知事部局、イリノイ州教育委員会、市民団体、ビジネス連合組織、教員組合であった（Hess, 1991: 60）。この法案は、毎年学区から学力実態に関する「報告カード（report card）」の提出を義務づけ

ることと、他都市で既に行われていた教員の職務遂行に関する同僚による評価と、教員の資質向上プログラム計画を含む教員へのアカウンタビリティー評価を内容としていた。報告カードとは、州内全域の学区のアメリカ大学入学基礎学力テスト（ACT）やアメリカ大学入学共通試験（SAT）の成績とともに、第3、第6、第8、第11学年の学業成績調査結果である（Hess, 1991: 66）。

　州内の学区が一斉に同一のテストを実施するのではなく、7、8種類のテストを用いるために、正確に学力を測定したことにはならないとの批判にもかかわらず、州はテストを強行した。学力を4段階に分けて、それぞれの学校や学年がどこに位置しているかを報告しカードに記入することになっていた。報告カードには学力の他に、通学率、卒業率、カレッジ入学テスト得点も記入することとなっていた。これらの調査結果は広くメディアによって流布され、シカゴにおいても主要日刊紙に各校・各学年の学業成績の平均点が掲載された。報告カードの記載内容がメディアを通じて広く知れわたった結果、たとえば、シカゴの64校のハイスクールのうち33校が4段階に分けた成績グループで最下位に含まれ、当時の教育省のベネット長官によって「全米で最低」との非難を浴びる根拠となった[6]。

　その外の州レベルでの教育改革としては、教員・教育行政官の資格認定基準を引き上げたり、教員養成課程を持つ大学に対して学生の読解力、数学、言語能力の試験を義務づけたり、教育行政官の有資格者が5年毎に試験を受けて再資格認定されるようにした。また、1年間の矯正期間を経ても教授能力に問題点のある教員を解雇できるようにしたり、教育関係者のための研修の充実やマイノリティ学生への奨学金の充実、教員の教科教育に関する再教育の機会を与えたりすることも行われた（Hess, 1991: 89-90）。

2．イリノイ州1985年都市学校改善法

　1985年春に州議会を通過した法律、つまり、上述の州全体にわたる教育改革の一部として、シカゴのみを対象としたイリノイ州学校規定第34条の改正案が通過した。この法律は都市学校改善法（Urban School Improvement Act, P. A. 84-94）と呼ばれ、特に市教育財政の改革を眼目としていた。既に触れ

たように、市財政は破綻の危機に直面しており、公債の発行による赤字補填や、1980年に設置されていた州学校財政監視局（School Finance Authority）による個別学校の財政手続きの監視強化など、州議会による財政再建の努力が行われるとともに、シカゴでは教育委員や教育長の更迭が行われた。州学校財政監視局は均衡財政のために年度毎に緊縮財政を指示していた。具体的には、財政が不均衡の場合に新設校を認めないなどの方策を採ったために、1980年代はじめには累積赤字の解消に貢献した（Hess, 1991: 114-115）、と肯定的に評価されている。他方では、州議会主導で制定された都市学校改善法だけでなく州による教育改革は、財政運営への監視強化の外には構造的で計画的な改革策は採用されなかった（Moore, 1990: 157-158）、とも評価されている。

都市学校改善法は、すべての学校が学校改善計画を策定するため学校改善協議会の設置を義務づけた。この協議会には各学校の裁量で処理することのできる支出の拒否権と予算執行に関する聴聞権が付与された。もし協議会が学校財政運営に関して拒否権を行使すれば、学校はこの要求に応じて財政支出を可能な限り変更しなければならない。そして、1986年の春に第1回目のヒアリングが行われたときには、60校以上で拒否権が行使された（Hess, 1991: 61）。

都市学校改善法は、教職員資質向上策と校長権限の拡大も含んでいた（Wong, 1990a）。資質向上策についてみると、教員の専門的技能や実践力の向上、職務遂行を高める専門職的雰囲気の開発、専門職者としての資質向上、教員の権限の拡大をめざしていた。しかしながら、これらは努力義務規定であり、包括的な教員の能力開発のための命令規定ではなかった。また校長は学校改善計画の開発・実施の権限を有し、教職員資質向上計画の策定過程に積極的に参加すべきであると規定しており、いわば単なる学校管理者から教授リーダーに脱皮させようとする意図が込められていた。

これらのイリノイ州主導による教育改革は、当然のことながら、シカゴの教育政策、教育行政に重要な意味を持つが、シカゴ教育当局はどのように受け止めたのであろうか。1985年法によるシカゴ改革の実施状況について、教育に関心を持つ代表的な市民団体である「公立学校政策・財政に関するシカ

ゴ・パネル（Chicago Panel on Public School Policy and Finance）」の評価によれば、シカゴ教育当局は州議会による改革さえも忌避しようとしている、と鋭く批判されている（Hess, 1991: 65）（Warden, 1988）[7]。

1985年法は学校財政や学校改善計画の領域に新たな動きをもたらすと同時に、父母や地域住民が学校改善への関心を高める契機となった点も特筆に値する。そのための媒介役を果たしたのが、上述のシカゴ・パネルをはじめとした各種の市民運動団体であった。シカゴにおいて子どもを学校に通学させている父母組織と地域住民組織は伝統を有しており、1960年代以降は公立学校問題に積極的に取り組んでいた。1960年代前半の公立学校問題の焦点は人種分離学校廃止問題であり、1960年代末と1970年代はじめにかけては、学校を父母や住民が直接に統制しようとするコミュニティ・コントロール運動が焦点となっていた。しかしながら、1970年代半ば以降からおよそ10年間にわたってシカゴでの教育に係わる市民運動は低調であり、1970年代に策定された多様な人種分離学校廃止計画の実施にいく人かの人々が係わっていたものの、これらの人々や団体は市民運動団体として影響力は弱かった（Hess, 1991: 65）。

1985年法の制定と前後して、いくつかの教育に関心を持つ市民運動団体の動きが活発化してくるようになった（Hess, 1991: 68）。たとえば、シカゴ・パネルと並んで有力な市民運動団体である「デザインズ・フォー・チェンジ（Designs for Change）」は効果的学校研究を基盤とした学校監視プログラムを開始し、都心部学校の多くの父母を組織し研修を開始した。シカゴ・パネルはすでに数年にわたって父母集団に対して学校財政に関する研修を行っており、1985年以降、シカゴ地域PTAと共催で市内全域にわたる45回のワークショップを開催し、新たに創設された学校改善協議会の3千名以上の委員に対して、学校での意思決定と財政に関して権利を有していることを訴え続けた。

「シカゴ都市同盟（Chicago Urban League）」や「近隣連合組織（United Neighborhood Organization）」（四つのヒスパニック住民団体の連合組織、以下では「UNO」と略記する）などの地域住民団体も教育問題に関心を高め、研修のために市域内の専門家の支援を要請していた。「アスピラ（Aspira）」や

「ユース・サービス・ネットワーク（Network for Youth Services）」など市の北西部に居住するヒスパニック集団の諸団体は、トーチライト・パレードやロビー活動を通じて中退問題に社会的関心が集まるよう努力し、これらの運動によって、ヒスパニック住民地域における中退予防プログラムの計画と実施について州議会での法制化を勝ち取ることができた。さらに篤志家は公立学校に関連した研修・組織・調査への資金提供を惜しまないようになった。

いずれにしても、1985年法は学校改革に弾みをつけたことになる。つまり、教育当局は都市学校改善法の実施に失敗あるいは実施を忌避したとの厳しい評価がある一方で、この法律をめぐっては州議会で議論されている。その際に学校改善研究の成果についての議論や、SBMの動向に関する議論が行われ、主要な州議会議員は、学校を基盤とした意思決定にもとづく教育改善という理念および政策動向に注目せざるを得なかった。また、その実効性は疑われているものの、父母参加のための組織が作られたことは1988年法との関連で重要な意味を持つ。さらに、1985年法に含まれていた教職員資質向上策は、学校レベルでの専門職者の権限強化を意図しており、シカゴ教育行政システム内部での権限関係の変動をいくぶんかもたらした。つまり、システムのトップから学校レベルに権限の移行がわずかではあるがもたらされるようになった。以上の学校改革への胎動を経て、1988年改革に向けて改革の勢いは一気にその力を増すことになる。

3．1980年代前半のシカゴ教育行政の動向

1981年に新教育長のR・ローブ（Ruth Love）が着任した。彼女はシカゴで最初のマイノリティ教育長であるとともに、シカゴ教育官僚の生え抜きではなく外部出身者であったことや、ビジネスならびにメディアの支持を得ていたことから、シカゴ学校官僚制の病理を打破できるのではないかとの期待が大きかった。しかしながら、ローブの意図はともかく、結果的には失望が残っただけであり、この失望感が徹底的なシカゴ改革の誘引ともなった。以下では、1988年改革をもたらす素地を培った1980年代前半の市教育行政改革について検討しよう。

ローブのシカゴ学校改革の内容と方法を要約すれば、以下の3点にまとめ

ることができる[8]。ローブ教育長による教育政策の特徴の第1点目は、人種分離学校廃止問題への取り組みである。すでに訴訟問題となっていた人種分離学校をマグネット・スクールの創設によって自発的に解消させることや、マイノリティ児童生徒の白人学校への自発的なバス通学を促す和解案を提示することであった。

　第2点目は、「シカゴ完全習得学習（Chicago mastery learning）」と呼ばれる市全域にわたるカリキュラムを実施することであった。完全習得学習は基礎学力の向上方策として全米の多くの学校で注目を集めていたものである。読解や数学などの授業において基礎学力を数百の下位学力に細分化し、これらの細分化された下位技能（sub skills）の中から児童生徒が選択することを特徴としている。この指導方法は児童生徒の基礎学力を保障するために最適であり、教員の教授能力の不備を補うのにもふさわしい方法であるとして、一部の教育学者の支持を得ていた。他方で、教師による授業の創造や工夫の意欲を低下させ、児童生徒の筆記力を低下させ、児童生徒はすぐに飽きてしまい、なによりもこの方法の効果性について確証がないことを理由として批判されてもいた。事実、完全習得学習を導入したハイスクール生徒の学業成績を見ると読解力の改善はみられなかった。この指導方法への教育研究団体や教員や学界からの批判もあり、結局、ローブ教育長が1985年に辞職して以後、この教育方法は採用されなくなった。

　第3点目は、おもにハイスクールを中心とした「ハイスクール・ルネッサンス」と呼ばれる包括的な改革である。具体的には、ハイスクール入学基準の引き上げ、卒業要件の中の必修科目の追加、低学力生徒のための補習科目の履修など多様な内容を含むものであった。この改革を実施する第一段階として、1984年夏に教育委員会は新たにいくつかの履修科目の追加を行っただけで、結局、ルネッサンス計画の一部を実施したにとどまった。さらに、低学力生徒のための教育計画への追加的な資金配分は行わなかったことから分かるように、プログラムを実施するための真剣な努力を怠っていた。

　以上のように、学校システム外部から新教育長を迎えて学校改革を試みようとしたものの、児童生徒の学力を向上させるための新たな実践を展開することに失敗した。この時期の教育改革はマグネット・スクールの広がりと、

一部の人種統合校の実現以外にはほとんど見るべき成果をもたらさないまま、ローブ教育長は1期のみで辞職することとなった。

ローブ教育長辞職の背景には、教育長と市長と教育委員との間での意見対立があった（Moore, 1990: 159）。ローブ教育長在職中の1983年に、シカゴで最初の黒人市長であるワシントンが選出されている。既に触れたように、市長は教育委員の任命権を保持しており、市長の意向が教育委員の構成に影響を与え、最終的には教育長の身分にも影響を与える。ワシントン市長は学校改善のための政策実施を期待されるとともに、前任者たちがそうであったような教育行政における職や契約への干渉を行わないことも期待されていた。

市長の教育改革への着手は、市民によって推薦される教育委員候補者の中から教育改革を期待できる委員を任命することであり、新市長に任命された新教育委員の何名かは強力なリーダーシップを発揮しようと試みた。その結果、広範で実質的な意思決定権を有するローブ教育長と教育委員会の対立を招き、教育委員は彼女の契約更改を拒否した。その後、教育委員の多数派はシカゴ教育官僚出身のM・バード（Manford Byrd）を教育長に任命した。バード教育長の最初の2年の任期中には、特に目だった改革は実施されていない。その理由をムーアは、システム内部から教育行政に「習熟した」人物が行政官のトップの地位に据えられ、教育の質は現行学校システム構造の内部だけで改善することができるとの考えをバード教育長が持っていたからであるとしている。

以上のように、1980年代の市教育行政は、いわば教育行政システムのアウトサイダーとインサイダーの教育長を迎えながら、厳しい教育改革要求の渦中にあった。一人は意欲的に改革を実施しようとしたものの、学校政治に翻弄されて、そのリーダーシップを有効に発揮することができないまま去り、もう一人は事なかれ主義的な姿勢で職務を遂行していた。当然のことながら、両者の任期中には見るべき改革の成果を上げることができなかったとともに、改革を志向する人々や団体の欲求不満をつのらせ、改革要求の嵐をさらに強めたのである。

4．教育改革と市民運動

　シカゴは伝統的に住宅、経済開発、教育といった分野の問題で、近隣や市全域を基盤とした市民運動が積極的に展開されてきている（Moore, 1990: 160-161）。ムーアの紹介している代表的な教育関係団体は以下の通りである。伝統的な団体として1930年代に創設された「市民学校委員会（Citizens School Committee）」がある[9]。この委員会は市政からの教育委員会の独立性を一貫して要求し続けていた。1980年代には、二つの代表的な市全域を基盤とする市民運動団体が学校システム全体を意欲的に監視し、多様な教育改革案を提出していた。二つの団体とは、既に触れているシカゴ・パネルとデザインズ・フォー・チェンジである。シカゴ・パネルは教育に関心を持つ運動団体の連合組織であり、教育財政を調査監視するとともに、ハイスクールの中退率、組織、授業の質などの問題を分析し、繰り返し改革案を提出していた。デザインズ・フォー・チェンジは父母と生徒を主体として組織されており、都市学校改革を全米的に調査研究し、低収入・マイノリティ父母を組織し、学校レベルでの改善を求め、読解力の向上、中退率、障害児教育などを調査研究し、それに関連したシステム全体にわたる教育政策の変更を求めていた。

　デザインズ・フォー・チェンジの業績として、黒人とヒスパニックの児童生徒が学校で根本的に失敗をしていることを調査によって明らかにし、市全域にわたる父母組織である「シカゴ学校ウォッチ（Chicago School Watch）」の創設を促したことを指摘できる。1983年以来、シカゴ学校ウォッチは市内20学区のうち6学区で「すべての子ども達は読むことができるようになる（All Our Kids Can Learn to Read）」と題した教育プログラムを開発し、効果的学校研究と新たな評価方法を基にしたカリキュラムの採用を要求していた。シカゴ学校ウォッチによるキャンペーンを通じて、父母集団は学校評価の指標を開発し、学校のもつ弱点と利点について調べ、学校改善計画を開発し、教育当局に学校、学区、都市圏レベルで必要な教育政策変更を求めていった（Bastin, 1985: 169）。

　また、1985年にデザインズ・フォー・チェンジが発行した『ザ・ボトム・

ライン』(Designs for Change, 1985) によれば、18校のハイスクールに入学した6千7百名の生徒のうち4.5パーセントにあたる3百名のみが全米的な第12学年の読解力テストの平均以上に到達して卒業しただけであることを明らかにした。この結果がメディアによって流布され、トップ教育行政官が確信しているのとは裏腹に、学校システムはいっこうに改善されていないということを白日の下に曝した (Moore, 1990: 161)。また、先述のシカゴ完全習得学習の中止にも影響している。つまり、『ザ・ボトム・ライン』によって、ハイスクールの極端に高い中退率と卒業時における低い読解力水準が明らかにされ、このことがシカゴ教育委員会と教育長に対してシステム全体にわたる読解力の教授が十分に構造化されていないこの授業方法を廃止するように促した (Bastin, 1985: 170)。

　デザインズ・フォー・チェンジの活動は市長選挙、市政、州の教育政策にも影響を及ぼしているとされる (Bastin, 1985: 170)。『ザ・ボトム・ライン』によって教育的に何が必要であるのかが明らかにされたために、ワシントン市長の選挙キャンペーンにこの点が取り入れられ、市長の選挙公約の中の教育分野の作成にデザインズ・フォー・チェンジのスタッフが加わり、市長当選後も市長はデザインズ・フォー・チェンジの意見を常に支持し続けた。さらには、州レベルで教育関係市民団体と青少年活動団体を糾合した「イリノイ公正学校連合 (Illinois Fair Schools Coalition)」の組織化に重要な役割を果たしてもいる。同組織は十分な教育サービスを受けることのできない児童生徒に対する学校教育を改善するために、州による立法化と政策変更を要求し、この努力は都市学校改善法の基本的内容に結実した。

　1988年改革以前のシカゴの市政や教育政治の変動として、ヒスパニックの影響力の増大を挙げることができる (Moore, 1990: 159)。すなわち、1980年から85年にかけて、ヒスパニックの市議会議員、教育委員、教育行政官、校長、教員が増大するとともに、ヒスパニックの父母や地域住民はバイリンガル教育を強化すること、大多数がヒスパニック児童生徒で占められる学校での過大学級を解消すること、ハイスクール中退者の正確な統計を公表すること、ヒスパニックの言語や文化を理解する校長の任命などを熱心に要求していた。

上述の教育改革への流れに弾みをつけるのに影響力を持った市民団体の外にも積極的に活動していた市民運動団体がいくつかある。各種の市民団体の主張は必ずしも一枚岩ではなく、それらの間にはニュアンスの相違を読みとることができる。たとえば、ヒスパニック住民は教育改革の優先事項として過密教室の解消を訴えていたし、黒人住民にとっては学校施設設備の貧困と黒人児童生徒への尊厳の不徹底に関する不満が強かったし、マグネット・スクールに子どもを通学させている父母にとっては、シカゴに配分される州教育費の不足が不満の種であった。

市民団体の主張や改革戦略は、地域レベルで開催されていた教育改革に関するフォーラムでの主張に端的に読みとることができる。これらの主張を要約すれば[10]、教育費の圧倒的不足と、意思決定における父母住民の発言権を制約している学校統治構造への不満である。そして、教育行政権限の学校レベルへの分権化が必要であるとの共通認識があった。学校レベルへの権限の分散、すなわち、父母住民は学校の直接的な統制を強く求めていた。

とりわけこのことは、最下層の黒人やヒスパニックにとって最も緊急なテーマであった。これらの人々は、父母が学校の意思決定権をもつこと、つまり、教員の人事権、とくに教授能力の劣る教員の解雇や異動の権限を得たり、学校の歳入・歳出について校長と共同して意思決定したり、彼らの言語や文化を教職員が尊敬しカリキュラムにも反映させることといった教育改革を志向していた。経済的に不利な立場におかれた人々や、マイノリティ住民は繰り返し行われていた教員ストを、自らの給与の上昇のみに関心を持ち、子どもの文化や教育に鈍感で、特定の家庭の学校への関与を制限しているとして鋭い批判を浴びせていた。この教員批判と同時に、教育官僚は膨張し、非応答的であるとする教育官僚制批判も展開していた。さらには、州議会の南部選出の議員への批判も強かった。

マグネット・スクールや私立宗派系学校に通学させている中流階級の父母もシカゴの学校改革に関していくつかのフォーラムを開催しており、社会経済的に低位に置かれている住民の教育改革要求と重なり合う部分もあった。中流階級は、カリキュラム、学級・学校規模、教科書採択、規律、制服、通学区域、財政、人事などの分野において、父母、教育委員会、教員、校長、

第1章 1980年代半ばのシカゴの学校と教育行政 273

ビジネス、地域住民などの間でのパートナーシップを重視していた。彼／彼女らの多くは、マグネット・スクールやカトリック学校の学校経営に積極的に参加し、いわばパートナーシップを基盤とした学校経営に習熟しており、この方式を公立学校にも適用すべきであると主張していた。

いずれにしても、社会経済的な階層に係わりなく共通して求めた改革とは、教育統治の非効率性の改善と教育統治への参加であった。学校システムのトップに位置している教育委員会、教育長、中央教育行政官僚、教育委員会事務局を構成する中間管理職などの有している権限や権力を削減し、学校レベルに移行させることが各種フォーラムでの共通のテーマとなっていたのである。

5．教員組合および産業界等の教育改革への対応

シカゴの教育や学校の改革を目指す市民団体の動きに一定の距離を置き、あるいはこれらの動きと歩調を合わせて改革を推進しようとするさまざまな組織や団体がある。ここでは教員組合、産業界、財団、メディアの動向について見てみよう。

シカゴの教育史をひもとけば、本書第Ⅰ部第3章で詳述したように、主要なアクターとして必ず登場してくるのがシカゴ教員連盟であり、シカゴの教育史あるいは教育政治史において重要な役回りを演じ続けてきている[11]。シカゴの教員組合は学校改革に対していかなる姿勢を示したのであろうか。カッツによれば、教員は改革に対して懐疑的で用心しており、このことは教員の本能から発している。なぜならば、教員は改革に対してたいてい曖昧な役割を果たしてきているからである (Katz, 1993: 59)。曖昧な役割とは、改革の帰趨が個々の教員および教員団体に対していかなる影響をもたらすかについての見極めが困難であるからであろう。たとえば、改革によって教員組合と教育委員会との間での長年の団体交渉で勝ち取ってきた既得権が侵害されたりすることを恐れるからである。とりわけ、1980年代以降、教育官僚制と並んで教員組合はシカゴにおける教育批判の矢面に立たされており、改革論議の中で消極的にならざるを得なかった。教育改革を推進しようとしている一部の市民運動団体は、シカゴの学校の直面する問題の根源を教員組合の行

動にあると認識している (Hess, 1991: 70)。

　しかしながら、シカゴの学校改革が学校を基盤とした経営への改革を目指していたために、教員組合は改革に消極的であったのではないとの主張がある。つまり、都市の社会問題に関心を持つ代表的な企業が集まって結成された団体である「シカゴ・ユナイテッド（Chicago United)」とともに1987年の6月に開催した教育会議で、教員組合はインディアナ州ハモンドやフロリダ州デード・カウンティーにおける共同的意思決定方式、すなわち学校を基盤とした経営に賛意を表明しており、ここでの改革提案は教員組合の発行した改革案文書に盛り込まれていた。したがって、学校を基盤とした経営を導入することによって専門職者も共同的意思決定に加わることを望んだのであり、シカゴ教員連盟が学校改革に反対したことを暗示するのはアンフェアーであるとG・A・ヘス (G. Alfred Hess) は述べている (Hess, 1991: 71)。

　次章第1節で詳述することになるが、学校を基盤とした経営は論者によってニュアンスに違いがあるものの、要約すれば、教育に関する意思決定権を学校レベルに移行させ、学校内では教職員の専門性を高めることが共通した含意であると言ってよい。そうであるならば、プロフェッショナルとしての教員の地位向上を伴うことになる。シカゴの改革過程において、教員組合は専門職者としてその権限や責務を明確にするとともに、これらを強化する方向に作用する学校を基盤とした経営に賛意を表したものと解することができる。と同時に、学校改革の趨勢として父母の意思決定への積極的参加が強く主張されるにしたがい、具体的には過半数が父母で占められる学校意思決定機関の設置が提出されるにおよんで、専門職による学校運営とはいわば対極にある素人主導による意思決定機構の創設が日程に上りつつあるときに、やはり教員団体は二の足を踏まざるを得なかった。これがカッツの言う教員の「曖昧な役割」の真相であろう。

　「ビジネスが顧客へのよりよいサービスや、わかりやすい経営や、最大の能率や、今日の市場競争に打ち勝つことのできるように質を高めることなど、最大限の努力を払っているのとまさに同じように、学校もまた自己革新のために努力しなければならない」(Brown, 1992: 9)。これはシカゴの代表的企業であるイリノイ・ベル会長の表現である。経済界は自らの経営努力になぞら

えて学校改革を捉えており、シカゴの学校改革に対する経済界の見解の集約でもある。

すでに1988年改革以前からビジネスは学校問題に強い関心を寄せていた。たとえば、1981年に先に触れたビジネス団体であるシカゴ・ユナイテッドは学校システムに関する大規模な調査を実施している。この調査はビジネス、市民リーダー、教育委員、学校関係者を含む「教育に関するシカゴ・ユナイテッド特別調査委員会（Chicago United Special Task Force on Education）」によって実施され、調査報告書には視聴覚機器の修繕から児童生徒の怠業にまでわたる広範囲な主題に関する235の勧告が含まれていた。この報告書は大規模で構造的な学校システムの変革を求めたものではないが、リーダーシップ、教職員人事、権限の配分、運営手続きなどを改善することによって、シカゴの学校をより望ましいものに変えることができるとしている。そして、ビジネスは教育委員会から、報告書に盛られている改革を実施する責任を有する部局を新設するとの言質を取った（Moore, 1990: 161）。

こうしたビジネスの教育改革への関心の高まりの源泉はどこにあるのであろうか。カッツは、現在および21世紀における有能な労働力の確保にビジネスが強い関心を抱いているからであるとする。また、現在進行中の企業の再編、すなわち、教育の分野とは対照的に、企業はすでに組織内部で過度の集権化と官僚制化に歯止めをかけてきており、現代の社会的要請に即して企業に柔軟性をもたせるため、労働者の経営参加を部分的に保証していた。要するに、ビジネスは脱産業主義的な世界を目指した再編を進めていた（Katz, 1993: 67）。このように、ビジネスや企業家にとって、教育改革の含意していた官僚制・集権化批判と、企業がすでに着手していた再編とは共鳴する部分があった。

官僚制や集権化への批判と、ビジネスにおける支配的思潮としての権限の分権化の方向は、学校を基盤とした経営の理論に含まれる分権化の提案と当然のことながら重なり合う。企業経営において組織の中間スタッフを削減し労働者の経営参加を求める動向が、教育改革論における官僚制の弊害の打破および父母・地域住民の意思決定への参加という方向性と重なり合う。

ヘスも同様の観点から次のような見方をしている（Hess, 1991: 103）。組織

のさまざまな部分を構成する人々が協働的に事業を推進するQCサークルがアメリカにおいて高く評価されており、各種調査でも労働者の経営参加によって労働者が自らの職務にプライドを持つようになることが実証されている。学校レベルでの問題解決にも、父母・教員・住民・校長が協働的に問題解決にあたることが教育統治の望ましい姿であるとビジネスは考えたのである。

　財団の教育改革への姿勢について見てみよう[12]。シカゴは市民団体による研究や組織化を積極的に支援する革新的で先見の明のある数多くの財団や企業を擁するきわめて好運な都市であると評価されている（Hess, 1991: 72）。これらの財団は多様な社会問題に関心を持ち、その解決に積極的な運動や組織に財政的支援を惜しまなかった。学校改革に関しても、当然のことながら、財政的支援のみならず人的にも支援を続けた。アメリカにおけるフィランソロフィーの伝統がシカゴ学校改革に大きな影響を及ぼしたと見ることができる。

　メディアも財団と同様に教育改革の実現に向けて強い影響力を持った。たとえば、シカゴ・パネルが中退者の追跡調査を公表し、ハイスクール生徒は自習時間の設定によって、毎日の授業時間を体系的にごまかされていることを明らかにしたときに、日刊紙がこのことを第一面で報じ、テレビ局も夕方のニュースで報道した。教育委員長は実態調査に同意したが、教育長はこの報告が公立学校を「破壊」することになるとして批判した。シカゴの有力な日刊紙であるシカゴ・トリビューンとシカゴ・サン・タイムズは編集者による厳しい教育長非難で応酬し、のちに、教育長のこうした対応は学校システムの抱える病理の裏返しであるとして両紙とも問題提起した。この編集者による非難の後に、シカゴ・トリビューンは1週間に2、3日の割合で1年間にわたり、学校問題を検証する特集を組んだ（Hess, 1991: 61-62）。

小　括

　1987年夏頃までの政治的布置状況が学校改革に有利に作用しつつあったことを、M・オコネル（Mary O'Connell）に従っていくつかの事象をもとに要約しておこう（O'Connell, 1991: 10）。第一に、すでに公立学校の抱える諸問題についての論評や処方箋が作成され、多くの人がこれらを目にすることの

できる形で公刊されていたことがあげられる。ベネット教育長官がシカゴの教育を「全米で最低」と評したときには、多くの市民が知っていたことを、長官が声を大にして発言したまでであった。第二に、公立学校の状況を変革するために、何が実施されなければならないのかについての概略が明らかにされつつあったことである。すなわち、中央教育行政の権限を削減し、個別学校レベルに権限と責任を付与するという考えである。第三に、既にシカゴは学校問題をめぐって人々を組織化する歴史を有していたことである。たとえば「シカゴ応答的教育連合（Chicagoans United to Responsive Education Coalition）」（以下では「CURE」と略記する）や、子どもの非行・中退の予防を主目的にした団体など学校問題を検討する強力なネットワークの歴史があったが、ネットワークに関係していない諸集団は欲求不満を募らせたままであり、学校問題の解決に取り組むための新たな方法を求めていた。第四に、公式に発言を保証される場所として、次章で詳しく触れる、教育サミットがあった。第五に、学校に関心のある多くの人々は、教育行政のトップが改革のために努力してくれるということについて非常に懐疑的であった。ビジネス指導層は教育当局とともに何年も学校改革の努力を積み重ねてきているものの、裏切られ続けてきたために怒りを露にしていた。また、州議会は1985年改革法が実施段階で骨抜きにされていたことに対して怒っていた。

　以上のように、シカゴの学校教育の何が問題であるのか、その問題の解決方法は何か、いかなる戦略を用いれば改革が可能であるのかについての輪郭が浮かび上がってきた。問題の発見・分析、解決課題の探究・明確化などは紆余曲折を経ているが、市長、教育長、教育委員会、教育行政官僚、教員組合、市民運動団体、ビジネス、財団、メディアなどが教育政治過程における重要なアクターとして登場してきている。これらのアクターの相互作用の中から、1980年代の後半に入って急速に改革の戦略と内容とが具体的に練り上げられていったのである。

注

1）白人児童生徒の公立学校在籍者数に占める比率の急激な低下の要因として、白人の私立学校通学者の増加が推測できる。しかしながら、1976-77年度から1987-88年度までの私立学校在学者の児童生徒数も18パーセント減少しており、白人児童生徒の急減は、市全域での人口がほぼ横ばいであることを考え合わせると、郊外脱出が主因であると考えられる。なお、1987-88年度の私立の初等中等学校在籍者数は12万5千名であり、市域における初等中等教育該当年齢のおよそ5人に1人が私学に在籍している (Institute of Urban Life, 1990: 9)。
2）たとえば、1980年の貧困率、つまり貧困ライン以下の家庭出身の児童生徒数はシカゴで約18万名にものぼっていた (The Council of the Great City Schools, 1986: 15)。
3）今世紀初頭以降の学校政治の特徴、特に教育政治と民主党マシン政治との関係については、Wrigley (1982) や Peterson (1976) が詳しい。
4）1950年代から60年代のR・J・デーリー市政と教育行政との関連について、Cuban (1976: Ch1) に詳述されている。
5）今世紀初頭以来の学区統合・学校統合の経緯については、小松 (1989) を参照されたい。
6）ベネット長官の発言の根拠やその影響については、長官自身による著作、Bennett (1992) の中で触れられている。
7）また、同じくシカゴ・パネルによる教育財政分析によれば、官僚制は相変わらず肥大し続けており、各学校に使われる教育資源は削減され続けている。たとえば、州の補償教育資金のうち4千2百万ドルが中央教育行政官の地位を守るために流用されていることが明らかにされている。
8）ローブ教育長時代の改革の内容と方法は、Moore (1990: 158-159) に要領よくまとめられており、本文ではこれを参照した。
9）市民学校委員会の創設と活動内容については、Peterson (1976: 21) を参照されたい。
10）フォーラムでの市民団体の主張については、Wong (1990a)、Wong (1990b) を参照した。
11）シカゴ教育史における教員組合の動向に関するアメリカの文献では、Grimshaw (1979)、Wrigley (1982)、Hogan (1985) などが詳しい。
12）財団の改革過程への関与について詳しくは、McKersie (1993) を参照されたい。

第2章　学校改革の理論とシカゴ学校改革法（1988年）

はじめに

　本章第1節では、現代アメリカの教育統治改革で幅広い支持を得ている、学校を基盤とした経営の理論動向と、シカゴへの適用についてまず検討する。1988年法の主眼がこの理論の導入であったものの、1995年法で修正が施された要因を明らかにするために、理論の背景と適用の側面から詳細に考察する。

　第2節では、学校改革案の起草過程を紹介しながら、教員組合、市長、市民団体、教育委員会、ビジネス、メディアなどの政治アクターの動向を分析し、特に教育行政当局と教員組合が意思決定過程から排除されていることに着目する。第3節では、州議会での1988年法の制定過程、すなわち、その政治過程を多様な政治アクターの動向に即して詳細に描くことで、シカゴ教育政治の特色を明らかにする。

　本書第Ⅱ部第2章で考察したように、シビック・キャパシティーの形成・維持・発展にとってリーダーシップは不可欠であった。しかし、リーダーシップを発揮すべき教育長や教育委員会が徹底的な批判の対象となり、意思決定過程から疎外されていた。さらに、次章第3節で触れることになるが、専門職アカウンタビリティーを担う教員の圧倒的多数が加入しているシカゴ教員連盟は1988年法の制定過程において、その意思を反映する途が事実上閉ざされていた。本章は、次章で言及する1995年改革をもたらした要因の分析を探ることになる。

第1節　シカゴ学校改革の理論

1．学校の再構築と学校を基盤とした経営（School-Based Management＝SBM）

　アメリカでは連邦、州、学区のそれぞれの政府レベルで教育政策が策定され教育行政が行われているが、アメリカ合衆国憲法で教育に関する規定は存在しないため、例外的に連邦政府は教育に関与するだけであり、連邦憲法修正第10条によって教育の機能は州政府が担うこととされている。ただし州はその教育機能の多くを地方学区に授権している。したがって、教育システムは50州ごとに多様であり、同一州内であっても学区ごとに多様性を示している。多様性をもたらしたのは教育統治システムが植民期に起源をもち、地方のタウンや都市ごとに学校が設置され、公立学校行政区である学区ごとに学校管理組織が作り出されてきたためである。1940年代には約11万もあった学区はその後の統廃合によって2002年には1万3千5百に急減しているものの、地方の教育に直接に責任を負う学区が現在においても数多く存在している事実は、アメリカにおける教育の地方統制の根強さの裏返しでもある[1]。

　学区が主体となった地方分権的な教育統治システムが厳しい批判にさらされるようになったのは1980年代後半である。統治システム改革の一環として、地方政府レベルで学校再構築（school restructuring）が積極的に推進されるようになってきた。たとえば、フロリダ州デード・カウンティでは1987-88年度に、ロサンジェルスでは1989年にそれぞれ中央教育行政当局が保持していた教育行政権限を学校レベルに委譲する改革を実施している。

　これらの分権化改革の主要目的は、都市において高度に集権化し大規模となっていた統治組織のもたらす弊害を克服することであった。その組織的特徴は教育官僚制と呼ばれ、この大規模官僚制を改編することに再構築の狙いがあった。効率化や能率化に重点をおいた公立学校システムが官僚化されすぎてしまったために、児童生徒のニーズに適合しないばかりでなく、特に大都市中心部学校の児童生徒に十分な教育サービスの提供を怠っていることが明らかになった。教授・学習に関する標準的アプローチを用いた教育モデル

では、特に多様なニーズを持つ都市学校の児童生徒の教育を保障できないことが明らかとなってきた。なぜなら、基礎学力を身につけることなく、社会で必要とされるようになっている複雑な論理的思考力を発達させないまま学校を卒業したりハイスクールを中退したりする児童生徒があまりに多かった。教育官僚制批判は既存の教育統治システム内部から発せられたのではなかった。学校再構築を既存の官僚的な行政機構に委ねるのではなく、地域社会の統制に委ねるべきであるとの主張が外部からもたらされ、再構築のための主たるアプローチとしてSBMが注目されるようになってきた[2]。

　SBMの導入による学校再構築とは、初等中等学校の管理運営に関する州、地方学区、学校の間の権限関係を見直し、個々の学校レベルに教育に関する権限を委譲するとともに、学校レベルで意思決定を行うことを目指した一連の改革である。SBMは個別の学校を教育改善のための基本的単位とし、意思決定権を学校に再配分する統治構造の改革であり、分権化の一形態である。SBMによる改革は学校の自律性の確立とアカウンタビリティーの確保を目的としている。自律性の確立とは学校レベルのアクターに幅広い裁量権を付与し決定に影響する機会を増やし、そのことが結果的に学校改善の機会を増やすことを前提としている。アカウンタビリティーの確保とは、機構改革によってシステムの計画、評価、報告の過程が強化され、専門職者が学校教育に対してより応答的になることである（Malen, 1990: 290）。

　SBM導入の個別具体的なメリットは何であろうか。P・ホールステッター（Priscilla Wohlstetter）らによれば、①学校が地域の方を向いて決定することができるし、集権的官僚制によって学区全体で行う時よりも、限られた資源をいっそう効果的に活用できる。②多様な意見を意思決定に含めてより良い決定を導く。③学校レベルの参加者に権限を与えて学校への帰属感を高め決定に関与させ、学校改善のためのエネルギーを引き出すこととなる（Wohlstetter, 1997: 203-204）。同様の主張として、J・マーフィー（Joseph Murphy）らは、①子どもの教育について保護者により重要な役割を果たす機会を拡大すること、特に保護者の発言と選択を強化すること。②州から学区を通して学校に教育の統制権を分権化すること。③連邦レベル、州レベル、学校レベルでの教職の専門職化を図ること。④教授・学習の行動基盤を構成

主義的原理に置き換えること。⑤歴史的に形成されてきた官僚的統制を弱体化させ、アカウンタビリティーの一環として市場による評価を学校教育過程に導入することを指摘している（Murphy, 1995: 6）。

これら教育政治学者の観点からのみでなく、著名な教育学者であるとともに1984年設立の「エッセンシャル・スクール連盟（The Coalition of Essential Schools）」を率いる教育実践家でもあるサイザーの著書や活動なども学校レベルでの意思決定の重要性、分けても教員や校長への権限の委譲の重要性を喚起している（Sizer, 1984）。

州や学区のSBMに向けた具体的取り組みについて概観しておこう（Murphy, 1995: 37-39）。州の中でも徹底的な分権化を実施しているのは、ノースキャロライナ州である。1989年の学校改善アカウンタビリティー法によって、学校が目標を設定し結果に責任を負うシステムを採用し、学区はこのシステムを導入するか否かの決定権を有し、導入する場合は教材、施設・設備、教科書、テスト、運転者教育などに必要な経費の総額を受け取り、教育目標の75パーセントの達成を求められる。サウスキャロライナ州とメリーランド州では学力優秀な学区だけが規制緩和に参加することができ、サウスキャロライナでは学力水準上位10パーセントの学区は教職員配置、人事、カリキュラム、学級編制で州規制の枠から外れることができる。

学区権限を学校に委譲している例として、1980年代末にミルウォーキーでは学区を六つの「サービス供給エリア（service delivery area）」に分割して分権化しており、デード・カウンティでは4行政部局を6地域部局に再編している。オハイオ州シンシナチでは学区内の80校がハイスクール、ミドルスクールそれぞれ1校と初等学校6、7校を管轄するミニ・学区を設定している。テキサス州ダラスでは1992-93年度より、幼稚園から第12学年までを管轄する8地域に分割されている。

教育官僚制の弱体化を目指した改革では、中央官僚の人数を削減し、ときには職階制を廃止する改革も行われている。カリフォルニア州のある学区では教育長と校長の間の管理職層を一つにすることを目標に掲げ、5年以上かけて22地域学区の管理職が削減された。1988年のシカゴ学校改革法の最初の年に、中央教育委員会事務職が3300から2660まで20パーセント削減されたこ

とや、ダラスは初等中等教育担当の教育次長と2名の教育次長が廃止され1名の副教育長職を設けたために官僚制の二つの職を削減した。その外にも多くの事例がある。

2．シカゴのSBM論

次節で詳しく検討するように、教育史上画期的であるとして全米的に注目を集めたシカゴ学校改革を目的とする州法が1988年にイリノイ州議会で制定された。この法律は、市の教育委員会事務局職員を削減すること、教育資源を単位学校に一括して配分すること、各学校に父母が過半数を占めて11名で構成される学校協議会（local school council）を設置することなどを内容としている。学校協議会には、従来、市教育委員会が有していた主な権限である校長の人事、カリキュラムを中心とした学校改善計画の承認、学校予算編成などの権限が付与されることとなった[3]。

シカゴの学校をどのように改革するのかをめぐる議論や現実に進行した改革過程で、さまざまなアクターがかかわり、錯綜した政治過程をたどった。これらのアクターの中でも、理論的・実践的に重要な役割を果たした人物にヘスとムーアがいる。前節でも何度か引用しているように、彼らは1988年学校改革法をめぐる議論の時点でシカゴの有力な民間調査研究機関に所属していた理論的指導者であり、二人のSBM論に依拠しながら、シカゴでのSBM論の展開を跡づけたい。

ヘスはシカゴ学校改革に関して数多くの論文や著書・編著書を公刊しているが、その中でも代表的な著書である『学校リストラクチャリング：シカゴスタイル』の中でシカゴ学校改革の理論的な基盤として次のことを指摘している（Hess, 1991a: Ch4）。まず都市学校システムの官僚制化を前提にしたうえで、学校教育の効果性の是非に関する議論を展開し、効果的学校研究の成果、特に、校長のリーダーシップの強化、父母参加の促進、SBMによる学校への自律性の付与が重要であると述べている。さらに、ニューヨークやデトロイトでの学区分権化から引き出された課題、すなわち、分権化のために設置された下位学区教育委員会での政治腐敗や教員組合による支配といったことがらをシカゴ学校改革の教訓にすべきであるとする。

また、1980年代の全米的レベルでの学校改革の最初の波では、学校教育の結果に対する学校ならびに教育行政当局の責任を問うアカウンタビリティーの内容についてイリノイ州を中心に検討し、その不十分性を指摘している。同じく80年代後半に活発化した議論である教員専門職論、学校選択論、SBMにもとづく父母参加論の中でも、特に教員参加論と父母参加論を、民間企業における事業の再構築ならびに労働者の経営参加の成功例を引照しつつ、積極的に評価している。

　民間企業における事業再構築の一環としての労働者への権限委譲がシカゴ改革のモデルになったとヘスは述べている。それが分権化であっても集権化であっても、教育統治改革へのビジネスモデルの流用は、本書第Ⅰ部第3章で論及した20世紀初頭と同様に、現代でも頻繁に用いられている。次章で検討する1995年シカゴ学校改革修正法も典型例である。この点についてシップスは「管理理論における傾向が、学校のために命じられ学校によって採用される管理改革に反響する。企業が新たな管理技術を用いてテーラリズムによって生起している管理問題に対応するように、学校も革新主義時代の管理の遺産によって引き起こされる類似の問題に対応する。学校は協調組合主義 (corporatist) 学派（つまり分権化や労働者参加）であれ、ネオ・テーラリスト学派（つまり集権化と命令-統制のアカウンタビリティー）であれ、ビジネスから最新の技術を借用する」(Shipps, 2000: 89-90) と述べている。

　ヘスはシカゴの学校官僚制の硬直性、画一性、非応答性について共通認識をもたせ、学校はそのありようによっては児童生徒の学力向上に影響することができるとの主張を裏付けるために、効果的学校研究の成果を援用している。そして、都市学区をいくつかの下位学区に分割する方法の弊害を指摘し、下位学区ではなく学校にこそ諸権限を分権化すべきであるとの主張を展開している。

　さらに、前章で言及した1980年代前半の州レベルでの学校改革の不徹底を批判しながら、ヘスはいっそう急進的な改革を方向づけている。そして、彼は学校での意思決定への教員参加の重要性をビジネスの世界での労働者の経営参加の効果性と対比させつつ、父母参加の重要性も主張している。ただし、学校選択に関してみると、学校の官僚制化をもたらした元凶として民主的統

制を鋭く弾劾し、市場的統制の導入を強く主張するJ・E・チャブ (John E. Chubb) とT・M・モー (Terry M・Moe) らの学校選択論[4]をシカゴに適用することの有効性については疑問を投げかけている。

ムーアについてみると、シカゴ学校改革法が学校を基盤とした統治を組み込んでいることから、教育統治改革へのSBM論の導入を肯定的に評価している (Moore, 1990: 153)。また、児童生徒の教育経験や学習成果の質を高めるうえで、多様なタイプの参加が有効であることは実証されているとしている。父母と地域住民を学校での意思決定に参加させることの有効性を主張する参加論に依拠して、この制度化された参加をより効果的にするためには、多様な数多くの参加形態が導き出されるような長期の包括的な戦略を実施する必要があるともムーアは主張している (Moore, 1992: 155)。

ヘスもムーアもシカゴ学校改革の背景にある、特に1980年代後半以降に声高に主張され始めた学校再構築論を強く支持している。教育や学校の再構築論は論者によっていくぶんニュアンスの相違はあるが、最大公約数としては、学校教育の官僚的・温情主義的なモデルを拒否し、教員も参加する意思決定を学校レベルに近づけて、各学校を児童生徒や父母を含む顧客のニーズに対応させることを目的にしていると言ってよいであろう[5]。

1993年に刊行された教育政治学会年報の中で、ヘスはシカゴ学校改革がマイノリティの教育改善をも視野に含めた、「新たなリベラリズム」を理論的基盤とした改革であったことを論証しようとしている (Hess, 1993)。シカゴ学校改革は左翼や右翼の双方の論客から持てはやされたりののしられたりしている、とヘスは述べている。たとえば、この改革は学校を改革するための最も急進的な努力の一つであるとして賞賛されたり、逆に、急進的なものではないとあざけられたりしている。この改革は、リベラリズムを拒否して教派的で新保守主義的なアプローチを用いようとしているのか、1960年代の「貧困との戦争 (War on Poverty)」のための官僚による大規模な介入の失敗を取り繕うためなのか、1960年代の左翼主導のリベラルによる改革であるのか、リベラルの衣装をまとった誤った新保守主義なのであろうか。結論として、それらのいずれでもなく、この改革は「新たなリベラリズム」に依拠していると断言している (Hess, 1993: 87)。

ここでいう新たなリベラリズムは伝統的リベラリズムとどのように異なるのであろうか。ヘスによれば、改革の知的源泉として「平等主義的で思いやりのある」伝統的なリベラルの見解を土壌としているものの、貧困マイノリティ児童生徒の学校教育問題を解決するために採用され、結局は失敗に終わった集権的な戦略である伝統的なリベラルの戦略を拒否して分権的な戦略を採用するのが新たなリベラリズムであるとしている。シカゴのすべての子どもの教育の機会均等を真に保障するためには、新たなリベラリズムに依拠することが必要であると主張する。

　ヘスは伝統的なリベラルの採用した戦略の一つとして人種分離学校廃止運動を取り上げている。そして、この運動は功を奏さなかったばかりか、教育条件をさらに悪化させているだけであるとする。たとえば、1980年代初期にシカゴで行われた人種分離学校廃止計画を集権的に実施することの困難性に直面した多くのコミュニティ活動家は、たとえ計画通りに実施されたとしても、一部のマイノリティ児童生徒がこの計画によって恩恵を受けるだけであり、大多数のインナーシティーの児童生徒は人種・民族的に隔離された地域に取り残されてしまっている。シカゴでは人種統合という目標を変更したわけではないが、そのための戦略が変わったのである（Hess, 1993: 86）。マイノリティの教育問題解決戦略の変更とは、伝統的リベラルの採用した集権的で強制的な黒人と白人との統合、すなわち「個人的統合（individual integration）」から「平等的多元主義（egalitarian pluralism）」を基盤とした社会を作り出すための戦略への変更であり、これこそが新たなリベラリズムであると、ヘスは述べる。まさに現代の政治的潮流の変化をシカゴ学校改革は体現していると肯定的に評価する。

　人種統合を理想的な学校教育の形態であるとしつつも、結果的には近隣にある個々の学校の教育の質の向上を重視することとなる平等的多元主義は、現実には、ヘス自身も触れているように（Hess, 1993：93）、1896年に、白人と黒人との列車の客席を平等であるが分けることを定めた州法の合憲性を争ったプレッシー対ファーガソン事件最高裁判決で確立した「分離すれども平等に」原則と原理的に近いものになる。この原理が1954年のブラウン判決によって否定されるまで、人種隔離制度に憲法上の根拠を与え続けていたこと

は周知の事実である。

　ヘスの言う平等的多元主義を理論的基盤とすることは、人種分離学校を廃止するという目標を放棄するものではないとはいえ、廃止のための方法の探究や人種統合の意味を後景に追いやる危険性を伴うことになるのではなかろうか。シカゴではいかなる経緯で人種分離学校廃止運動が発生したのか、教育当局の対応はどうであったのか、人種統合の意義はどこにあるのかといった問題点を明らかにしていくことは、シカゴに限らずアメリカ大都市におけるマイノリティ教育問題を解決するための糸口を示唆するであろう。インナーシティーの学校の質の改善が大切であることは言うまでもないが、学校改善の努力とその成果は、教育統治改革だけで完結できるのではなく、マイノリティの児童生徒や彼／彼女らを取り巻く家庭、地域社会の改善と一体となってこそ現実的なものになるのであり、そのための教育政治のあり方が模索されなければならない。

小　括

　ホールステッターらは、教育改革の過程や改革結果の内容的相違は、学区の政治的特質によってもたらされるとの仮説のもとに調査研究を行い、その仮説が検証されたことを明らかにしている。デード・カウンティやロサンジェルスでは、学区内の権力バランスの中で経験豊かな非常に効果的・調和的なリーダーとして見なされる学区内部のアクターが、改革の成否を握る鍵的存在となっていた（Wohlstetter, 1991: 405-411）。

　シカゴ学校改革の理論としてSMB論が上述の論者らによって積極的に支持され、次節以下で論述する1988年学校改革法の制定過程に強い影響力を持った。SBM論に依拠した分権化のための教育統治改革が成功を収めるためには、理論的リーダーも含めて、多種多様な政治アクターが都市教育をどのように認識し、改革を目指してどのように動員を図るのかについても明らかにすることが重要である。

　シカゴにおけるシビック・キャパシティー形成の課題に即して言えば、学校改革でのリーダーシップを発揮すべき教育長、教育委員会のみならず、学校内での、つまり、学校教育のアカウンタビリティーを中心的に担う教員は

政治アクターとしてどのように位置づけられているのであろうか。これらのアクターの動向も改革の成否を握ることになるが、この点は、次節以降で詳しく検討する。

第2節　学校改革案をめぐる政治過程

1．教員ストライキとその影響

　1987年9月、教育委員会との間での新たな労働協約締結交渉が決裂してシカゴ教員連盟はストライキに突入した。教育委員会側は財政状況の悪化を理由として、給与引き上げは不可能であることを主張したものの、教員組合との間で妥結できなかった。この時のストライキは19日間続き、このような長期ストは過去18年間のうち9度目であった。この教員ストが学校改革への弾みになったことは疑いない。たとえば、この「苦々しい」経験は1960年代以降低調であった教育に関する父母と地域住民の活動を刺激する触媒の作用を果たしたと評価されている[6]。

　オコネルは教員ストを市民の中にあった不満を実際の行動に移らせる重要な出来事であったと見なしている。教員ストライキの影響によって、それを引き起こす要因となった当事者である教育委員会と教員組合が、政治的信頼の面でさらなるダメージを受けただけでなく、市内の父母の草の根的な組織を刺激し、市民の不満を政治的行動に転化する非常に重要な契機を導いた (O'Connell, 1991: 11)。それだけではなく、他の重要なアクターである市長、教育長にも注目が集まった。実は、市長、教育長、教育委員長、教員組合委員長の共通点としていずれも黒人であったことである。ストライキによって子どもの教育の質を高めるどころか子どもの学習の機会を奪うことになり、ストライキに参加した当事者に対する風当たりが強くなった。当事者はいずれも黒人であり、特に黒人社会の中で中産階級を代表するポストについていることを考え合わせると、学校改革を推進しようとしている人々は、黒人を主要な構成要素とするシカゴ教育界のいわばエスタブリッシュメントに対する批判を一段と強めている。

アファーマティブ・アクション政策によって、シカゴの教育官僚には黒人が多く雇用されていた。シカゴの学校批判は教育官僚制批判を中心として展開してきており、学校改革を主張する人々の意図にかかわらず、官僚制批判はアファーマティブ・アクションによって採用された黒人層への批判とならざるを得ない。むろん、学校を批判する側の中には黒人の住民団体も含まれていた[7]。したがって、教員ストライキやその波及効果をめぐる論争のみならず、学校改革をめぐる論争は、白人内部と黒人内部での階層分化や、さらには、ヒスパニックとの関係をも考慮に含めれば、カッツのいうところの、「人種政治（politics of race）」（Katz, 1993: 62-63）の様相を呈していたと見なすことができる。すなわち、人種・民族集団は常に学校を資源、報酬、社会的認知を求めて競合する「戦場（contested terrain）」であると考えてきたのである。

このことは教員ストライキをめぐる人々や組織の動きを、単に教員組合と教育委員会との間の紛争であると見なしたり、黒人と白人との人種的対立であると見なしたりするだけでは、シカゴの改革過程を捉えるのに不十分であることを示唆している。教員ストライキのみならず教育統治の改革過程を複雑で錯綜した政治紛争として捉えることで、その特質や課題が明瞭に浮き彫りにされるのである[8]。

2．市長のリーダーシップと市民団体

1986年の秋にワシントン市長の提唱で、「学習-所得の連携（learn-earn connection）」を主題として、ビジネス、市民団体、大学教授等の有識者、教員組合、教育委員会代表約40名から構成される教育サミットが召集された。具体的な検討課題に取り上げられたのは、シカゴ公立学校卒業者の学力向上とハイスクール卒業者への職の確保であった。サミットは六つの専門委員会に分かれて審議を行い、学校改善、卒業生の職場の確保、成人識字率の向上方策などについての報告書を提出した（Hess, 1991: 61）。

市長の提唱による教育サミットが開催された背景には、元市長のS・アリンスキー（Saul Alinsky）が努力して組織した地域住民団体という強固な基盤があり、この豊かな遺産を引き継いで当選したワシントン市長は、民主党

政治マシンに依存することなく、それから一定の独立性を保つことができたカリスマ的市長であったために（Katz, 1993: 62）、強力なリーダーシップを発揮することができたことも忘れてはならない。

　1987年の教育サミット2年目の焦点は学校の再構築に移っていた。教員組合によるストライキの結果、教員組合も教育委員会もすでに政治的信頼を喪失していた。議論の方向を主導したのは、市長任命によって結成された「父母-コミュニティ協議会（Parents Community Council）」（以下では「PCC」と略記する）、市民団体、ビジネスになっていた（Hess, 1991: 63）[9]。前年の教育サミット専門委員会が提出した報告書の改革内容を盛り込んだ仮合意は1987年の3月に採択されるに至った。仮合意文書には、幼児教育や補習教育プログラムなどを拡大すること、各学校に協議会を設置すること、教員の専門職化を促進する方策を検討することなどが含まれていた。この1カ月後には、学校協議会の権限を強化し、教育官僚制の規模を縮小し、不利益な状態におかれた子ども達が集中している学校への教育資金の再配分などいくつかの修正が施された。

　教育サミットで一枚岩的な合意に到達したわけではないが、サミットでの一定の共通理解であるサミット声明が1988年4月に発表され、この声明の内容が州議会での審議の帰趨を制するとともに、成立した1988年法の内容に多大な影響を及ぼした。しかしながら、この修正案に対しては行政官や校長団体からの拒否反応を引き起こし、結局、修正案の取扱いをめぐって1987年の夏にサミットは膠着状態に陥った。

　19日間にわたる教員ストライキの最中に、改革に向けた市民運動団体の動きが活発化するとともに、組織化も急速に進展し、いくつかの新たな組織が創り出された[10]。

　シカゴのノースサイド地区で数百名の会員を擁する「応答的教育のための父母連合（Parents United for Responsive Education）」（以下では「PURE」と略記する）は教員ストライキの際に市庁舎を取り囲み、市長に対してストライキ解決への積極的関与を要求している[11]。また都心部では、「教育改革のための市民連合（People's Coalition for Educational Reform）」がストライキの最中に3千名の児童生徒を集めて「フリーダム・スクール」を開講し、学

校改革運動への多様な社会サービス機関の参加を促した。サウスサイドのミシガン湖岸地域にあるハイドパーク地区のリベラル志向の住民とノースサイドのマグネット・スクールに通学させている父母との連合組織が、最終的には州議会での改革法に取り込まれることになる三つの改革案の一つをまとめていた。

教員組合のストライキを契機として新たに組織された市民団体の改革要求の高まりに対応して、ストライキが終息してから1週間後の10月11日に市長は教育改革に関する大規模な会議を主催した。会議に結集した千名の市民は公立学校の改革過程における発言権を要求した。これに応えて市長は、1987年10月に54名で構成されるPCCを結成し、これは、その後再開された教育サミット（通常「教育サミットⅡ」と呼ばれる）の一部となった。PCCの結成により、都心部の父母や地域住民組織はサミットでの審議過程における発言権を確保することができるようになった。このことに関してヘスは、伝統的に黒人やヒスパニックが意見を表明しようとする際には、それぞれの居住地域における人種・民族集団のリーダーを通してしか表明できなかったのに比べて、直接参加の途が開かれたと評価している。PCCは結成後10回におよぶ教育改革に関するフォーラムを開催し、このフォーラムで行われた宣言をもとにして改革案を練り上げていった。

ストライキの終結した1987年10月から「サミットⅡ」で白熱した議論が展開されていた1988年の5月までの間は、1988年法の成立後も積極的活動を続けている市民運動団体が出そろい、これらの市民運動団体を筆頭として、改革過程における諸アクターがエネルギーを最大限に注いで学校再建に取り組んでいた時期でもある。オコネルによれば特にこの時期には二つの基本的な活動の流れがみられるとしている（O'Connell, 1991: 11）。

一つは公式のルートを通じた公的過程（public process）であり、教育サミットを中心として、特にその中に新たに加わった下位集団であるPCCを中心とした改革の流れである。もう一つはCUREや市民団体（教育改革のための市民連合、UNOなど）や、ビジネス・リーダーが協力して共通課題の下に立法化の活動を行い、組織的に戦略を練り、協力関係を構築し、ロビー活動を行う流れである。これら両方向とも重要な役割を演じており、特にサミッ

トでの審議過程は巨大な民衆のエネルギーを学校再建に方向づける作用を果たし、サミットが市の弱体なリーダーシップによって膠着状態になったときには、改革志向の諸団体は重要な位置を占めるようになった。教育サミットにおける改革内容に関する諸アクター間での一定の合意内容が、1988年法の内容と密接に関連することを明らかにするために、1988年改革以前の学校法の規定、サミットでの合意、1988年法をウォンらによる整理にしたがって比較してみると次のようになる（Wong, 1990b）。

　各学校に設置される学校協議会についてみると、前章で既に触れたように、1985年学校改善法の規定によって各学校に設置されていた学校改善協議会は諮問機関的なものであったが、サミット合意では公選の父母代表6名を含む11名で構成されることとなり、1988年法もこれと同一内容である。教員に関しては、改革以前の学校法では身分保障条項があり教員の研修は自主的なものであったのが、サミット合意では身分保障条項はそのまま、学校協議会に教職員の研修計画の承認権を付与し、1988年法もこれにならった。校長は従前の学校法では身分保障条項があり、教授上のリーダーシップを行使することが規定されていたが、サミットでは身分保障条項が削除され、学校協議会に5年毎の契約更改の承認権を付与し、学校管理権限を強化した。1988年法では最終的に任期が3年に短縮された以外は、サミットと同様の内容であった。

　教育行政組織の頂上部には市長任命による11名で構成される教育委員会があり、学校レベルでの改革を支援することとなっており、サミットでも1988年法でも変更はなかった。教育行政機関外部の監督機関については、改革以前に州学校財政監視局が置かれ、市長任命の3名と知事任命の4名の委員で構成され財政支出に関する監督権を有しており、サミットでもこの機関は踏襲され、1988年法ではこの機関の機能を強化するとともに担当者の任命方法を若干手直しした。

　かくして、学校改革要求の社会的広がりに対応して、市長任命によるPCCが結成され、これによって、教育サミットを舞台としていわばフォーマルなルートが確保されるとともに、インフォーマルな各種の市民運動団体や住民団体やビジネスからの改革への圧力が強まり、教育サミットでの審議

の方向性を主導した。対照的に、批判および改革対象となった教育官僚組織、市教育委員会、教員組合はきわめて守勢的な立場に立たざるを得なかったのである。

3．ビジネスとメディアの役割

　学校改革を方向づけるのに、市民運動団体と並んでビジネスないし経済界は非常に重要な役割を果たした。特に教育サミットの審議過程で市民運動団体と共同歩調をとるようになり、改革への流れや改革の具体的内容が煮詰まっていった。

　すなわち、教員のストライキ後に再開された教育サミットでは、ビジネス・リーダーはより積極的に教育改革に取り組む姿勢を見せるようになった(Hess, 1991: 70)。具体的には、教育行政関係者や教員組合などの教育関係者と一定の距離を置く態度を示すとともに、父母や市民団体活動家と同一歩調を取るようになった。こうした事態の推移によって非常に強力な影響力をこれら市民団体やビジネスは持っているということを、教員組合や学校関係者は悟らされた。強い政治的圧力の下で、教育委員会も教員組合も消極的ながらサミットの合意文書に署名することとなった。

　また、サミットの審議過程において、学校改革に対する製造業界や商業界の意向を反映させるために、八つの主要なビジネス組織の連合体である「シカゴ・パートナーシップ（Chicago Partnership）」が結成され、この組織がサミットに提出した勧告案は、学校レベルでの統治や中央教育行政組織の削減や学校選択の実施をせまるものであった。ビジネス・リーダーによるその外の提案には、教職員の専門職化の推進も含まれていた。さらに、学校システムが改革をどの程度実施しているのかを監督する権限を持つ強力な機関の創設も提案していた（Moore, 1990: 167）。

　既に触れたように、シカゴ・ユナイテッドは1981年に大規模な調査を実施しており、その調査にもとづいた勧告がどの程度実施されているのかを評価するコンサルタントの報告書が1987年7月に刊行された。それによると、学校システムの改革に関して1981年に勧告したうちのおよそ半分は実施されているが、児童生徒の学習改善を図ることに焦点を当てた最も重要な勧告は未

だ実施されていない、と断定している（Moore, 1990: 164-165）。さらにこの報告書では、重要な構造的変革をすることなく、児童生徒の学力改善は可能かどうかについて検討した。その結果、集権的システムのもとでは改善が不可能であり、公選の学校協議会が校長の人事権や学校予算編成権やカリキュラム編成権を有するような、学校を基盤とした自律的運営に委ねるべきであると結論づけている。また報告書は、主要なシカゴの企業で取り入れている組織内部の再構築を、学校の再構築にも取り入れるべきであるとしている。具体的には中間管理層を削減し、重要な意思決定の責任を個別の商店や工場や事業所に委譲することで、顧客に対してより応答的になることが必要であるとしている。この報告書の刊行以後、シカゴ・ユナイテッドは学校システムに対してだけでなく、父母やコミュニティ集団に対しても勧告案への積極的な支持を求めていった。

　ビジネス界や各種市民運動団体からの改革案が数多く提出され、サミットでの議論は白熱してきており、1988年の3月に、サミットで合意に達するために、定期的な会合を持つようになり、この緩やかな連合体は「よりよいシカゴの学校のための連合（Alliance for Better Chicago Schools）」（以下では「ABCS連合」と略記する）と呼ばれるようになった。そして、州議会での抜本的な改革を内容とする学校法の制定の際に最強の圧力団体として成功を収めることになる（Moore, 1990: 167）。

　具体的改革案がいくつか出揃ってきた段階において、メディアは改革を助長する作用を果たした。たとえば、1987年の6月30日のシカゴ・ユナイテッドと教員組合との合同会議の後に、二つの有力日刊紙とテレビ局は学校システムを根本的に改革しようとしている他の大都市の取材結果を報道した。これらの都市はボストン、ロチェスター、ピッツバーグ、デード・カウンティ、ハモンドなどである。これらの都市における改革への取り組みに関する報道によって、教育サミットによる審議のみならず、州議会の法案審議過程において改革の理論と同時に事実的な根拠が提供されたとともに、既に提出されていた改革法への信頼感を高めることにもなった。改革派の提案はそれまで「急進的」であると考えられていたが、メディアによる他都市の改革動向の紹介によって、もはや「極端」な改革であるとは思われなくなった（Hess,

1991: 72)。

小　括

　1988年法が制定されるまでのシカゴの主要アクターの動向を検討してきた。上述のオコネルが指摘するように、錯綜した議論が行われていた時期には二つの基本的な活動の流れがあった。オコネルの用語に従えば公的過程と非公的過程である。前者は市長が主導し、後者は市民団体、ビジネス、マスメディアであった。ワシントン市長は、政党政治から一定の距離を保ち、イニシャティブを発揮できる好運に恵まれていた。改革の途上で急死する不運もあったが、市長のカリスマ性ともあいまって、教育行政が制度的に市政府から独立して運営されることが困難となっていることもあり、市長のリーダーシップが改革の帰趨を制することとなった。

　本書第Ⅱ部第2章のシビック・キャパシティー論で言及したポルツらは、教育改革をめぐって内部と外部の双方が改革に取り組むことによって成功がもたらされるとする認識が近年広く支持されるようになっていると述べている（Portz, 1999: 12）。シカゴでは、市長主導の公的過程と市民団体、ビジネス、マスメディア主導の非公的過程をそれぞれ内外として捉えると、双方向から学校改革への取り組みがなされていたと見なすことができる。ただし、ポルツらの述べている外部についてはシカゴの取り組みと一致するものの、内部に関して、市長だけではなく教育委員会、教育長、教育行政官、校長、教員などの教育関係者を含めている。したがって、本節で検討してきた学校改革案の起草に係わる教育政治を、シビック・キャパシティー論の観点からみると、内部にいる教育関係者が教育政治過程に正当に位置づけられておらず、改革の成否に影響する可能性がある。

第3節　州議会での学校改革法成立過程

1．州議会の政治環境

　シカゴ学校改革法案が審議されることになる1988年春の州議会の政治環境

について、オコネルの分析に即して見ていきたい (O'Connell, 1991: 19)。州議会の政治的布置状況や審議の過程を明らかにすることは、結果的に、市民運動が内包する学校改革の目的の表の面と裏の面とを浮かび上がらせ、ひいては、シカゴ学校改革の背景およびその有する問題点を余すところなく伝えている。

　オコネルによれば、当時の州議会の特徴の第一点目として、州知事J・トンプソン (James Thompson) と下院議長M・マディガン (Michael Madigan) との間で、州の所得税率の引き上げをめぐって厳しい対立があったことである。知事は共和党で議長は民主党という対立もあり、州の財政支出の均衡化をめぐって激しく争っていた。したがって、たとえ学校改革が提案されたとしても、厳しい財政事情の下では均衡財政が優先し、コストのかからない学校改革が求められた。カリキュラムを改訂したり、新しい教材を導入したり、学級規模を縮小したり、教員の教授能力を改善したりするような、すなわちコストの増大をもたらす改革よりは、コストのかからない、統治上の改革に州議会は焦点を当てる傾向が強かった。

　第二点目として、すでに州議会でシカゴ学校改革に係わるいくつかの法案が審議されており、その中にニューヨーク市の分権化をモデルとした、小規模学区への分権化も含まれていた。この案は大規模学区であるシカゴの改革について審議することに疲れを見せていた共和党議員、シカゴ郊外に居住している議員、州南部農村地域出身の議員にとって魅力的であった。しかしながら、オコネルによれば、この分権化を支持する真の理由は、学校改革をめぐる議論と一定の距離を保ちながらも、シカゴの学校に強い影響を及ぼしている教員組合主導の教育政治を、何とか改革しなければならないと州議会議員が一致して考えたからである。

　NEAのイリノイ支部である「イリノイ教育協会 (Illinois Education Association)」は、学区の分権化をシカゴ教員連盟によるシカゴの学校支配に楔を打ち込むことのできる戦略であると考えた。なぜなら、かつてシカゴを20の下位学区に分割したときに、シカゴ教員連盟の代表とともにイリノイ教育協会からの教員代表を送り込むことに成功しており、このことは、シカゴのすべて学校にイリノイ教育協会を組織するという骨の折れる作業よりもずっ

と容易であった。イリノイ教育協会は州の南部出身の議員にかなりの影響力を持ち、下位学区への分権化政策を熱心に推進していた。

　第三の特徴として、州議会で緊急に処理しなければならない問題が当時はあまりなかったことがあげられる。シカゴの学校改革が審議事項となったときに、都市学校を再建するための議論に費やすことのできる十分な時間的余裕を確保できたのである。

　以上のように、州の財政事情により新たな教育費支出を伴わない改革が模索されており、教育統治システムの改革を中心とした学校再建が求められるようになっていたことと、さらに、統治構造改革の主要目的がシカゴ教員連盟の政治的影響力の削減・弱体化であったことが分かる。換言すれば、支出増を伴う教育条件整備を中心とした学校改革よりも、支出増を伴わない教育統治システムの再編に突き進まざるを得ない客観的状況が生じていたのであり、このことはまた学校の再構築という時代的要請ともマッチした。学校改革を推進しようとしていた人々や団体の熱意や意欲が強かったことも事実であるが、他面で意思決定構造の、すなわち、既存の教育権力構造に楔を打ち込むことも改革の目標となっていたのである。

2．学校改革法の上程と審議の過程

　教育サミットで検討された学校改革提案を具体化する方法論として、州議会による法制化の形をとるのか、シカゴ教育委員会によって実施に移されるのかの問題が表面化してきた。CUREの見解によれば、市民運動団体の意向として、従来のように新たな政策を実施しようとしても、学校システムはその導入にことごとく失敗してきている教訓から、州法を通じて改革案を実施に移すことを決定したとしている (Moore, 1990: 167)。事実、CUREは既にサミットが召集される以前に州議会議員へのロビーイングを開始していた。特にイリノイ州南部出身州議会議員に対して、州財政を健全化するためにはシカゴの教育への浪費をやめさせ、学校システムの徹底的な改革が必要であると訴えていた。さらにCUREの見解にしたがえば、州学校法の中にシカゴのみを対象とした条項があったために、州議会によって抜本的なシカゴ改革を実行するほうが都合がよいと判断された。事実、CUREは独自の改革

案を1988年の2月と4月に作成している。

同じく市民団体であるABCS連合は、教育サミット開催中に独自の改革法案を作成し、最終的にはサミット声明として1988年の4月に公表していた(Moore, 1990: 168)。この改革案の中には、幼児教育の拡大、学級規模の縮小、教員の職能給制もあった。市長部局でもサミットでの審議を踏まえて法案を作成したが、この法案にはサミットの合意事項の中で重要なものは含まれず、サミットは全会一致でこの法案を否決した。この時点でサミットへの信頼性が失墜し、焦点は州議会での法制化に移っていった。

作成された多様な改革案をもとに、それらを調整しながら、党派を問わず州議会議員へのロビーイング活動が展開された[12]。具体的には、何百名あるいは何千名にもなった州議会へのデモ行進や、毎週50名から150名の父母が州都スプリングフィールドへのバスキャラバン隊を組織したり、数多くの署名を集めた署名活動が行われたり、州議会議員の選挙区への電話での依頼および訪問活動なども盛んに行われた。この草の根的なロビーイングやPRにはビジネスが資金を提供し、市民運動団体が依頼した著名なロビイストやPR企画会社が積極的に活動を展開したために、州議会議員に対して効果的であった。

単にエージェントを雇って活動させるだけではなく、ビジネス自身もロビーイングを展開している。シカゴの大企業(アモコ・コーポレーション、ヘレン・カーティス、ファースト・ナショナル銀行、ハリス銀行など)の社長や会長は学校改革法制定のために、個人的に州都に足を運んでロビーイングを行っていた(Hess, 1991: 70)。ムーアは、これらのロビーイングの際に、学区当局と教員組合から意見を聴取することはなく、両アクターともロビーイングに参加することもなかったために非常に助けられたと評している。なぜならば、両者への信頼感はストライキによって決定的なダメージを受けていたからである(Moore, 1990: 169)。

州議会幹部と知事は下院と上院の多数派の幹部や、マイノリティ集団幹部との間での水面下の交渉で、1988年の通常議会の会期末となる6月30日まで重要案件の処理を引き延ばし、最終日に法案を一括処理することをもくろんでいた。6月末に議会内で強い影響力を持つ下院議長のマディガンは学校改

革法案を作成するため、上院の委員会である初等中等教育委員会の委員長、州議会のおもだったメンバー、多様な市民団体、教育当局代表、教員組合代表を召集した。この議長の事務所での26時間におよぶ討議において提出法案が綿密に検討された（Moore, 1990: 170）（O'Connell, 1991: 20）。

　この法案の作成と並行して、州議会の共和党と民主党の幹部は知事と最終日に議会に上程するかどうかについての調整を行った。この間に共和党および知事から法案の修正意見が出されたが、結局民主党案として議会の最終日に上程され、上院では31対24、下院では68対37の民主・共和両党所属の議員数に沿って票が割れたものの、1988年7月2日に上院法1839（Senate Bill 1839、以下では「S. B. 1839」と略記する）としてシカゴ学校改革法が成立した。

　州議会の審議における意見対立の事例として、S. B. 1839は民主党案として上院の初等中等教育委員会および本会議を通過したものの、下院で民主党は教員組合と密接な関係を持つ黒人州議会議員団（Legislative Black Caucus）および学校改革支持派との調整に手間取っている。

　法案に反対した共和党の主張は、教育改革論でのいわば急進論を展開したと言ってもよい。共和党の主張は父母の学校選択権の規定の不十分性、学区の中央教育委員会の権限の削減、校長へのさらなる自由裁量権の付与、教育委員会と教員組合との交渉を形骸化させるために学校と教員との間で契約締結権を認めることなどであった（Wong, 1990a: 87）。これらの主張は学校官僚制批判と一体となった学校選択論と表裏一体のものであった[13]。

　以上のように法案の成立に至るまでの調整に時間がかかり、結局法案は通常会期をすぎて成立したことと、この法案が60パーセント以上の多数で可決されなかったことにより、州憲法の規定にもとづいて同法の施行は1989年の7月1日まで延期された。

　シカゴ学校改革法が議会を通過したあとに、学校改革の実施を監督する機関についての議論が高まった。知事はS. B. 1839に規定されていた州学校改革局（School Reform Authority）成員の知事による任命権の強化を強く求めた。この背景には州南部の白人州議会議員とシカゴ選出の黒人州議会議員の対立もあったとされる（Wong, 1990b）。

　この州学校改革局に対する知事の任命権強化の外に、児童生徒数の減少に

よって300名の余剰教員が発生し、その際の教員の解雇は年功制にとらわれないやり方で実施することなどを盛り込んだ、州知事による法案の修正を求める拒否権が行使された。この拒否権行使によって、知事側と州議会とで検討が重ねられた。

結局、州学校改革局の設置は見送られ、州学校財政監視局に従来からの権限である財政監督権に加え、シカゴ教育当局の改革実施状況を監督する権限を付与することで妥協が図られた。また、校長の契約期間が1年延長されて4年になったり、余剰教員の救済策が盛り込まれたりしただけで、大幅な修正は施されなかった。そしてこの修正案は1988年の12月2日にS.B. 1840として、上院では56対1、下院では98対8の圧倒的多数で議決され、12日に知事の署名を得て成立し、施行日は翌年5月15日となった。

以上見てきたように、シカゴ学校改革法が州議会に上程される以前から、学校改革推進派によって積極的に法案成立への働きかけが行われていた。当時の州議会内での審議案件や政党間の対立といった要因から、改革案は円滑に成立することができなかった。州レベルでの民主党と共和党との対立、議会と知事との対立などの錯綜した政治過程を経て法案が成立するが、その間には幾多の秘密会や駆け引きが行われていた。最終段階においても知事の拒否権行使に直面し、若干の修正を余儀なくされた。このように複雑な政治過程をたどってシカゴ学校改革法は成立したのである。

　小　括

1980年代以降のシカゴにおける教育問題の深刻化によって学校改革の必要性が提起され、具体的な改革案が作成され、州議会で法律として通過するまでの過程を詳細に見てきた。改革過程を検討する中で浮き彫りにされてきたシカゴ教育政治の特色についてまとめておきたい。

まず、シカゴは市民運動団体の長い伝統を有していたことを指摘できる。1960年代以降の公民権運動の高揚を背景として、人種分離学校廃止運動はむろんのこと、教育以外の住宅政策、都市再開発などの分野でも市民運動が活発であった。こういった政治文化があったからこそ、低学力、ハイスクール中退などの問題が急を要する課題として市民に白日の下に曝されると、その

解決を目指した市民運動が急速に盛り上がった。

　さまざまな都市の課題を解決するための市民団体の中でも、教育に直接的な利害を有する人々のみならず、その外の人々も広範に組織して運動へと駆り立てる、戦略に長けた教育関係の市民団体が多数存在し、改革過程で重要な働きをしている。これらの団体は、学校改革への理論的基盤を提供するのみならず、実践的にも改革を主導していった。その際にシカゴはアカデミズムの方面での人材が豊かであったことも幸いし、教育に関心を持つ大学所属の研究者のみならず、多様な分野の専門家の協力を得ることができた。これらの人々は積極的に市民団体の活動に加わり、父母組織や地域住民組織を糾合し、新たな組織づくりに努力するとともに、改革の方向性を指し示すこととなった。

　なお、M・ギッテル（Marilyn Gittel）はニューヨーク市と対比させながらシカゴ都市政治の特徴を次のように述べている。R・J・デーリー市長に代わったワシントン市長の時代に民主党組織の弱体化が見られ、ワシントン市長の支援もあってコミュニティを基盤とした組織の拡大と強化が図られていたことや、シカゴの市長はイリノイ州知事ならびに私的セクターと協力して事業を推進する能力を歴代にわたって有していた（Gittel, 1994）。このシカゴ政治の特徴も、市長のリーダーシップと同時に市民団体の活動が改革法制定に寄与することになった。ニューヨークと比べるとビジネスがコミュニティ組織を強力に支援する伝統を有していることもギッテルは重視している。

　市民団体の戦略のなかでも、ビジネスを改革勢力の戦列に加えたことは、改革に弾みをつけるのに決定的に重要な戦略であった。ビジネスは独自の利害からシカゴの教育に関心を持っており、市民団体と利害が一致した時点でその勢いは増幅された。ビジネスは市民団体への財政的支援を惜しまなかったのみならず、自らも積極的に改革方策を模索していった。シカゴは全米で第三の規模を誇る大都市であり、市内有力企業は同時に全米でも有力な企業であることが多い。これらの企業団体が一致団結して教育改革に取り組むことによって、市当局や教育当局も学校システムの微調整のみで事態の解決を糊塗することはできなかった。また、産業界のみではなく、財団やメディアも改革を側面から支援していた。いわば学校システムの外部からの圧力の高

まりが最高点に達したのが州議会での審議過程であった。

このように、1988年法制定過程において、ビジネス、メディア、財団、市民運動団体との間に学校改革のための緊密なネットワークが構築されていた。市民運動団体には学校の実態分析、改革理論の構築、父母や地域住民への研修を含む啓蒙的活動などを中心とした団体のみならず、多様な人種・民族的利害の実現を目的とした団体も含まれている。しかしながら、児童生徒ならびに学校現場に最も近い教職員の利害を反映した組織や団体の意思を反映させるルートは限りなく狭いだけでなく、むしろストライキを主因として批判対象となっていた。また、教育長や教育委員会事務局などの教育専門職者も、教育官僚制批判の矢面に立っていたことから、教育的なリーダーシップを発揮することはなかったのである。

注

1) 2002年時点の学区数については、以下のデータを参照した。(//www.census.gov/prod/2003pubs/gc021x1.pdf.最終閲覧日2006年5月28日)
2) アメリカで進展しつつあるSBMをどのように評価するのかについては、わが国における教育行政研究者も関心を持ち実際にいくつかの研究が試みられている。たとえば、本多（1993）、高野（1992）、高野（1995）、浜田（1992）、浜田（1999）、浜田（2000）、浜田（2004）などがある。
3) シカゴの学校改革はわが国でも注目され、いくつかの研究論文が矢継ぎ早に刊行されている。たとえば、黒崎（1994）、橋口（1994）、神山（1994a）、神山（1994b）、小松（1994）などを参照されたい。
4) チャブとモーの学校選択論および学校の市場的統制は、Chubb（1990）にまとめられている。
5) 学校再構築論とシカゴ学校改革との関連について、小松（1994）で詳述しているので参照されたい。
6) ムーアが「苦々しい」（Moore, 1990: 165）と評しているのは、組合側は4パーセントの昇給を勝ち取ったものの、結局1カ月分の給与を失っていることと、学校が再開された後にも教育改革の機運が継続したのみならず、よりいっそう改革への市民の意欲を高め、教員組合批判のトーンも高まったことを指している。

7）たとえば、CUREはこの教員のストライキを契機に黒人やヒスパニックをルーツに持つ団体のいくつかとの連携を強めている。これらの団体とは「ニュー・ホライズン・センター（Centers for New Horizons）」「ニア・ノース開発組合（Near North Development Corporation）」「教育改革のための市民連合（People's Coalition for Educational Reform）」である。

8）たとえば、次のような葛藤場面を紹介すれば「人種政治」の複雑さが理解できよう。1987年にワシントン市長は急死した。後任市長には白人政治家によって支持された黒人市議会議員E・ソーヤー（Eugene Sawyer）が選出され、それまでワシントン市長の存在によって黒人とヒスパニックとの間の連携関係が保たれていたが、これを契機に連携関係は崩壊することとなった。市民運動団体は新市長を支持せず、前市長の教育政策の継続を運動方針としたために、既存の黒人リーダーシップと反目することになった（Hess, 1991: 69）。要するに、市長の交替という変動によって、人種や民族間の改革を目指した連携関係に溝が生じ、政治勢力図に変化がもたらされた。

9）PCCのメンバー構成をみると、父母・コミュニティ住民代表が約44パーセント、ビジネス代表が22パーセント、教育関係者が18.5パーセント、労働界が5.5パーセント、聖職者が3.7パーセントであった（Wong, 1990a）。

10）本文の以下の市民団体の動向については、Hess（1991: 68-69）を参照した。

11）PUREのニューズ・レターにおいても、教員ストライキを中止させるための一連の行動の渦中に結成されたとしている（Parents United for Responsive Education, "PURE HISTORY"）。

12）これらのロビーイング活動についても、Moore（1990: 169）に詳述されている。

13）アメリカの学校選択論については近年多くの研究書が刊行されているが、政策的に強い影響を持ったのはChubb（1990）であった。この研究動向については神山（1993）、黒崎（1994）、黒崎（2000）などを参照されたい。

第3章　学校改革修正法（1995年）と教育統治改革

はじめに

　1988年学校改革法は、導入時において、アメリカ教育史上画期的な分権化改革であると評価された。その後、10年も経ずして抜本的な教育統治構造の再編が断行された。第1節では、第2節以下で論及する1995年学校改革修正法制定の背景・目的・影響を提示するために、教育の重要な事項に関する意思決定権を持つ機関として鳴り物入りで導入された学校協議会制度の運営実態ならびに学力達成状況について、各種調査の分析を通して検討する。

　続く第2節は、学校改革修正法制定の背景にあるニュー・アカウンタビリティーの概念および、ニュー・アカウンタビリティー政策として具現化された学力テスト重視政策の意味を明らかにする。特に、ニュー・アカウンタビリティー政策がもたらした教育統治への影響として、全米的な市長主導の教育統治形態が採用されてきていることを示す。シカゴも市長による教育統治の包摂をもたらした典型的な都市であることから、シカゴの市長主導教育統治改革の含意について検討を加える。

　第3節はシカゴのニュー・アカウンタビリティー政策を厳しく批判している代表的論者の諸説を取り上げながら、現代都市教育統治にとって喫緊の課題は、公教育の目的の再定式化と教育専門職者の教育統治における正当な位置づけが必要性であること、ニュー・アカウンタビリティー政策の質的な吟味が必要であることについて言及する。次いで、新たな教育統治モデルを探索するために、都市教育改革のための制度のありかた、制度選択について検討を加え、シカゴのシビック・キャパシティーの意義と課題を明らかにする。

第1節　学校協議会の運営と学校改革修正法（1995年）

1．学校改革法（1988年）と学校協議会の設置

　2002年時点のシカゴ公立学校は初等学校493校、児童約28万4千名、中等学校95校、生徒約10万1千名、公費負担教職員・行政職員約4万7千名である。1988年にイリノイ州議会で制定された学校改革法にもとづくシカゴ学校改革は、公立学校システムの統治機関である教育委員会を含む既存教育統治システムへの「核攻撃」（Danzberger, 1992: 22）として実施された。

　シカゴ学校改革法には、児童生徒の読み書き能力、高度に秩序だった思考力、通学率・卒業率を全米的水準と同等かそれ以上に到達させること、学問的に質が高く、すべての児童生徒は学ぶ能力があると強く期待できるよう広範囲な共通の学習経験を提供すること、教授に関して決定できる専門的な権限を教員に与えることなど10項目の目的が列挙され、これらの目標の達成に第一義的に責任を負うのはシカゴ市教育委員会ではなく個々の学校であるとしている点に特徴がある。シカゴ改革は主要都市学区で前例のない全校に公選の学校協議会（local school council）を設置し、学校経営の基本的な権限と責任を付与したことで全米の注目を浴びる画期的なものであった。

　前章第1節で検討したように、シカゴ学校改革の理論的背景にSBMがあった。シカゴだけが特異な事例ではなく、たとえば、1993年までに50の大都市のうち95パーセント以上が少なくとも管轄内のいくつかの学校でSBMを採用しているほど一般化してきている（Wohlstetter, 1997: 202）。テキサス州では州法の規定にもとづいて、"school-based management"を法令用語として使用し実施を義務づけているし、ケンタッキー州では1996年にケンタッキー教育改革法の一環として、一部の例外を除き、州内の全校でSBMを採用すべきことを命じている。1989年にハワイ州議会は「学校・地域を基盤とした経営（School/Community-Based Management）」による公立学校児童生徒の学力向上政策を採用している。オレゴン州議会は1995年までに州内のすべての公立学校に学校を基盤とした意思決定委員会の設置を義務づける州法

を1991年に制定し、同様の動きがニューヨーク州、サウスキャロライナ州、テネシー州、ワシントン州などでも見出される（Lunenburg, 2000: 37）。州議会主導でSBMが導入されるだけでなく、学区主導や知事主導の場合もある。ミルウォーキー、ケンタッキー州ジェファーソン・カウンティ、ヴァージニア州プリンス・ウィリアム・カウンティはもともとは学区改革の一部として教育長によって導入されたのであり、デード・カウンティ、ロサンジェルスなどは教員組合と学区との間での労働協約締結のための団体交渉の結果もたらされた。デンバーでは知事の命令によって実施された（Wohlstetter, 1997: 202）。

　繰り返すことになるが、学区から学校への分権化、学校の自律性の確立、学校での保護者・地域住民・教職員による自律的・共同的な意思決定、アカウンタビリティーの確保などがSBMの主眼であった。そのために多くの学校は利害関係集団の代表からなる「学校協議会」[1]を設置する。協議会の構成員、選出方法、権限などは以下に述べるように実に多様である（Wohlstetter, 1997: 202-203）。シカゴは保護者が過半数を構成している一方で、ジェファーソン・カウンティやニューヨーク州ロチェスターは教員が多数派となり、保護者や地域住民は必要最小限しか選出されていない。教員代表は教授スタッフの多様な部署から選出されており、ハイスクールでは学科代表、初等学校では学年代表などであったりする。ハイスクール生徒はたいていの協議会で構成員となっている。保護者代表の中には初等中等教育法タイトルⅠプログラム該当保護者や上級学年保護者と指定されている場合もある。選出方法も公選制、任命制、双方の組み合わせなど多様である。職務権限のうち学校の人事、財政、カリキュラムを含む場合、強力で包括的な権限を持つ協議会であるが、その場合でも保護者・地域住民主導の協議会運営もあるし、校長主導で協議会は諮問機関的な役割しか果たさないこともある。協議会の権限は団体交渉による学区と教員との間で締結された労働協約に制約されるし、カリキュラム内容は州のカリキュラム基準や児童生徒の学力評価に拘束されることになる。

　シカゴの学校協議会は保護者代表6名、地域住民代表2名、教員代表2名、校長の計11名で構成され、ハイスクールでは人事に関する投票権をもたない

生徒代表1名が加わる。保護者が過半数を占めることから、保護者主導の協議会運営を意図している。協議会委員の選出方法は、保護者代表委員の場合、子どもを学校に通わせている人々が選挙権と被選挙権を有し、地域住民代表は児童生徒の保護者以外が選挙権と被選挙権を有する。ただし、いずれもシカゴ教育委員会の被雇用者であってはならない。教員代表は当該学校の教職員の投票によって選出される。公選職の任期は2年であり、最初の学校協議会委員選挙では6千5百名の職に対して1万7千名が立候補した。

　学校協議会の権限は、4年任期の校長の人事権と業務達成評価権である。州から各学校に与えられる各校平均50万ドルの使途について校長の提出する学校予算案の承認権と、州の設定する学習到達基準を目標に校長を中心にして作成された学校改善計画（school improvement plan）の承認権も与えられ、学校協議会は学校改善の優先順位を決定する包括的な権限を有している。このように、学校協議会には学校経営に関する重要な権限である人事、予算、カリキュラムの権限が含まれている（坪井、1998a）（山下、2002）（小松、1994）。

2．学校協議会の実態と課題

　民間調査研究機関の公立学校政策・財政に関するシカゴ・パネルは、1991-92年度に14の学校協議会を対象として実施した参与観察にもとづく質的データの分析結果を報告している。学校協議会で行われた議論への委員の参加回数と協議会で委員が提案した議題の数を変数にして統治タイプを四つに分類している。制限的（limited）統治は2協議会であり、活動的でなくリーダーシップを発揮しておらず、基本的には校長が学校協議会を統制している。第二は穏健的（moderate）統治であり、7協議会が該当し、深刻な事態が生じた場合にはエネルギーと資源を注いで問題解決を図るが、通常は活動的なリーダーはおらず、協議会委員長が主宰するものの校長を基本として動いている。第三は均衡的（balanced）統治であり、議論への参加と提案に関係した議論の両方ともスコアが高く、3協議会がこれにあてはまる。協議会には本来的な意味でのリーダーがおり、時にはコミュニティ問題に関しても積極的に活動する。校長と協議会委員長がリーダーシップを共有し、父母と

コミュニティ代表も重要な役割を果たしている。第四番目は過度（excessive）統治であり2協議会がこれに含まれる。協議会委員はきわめて活動的で全員がリーダーシップに関して重要な役割を果たし、協議会委員長がリーダーとなって父母委員の参加を高めるが、協議会と校長とは長期にわたって敵対的関係にあり、委員の間には信頼関係が構築されていない。以上のように統治パターンを分けた上で、シカゴパネルは第三の均衡的統治が最善であると述べている。

次に、同じく民間教育研究団体であるデザインズ・フォー・チェンジとシカゴ大学付置「シカゴ学校研究コンソーシアム（Consortium on Chicago School Research）」の実施した学校協議会に関する大規模調査を総括する文献[2]に拠りながら、学校改革が実施されて約10年が経過した時点での学校協議会の現状について紹介したい。

学校協議会委員を対象とした責任遂行に関する意識調査によれば、50〜60パーセントが「十分に機能している」、25〜33パーセントは「機能しているが支援が必要」、10〜15パーセントは「不十分にしか機能していない」と回答しており、約半数の協議会で円滑な運営が行われているものの、少なから

表5　学校協議会（保護者・地域住民）委員の学歴

	学校協議会委員	シカゴ市民	イリノイ州民
ハイスクール未修	13%	34%	24%
ハイスクール卒	24%	25%	30%
短大卒または大学中退	32%	22%	25%
大学卒業以上	31%	19%	21%

出所）Designs for Change（2002: 4）

表6　学校協議会（保護者・地域住民）委員のエスニシティ

	学校協議会メンバー	シカゴ市民
アフリカ系	42%	38%
ラティーノ	14%	20%
白人	40%	38%

出所）Designs for Change（2002: 5）

ぬ協議会が問題を抱えていることが分かる。具体的に見ていくと、保護者委員と地域住民委員の学歴はシカゴ市民あるいはイリノイ州民の平均よりも高くなっている。同委員のエスニシティはシカゴのエスニシティの分布をほぼ均等に代表している。

活動状況についてみると、88パーセントの協議会が少なくとも毎年9回会議を開き、56パーセントの協議会がすべての会議で定足数を満たし、35パーセントは1、2回定足数に満たないだけであった。81パーセントが協議会内に2、3の常設委員会を設けて日常的に活動している。保護者や地域代表が協議会委員として年間に費やす時間は、平均すると毎月の定例会議で11時間、定例会議以外の会合、学校行事、ボランティア、PTAなどに17時間の合計28時間にもなっている。

学校協議会による校長評価に関して、協議会委員と校長の双方とも次のように回答している。協議会は校長評価に際して明確な基準を設定しているとの回答は、委員で86パーセント、校長で74パーセントであり、校長評価に公式の手続きを経て十分な時間をかけているとの回答は委員で82パーセント、校長で74パーセントであった。さらに、協議会による校長評価は校長の学校改革に貢献しているとの回答はそれぞれ74パーセントと56パーセントであった。また校長の選考に際して84パーセントの協議会が人物証明書を審査し、81パーセントが面接を実施し、75パーセントが学校以外から候補者の情報を入手し、68パーセントが最終候補者を地域公開討論会に出席させている。

学校改善計画についてみると、協議会のうち76パーセントは学校改善計画を定期的に検討し、61パーセントが学校改善計画のために地域公開討論会を開催している。学校財政に関しては73パーセントの委員が「学校財政改善のために十分な時間をかけて検討している」と回答し、58パーセントの委員が「学校財政の細部について説明できる」としていた。財政の承認と検討の全般に関しては、委員の22パーセントが「深く係わっている」、58パーセントが「適度に係わっている」、16パーセントが「最小限係わっている」、4パーセントが「係わっていない」と回答している。

法的に委ねられた学校協議会の重要な職務権限以外にも、活動内容として地域の諸機関や団体との連携を図っている、学力向上計画の改善を後押しし

ている、施設の改善に携わっている、保護者の参加を促進している、学校内で個人的にボランティア活動を行っているなどの回答が寄せられ、協議会委員は幅広い分野で学校のために活動している実態が浮かび上がってくる。

　同調査では、全学校協議会のうち10パーセントから15パーセントの問題を抱えた協議会についても紹介している。協議会の4パーセントは基本的に不活発であり、13パーセントは基本的責任を果たすための一貫性が欠如している。12パーセントの協議会では委員のうち2、3名が常に葛藤を引き起こし、5パーセントの協議会では委員のうちやはり2、3名が非道徳的な活動を行っていると報告されている。問題を抱える協議会に共通した特徴として、校長および協議会会長のリーダーシップが弱いこと、委員の研修が十分でないこと、有意義な会合の運営や新たな教育実践などの分野での知識や技能の不足であった。十分に機能している協議会と問題を抱える協議会の委員の学歴や職業構成には相違がないことも付言されている。

　シカゴ学校研究コンソーシアムの暫定的な結論によれば、大多数の学校協議会は責任を持って委任された義務を果たし、学校と地域社会とのパートナーシップの構築に積極的な統治組織であり、協議会が学校の専門的自律性を侵害するとの当初の懸念は払拭されている。学校を取り巻く社会に十分な資源と権限を与えることによって、保護者、地域住民、教職員による参加の機会を拡大することによって、この学校改革は地域による問題解決の能力を高めてきている。かくして、これらの調査結果だけにもとづけば、1988年改革法の目的実現に向けた努力が学校協議会を舞台に積み重ねられている。

　デザインズ・フォー・チェンジの調査報告は校長の評価と選考における協議会の役割、委員選挙における立候補者、委員の不祥事、委員の研修についても言及している。簡単に触れておくと、最初の校長の評価・選考の時期にあたる1990年春に、契約の更新を望んでいた校長のうち18パーセントが協議会によって拒否されたものの、1999年春になると、更新を拒否された校長は3パーセントにまで縮小した。この背景には、一部委員の資質に関する問題提起に端を発して、教育行政当局が協議会の校長評価能力に懸念を表明し、協議会の有する校長人事権の弱体化を図るための州法改正の動きがあった。しかし協議会委員や学校改革関連の各種市民団体の熱心な運動によって、結

局この当局の動きは封じられている。

　学校協議会には保護者委員3千3百、地域住民委員1千百、教員委員1千百の合計約5千5百の公選ポストがある。1989年の最初の選挙では約1万7千名もの立候補者がいたが、その後、1991年約8千百名、1993年約7千4百名となりその後2000年までの3回の選挙では7千名台で推移している。2000年選挙における保護者代表と地域住民代表についてみると、59パーセントの学校で選挙が行われただけであり、26パーセントは全員当選、14パーセントは保護者代表と地域住民代表ポストの合計6名を下回る立候補者しかなかった。各種の財団、企業、市民団体がおよそ9千名から1万名の擁立をめどに立候補者を増やすための運動を展開しているが目標にまでなかなか到達できそうにない。

　シカゴは歴史的に汚職、買収など政治的腐敗で有名な都市であり、当初は学校協議会を舞台とした不祥事の発生が懸念された。しかし、意思決定を大規模行政単位ではなく個別の学校に委ねたために、何百というポストへの任命権を持つ地位ならいざ知らず、各学校に設置される協議会委員の人事権はたった一つの校長職というポストだけである。過半数を占める協議会委員は子どもの教育改善のために委員に就任しているのであり、自らの地位を利用した政治的不正行為に手を染めることはほとんどない。また、新たに任命された委員は州法によって18時間の研修が義務づけられている。研修を主宰するのは学校改革市民団体、イリノイ大学シカゴ校、シカゴ大学などの大学や教育研究組織、教育行政当局などであり、それらが連携して研修のカリキュラムを作り上げ実施している。

3．シカゴ学校改革修正法（1995年）

　1995年にイリノイ州議会によってシカゴの教育統治に大きな変化がもたらされた。イリノイ州議会は「教育的危機」がシカゴに存在することを宣言し、シカゴ学校改革修正法（Chicago School Reform Amendatory Act）を制定した。次節でも詳細に検討するが、教育行政権限を個別学校の協議会に分権化した1988年法とは対照的に、修正法は公立学校に関する権限を市長のもとに統合し、市長部局ならびに教育行政当局の財政権と管理権を強化している。

すなわち、修正法は新たにシカゴ学校改革理事会（Chicago School Reform Board of Trustees）と主席行政長官職（CEO）を設置し、運営に失敗している学校に対する「是正（remediation）」「指導・観察（probation）」「抜本的改革（intervention）」の措置命令権をCEOに付与することによって、教育サービスの質の向上を目指している。

新たな教育統治体制は公立学校システムへの政治的支持を拡大するために権限を活用した。たとえば、修正法制定後の初年度に校舎の維持管理費を引き下げ、地元メディアに教育費浪費の実態を公表し市民に対して当局の即応性を訴え、市民からの信頼を獲得した。また学区中央教育委員会をダウンサイズし機能を民営化することで、経済界からの支援も取り付けた（Wong, 1998: 26-27）。この1995年法については次節で詳細に検討する。

学校改革修正法施行2年目に、教育行政当局は徹底的な指導・観察政策を導入し、シカゴ市内公立学校の20パーセントにあたる109校を指導・観察校に認定し、学力テストにもとづく児童生徒の学力向上努力を指示したり、再建学校（reconstitution）への指定を警告したりした。

指導・観察校に指定された教育困難校（low-performing schools）は学校協議会と教職員が課題解決のために努力し、学校が改善しているか否かを判断する客観的基準を設定しなければならない。もし学校は「欠点を修正するのに十分な改善」を行っていないと判断されれば、CEOは新たに学校協議会委員選挙を命じ、校長と教職員を更迭し、一段と厳しい抜本的改革のための手続きに入り、最終的には学校を閉鎖することができる。指導・観察校に指定する基準は、初等学校ではアイオワ基礎学力テスト（Iowa Test of Basic Skills）を、ハイスクールでは学力習熟テスト（Test of Academic Proficiency）を用いて、全米平均から15パーセント以上下回ったか否かである。2003年末現在、指導・観察校として指定されているのは初等学校50校（全493校）、ハイスクール32校（全95校）である（Chicago Tribune, December 19, 2003）。

4．学校協議会と児童生徒の学力

SBMの導入、学校協議会の設置はあくまでも手段であり目的でないのは

言うまでもない。目的は子ども達の教育の質の改善である。それでは学校協議会の設置後、この目的は達成されたのであろうか。デザインズ・フォー・チェンジは、指導・観察校も対象に含めた学校協議会の成否と児童生徒の学力との関係に焦点を当てて調査している (Designs for Change, 2002: 9-12)。

指導・観察制度導入以前の1990年から1997年の間の学力調査結果にもとづいて、デザインズ・フォー・チェンジは、1990年の読解力テストで全米平均以上の得点をとった児童が17パーセントでしかなく、1997年の同じテストでもたった20パーセントであった学力低迷校 (no trend schools) 187校と、同じ期間に23パーセントから37パーセントにまで上昇した学力向上校 (substantially up schools) 84校に分けてその要因を探っている。教員を対象とした調査データを使って分析すると、学力向上と学校協議会の態様とは統計的に有意な関係にあることが判明した。すなわち、協議会、校長、教員集団のリーダーシップが有効に発揮され、協議会での諸アクターの意思決定への参加が高い学校ほど、学力が向上しているとの結論が導かれている。

指導・観察制度が導入されて以降の1997年から2000年までの学力推移を調べた追跡調査では次の結論が得られている。シカゴ学校改革理事会によって1996年と1997年秋に指導・観察校として認定された学校は、指導・観察担当官の強力な管理のもとに置かれ、学校協議会の意思決定権が著しく制約されることになる。指導・観察校に認定された82の初等学校の学力は、読解力テストで全米平均以上の児童が1990年から1995年まで10パーセント前後であり、指導・観察下に入っていくぶん上昇したものの、2000年に22パーセントまでしか到達できていないし、1999年から2000年の間は横ばいとなっている。以上の結果から、指導・観察校の認定という非常に厳しいトップダウンの改革は、持続的な学力の向上をもたらさなかったとの結論を下している。他方で、1997年まで学力向上校であった学校は平均すると78パーセントが低所得階層出身であるにもかかわらず、2000年には45パーセントの児童が読解力で全米平均以上にもなっている。むろんこれらの学校では先に触れたように学校協議会が有効に機能している。

なお、全米知事会の教育部門研究機関である「全州教育委員会 (Education Commission of the States)」の出した報告書によると、学力が向上して

いる初等学校は学校裁量教育費をコンピューター教育、音楽、美術、理科実験、体育などの充実、すなわちカリキュラムを多様化する方向で充実を図っている学校である。児童生徒の学力が低下している学校は、学校裁量教育費を教員の増員や補助教員の導入など学級での授業支援に回すことを重視している学校であった（Weiss, 2001）。

小　括

　学校の再構築は学校教育の管理における官僚的・温情主義的なモデルを拒否し、意思決定を学校レベルに近づけて、保護者、地域住民、教員、生徒をも含む公立学校教育の利害関係者のニーズに応えることを目指している。今まで述べてきたように、学校レベルでの意思決定をSBMと呼び、シカゴの改革は全米で注目されているSBMの一つの典型例であった。SBMの導入によって、校長は従来の教育行政官としての専門性を維持しつつ、保護者、地域住民、児童生徒とともに、学校の直面する課題を民主的手続きに則って解決する役割に徹することが求められる。教員は各学校の状況に即した教科書採択やカリキュラム編成の役割など教育の質への責任を負うようになる。学校の所在する地域には独自のニーズがあるとの前提にたち、各学校は多様なニーズに応えるために保護者や地域住民の意思決定への積極的参加を促すことになる。しかしながら、10パーセントから15パーセントの「不十分にしか機能していない」学校協議会が存在していることも事実であり、保護者と地域住民が単なる諮問的役割ではなく実質的な役割を果たすことができるようになるかどうかは依然として課題のままである。

　ところで、学校改革を支援するのが中央教育行政の役割であるが、次節で詳細に検討するように、1988年法に比べてシカゴ学校改革修正法では教育当局ならびに市長の権限が強化されており、その権限行使の際の唯一絶対的な基準として学力テストが用いられている。学校改革修正法によって強力に推進されたアカウンタビリティー政策の帰結でもある。その結果、教育困難校であればあるほど学力テストが重視されて、特に学力評価の対象となる第3、第6、第8学年は学力向上に猛進せざるを得なくなり、学力テスト対策、すなわちテスト得点向上技術の習得を繰り返すことになっている。これらの学

校はマイノリティで貧困家庭出身の児童生徒が圧倒的多数を占める学校である。他方で、マイノリティと白人とが混在している高学力校は学力向上策に忙殺されることなく、自律的思考を促す学習やライティングに関する多様な宿題、実験的・知的で多様なカリキュラムを採用し、文学についてより深く追求する学習が展開されている（Lipman, 2002）。現代ニュー・アカウンタビリティー政策の課題はここに端的に現れている。この点については次節で検討を加える。

第2節　アカウンタビリティー政策と教育統治の市長一元化

1. ニュー・アカウンタビリティーの概念

　人々が学校の設立・維持・運営のために資金を提供するかぎり、学校で行われる教育に関する責任の問題は生じる。学校が社会の合意を取り付け、了解を得るためには、業務や活動について対外的な説明が付随してくる。アメリカでも教育アカウンタビリティーに関して長い間注目され続けてきている[3]。アカウンタビリティーが対外的な説明を含意することから、説明責任と邦訳される場合もあるが、回答可能であり応答可能であるところの何かを説明し、報告し、正当化することが含まれる。アカウンタビリティーの含意には、特定の人々が他の人々をよりいっそう応答的であらしめようとする価値的な要素も当然のことながら含んでいる。教育当局による教育費支出が膨大な額であることから、この教育費はどこに流れてどのような成果を生み出しているのか、支払われた額に見合う教育活動を学校や教員は展開しているのかどうか、教育費支出に対して学校や教育行政官は応答的であるのかなどについて、アメリカの建国期以来、アカウンタビリティーの問題は常に問われ続けてきたと言ってよい。

　アカウンタビリティーの概念を従来の概念とは異なる新たな概念として捉え直されるようになったのが1990年代である。新しい概念としてのアカウンタビリティーは「ニュー・アカウンタビリティー」として理解されつつある。ニュー・アカウンタビリティーの特徴について代表的な論者は7点にまとめ

ており、引用が長くなるが重要であるので以下に紹介しておく (Fuhrman, 1999: 1-3)。

(1) 学力への焦点化。州は児童生徒の学力を重視し、学区や学校の認定や認証に係わる規定遵守を緩和する。児童生徒の達成学力に焦点を当てることで、学力テストの得点や卒業率などの成果に関するデータを監視し、測定された成果を認証基準にしている。州の教育政策形成者は単に読み書き計算の学力向上に関心を持つだけでなく、ニュー・アカウンタビリティー・システムの下では主要科目のすべてにわたる評価が含まれる。

(2) 教育改善の評価単位としての学校。旧来のアカウンタビリティーが教員人事など州の政策規則の遵守に焦点を当てて学区の責任遂行を求めていたのに対して、ニュー・アカウンタビリティーでは学校に焦点を当てて、学校別に集められ報告されたデータによって成否を評価する。

(3) 継続的教育改善戦略。ニュー・アカウンタビリティーによるアプローチのほとんどは十分な向上が見られるかどうかについて州の定めた基準ないしはベンチマークに依拠している。ただし、特定の学力向上目標に関する学校レベルでの決定や計画を尊重してもいる。

(4) 査察。いくつかの州では教授・学習について学校と学区への直接訪問を重視している。書類上の審査や州教育当局者の訪問ではなく、新しい査察形態として、民間の認証方式のように、学級視察、教育実践のフィードバック、反省会など、教育実践と児童生徒の学習への綿密な調査を含む長期にわたる学校同士の相互訪問である。

(5) アカウンタビリティーのカテゴリーの精緻化。学区や学校の業務達成を、単に合格か不合格かではなく、学区間や学校間の差異を個別に分類できるように細分化を図っている。最も評価の高い学校・学区には大幅な自由裁量権を付与し、最も評価の低い学校・学区は州による「指導・観察」とする事例がある。

(6) 広報。多くの州が学区や学校の就学率、中退率などともに学力試験得点を公表する。1998年調査では47州が学力得点を公表し、そのうちの39州は学校別のデータを公表している。

(7) 達成水準に応じた報奨と制裁。多様な認証水準や達成水準に即して広報による改善過程の理解を深め、教育財政上の優遇措置などの報奨が用意される。1997年時点で14州が金銭的報酬を規定している。「学力的に倒産」した貧困な達成水準の学区・学校に対して、1980年代以降に技術支援ティームの派遣、学校・学区への監視官・改革担当官の配置、州による直轄管理、地方学区統治担当者の交替、学校の閉鎖あるいは再建学校・再建学区の指定による教職員の交替などの制裁措置。

以上のニュー・アカウンタビリティーの概念について、キーワードとなるものを抽出すると、その特徴をより適格に把握することができよう。キーワードとしては、学力、学校の責任、基準ないしベンチマークへの依拠、査察、基準の精緻化、情報公開、報奨と制裁などである。これらを要素としたニュー・アカウンタビリティーには価値的な意味が含まれるようになり、これらの価値を実現する教育政策の策定と実施が強く要請されるようになる。

2．ニュー・アカウンタビリティー政策

ニュー・アカウンタビリティーにもとづいた教育改革として上記に部分的に含まれているが、ここでは教育統治改革への影響を中心として検討したい。全米での学力低下問題のみならず、都市マイノリティや貧困層の低学力問題が大きくクローズアップされるに従って、伝統的な教育の地方統制による、つまり地方学区による教育統制を抜本的に検討し直す中で、州が教育責任を積極的に引き受けようとする動向は上述の通りである。この動向も含めたニュー・アカウンタビリティーの概念にもとづく政策はどのように展開したのであろうか。実は、1995年の学校改革修正法の制定はまさにニュー・アカウンタビリティーと密接に関連している。

現代のニュー・アカウンタビリティーを教育政治と関連づけながら積極的に研究成果を公表しているシブルカは、以下のように要約している。①アカウンタビリティーは政治システムでの支配的な価値をめぐって競合する多様な価値の一つである。②アカウンタビリティーは多様な方法でわれわれの民主的政治制度に組み込まれているが、たいていは既存制度内部での能力の失

敗の口実と見なされている。③このことについての反発が、アカウンタビリティー政策を制度能力の修正のために懲罰的で制裁的な方向に向かわせている。④複雑な制度の能力問題を解決するために、アカウンタビリティー政策に対する要求は強まっている。どうすれば学校の能力を改善するためにこれらの政策を他の政策に広め調整するかが重要な課題となっている（Cibulka, 2003b: 250）。

われわれの研究課題にとってシブルカの提示している論点で重要なのは、アカウンタビリティーが教育政治における価値として登場してきていることの重要性と、ニュー・アカウンタビリティー政策の実施は信賞必罰的な側面を随伴していることから、必然的に、教育統治の構造と方法の変革を導くことになる点を明快に示していることである。従来から教育関係者はアカウンタビリティーをないがしろにしてきたわけではなかった。しかし、それはあくまでも内部的アカウンタビリティーであったことに批判の矛先が向けられた。専門的な基準や判断にもとづいて政策についての重要な決定を行い、政策で用いられる基準を設定してきた。つまり、政策は専門職者の有する専門性によって導かれるべきであるとの前提に立つ教育統治が支配的であり、シブルカはこれを「専門的統治」モデルと呼んでいる（Cibulka, 1999: 185）。

学力テストと関連付けてアカウンタビリティーが論じられるようになったのは、すなわち、学力テストという学力測定手段が教育政策のカテゴリーに含まれるようになったのは最近のことである。ラビッチによれば（Ravitch 2002）、19世紀に学校やカレッジはさまざまな種類のテストを用いていたが、それはあくまでも児童生徒の学力を明らかにするためのものであり、今日のアカウンタビリティー概念のように、校長、学校、学区までもが児童生徒の学力に責任を持つとの観念は近年作り出されてきた。学力テストはかねてより学区や学校が児童生徒の学力到達を測定したり、ハイスクールやカレッジの入学の際に用いられたりしていた。その後、20世紀前半の教育心理学者らによるテスト内容の精緻化が進むとともに、科学的根拠を基盤として、そしておりからの革新主義教育運動の隆盛ともあいまって、教育専門職者が科学的・専門的な観点から用いるものと観念されるようになった。テストを活用することによって、教育専門職者は学区や州政府やさらに連邦政府に対して

より多くの学校教育への資源投入を求める根拠にすると同時に、学力テストは父母や納税者による監視を防ぐ役割も果たしていた。

ところが、1966年の画期的なコールマン・レポート以後、投入資源よりも結果として達成された学力に焦点が当てられるようになり、1960年代末からの分権化、コミュニティ・コントロール、バウチャーの実験、私企業との学力達成契約（performance contracting）などが相次いで試みられた。つまり、これらの試みは教育専門職者の発案ではなく、教育政策関係者や教育委員会によって、あるいは公選職者や父母や地域活動家などからの要求として推進された。全米規模での学力達成評価の内容や方法の整備が進み、国際学力比較調査も幅広く行われるにつれて、調査データは目を見張るほど蓄積され、結果について多くの人々が目にするようになった。学力問題に多くの人々が注目し、同時に連邦、州、地方レベルの大統領、知事、首長はむろんのこと、各級政府レベルの議会議員など公選職者は学力向上を政策の柱の一つに据えるようになっていった。

以上の歴史的文脈にニュー・アカウンタビリティーを組み入れると、さらに理解が深まるであろう。学力テスト得点がアカウンタビリティーの衣装をまとって政治的価値として表舞台に登場してきた。当然、そこには価値の葛藤が生じる。なぜなら、教育専門職者が20世紀前半から数十年にわたって蓄積してきた「科学的」学力テストを活用しつつ確立した専門的自律性と裁量権を、教育の素人である公選職者や市民運動家、市民団体、父母によって侵害される恐れが生じるからである。公選職者をはじめとした人々はシブルカの言う「専門職統治」モデルの組み換えを求めるようになり、統治に係わる一つの価値としてアカウンタビリティーを捉える観点から、新たな政策が打ち出されてきた。この新たな政策とは、学校、教員、学級での実践や組織に、あるいは教育理念に変更を加えるのはなく、フォーマルな統治構造の改革を目指す政策の選択である。ただし、政府への依存から脱却して市場や父母の学校選択に委ねようとする政策ではなく、教育責任を地方統制の公選職者に委ねようとする政策である。

シブルカはニュー・アカウンタビリティー政策を、教育的破産（educational bankruptcy）、首長による教育政策・行政の一元化（takeovers）、抜本

的再建 (reconstitution) の三つの政策に類型化している (Cibulka, 2003b: 252-262)。これらの三つの政策を要約すれば以下のようになる。教育的破産とは、学区による財政上の誤った管理、政治腐敗の事実や疑い、無能な統治・管理、不安定で基準を下回る教育的基盤、学力的失敗（「学力破産」と呼ばれることもある）などの事態に対して、州法や州規則にもとづいて州当局が学区の教育統治に介入することである。介入の度合いに違いはあるが、学区に対する州の監視や管理のことであり、矯正や制裁を含む措置が図られる。

教育政策・行政の一元化は、教育委員会や教育長や教育官僚ではなく、別の当局者に権限を委譲することによって教育統治の改革をもたらす。市長に権限が委譲された場合を、市長による一元化 (mayoral takeover) と呼ぶ。州による一元化が基本的には外部からの学区への介入であるのに対して、市長による一元化は伝統的な地方教育統治形態を別の形態に置き換えることを意味している。州による介入と市長による一元化の両政策とも教育的破産政策に含まれる。

抜本的再建とは、「失敗している」学校に直接、州ならびに地方政府が介入して新たな教育理念、カリキュラムにもとづいて学校を再建したり教職員を配置換えしたりすることである。学校の能力への焦点化は、学校の管理や財政の失敗に加えて、学力向上の失敗に政策形成者が強い関心を持つようになったことの裏返しである。

いずれにしても、アカウンタビリティーが教育政治における価値として重視されるようになってきていること、伝統的な分権的教育統治システムの解体が始まり、州主導で「失敗」学校の再建への取り組みが開始されるようになっていること、大都市では市長による教育政策・行政の一元化が推進されてきていることをここでは確認しておきたい。シカゴはまさにニュー・アカウンタビリティー政策の典型的事例都市となっている。

3．市長主導の教育統治

教育統治を市長に委ねたり、市長の役割を強化しようとしたりする根拠は、選挙を通してアカウンタビリティーを明確化でき、都市の児童サービス全般と学力向上とを統合させることができるし、このことによって、都市の経済

発展に弾みをつけ、中流階級を都市に住まわせ、市政府とビジネスとの密接な連携を築くことになるなどの諸点である。土地利用、交通、放課後プログラム、児童社会サービスなどに係わって、市全体のサービスと学校とを統合するのに、好都合の地位であると市長は訴える。これに対して、市長主導の教育統治批判派は、市長任命による教育委員会によって、市内の各地域の利益代表の選出が不可能となるばかりでなく、有権者から選択肢を奪うという意味で非民主的であると主張する（Kirst, 2003a: 200）。

　ここで示されている論点対立のうち、市長主導を推進する立場は、市長の再選戦略や経済発展との関連でいわば物質的な利益に即したロジックである。物質的利益に還元できない教育的・政治的な誘因の観点からみた市長主導教育統治の要因として、ヘニグらの主張を挙げることができる（Henig, 2004: 249-250）。すなわち、第一に、課題が山積する都市学校を目の当たりにしている多くの人々が「何か手を打たなければならない（do something）」とする至上命令が広範に明確に感じられるようになり、改革を進めなければならないとの合意が成立しつつあったことである。第二には、市長主導は成功すると考える理論的、経験的な根拠があったことである。具体的には、政策の統合による焦点の集中が望ましいとする制度論理や、民主的アカウンタビリティーへの信頼があっただけでなく、先陣を切ったシカゴの事例こそ経験的根拠を提供する役割を果たしていた。第三には市長主導統治改革を扇動したのはビジネス・エリートであり、この改革と政治的に優勢なビジネス集団の関心や予想が一致したことである。

　上述の意見対立があるにもかかわらず、現実には多様な形態の市長主導教育統治が進められてきている。M・W・カースト（Michael W. Kirst）は、市長の影響力の強弱によって、市長主導教育統治を「低-市長影響力」「低・中-市長影響力」「中位-市長影響力」「強-市長影響力」の4段階に分けて紹介している（Kirst, 2003a: 202-206）。「低-市長影響力」の例として、いったんは教育行政の一元化を試みたものの、教育政策の変更によって撤回したオハイオ州アルコン、カリフォルニア州ウェストサクラメントなどがある。ロサンジェルスやサクラメントの市長は教育委員候補者名簿を承認し、教育委員選挙の資金援助をするが、教育委員会の権限を剥奪し、教育委員任命権を

掌握していない。「低・中-市長影響力」の事例として、カリフォルニア州オークランドがあり、10名の教育委員のうち3名の任命権を市長は持っている。ワシントンD.C.では4名が市長任命で、残る4名が地域選出の教育委員選出方法へ再編された。「中位-市長影響力」のデトロイトは7名の教育委員のうち6名が市長によって任命され、残る1名は市長の教育委員任命に拒否権を持つ知事任命委員で構成されるようになった。デトロイトと同様に、州法の改正によってクリーブランドでも1998年に市長が9名からなる教育委員会の委員長を任命すると同時に、学校システムの行政執行長官（CEO）を任命した。

「強-市長影響力」の事例としてフィラデルフィアがあり、2001年に3名が知事任命、2名が市長任命による学校改革委員会（School Reform Commission）が設置されている。この委員会は4名の賛成によって重要事項の決定が行われることになっているために、市長任命の2名が拒否権を持つことが出来る仕組みとなっている。ボストンでは教育委員を公選制から市長任命に変更することが1991年に決定され1992年から実施している。1996年には、市長部局のメンバーであったと同時に、サンディエゴの前教育長であった人物を教育長として迎え、教育委員会は諮問的な機関に位置づけられるようになった。ニューヨーク市では2名が市長任命で5名が市内の区（borough）長任命の方式を採用していたが、2002年に新市長が州議会に対して市長に直接責任を負う教育理事会（commissioner of education）の設置を決定した。教育理事として前連邦副司法長官を迎えるとともに、委員全員は市長任命となった。ニューヨーク市教育委員会は存続しているものの、重要な教育政策の決定にはほとんど影響力を持っていない。

1990年代初頭から2002年までの間に、市長による直接的な教育統治を実施した2都市（ボストン、シカゴ）、非教育関係者を教育長に採用した2都市（シアトル、サンディエゴ）、非教育関係者の教育長採用と間接的な市長統制の都市（フィラデルフィア）、市長による全教育委員任命を廃して州との強制的なパートナーシップを形成している都市（ボルティモア）を含む6都市調査報告書の総括部分で、キューバンらは教育統治改革の成果について表7の一覧表にまとめている（Cuban, 2003: 154）。

表7 教育統治改革の成果

	ボルティモア	ボストン	シカゴ	フィラデルフィア	サンディエゴ	シアトル
カリキュラム、専門職能開発、テスト、報奨・制裁の連携	低い	中位	低い	低-中位	高い	中位
学区改革への政治的支援	低い	高い	高い	低い	高い	高い
都市サービスと学校サービスの連携の改善	なし	中位	低-中位	低い	なし	なし
人事異動の増大 校長	不明	中位	中位	高い	不明	不明
人事異動の増大 教員	不明	不明	高い	高い	不明	不明
学力得点の向上 初等学校	あり	あり	あり	あり	あり	あり
学力得点の向上 中等学校	なし	なし	なし	なし	なし	なし
白人・黒人の学力格差の縮小	なし	なし	なし	なし	なし	なし

出所）Cuban（2003: 154）

　キューバンらは、6都市の教育改革に対して一定の結論を下すにはあまりに複合的な結果が示されていると述べている。表7のように、ボストン、サンディエゴ、シアトルは学力向上に向けた校長と教員への支援は不規則ながらも前進している程度であった。相対的には、教育統治改革に対するビジネス・リーダーや市民団体からの支援を受けている。学力に関しては初等学校で改善が見られるものの、中等学校ではほとんど変化が見られないし、人種間の学力格差にも変化はみられなかった。キューバンらは統治改革の短期的な評価は慎むべきであることや、学力テストの問題点[4]を指摘しつつも、ボストン、サンディエゴ、シアトルの改革が他の都市に比べ、相対的には抜本的な改革であったものの、つまり、報告書のタイトルに象徴されるように「強い改革（powerful reforms）」であったものの、「根は浅い（shallow roots）」ままであったと評価している。

4．シカゴの市長主導教育統治

　1988年学校改革法の重要な目的の一つとして児童生徒の学力向上があった。その検証を目的として、シカゴ教育当局は無論のことシカゴ大学や多くの市民団体が学力調査を実施している。それらの結果が公表されるにつれて、必ずしも当初の目的が達成されていないことが明らかとなってきた[5]。改革後数年経過しても明確な学力向上がもたらされないとすれば、学校協議会制度

の導入がシカゴ学校システム全体の改善にとって有効であったのかどうかが問われるようになるのは必然であった。この観点から、イリノイ州議会で両党派の合意の下に制定されたのが1995年学校改革修正法であった。

以下は1995年学校改革修正法の骨子である（Bryk, 1997: 190-191）。

○ 4 年間の管理統治構造の変更命令
　教育委員会、教育委員任命委員会、教育長、下位学区協議会、下位学区教育長の廃止
　州学校財政監視局の権限の一時停止
　2000年に州学校財政監視局による監督下で教育委員会と教育長制度を回復
○企業をモデルとした新たな中央教育当局の設置
　市長任命による 5 名からなる学校改革理事会（Reform Board of Trustees）の設置
　市長任命による企業スタイルの管理ティーム（主席行政長官、主席財政長官、主席運営長官、主席教育長官、主席物品購入長官）
○危機的状況にある学校を決定しアカウンタビリティーを強化する主席行政長官の権限の明確化
　主席行政長官と主席教育長官に教職員の解雇、レイオフ、再雇用の権限を付与
　州からのタイトル I 資金の 5 パーセントを供託し、教職員の報奨費に流用
　主席行政長官に学校協議会と協議して全校長の評価権を付与
　主席行政長官に監査官（inspector general）の監督権を付与。監査官は学校協議会や教育行政当局の浪費、不正行為、財政管理を調査
○新たなアカウンタビリティー機構の設置
　州教育委員会と協議して学校改革理事会によって任命される学力アカウンタビリティー協議会（Academic Accountability Council）を設置し、全校の調査・評価の方法を開発し非改善校の改革手続きを決定
　学力アカウンタビリティー協議会は学力水準に達していない学校を、矯正（remediation）、指導・観察（probation）、介入（intervention）、閉鎖（closure）の認定
○学校レベルでの意思決定への支援と校長の権限強化
　学校協議会委員の任期を 2 年から 4 年に延長
　学校協議会委員は 6 カ月以内に大学で 3 日間の研修義務

学校協議会に学校の授業時間、教職員授業担当、施設利用、収支などの承認権付与
校長に教員以外の全職員に対する監督・評価・人事全般の権限を付与
○学校改革理事会の教育費支出を規制緩和
　7種の学校税を単一の学校税に統合
　25の州からの使途特定補助金を2種の包括補助金に統合
　教員年金資金の活用認可
○民営化の促進
　中央当局と学校レベルでのあらゆる機能のアウトソーシングを認可
　民営化関連事項は団体交渉事項にならない
　民営化によって過員が生じた場合14日以内に解雇可能
　民営化を制約していたすべての州規定を廃止
○団体交渉の制限
　18カ月間のストライキの禁止
　待機教員条項を廃止し、学校で過員があればシカゴ学校システムによる雇用保障を廃止
　学級規模、教職員配置、学校授業日、レイオフないし教職員削減、チャーター・スクール、学校運営契約や先導的試行計画などの団体交渉事項からの排除
　学校教職員の51パーセントの賛成があれば当該学校では団体交渉協約にもとづく制約を解除

　シップスらがまとめている1988年法と1995年法を対比すれば表8のようになる。
　学校改革修正法は学校改革理事会を市長が任命し、教育委員任命委員会や州学校財政監視局などの権限的に競合する機関を廃止し、学校協議会がシカゴ全体の基準に応答するための権限を学校改革理事会に付与し、学校の教授・学習に責任を持つ主席教育長官をも含む管理ティームの最高責任者を包括して監督する主席行政長官職を新設した。したがって、シカゴ学校改革法制定による分権的教育統治システムに改革してから7年後に、抜本的な再編が試みられたことになる。
　前項で触れたように、他都市のモデルともなったシカゴの市長主導教育統治をより詳細に検討しておこう。15名で構成されていた教育委員会から5名

表8 シカゴの1988年改革と1995年改革の共通の目的および葛藤的概念・実践

目的	1988年法 概念	1988年法 実践	1995年法 概念	1995年法 実践
システムの正統性	・一般民衆への政治アカウンタビリティと父母・コミュニティへの応答性強化としての正統性 ・均衡財政と教員組合との協調による安定性 ・一定の企業統治モデルの導入	・学校協議会委員の住民投票 ・11名の学校協議会委員のうち8名は父母とコミュニティ代表 ・校長は学校協議会によって採用・解雇・評価される ・制限的な教員の決定権 ・暫定教育委員会が政策を策定し労働協約について交渉 ・州学校財政監視局が教育財政と労働協約を制約	・焦点化された集権化された政治的アカウンタビリティーの正統性 ・均衡財政と教員組合との協調による安定性 ・企業統治モデルに大きく依存	・市長の政治的課題と結びついた学校のアカウンタビリティー ・市長に依存した教員の団体交渉 ・学校協議会は校長人事権と学校費支出に関する権限が弱体化 ・「良いニュース」としてキャンペーン的にメディアが注目 ・非教育関係者による企業スタイルの学校リーダーシップ
都市の成長	・コミュニティへの権限付与と近隣での職の創出としての成長	・学校協議会による人事権 ・学校協議会は実質的な財政資源の自由裁量権保有 ・コミュニティ集団が学校改善のアイデアとサービスを提供	・中流階級家庭を誘引し維持し、都市の企業とビジネスの基盤を構築して成長	・中流階級児童生徒の選択的プログラムの拡大 ・非行と低学力児童生徒の隔離 ・均衡財政によって可能となる大規模な都市の刷新 ・企業集団が校長を選抜・研修し、校長の指導者や助言者を提供
学校改善	・学校ごとに改革を進めることによる学校改善	・学校が基準を設定 ・学校が支援サービスを契約	・標準化されたアカウンタビリティー過程としての学校改善	・ハイ・ステークス・テスト(重大な意味=high-stakesをもち、事実上のベンチマークとなる) ・共通の最低基準としての成果と基礎学力達成のためのカリキュラム ・標準化された校長の研修と選考

出所) Shipps (1999: 526-527)

の管理ティームに再編され、管理ティーム責任者の主席行政長官が同ティームを率い、市長部局と教育当局との密接な連携が図られるとともに、教育は市長が直轄管理する政策領域の一つとして組み入れられた。これらの管理職は公務員規則（civil service requirements）や教育資格とは無縁な職である（Shipps, 2003b: 18）[6]。これはビジネスで採用されている管理モデルであり、顧客サービスに迅速に対応することを目指している。背景には、法制定の過程で1994年に組織されたイリノイ州ビジネス団体である「イリノイ・ビジネス教育委員会（Illinois Business Education Commission）」による法案の起草、積極的なロビーイング活動があり、この団体を威信が高く伝統を有するビジネス団体であるシカゴ商業クラブ、エリート・ビジネス団体である「市民委員会（Civic Committee）」などが支援していたことは言うまでもない。特にシカゴ商業クラブは学校統治の再構築、教育費削減、職業教育の推進、アカウンタビリティーの推進に関して125年の歴史を持ち、1995年改革を都市の経済成長のための一手段として見なしていただけでなく、都市のイメージを高め自分たちの管理理論を検証する絶好の機会であるとも見なしていた（Shipps, 2003b: 18-19）。

　1988年の分権化改革の象徴でもある学校協議会は存続しているが、協議会と中央教育当局との権力バランスは著しく変更された。1995年法以前は、中央教育当局は教育課題への取り組みについて協議会と競合関係にあった。学校協議会が広範な権限を有し、その権限行使に対してアカウンタビリティー確保を要求する直接的な権限や監督権を中央当局は持たなかった。たとえば、州からの初等中等教育法にもとづくチャプターⅠ資金は学校に直接に補助金として配分されており、その使途の不正に関して学校ではなく学区当局が責任を負っていた。学校改革修正法によって、学校協議会は独立的に運営されるのではなく、基準にしたがって責任システム全体の中に組み込まれるようになった。校長、教職員、学校協議会、協議会委員の活動に対しては15の基準が設定されている（Wong, 1999: 317）。

　学校改革修正法の施行後、時を置かずして教育当局は低学力学校への関与を開始している。学力水準に達していない学校は「矯正」「指導・観察」「介入」「閉鎖」の措置を受けることになったが、1996年1月に21校が矯正校と

して認定され、2名の校長が1年間の矯正期間を経ても改善が見られなかったことを理由として解雇された。1996年9月にはシカゴ全校の20パーセントにあたる109校が指導・観察校に指定された。1997年秋には7校のハイスクールが再建校に指定され、そのうち5校の校長が解雇され、675名の教員のうち188名が再雇用されなかった。

また、学力関連アカウンタビリティー政策として、全米規模で用いられている学力テストの設定する基準に達しない特定の学年の児童生徒は、サマー・ブリッジ・プログラムと呼ばれる市主催のサマー・スクールへの参加を義務付けられ、一定の学力に達しない場合は留年することになる政策（no social promotion）が採用されている（Wong, 1999: 319-320）。

1995年法をどのように評価するかに関しては多様な角度から検討されている[7]。ここでは市長主導の教育統治に限定して考察を加えたい。近年の都市教育統治改革の典型例である市長による教育統治の包摂、一元化、統合化については、その有効性、効果性、影響に係わって検討が行われつつある[8]。

シブルカによれば、R・M・デーリー市長が強力なリーダーシップを発揮して初等学校児童生徒の学力向上が見られたものの、市長主導改革はけっして処方箋ではないと述べて、他の都市の事例も紹介している（Cibulka, 2003 b: 265-266）。たとえば、デトロイトでは付与された権限を行使することを選択しておらず、学校問題へのリーダーシップの行使に関心を示していない。クリーブランドでも同様に、学校に対する重要な権限を付与されたものの不干渉主義を貫いている。ボストンの市長は、教育長との密接なパートナーシップの下で、公立学校を改善している市長としての威信を獲得している。シブルカはシカゴの主席行政長官バラスの発言を引用しながら、市長主導教育統治は児童生徒の学力改善を導く多くの要因の一つに過ぎず、その外にも州資金の使途の柔軟化、高い基準の設定と達成への期待、システム全体にわたるアカウンタビリティーの強化、基準達成のための児童生徒、校長、教員への特別支援など個別具体的支援策の必要性を指摘している。そして、市長のリーダーシップのもたらす潜在的な利益は、公式の法的権限と時間ならびに政治的資源を学校改革に捧げようとする市長の個人的な意思とが組み合わさってはじめて形成される、とシブルカは主張している。

第 3 章　学校改革修正法（1995年）と教育統治改革　329

　1995年の教育統治改革の影響について、財政面と教員組合との関係に限って検討してみよう。バラス主席行政長官の財政上のノウハウと学校税および州からの包括補助金の統合による1億3千万ドルの教育費削減や、財政カット、人員削減、民営化の導入による千7百の職が外部委託ないしは配置転換されている。また、学校債や負債に係わって学校財政に有利になるよう銀行家が取り計らうようになったことなども学校財政の好転に寄与している（Shipps, 2003b: 22）。

　教員組合は1995年法によって18カ月間のストライキの禁止や重要事項の団体交渉からの排除など労働基本権や勤務条件をめぐる不利益にもかかわらず、制定過程においても修正法の内容からみてもほとんど影響力を発揮することはなかった。その背景には、市長と教員組合との合意があった。すなわち、市長は教員組合が修正法に反対しない代わりに、雇用契約を締結し、以後の4年間に毎年3パーセントの昇給を認め、再契約以後も2、3パーセントの昇給を承認したのである（Shipps, 2003b: 23）。

小　括

　ここでは市長主導の教育統治がニュー・アカウンタビリティー政策の結果もたらされたこと、主要都市で同様の改革が行われているものの、各都市のおかれている政治的、歴史的、社会経済的な相違が市長主導教育統治の内容や方法の多様性をもたらしていることを確認しておきたい。

　なお、1995年法の評価に係わって十分に触れていないが、主席行政長官のバラス自身が認識していたように、市長主導の教育統治だけをもってして都市教育問題の解決がもたらされるのではなく、その外の政策とも一体となってこそ、強力なリーダーシップによる改革の成果が現れてくると考えられる。わが国においても、近年、首長による教育行政の一元化が主張され始めており（新藤、2002a）（新藤、2002b）（穂坂、2005）、シカゴ改革の帰趨はわが国の教育行政を考える上でも重要な示唆を与えてくれると思われる。帰趨については次節で詳述することになる。

第3節　シカゴ教育統治改革とシビック・キャパシティー

1．シカゴのニュー・アカウンタビリティー政策への批判的視座

　以下では、ニュー・アカウンタビリティー政策推進の渦中で教育専門職者が等閑視されていることと、ハイ・ステークス・テスト (high-stakes test) 政策導入の背景ならびに問題点について検討する。両論点は、ニュー・アカウンタビリティー政策と教育統治改革への重大な問題提起を行っている。

　シカゴ学校改革は政治的正統化よりも経済的正統化を根拠としている、として厳しい批判を展開しているシップスの所論を最初に検討しておきたい。彼女によれば、資金不足や官僚制の弊害に直面して、ビジネス側は学校管理批判を強め、結果的に、都市学校のリーダーに対して、改革リーダー、改革モデル、イデオロギー的指針を学校の外部に求めさせた。かつては、教育的な訓練を受けた学校リーダーがビジネス・リーダーの行動を真似て管理者としての権威を生み出そうとしていたものの、このリーダー観は今日では通用しなくなっている。新たな教育当局の顔ぶれを見ても分かるように、ビジネスの訓練を受けたリーダーこそうまく仕事をこなしてくれるとの期待が高まった。それのみでなく、教育問題に関する道徳的リーダーの地位にまでビジネス関係者が祭り上げられるようになっているし、同時に、教育専門職者の専門家としての地位の弱体化がもたらされている (Shipps, 2000: 89-90)。

　それでは、ビジネスの意思決定構造に即して統治構造を再編し、ビジネス界のリーダーに学校運営を全面的に委ねれば、所期の目的としての学力向上が達成できるのであろうか。シップスは学校教育の目的として学力向上のみでなく市民性 (citizenship) の育成も重視する観点から、ビジネス主導の教育統治改革を批判的に捉えている。経済のグローバル化が進行する中で、市場やビジネスは競争の場に参加する人々の学力向上に関心を持ったとしても、競争の場に参加したくとも出来ない多くの人々、すなわち移民や女性や有色の人々の教育に関心を示さない。市場は平等や公正に価値を求めないからであり、これらの人々が切り捨てられる危険性が存在している。また、政治的

市民性よりも経済的市民性を上位に位置づけ、都市の多様なコミュニティの上にビジネス・コミュニティを位置づけることで、市民的徳（civic virtue）のイメージを著しく損なっている。シカゴ改革の重視している価値は、質の高い（学力）成果を生み出すための能率性、実利的アカウンタビリティー、顧客志向、競争の強化などであり、それらはきわめて狭い価値である。シカゴ学校改革は、われわれの都市にとって、思いやりある共感、尊敬の念や寛容に満ちあふれたコミュニティの構築を求めることはないのである（Shipps, 2000: 102-105）。

　児童生徒の学力を平等に保証し、尊敬の念と寛容に満ちあふれたコミュニティ構築のために教育統治はどうあるべきであるのか。シップスはシカゴの実験の最大の欠落視点（the great blind spot）として、シカゴ教育統治組織のトップに教育専門職者が不在なことであると主張する（Shipps, 2003b: 31）。

　学力テストの得点、学力テストのための授業といった直感的に目にすることのできる改革にエネルギーが注がれているのが現実である。意図は正当であったとしても、十分な情報が不足しているビジネス管理者の不必要な誤解を避けるために、経験豊富で十分な訓練を受けた教育専門職者が教授やカリキュラムの決定を行う必要があるし、教員と校長の効果的な研修プログラムを実施するのにもまた教育的リーダーシップが不可欠である。また、教育において専門職主義が進行すればするほど専門家が要請され、容易に統制できない勢力となるリスクが付随してくる。教職の専門職化は意思決定の際に専門的バイアスをかけ、学校と学校システム全体への影響力を強化することになるため、教育関係者の資質向上政策はアカウンタビリティー重視政策よりも政治的な魅力に欠ける。しかしながら、もし本当にシカゴの学校システムの改善を望むならば、このリスクを引き受けなければならない（Shipps, 1999: 542）。これがシカゴ教育改革の成否を握ることを繰り返し強調している。

　同様の視点はP・リップマン（Pauline Lipman）の論稿でも確認することが出来る（Lipman, 2002）。多様な角度からシカゴ学校改革は研究され分析されているものの、政治経済や文化政治と関連づけた分析はないし、実際に学校で児童生徒が何を学んでいるのかについてもほとんど注目されていないと

して、彼女は先行研究を厳しく批判する。シカゴ改革は経済のグローバル化に即した都市の経済的再構築を目指しており、結果として、社会的不平等の拡大をもたらし、特に有色のコミュニティに不利益がもたらされることを、市内4校の初等学校の参与観察と膨大な資料を駆使して解き明かしている。

経済のグローバル化の定義についてここでは措くとして、労働力の再編がもたらされたことについて敷衍しておこう。製造業が衰退し、サービス産業や情報経済の発展によって、一方では高度技術職、専門職、管理職が増加し、他方で非熟練職、低賃金職が増え、社会階級、人種、出身国、性別、教育などを指標として職の分極化が進行している。前者は主として白人男性が、後者は女性と有色者が多くを占めるようになる。こうした新たな経済環境、労働環境がいっそうの不平等をもたらし、富の偏在が進行する。当然のことながら、都市の空間的配置にも影響せざるを得ない。シカゴはこれまでも金融、サービス、観光、貿易など世界経済で重要な位置を占めていた。1990年代以降は、世界の金融センター、サービス生産の中心都市を目指した都市改造を求めるビジネスの意向に忠実に従うR・M・デーリー市長のリーダーシップの下で改革が積極的に進められている。

これら経済環境や労働環境の激変の中でニュー・アカウンタビリティー政策が実施されると何がもたらされるのか。学校での教授・学習の変化が教育成果の質的な格差を生み、結果として社会的不平等が拡大再生産されることになる。

リップマンはこの過程を次のように説明している。教育行政官と教員は学力テスト得点の向上に躍起となり、学校教育の目的が学力テスト得点の向上に焦点化される。特に学力評価の対象となっている第3、第6、第8学年や「矯正」「指導・観察」など特定の措置を受けている、あるいは、措置を受ける可能性の高い学校では1月から4月にかけてテスト対策一色に染まる。このように、学力テスト得点の低い学校、実際には大多数がマイノリティ低所得層で占められる学校はテスト受験技術を中心とした学力向上対策に猛進する。対照的に、得点の高い学校、人種的にも社会階層的にも多様性のある学校では、学力テスト準備に制約されることなく、教員と児童生徒とのインタラクティブな授業が展開されている。これらの学校の教員は児童生徒に独立

第3章　学校改革修正法（1995年）と教育統治改革　333

的な思考を促し、豊かで多様なライティングの宿題を出し、掘り下げた対話にもとづく授業など、総体的には多様で経験的で知的なカリキュラムを編成し、より深い教養文化を形成している。少なからぬ教員が受験対策教育に批判的であるし、有能教員であっても低学力校に勤務するテスト対策に批判的な教員は学校から追放されている事例も多く、有能教員を教職から遠ざけることにもつながっている（Lipman, 2002: 390）。

　前節で触れた、一定の学力に達しない場合は進級できないことになる政策、すなわち、留年政策も有色の児童生徒に不均衡に適用されている。たとえば、1997年に白人の4パーセント、アフリカ系アメリカ人の18パーセント、ラティーノの11パーセントが留年していた。2000年には、教育市民団体がアフリカ系とラティーノの児童生徒に差別的政策であるとして、シカゴ教育当局を相手取った訴訟を起こして勝訴している。1998年にシカゴ公立学校児童生徒数のアフリカ系と白人の比率は5対1、ラティーノと白人の比率は3対1であるにもかかわらず、低学力のために第8学年の該当年齢を上回りハイスクールに暫定的に在籍している児童生徒のうち、アフリカ系と白人の比率は27対1、ラティーノと白人の比率は10対1であった（Lipman, 2002: 393）。

　留年政策の導入に加えて、教育当局はカレッジ進学準備教育のためのハイスクール改革に財政的なてこ入れを図っている。施設設備の充実したカレッジ入学準備マグネット・ハイスクールの新設、国際バカロレアプログラムの導入、数学・科学・技術アカデミーの設置などである（Lipman, 2002: 397）。

　ニュー・アカウンタビリティー政策の導入はハイ・ステークス・テストを中心に展開される学校教育を作り出してきている。すなわち、学校において学ぶべきことは何であるのかを一方的に規定するものであり、定められた試験での一定学力の獲得こそ教育目的になっている。このテスト政策の普遍化は、公教育の責任を結果的には学力達成できなかった個人に転嫁することになる。それだけでなく、テスト中心学校教育と留年政策によって、人種的階級的な不平等の拡大をもたらしている。

　教育統治改革も含むシカゴの包括的な教育改革の帰結が人種的階級的な不平等の拡大再生産と固定化であるとするならば、それを阻止することは可能であろうか。リップマンは、学校改革組織、活動的な父母、児童生徒、教員

組織が市全体を網羅した連携を図る父母組織を結成し、児童生徒の学力向上を多様な側面から測定すること、学力にもとづく留年政策を廃止すること、学校改革へのコミュニティ参加などを提案している。ただし、その影響力と枠組みの両方の観点から制約がある。最も必要なのは、シカゴ教育当局が過去においても現在においても進めている不公正な政策に異議申し立てることであり、教授・学習と公教育の民主的使命を変容させている現行テスト政策を乗り越える代替案を提出することであるとリップマンは主張する。代替案として、第一に、学問ならびに職業選択が可能な学力を身につけさせると同時に、都市の生活と学校が内包している不平等を批判的に民族的な観点から正確に捉える能力を身につけさせることである。第二には、学級規模縮小と教員の専門的資質の向上、不利益を受けている学校への有能教員の配置と施設設備の充実である。第三には、教育関係者、児童生徒、父母、学校リーダー、政策形成者が相互に責任を引き受けることであり、特に政治家と学校リーダーによる資源の確保と過去ならびに現在の差別の克服が必要である。第四には有色の子どもと家庭に対する誤った観念を正し、これらの子ども達への貧困なカリキュラムを問題視する継続的なキャンペーンである（Lipman, 2002: 411）。

　これらの中に根本的に新しい提案が含まれているわけではない。学校改革のいわば処方箋として随所で指摘される事柄がほとんどである。なぜリップマンの提言をあえてここで取り上げたのかというと、先に触れたシップスとリップマンとの間の共通点に着目したからである。歴史的にも現在においても、シカゴの教育改革はビジネスの志向が強く影響していることを詳細な分析で明らかにしようとしているシップスと、経済のグローバル化を背景に学校内でアイデンティティー格差をもたらす教育実践の問題点を重視してシカゴ改革を分析しているリップマンとは、研究アプローチが異なっている。しかしながら、両者ともがシカゴ改革の今後の方向性として共通に示唆しているのは、公教育の目的の再定式化と教育専門職者の役割の捉え直しである。

2．ニュー・アカウンタビリティー政策と専門職アカウンタビリティー

　公教育の目的について、シップスは市民性の育成の再考を、リップマンは

民主的使命の再考を促している。学校教育の目的を学力向上だけに限定せず、市民性の育成も重要な目的の一つであることに関しては、アメリカ教育史をひもとけば容易に理解できる。教授・学習の質を学力向上という一点に向けるだけでなく、カリキュラムに具体化されるように、公正の価値の実現を図る民主的制度として学校教育および公教育が期待されていることは事実である。市民性の育成にせよ、民主的使命の実現にせよ、第一義的にその役割を担うのは教育専門職者である。アカウンタビリティーの概念を明確に提示しながら、シカゴ教育改革を批判的に考察しているJ・A・オデイ（Jennifer A. O'Day）の論稿を手がかりに、教育専門職者の学校改革における位置づけについて示唆を得たい。

オデイはアカウンタビリティーを類型化する際に、アカウンタビリティーは「誰の（who）」アカウンタビリティーであるのかの問いに対しては「学校」を、「誰に対する（to whom）」アカウンタビリティーであるのかの問いに対しては「学区」と（あるいは）「州」をそれぞれ当てはめている。こうした特徴を持つアカウンタビリティー政策を行政的・官僚的アカウンタビリティーであると定義している。しかしながら、ニュー・アカウンタビリティー政策が伝統的な官僚的アカウンタビリティーと異なるのは、学校の教職員に対して、インプットの配分や過程ではなく、児童生徒の学習成果を特定の水準に到達させ、改善することを求める点にある。これらの特徴を総合して「成果を基盤とした官僚的アカウンタビリティー（outcome-based bureaucratic accountability）」と定義し、典型例としてシカゴを取り上げている（O'Day, 2002: 305）。

シカゴのアカウンタビリティー政策を、焦点、動機付け、知識の注入、資源配分のそれぞれに即してオデイは紹介している。焦点とは、アイオワ基礎学力テスト得点という、ただ一点に絞った児童生徒の成果についての情報に関係者の注意を向けさせることである。動機付けとは、目指す目標と日常的に関連づけを図るために、成績報告を綿密に調べて、矯正、指導・観察、再建などの措置を講じている。知識の注入とは、学校教職員にニュー・アカウンタビリティー政策を周知徹底させるため、校長を指導する職員の配置、ビジネスと学校改善プランの支援、外部パートナーの提供する専門職能開発と

組織開発を含む学校支援プログラムなどを実施している。資源配分とは、シカゴ学区の予備費や連邦補助金を指導・観察措置の学校に優先配分することである（O'Day, 2002: 306-307）。

　学校改革修正法以後の数年間にわたる、成果を基盤とした官僚的アカウンタビリティーを評価する中で、オデイは次の結論を導いている[9]。第一には、情報の不十分性である。システムが作り出し広めている情報の中身と質が、効果的な組織的適応と学習にとってきわめて不十分なことである。シカゴで日常的に用いられている学力テストが学区や州の基準と適合していないばかりか、4種類の学校に対する制裁措置の基準としても妥当性に問題がある。第二には、相互作用のパターンである。情報の流れが単一志向（トップダウン）であり、システムの下部である学校から流れることも、情報や知識を集団的に共有することもほとんどない。第三には、動機付け構造の不適応である。単一の測定手段を用いた矯正校、指導・観察校、再建校への指定という烙印は、すなわち、ネガティブ・インセンティブは児童生徒の学習そのものの改善ではなく措置回避に向かわせる。短期的な学力引き上げに努力を傾注するようになることから、長期的な学校改善に貢献しない。その外にも、教員個人の学校改善への努力に報いないし、モラールの低下を引き起こす（O'Day, 2002: 309-314）。

　それでは、成果を基盤とした官僚的アカウンタビリティーの代替案はあるのであろうか。オデイが重視するのは、専門職（professional）アカウンタビリティーであり、官僚的アカウンタビリティーとの適切な組み合わせを提言している。学校での教授は官僚的に定められた規則と所定の仕事の遂行によって統治されるにはあまりに複雑すぎるということを、専門職アカウンタビリティーは前提とする。効果的な教授のためには、専門的知識と技術を有する専門職者に依存し、その知識や技能を特定の職場環境で発揮させるべきある。専門的に定められた実践基準や責任に即して、基準の明確化と実施への責任を負う業務遂行が専門職アカウンタビリティーに期待される。専門職アカウンタビリティーは教授過程に焦点を当て、効果的実践に必要な知識と技能を獲得・適用し、専門職者同士の相互交流によって専門職者としての責任を果たす（O'Day, 2002: 315-316）。

第3章　学校改革修正法（1995年）と教育統治改革　337

　ただし、専門職アカウンタビリティーに完全に依拠したからといってうまくいかない。なぜなら、たいていのアメリカの学校で見られるように、集団や専門職者全体ではなく個々の教育関係者に責任を負わせる細分化された構造になっているからである。学校内指導教育（mentoring）や協働といった取り組みは、既存の組織全体で学習していくのに必要な情報の共有を保証するとは限らないし、専門的基準の策定は緒に就いたところである。従来の専門職主義の失敗は特に都心部の学校で顕著であり、都市学校が長期にわたって苦境に陥っているにもかかわらず、専門職者はこれらの学校に通っている児童生徒のニーズのための戦いに前進することはなかった。したがって、専門職アカウンタビリティーの発展や全ての子ども達のための学習目標の重要性に着目させるために、さらには、専門職主義の失敗を繰り返さないためにも、公立学校システムは外部からのインセンティブ、行政的アカウンタビリティー、行政からの支援を必要としている。さらに付け加えると、成果を基盤とした学校アカウンタビリティーのほうが、専門職アカウンタビリティーのみよりもむしろ、特定の体系的目的やニーズに即応できる。たとえば、教授と学校改善のために必要な資源管理において、有効なメカニズムを提供できるからである（O'Day, 2002: 318）。

　いずれにしても、オデイはシカゴのニュー・アカウンタビリティー政策が過度に成果を基盤とした官僚的アカウンタビリティーであり、多くの問題を抱えていること、代替として全面的に専門職アカウンタビリティーに依拠したからといって、複雑で困難な都市教育問題の解決はもたらされないことについて述べている。必要なのは両アカウンタビリティーの組み合わせであり、好個の事例としてボルティモアを紹介している。ここでは、専門職アカウンタビリティーがあまりに軽視されてしまっていることへの危惧の表明を確認しておきたい。

　シカゴの1988年改革にせよ、1995年改革にせよ、改革をめぐる政治過程や改革法制定後の実施過程において、専門職者としての教職員集団の動向はストライキ以外は目にすることがなかった。裏を返せば、既に触れたことではあるが、特に1988年改革法の目的の一つとして教職員集団、特に教員組合の政治力の削減、弱体化があった。1995年以降も、教員組合に限らず、教員の

専門職性の活用についての議論はほとんど見当たらない。むしろ、教職員を排除するための改革であったといっても言いすぎではなかろう。すべての子ども達の教育の改善、人種的・民族的不平等の解消という目的のためには、悪しき専門職主義に陥ることのない専門職性の進展が求められるのである[10]。

3．教育統治改革モデルと制度選択

　シカゴの教育統治改革はビジネスの強い政治的影響下に、ビジネスを範とした意思決定機構を追求し、その結果、市長による教育統治の一元化をもたらした。こうして形成された教育統治体制は新たなレジームの形成でもある。本書第Ⅱ部第2章で検討したアーバン・レジーム論やシビック・キャパシティー論との関連で、そして都市教育問題解決のための教育政治理論を提示しようとする本書の目的の観点から、シカゴ教育統治改革はどのように評価することができるであろうか。

　アメリカ大都市の教育統治批判として非能率的で非応答的な教育官僚制、低学力問題があり、これらの課題に対処するための都市教育統治の再構築として、ウォンは四つのモデルを示しており、教育統治改革の全体像を捉えるには非常に有益である（Wong, 2002）。なぜならば、本書ではこれまでの論述から分かるように、学校レベルにおける教育統治ではなく、シカゴ公立学校システム全体の教育統治に焦点を当ててきているからである。

　(A) から (D) までの四つのモデルは、分析水準として、システム全体

表9　都市学校改革政治の類型

		統治パラダイムにおける重点的アカウンタビリティー	
		政策形成過程におけるアカウンタビリティー	成果を基盤としたアカウンタビリティー
分析水準	システム全体	制度的権力と権限の再定義 (A)	市長主導統合的統治改革 (C)
	学校-コミュニティ	共同統治ないし学校を基盤とした権限付与 (B)	消費者中心のプログラム（バウチャー、チャーター・スクールなど）(D)

出所）Wong (2002: 292)

にわたる制度的能力に権限を付与するか、学校やコミュニティレベルに権限を付与するかで二つに分け、もう一つは、アカウンタビリティーの政策形成過程に重点を置くのか、児童生徒の学力に重点を置くのかで分けられている。本書で焦点を当ててきているのはウォンの言う分析水準としてのシステム全体であるし、セル（C）については前節でウォンの論稿も含めて検討してきたために、セル（A）に限定して検討を加える[11]。

　ウォンはセル（A）を解説する中で、教育委員会は機能のみでなく、正統性や適切性が深刻な危機的状況にあることを紹介しながら、政策形成過程のアカウンタビリティー改善戦略の一環として人種政治を紹介している。すなわち、大多数が白人から構成される白人権力構造に合致した教育委員会がマイノリティや低所得層に非応答的であるために、政府制度における人種構成を変えることで学校の質を改善し学力向上を図る試みが行われたものの、マイノリティ児童生徒に対していかなる教育改善ももたらされなかったと述べている（Wong, 2002: 294）。

　実は、ここで引用されているのは、本書第Ⅱ部第2章で詳述したCCUEプロジェクトの一環として、4都市（アトランタ、ボルティモア、デトロイト、ワシントンD.C.）の黒人主導教育統治を調査したヘニグらの『学校改革の色』である。そして、ウォンは同プロジェクトの研究成果が提起している制度的取り組み（institutional arrangements）の重要性を喚起しながら、シビック・キャパシティーについてのストーンの定義を引用している。ウォンは、学校統治の質を改善するためには、公的セクターと私的セクターの双方も含む多様なセクターが人間発達の問題に関してシステム全体にわたって共に活動することの重要性に着目したCCUEプロジェクトの結論に同意している。

　ウォンの都市学校改革政治のモデルは、学校レベルでの共同統治、SBMや学校選択などの消費者中心モデルだけでなく、システム全体にわたる教育統治改革の重要性の再認識をわれわれに求めている。アカウンタビリティー政策に即してみた場合、既存の制度、それが伝統的な教育委員会制度であれ、近年の動向としての市長主導であれ、付与されている権力と権限の再構成の必要性について再考を迫ってもいる。その際に鍵となる概念がシビック・キャパシティーであったことは上述の通りである。このように見てくると、シ

ビック・キャパシティーの形成に必要な制度のあり方を模索することが重要な研究課題となる。

　都市教育改革のための制度の在り方を模索する課題とは、最適の制度をどのように選択すべきであるのかの問題に行き着く。市長主導の統治制度と関連づけて制度選択の問題を論じているカーストらによれば、政策形成者たちは1980年代と90年代に都市教育統治問題に対処するための多様な制度選択について検討し始めたとしている。制度選択とは、重要な政策決定の際に制度こそ鍵となる政策形成者であるべきであり、多様な制度アクターにいかなる権限が付与されるべきであるのかに焦点を当てる。

　歴史的に振り返ってみても、1960年から1985年までの間にミシシッピー州地方学区の制度に公民権保護を委任することを裁判所は避けていた。1983年から1993年の間の州教育改革運動は、カリキュラムと学力テストに対する州政府の役割を強める制度選択を行っている。その外の制度選択として、市場の手に多様な機能を委ねるのか、政治に委ねるのかの選択もある。行われた制度選択は政策目標、目標達成のための既存システムの能力、多様なアクターの中での相対的な政治的影響力に左右される。また、制度選択は複雑で不安定で絶え間ない政治変動から影響され、教育における統制のバランスは政策形成者による純然たる論理分析によって図られるのではなく、政治的交渉の進展や代替的制度の可能性についての認識の変化によってもたらされる(Kirst, 2003b: 65-66)。

　先にあげたウォンによる都市学校改革政治の類型にもとづいて、そしてカーストらの制度選択論に従えば、シカゴの教育統治改革は既存の教育委員会制度、教育官僚制、教育専門職者による専門職主義などの選択を拒否して、ニュー・アカウンタビリティー政策の遂行を期すために、制度アクターとしての市長に政策決定権を付与する選択を行ったことになる。ところが、前項で触れたように、専門職アカウンタビリティーを含めなかったことや、教育に利害を持つ多様なアクターが必ずしも十分に含まれていないことなど、シビック・キャパシティーの観点から見ると教育統治改革は多くの問題を孕んでいる。

4．シカゴのレジームとシビック・キャパシティー

　1995年教育統治改革によって新たなレジームが形成されたと見ているシップスは、ストーンを引きながら、シカゴのレジームをつぎのように分析している。すなわち、レジーム変革とは、教育政策を立案・執行する制度と個人の根本的変革が行われ、リーダーシップの交代だけではなく、制度ならびに政府権限の公式的作用を取り囲み補完する非公式の取り組みの交代も含んでいる。シカゴはまさに都市教育統治における現代的レジーム変革の典型例であり、全米のモデルとして大いに宣伝されてもいる。改革によって教育関係者はもはや意思決定者ではなくなり、教員組合の抵抗勢力としての力は弱体化している。市長による新しいレジームは都市の学校問題へのビジネス的解決方法の地位を引き上げ、ビジネス・リーダーの影響力を強化している（Shipps, 2003c: 106-107）。

　それでは、レジーム変革はシビック・キャパシティーとどのように関連するのであろうか。シップスはレジーム変革とシビック・キャパシティーについて、先に取り上げたウォンの立論も含めた通説に鋭い批判を浴びせている。シップスは教育当局発表の文書、R・M・デーリー市長や主席行政長官の発言などから、次のような「成果」を疑問視する。すなわち、教育財政の均衡化、教員組合との協調路線、児童生徒の学力向上、数多くの新校舎の建設、市内の質の高い学校への入学を理由の一つとした中流階級専門職者の市内への回帰による住宅地域の高級化や地価の上昇などである。

　これらの事実は、新しい教育統治システムの成果であるとの見解を批判する（Shipps, 2004: 59-60）。この見解にもとづけば、改革の成果についての従来の解釈は次のようになる。まずはイリノイ州議会による思い切った手段を契機として、学校改革修正法は学校官僚制も含む多くの競合する当局者から、市長部局にアカウンタビリティーを移し変えた。州議会や市長による確固とした行動が一時的で表面的な改革という循環を断ち切ったのであり、将来的に改革が維持されるために必要なシビック・キャパシティーを形成する条件を作り出した。

　シップスはこの見解を構造改革とシビック・キャパシティーとの因果関係

について完全に誤っている見解であると批判する。均衡財政をはじめとした上述の効果は過去20年間にわたるシカゴ市民活動家の連合による努力の成果であり、全体的には、この努力が個別学校での改革への取り組みを手始めに、州による法的な制裁を求める今日継続している過程に結実している。この過程はさらなる統治改革を求める広範囲な市民コミュニティの形成を促すとシップスは主張する。

　シップスに限らずストーンも、シカゴの1988年改革についてではあるが、シビック・キャパシティーとの密接な関連性を重視して次のように述べている (Stone, 2001: 16-17)。1987年にシカゴを訪問しシカゴの教育実態に関する議論を沸騰させた当時の連邦教育長官による「メルトダウン」発言と同じ年に、ワシントン市長は教育サミットの開催準備に取り掛かっており、このサミットは市内の主要セクターが共に学校改革に向けた取り組みを方向付ける役割を果たした。このセクターにはシカゴの主要ビジネスも含まれていた。教員ストライキが収束した後に、何千名もの人々が教育サミットの会議に参集することとなり、市全域にわたる父母とコミュニティのフォーラムとして父母-コミュニティ協議会の設置を市長は決定した。ワシントン市長急死の後に学校改革をめぐる強固な連合はいくぶん弱体化したものの、この形勢は基本的に踏襲され、結果的に個別学校への学校協議会の設置による徹底的な分権化と、父母参加の促進をもたらす学校改革法の制定に帰結することになった。その後、イリノイ州議会の党派構成の変化もあり、シカゴのビジネス主導の連合はビジネスで採用している経営形態を採用する1995年改革法の制定をもたらした。

　このシカゴの教育改革過程について、ストーンらはワシントン市長とR・M・デーリー市長がそれぞれ前者は世話役的に、後者は上意下達的であるが[12]、市当局が積極的な役割を果たしていること、ビジネスは低い税率や経済・能率への関心を持ちながら歴史的に教育に関して深く係わってきていること、父母やコミュニティを基盤とした組織が改革のための政策策定や分権化の実施に重要な役割を果たしてきていることから、必ずしも高度に発達したシビック・キャパシティー形態ではないものの、ゆるく結合されているシビック・キャパシティー形態を示していると肯定的に評価している。

第3章　学校改革修正法（1995年）と教育統治改革　343

　シカゴの教育統治改革を正確に評価することと、シビック・キャパシティーの観点から今後の展望を見通すために、シカゴ改革とレジームならびにシビック・キャパシティーとの関連についてより詳細に検討しておこう。表10は四つのレジーム・タイプの理論的相違を示している。

　本書第Ⅱ部第2章で検討したように、ストーンは教育に係わるレジームとして雇用レジームとパフォーマンス・レジームに分けている。シップスは表

表10　レジーム・タイプと理論

学校統治レジーム		改革課題	中心的・副次的な連携メンバー（イタリックは副次的メンバー）	必須の資源	必須の関係
現状改革レジーム	パフォーマンス・レジーム（Performance regime）	教授と学校文化の改革	教員、父母、公選・任命職者　*教育専門職者と研究者*	教員と父母の参加、教育関係者の技術的専門性、集団間仲介、政治的正統性、公的・非市場的教育資金	階級、人種、民族横断的な父母と教育関係者の間の信頼
	権限付与レジーム（Empowerment regime）	望ましい多くの革新的な決定を可能とする新しい意思決定者への権限付与	新たな意思決定者（父母、教員、ビジネス・エリート）と公選・任命職者　*補完的利益集団*	新たな統治者、結合力ある集団代表、社会的安定、政治的正統性、利益の再配分による実施	決定領域を分割し意思決定を共有することについての利益集団間の合意
	市場レジーム（Market regime）	選択を進めシステムの能率化を図るために市場のイメージで学校教育を再構築。（起業家的あるいは企業的な）市場のイメージで学校を再構築	ビジネス・エリートとその政治的同盟者、企業家的父母　*ビジネス管理専門職者と研究者*	統合的市場セクターの承認と財政、規制緩和、政治的正統性、新しい市場への公的投資	契約と規則に媒介される消費者と教育サービス供給者の役割
現状維持レジーム	雇用レジーム（Employment regime）	現行システムを政治的干渉から避け改革に抵抗し、システムを安定化する緩衝	教員、行政官、教育委員　*教育専門職者と研究者*	現行の物質的利益、慣行、共有する信念を相互に支援する組織化された教育集団	専門職者間の連帯と改革への懐疑主義

出所）Shipps（2003a: 852）

10のように、四つのレジームに分けて、ストーンのレジーム論を修正しながら詳しく検討している。上表は前項で検討したウォンの都市学校改革政治のモデルと類似している点もあるが、シップスはこれら四つのレジームをシビック・キャパシティーの概念と関連づけて重要な示唆を行っている。すなわち、レジーム変革のための動員とシビック・キャパシティーの強弱の相関である。まとめると図1のようになる。

　言うまでもなく、持続がきわめて容易なのは雇用レジームであり、最も困難なのはパフォーマンス・レジームである。雇用レジームに関しては、ストーンの概念設定するレジームと大差ないが、シップスはパフォーマンス・レジームについてストーンとは異なる新たな概念定義をしている。すなわち、貧困で有色の子ども達の学力改善のために、学校文化と教授の変革をもたらす政治的取り組み、連合、理解を含めている。シップスはこのレジームとシビック・キャパシティーとの相関を踏まえて、シカゴ教育政治の動態に即して詳細な検討を加えている。結論的には、既存の教育統治システムをレジームの観点から見ると、シビック・キャパシティー水準の低い雇用レジームに流されやすいこと、不利益を受けている子ども達の通学している学校の文化ならびに教授の変革をもたらそうとするレジームを維持するためのシビック・キャパシティーが非常に困難なのである。

　前節でキューバンらによるシカゴも含む6都市の教育統治改革の評価について検討したが、その際に、抜本的な改革が行われたものの、その改革が深く根を下ろしていないことを見てきた。市長主導のトップダウンによる集権的な改革は全般的に脆弱であることの要因として、キューバンらは次の3点を指摘している。第一には学校リーダーの目に見える存在感と継続性に過度に依存しており、1960年代以降の都市学校のリーダーシップの歴史が明らかにしているように、市民連合（civic coalition）が改革を主導するものの、数年後には改革への関心が失せてしまう。第二に、学校は校長と教員のための教授上の基盤（infrastructure）を構築することが困難な組織となっていることである。アカウンタビリティー基準に付随する持続的で豊かな専門職能開発が学区と学校の文化になってこそ、学級での教授・学習の改善がもたらされることは論理的に要請されるし、学校を基盤として専門職者が職務に留ま

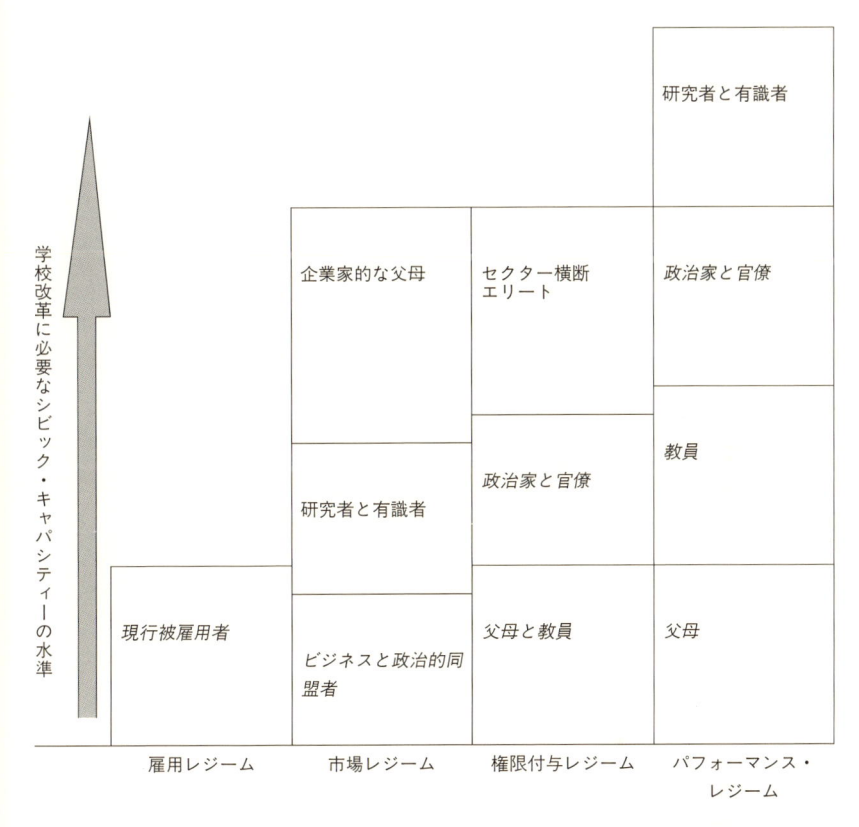

第3章 学校改革修正法（1995年）と教育統治改革　345

図1 レジーム変革の動員

	雇用レジーム	市場レジーム	権限付与レジーム	パフォーマンス・レジーム
（高）				研究者と有識者
		企業家的な父母	セクター横断エリート	*政治家と官僚*
		研究者と有識者	*政治家と官僚*	教員
（低）	現行被雇用者	*ビジネスと政治的同盟者*	父母と教員	*父母*

（縦軸：学校改革に必要なシビック・キャパシティーの水準）

矢印の上はレジーム・タイプごとに必要とされるシビック・キャパシティーの総量を示す。各箱には中心的な集団が含まれ、イタリック体は副次的な集団を示している。

出所）Shipps（2003a: 859）

ることが求められている。ただし、学級での教授・学習に集中した基盤の構築と文化の形成には、学校リーダーの強力な関与と、より多くの時間と、専門家へのアクセスと、多くの資金が必要である。第三にはトップダウンの体系的改革の目的として、学級での教授・学習に影響をもたらすことであるが、改革への教員の支持と父母の支援は必須であるにもかかわらず、未だ支持や支援は見出されていない（Cuban, 2003: 160）。

また、1990年代前半にシカゴの学校を訪問して参与観察を続けたカッツら

によると、1995年法以後は集権化に逆戻りしたものの、シカゴ改革の社会運動としての側面を重視しながら希望的観測を披瀝している。つまり「社会運動に付随する課題は持続性であり、当初の強さは弱まっていく。もし社会運動が制度化されなければ、思い出に過ぎなくなってしまう。シカゴで問題となるのは芽を出した社会運動の情熱が公教育の精神と実質に永久に変換されるかどうかである」(Katz, 1997: 154)。

このように、シビック・キャパシティーの形成・発展・維持はきわめてデリケートであることを、ストーン、キューバン、カッツらは異口同音に論じている。都市の児童生徒の学習改善を目的としたシビック・キャパシティーは制度、リーダーシップ、さらに、本節第2項で検討したように、教育専門職者の役割を無視しては形成さえ不可能なのである。

小 括

1988年の分権的教育改革は、学校単位に意思決定権を大幅に委ねることを目的としていた。1995年改革では、市長に強い権限が与えられ学校協議会が直接に市長に責任を負う体制が作られたとはいえ、学校協議会の意思決定権に変更は加えられていない。ところで、学校協議会が同一の社会層からなる質的に均一な父母や住民から構成されれば、この分権化改革について懸念を表明せざるを得ない。民主的教育統治とは、多様な市民が共通の身近な問題解決を目指して協力していくことであるが、もし個別学校の意思決定権をゆだねられている人々が均一的であれば、自らとは異なる生活スタイルや生活環境にいる他者との間に教育問題を共有する能力を減じることになるであろう。シカゴは一つの都市として教育に限らずさまざまな行政分野で都市全体にわたる広域的な課題を抱えており、多様な経験を持ち多様な意見を持つ人々の相互の交わりの中で、都市に共通の問題解決を目指す取り組みが必要であると筆者は考える。市長、教育長をはじめとした教育行政官、教員ならびに教員団体、経済セクター、コミュニティ組織などの多様なセクター間で意見が交わされ、各セクターの考え方や展望が交わる機会、場（フォーラム）を制度的に作り出していくことが必要不可欠であろう。

シビック・キャパシティーの形成・発展・維持にとって不可欠なのは、教

育改革のための連合の構築の必要性であり、制度の設計とその制度を維持していくリーダーシップの重要性を改めて認識する必要がある。同一の市内であっても社会階層別の棲み分けが進み、都市と郊外のみならず、都心部においても人種や階層による分離・隔離が進行している中で、特に低所得層マイノリティの意思を反映させるためにも、制度によるセクター横断的な架橋の仕組みが求められる。

注

1）「学校協議会」の名称、機能、権限は多様である。ここでは、学校内で管理職者、教員、児童生徒、保護者、地域住民のすべてあるいはいずれかを含めた意思決定機関を便宜的に"school council"に代表させ、訳語を「学校協議会」とした。シカゴの"local school council"の訳語にも「学校協議会」を当てている。アメリカにおいて協議会は"council"だけでなく"committee"、"team"、"board"などが用いられたりしている。ちなみに、シカゴでは1995年にシカゴ警察（Chicago Police Department）の改革も行っている。シカゴの279の警察管轄地域ごとに都市安全のための一種の近隣統治システムを作り、巡査と巡査部長が地域の安全について定期的に意見交換を行う場を設定している。学校協議会にしても警察組織の改組にしても応答的自律性を高め、権限付与された参加審議機構を作り出していると高く評価されている（Fung, 2001）。

2）文献とは Designs for Change (2002) であり、学校協議会の組織、運営、機能、課題などの局面に焦点を当てて簡潔に要約している。またシカゴ学校研究コンソーシアムも1994年以降2年おきに継続して大規模調査を実施しており、最新の2003年3月調査はウェブ上で参照できる。なお、校長の選考過程、学校改善計画、学校予算の承認など、フィールド調査を踏まえたシカゴ学校協議会の運営実態に関する邦語文献として、坪井（1998b）が詳しい。

3）1980年代までのアメリカ教育行政におけるアカウンタビリティー論については、岩永（1989）、小松（1983）などで詳述している。

4）具体的には、テストを受験する児童生徒の層が毎年異なること、テスト準備教育が行われていること、一定時点でのテスト得点がその後の学力水準とどれだけ相関するかについて考慮すべきこと、人種間学力格差の解消の要因が複雑であることなどを指摘している（Cuban, 2003: 156-157）。

5）学力問題も含めた学校協議会の機能性についての大規模調査の報告書として Bryk

(1998) があり、貴重な文献である。
6) 初代の主席行政長官には市役所の財政部長であったP・バラス（Paul Vallas）が着任した。
7) わが国でも坪井は「学校委員会から積み上げていくルートを断ち切ったビッグ・ビジネス主導の学区教育統治体制」（坪井、1998a: 140）であり、教育自治解体の懸念を表明しているのに対して、山下は矯正、指導・観察などによる「学校干渉措置」の影響・効果に即して論述し、全面的に否定する態度は取っていない（山下、2002: 226-232）。
8) すでに何度か引用している Henig（2004）が市長主導の教育統治改革について最も包括的な事例調査報告である。
9) 本文の以下のニュー・アカウンタビリティー評価に関して、オデイは次の分析枠組みを用いている。つまり、学校改善は相互にそして環境から情報を受け取るエージェントにもとづいていること、組織における相互作用のパターンを通じた情報の解釈と分散にもとづいていること、一定の成果の測定に沿って改善をもたらす戦略の工夫・選択・再編にもとづいていることである。
10) シップスらも同趣旨の主張を展開している（Shipps, 1999: 536-541）。
11) 表のセル（B）については、本書第Ⅱ部第2章で検討を加えたＳＢＭの理論が深く係わるし、わが国でも坪井や山下が周到な分析を加えている。セル（D）に関してシカゴの場合、チャーター・スクールは2004-05年度時点で20校であり全校数の3パーセントにも満たないため、検討からはずした。
12) ストーンらはワシントン市長の政治手法と、後任のＲ・Ｍ・デーリー市長の父親で1955年から1976年まで長期にわたって市長職を務めたＲ・Ｊ・デーリー両市長を対比させて、市長のリーダーシップの相違が都市政治のあり方を規定することを明らかにしている（Stone, 1995: 103-105）。

終章　アメリカ都市教育政治研究の意義

第1節　アメリカ都市教育政治研究の成果と課題

　本研究の目的は、20世紀のアメリカ都市教育統治改革の歴史を明らかにすることと、現代都市教育改革におけるシビック・キャパシティー論の有効性を検証することであった。

　前者の研究目的を敷衍すると、学校教育のステークホルダーが20世紀の間、いかなる教育統治を通して教育における価値の実現を図ろうとしていたのかを明らかにすることである。価値の実現を図ろうとする際に、価値の決定である教育政治、価値実現の方針である教育政策、価値実現のための執行である教育行政、それらを包摂する概念としての教育統治はどのように考えられ、いかなる改革が行われてきたのか。シカゴを事例対象に、都市教育問題をもたらした社会的、経済的、政治的な文脈に即して教育統治の歴史的展開と現代的改革課題を明らかにすることを試みた。

　後者に関しては、革新主義期の教育統治改革のもたらした帰結と、今日の都市教育課題との密接な関連性についての問題意識を前提に、教育の質的向上を目指した都市内部のセクター横断的な合意形成を図るためには、いかなる都市教育改革の理論が有効であるのかを明らかにすることである。都市内部での教育的価値をめぐる集団間の対立は根深く、教育問題解決のための合意は容易に成立しがたくなっている。教育政治を敵対政治ではなく都市コミュニティの教育に係わる共通善実現の政治に転化するための理論的根拠として、シビック・キャパシティー論を取り上げ、その理論的有効性と課題を検

討した。これまでの検討結果をまとめると、以下のようになる。

1．革新主義期教育政治の学説とシカゴの実態分析

　上述の研究目的を達成するために、本書第Ⅰ部においては、革新主義期の教育政治研究史と同時期のシカゴ教育統治改革の政治過程分析を試みた。革新主義期の教育政治研究に着目したのは、アメリカ社会がおよそ1890年代から1920年代にかけての革新主義期に、それまでの農業社会から工業社会、産業社会に転換し、都市が工業、産業、商業、金融の中枢を担うようになる大規模な社会変動の時期であり、政治改革、経済改革と連動しながら重要な教育統治改革が進められたからである。当時の教育改革、教育統治改革の評価をめぐって多くの論争が行われ、研究成果が豊かに蓄積されてきている。それらに学びながら、20世紀初期に成立した教育統治システムが20世紀全体のアメリカ教育のあり方を強く規定しているとの仮説の検証を試みた。得られることのできた知見は以下のように総括できる。

　1960年代に、それまでの教育の歴史を公立学校の勝利であるとして描く公立学校進歩史観が批判され、教育研究を広く社会・経済・政治の歴史と結びつけることの重要性が自覚されるようになった。教育統治改革に即して見ると、革新主義期の教育統治改革によって教育長をはじめとした教育行政官はビジネスの重視する価値である能率を受容するとともに、自らその価値実現を図る先導役を果たすようになった。また、当時のハイスクールのカリキュラム改革の内実を検討すると、カリキュラムが社会階級を分断して分化し、学校は社会統制機関として位置づけられるようになった。

　1960年代末から1970年代にかけての革新主義期教育政治研究は、ラディカル・レビジョニズムによって席巻された。ラディカル・レビジョニズムによれば、革新主義期教育改革は社会経済的な支配階級が、不平等で差別主義的な価値を被支配階級に強制したものであった。社会的統制を強め、社会的能率を高めるための改革であり、集権化・専門職化された学校システムが出来上がり、地域住民の教育政策決定過程への参加の道が閉ざされ、公立学校はアメリカにおける社会・経済上の不平等を再生産する機能を果たすようになったと結論付けられた。

都市のビジネス・エリート主導の教育改革であったことが提示され、教育政治史研究に社会階級的視点が持ち込まれ、マイノリティや被抑圧階級の視点から見た教育改革の実相が浮かび上がり、都市の子ども達こそ、この時期の教育改革で最も不利益を受けていたことが明確に描出された。他方で、ラディカルズらの主張は多くの批判を巻き起こし、結果的に教育史研究の隆盛をもたらすことにもなった。

ラディカルズの結論を根底的に批判する研究や、問題意識を受け継ぎながらも研究方法を精緻化した研究や、新たな教育史研究の地平を切り開こうとする研究が積極的に進められた。革新主義期教育改革の評価をめぐる諸研究は、民主的統制説、組織統制説、動態的階級葛藤説に分けることができる。民主的統制説は、ラディカルズの歴史解釈である階級強制説を鋭く批判し、その民主性、多元性に着目した。組織統制説は行政官僚的革新主義者主導による教育統治の集権化・専門職化と都市教育官僚制の形成を説得的に提示した。動態的階級葛藤説は多様な集団が重視する価値を教育政策に反映させようとするために、価値の衝突する場として学校を理解し、教育改革や教育統治改革の過程はきわめて動態的な政治過程であったことを明らかにした。ポスト・レビジョニストによって提起された諸説の特徴は、教育政治を支配階級と被支配階級の二項対立的な構図で捉えるのではなく、社会階級をより厳密に類型化するとともに、各社会階級はそれぞれ内部で対立や矛盾を抱え、必ずしも一枚岩的に特定の教育的価値を重視し、単一の教育政策を支持していたわけではないことを説得的に提示したことである。

1980年代半ば以降は、研究事例対象都市の拡大と実証研究の深化が図られている。ニューヨークやシカゴ以外の都市教育ならびに教育統治の歴史研究が積極的に推進されたのみならず、教育改革に重要な役割を果たした政治アクターの多様化、多元化がもたらされた。政治アクターとしては支配エリート階級、中流階級、労働者階級といった階級的視点に加えて、ヨーロッパからの出身国別の移民集団、白人集団と黒人集団、女性団体などに焦点を当てた研究が進められてきた。それのみでなく、教員組合の政治的役割についての歴史研究も進展してきた。教育政治史研究の内容と方法における多様化は、新しい社会史研究の隆盛や女性史、移民史、労働史、家族史、黒人史などの

進展から強い影響を受けていた。

　これらの研究によって、教育政治史の通説が大きく塗り替えられつつある。具体的には、1960年代の公民権運動以前の20世紀前半に、すでに黒人集団やヨーロッパからの移民集団は教育をめぐって政治的影響力を部分的にではあれ行使していた事実や、都市マイノリティはアメリカナイゼーションの単なる客体ではなく、アメリカ社会での成功を目指して、多様な方法を用いて主体的に学校教育を活用していた事実が明らかにされてきた。また、教員組合の政治アクターとしての影響力の強大さは周知の事実であるが、ジェンダー、社会階級、人種・民族的な観点から教育組合を分析すると、内部的にさまざまな対立を抱えているアクターであったことも明らかにされた。

　以上のように、第Ⅰ部第1章と第2章で考察した結果をまとめることができる。第3章では、上述の教育政治史研究の成果を参照しつつ、シカゴを事例として教育統治改革をめぐる政治過程の実証研究を進めた。

　シカゴが都市的形態を整えるようになるのは19世紀半ばであり、19世紀の後半には人口が急増し、教育統治改革が要請されてくるようになった。教育委員の区代表制の廃止、教育長の権限強化が求められ、教育官僚制が形成されてきた。19世紀末から20世紀にかけての、具体的には1897年のハーパー委員会の設置から1917年にイリノイ州議会で制定されたシカゴ教育統治改革法であるオーティス法にいたるまでの政治過程を詳細に検討した結果、シカゴではビジネス、市長、政治党派、市議会（議員）、教育長、教育委員会（委員）、教員組合、人種・民族集団、女性団体など多様な政治アクターの複雑な相互交渉をともなう政治過程を経て教育統治改革が行われていた。

　したがって、シカゴの革新主義期における教育政治の多元主義的特徴を指摘することもできるが、各政治アクターの影響力は時期的に強弱があっただけでなく、アクター間の合従連衡は決して一貫したものではなかったことが明らかとなった。1980年代半ば以降の革新主義期教育政治研究の動態的階級葛藤説を支持することができるが、シカゴの教育政治は、階級対立だけにとどまらず、内部的矛盾を抱えた教育組合の政治アクターとしての役割を無視しては正確に理解できないことを提示した。教育統治改革の結果、能率性、効率性の価値を重視した強固な教育官僚制による教育統治が支配的となり、

それが20世紀全体を通した官僚的集権的教育統治システムの維持・進展に寄与したのである。

2．第二次大戦後の都市教育の課題と現代教育改革の理論

　第II部では、第二次世界大戦後から1980年代にいたるまでの都市の社会的・経済的変動と都市空間の変容を考察するとともに、都市の変容が子どもの学校教育に及ぼした影響について、教育の機会均等の観点から考察を加えた。都市教育における深刻な課題として人種分離学校にもとづく教育の不平等があり、人種分離学校廃止に向けた教育政策の策定と教育行政の取り組みについてシカゴを事例として検討を加えた。

　戦後の都市は児童生徒、特にマイノリティ児童生徒の急増と人種的・民族的な多様化が進行し、貧困層の集中、居住地域のスラム化が顕著になっていた。マイノリティと白人の学力格差の顕在化、施設設備、教員の質、カリキュラムにまで及ぶ人種・民族間の格差が歴然としていた。

　教育機会の不平等は卒業後の労働市場におけるマイノリティの就業機会と密接に関連していた。都市の主たる経済基盤が製造業からサービス業に変化し、ブルーカラー職が激減し、教育水準の高学歴化が要請されるようになっていた。その結果、在学年数の人種・民族間格差が就業機会の不平等と関連を持つだけでなく、同一職種であっても職位や賃金における差別が顕著に存在していたために、マイノリティの労働市場における不利益が経済格差の蓄積・拡大に直結する構造が出来上がっていた。

　都市マイノリティの低学力問題の背景には、マイノリティ家庭の慢性的失業による貧困、離婚率の上昇による家庭崩壊、十代未婚女性の母子家庭の増加、逸脱行動を抑止する規範の欠如など、都市の、特にインナーシティーのマイノリティの集中するゲットー地区における社会関係の崩壊という深刻な問題が横たわっていた。

　ブラウン判決以後、分けても1960年代には全米的に公民権運動が高まり、シカゴにおいても人種分離学校にもとづく教育機会の不平等の是正は喫緊の課題であると認識されていた。教育行政当局は1950年代以降、児童生徒数の急増対策に追われ、人種分離学校廃止政策に取り組むことはなかったと同時

に、市民の期待・要望に応答できない教育行政運営であり、公正や平等の価値を重視する各種市民運動団体による官僚的教育統治システムへの批判を強めることになった。それのみでなく、教員組合が労働協約の締結権を梃子として教育政治の表舞台に登場し、教育行政当局と教員組合の亀裂も機動的な教育行政を困難にしていた。

　1970年代後半以降は、都心部と郊外との強制バス通学の実施が裁判所の判決によって困難になるとともに、人種統合の一方の当事者である白人児童生徒数の圧倒的不足などによって、人種分離学校廃止運動が袋小路に陥ることとなった。同時に、統合教育を求めていた黒人集団は近隣学校の教育の質の向上に重点を置くようになるとともに、戦後都市教育の失敗の要因を官僚的集権的教育統治システムに帰する理論動向を背景に、地域住民による学校の直接管理への要求が強まっていった。なお、1990年代の都市教育問題解決のための取り組みに関する諸調査を一瞥すると、都市学区は改革を忌避していたのではなく、さまざまな取り組みを展開していた。ただし、それらの改革は学校官僚制内部でのあるいは専門職者主導の取り組みでしかなかった。都市の社会経済的な条件を考慮に入れた包括的な政治的取り組みにもとづく改革が急務となっていた。

　次いで、本研究のもう一つの研究目的である、現代都市教育改革におけるシビック・キャパシティー論の有効性を検証するために、ソーシャル・キャピタル、アーバン・レジームについて、理論の内容と内包する課題を明らかにした。

　ソーシャル・キャピタルとは、既に1910年代から用いられている用語で、含意として、人々の緊密なつながりのあるコミュニティによる学校支援の重要性が謳われていた。1960年代には都市再開発によるコミュニティの連帯喪失の危機感から都市再生の鍵的概念としても用いられた。1980年代に社会学者のコールマンが社会環境内での信頼性、社会関係に内在する情報の可能性、コミュニティの規範と効果的制裁からなる形態を指してソーシャル・キャピタルの概念を確定し、多くの人々の関心を集め、研究上の影響力を持った。1990年代以降今日に至るまでのソーシャル・キャピタル論を主導しているのはパットナムであり、彼はコミュニティのネットワーク、信頼、規範からな

るソーシャル・キャピタルと制度パフォーマンス、経済発展、そして何よりも民主主義との緊密な関係性について、イタリアやアメリカの事例研究を通して明らかにした。

　都市教育改革の成否を握るのは、コールマンのソーシャル・キャピタル論の公的、連帯的な側面を引き継ぐパットナムの提示したソーシャル・キャピタルであり、分けてもコミュニティ内の緊密なネットワークの重要性に着目した。また、ソーシャル・キャピタルの理論的問題点を摘出し克服しながら、新たな都市政治理論が1980年代半ばから提起されるようになってきた。この理論を主導したのは一群の政治学者であり、彼ら／彼女らはアーバン・レジーム論を提起しながら、同理論を都市教育改革に適用する中で、シビック・キャパシティーの理論構築を図ってきた。

　アーバン・レジームとは、都市の公式な政府権限の行使を取り巻き補完する非公式の取り組みを指している。この非公式の取り組みが有効であるためには、公私関係を含む協力と統治連合の形成・維持・発展が不可欠であり、そのために、制度関係を組み替え、資源の動員が必須となる。アーバン・レジーム論は多方面からの批判にさらされてもいる。しかし、現状分析、改革課題の提示、改革戦略の展望のためには、レジーム理論の重視する公私関係の再編と制度の生成、統治連合の形成、資源動員などの分析を進めることによって、都市問題のみならず、都市教育問題を解決する手がかりを得ることが出来ることについて論じた。

　個人的、私的な行動に関心を寄せるソーシャル・キャピタルよりもむしろ、公的領域での活動に焦点を当て、統治制度や集団的活動を視野に含めるシビック・キャパシティーの概念を用いることは、より深く、より適切に教育政策や公共政策の分析と問題解決に寄与する。すなわち、シビック・キャパシティーとは、コミュニティ全体に係わる問題解決のための支援に向けた多様なステークホルダーの動員を指し、問題解決のための参加・関与と、コミュニティ全体の問題であるとの理解を重要な構成要素にしている。1990年代のアメリカ主要都市の教育改革を事例とした研究において、成功事例は、都市教育改革の努力に向けて市政府、学区当局、ビジネス界、市民が強固なネットワークを構築し、多様なセクターのリーダーを組み込み、都市教育改革戦

略を明確化し、教育改革のための統治連合を形成・維持し、改革のための資源を有効に動員し管理していた。シビック・キャパシティーが豊かなコミュニティは、教育改善を目指して教育に係わるステークホルダーがセクター横断的な統治連合を形成し、それを維持し、発展させることができるのであり、改革に最も頑強に抵抗していたのは教育官僚制であった。教育専門職者ならびに教員組合も統治連合に組み入れ、集合的な教育改革のための取り組みを推進するのは政治そのものであり、高度なシビック・キャパシティーの発展に資する教育政治が求められていることを明らかにした。

3．シカゴ教育統治改革の動態

シカゴは1988年に全米で脚光を浴びた教育統治分権化を試みている。1995年にもやはり先導的な改革を実施している。1988年改革をもたらした1980年代前半の教育政策課題について見ると、第II部でも触れた人種分離学校廃止問題と、アファーマティブ・アクション政策にもとづく黒人の教育行政職への採用ならびにその人事政策への批判、財政危機を誘引とした教員組合によるストライキへの対処などであった。これらの深刻な問題を解決するために、1980年代前半、イリノイ州はシカゴを対象とした都市学校改善法を制定し、同法にはすべての学校で学校改善協議会を設置する規定や、教職員資質向上策、校長権限の強化が盛り込まれた。これに呼応して、市内の教育関係各種市民運動団体の活動が活発化し、公立学校問題に積極果敢に取り組むようになった。しかしながら、州議会や市民運動団体の動きとは対照的に、教育行政当局は改革要求に応答することはなく、より徹底した教育統治改革が多方面から要請された。

第III部は、1988年改革の背景について上述のように検討した上で、1988年改革の理論的根拠として最も重要である「学校を基盤とした経営」の理論動向と全米的な適用の実態について考察を加えた。この理論は、地方政府レベルで学校の再構築を図るために、中央教育行政当局の有していた権限を学校に委譲し、学校の自主的、自律的な運営にもとづく学校改善を図り、同時に、大規模教育官僚制のもたらす弊害の是正を目的としていた。

1988年法制定をめぐる政治過程を仔細に検討した結果、改革を主導したの

は市長、教育調査研究機関や人種・民族集団などを含む各種市民団体、州議会議員、ビジネス、マスメディア、財団などであり、それらの間に緊密なネットワークが構築され、市長のリーダーシップの下に多様な政治アクターが改革のために糾合されていた。すなわち、公式の政府権限を取り巻き補完する非公式の取り組みである新たなレジームが形成されていた。

1988年シカゴ学校改革法は、個別学校に設置され、保護者代表6名、地域住民代表2名、教員代表2名、校長の計11名からなる学校協議会に教育行政の重要な権限である校長の人事権、学校改善計画の承認権、一定範囲の教育財政の自主決定権を付与した。600校近い市内の全校に設置された学校協議会がどれほど有効に機能しているのかについて各種調査が行われ、十全に機能している協議会から協議会内部での意見対立によって機能不全に陥っている協議会まで多様であった。学校協議会委員を対象とした研修のいっそうの充実や、十分に機能している協議会の運営方法の他校への拡大が求められる中で、1995年にシカゴ学校改革修正法が制定された。

1995年法はアカウンタビリティーを教育統治上の価値として前面に押し出した改革であった。1990年代のアカウンタビリティーの特徴は、学力に焦点化し、学校改善の評価単位を個別学校に置き、外部基準への適合を要請し、改善に失敗している学校に対して査察を実施し、改善が見られる場合は報奨を、見られない場合は学校の閉鎖や教職員解雇などの制裁を伴っていた。これらはニュー・アカウンタビリティーと呼ばれ、1995年法はこのニュー・アカウンタビリティーの特質を兼ね備えるとともに、教育長を頂点とする教育専門職者に教育統治を委ねるのではなく、市長が直接に教育を管轄することで、教育統治の市長による包摂、一元化の形態をもつ教育統治システムに改変した。

シカゴのニュー・アカウンタビリティー政策の推進によって発生してきている問題群は多岐にわたっている。学力テスト得点の向上に特化した教育統治改革の実施によって、公教育の目的の再定式化が促される契機となっていることと、教育統治における教育専門職者の位置づけの再検討が必要となっていることについて考察を加えた。前者については、ニュー・アカウンタビリティーの価値の体現を重視した、学力向上重点化の教育改革への反省的思

考を踏まえて、カリキュラム改革などを通した公正の価値の実現や公立学校の民主的使命の復権を図るための教育改革への関心が引き起こされていることを論じた。後者については、シカゴのアカウンタビリティーが過度に成果を基盤とした官僚的アカウンタビリティーになっており、教授・学習の過程に焦点を当て、効果的教育実践に必要な知識と技能を有し、相互の交流によって責任を果たす教育専門職者による教育責任の完遂、すなわち、専門職アカウンタビリティーと外部からの報奨や行政による支援や一定の範囲での成果を基盤とした官僚的アカウンタビリティーとの相互補完からなるアカウンタビリティーの重要性について論究した。

　1988年改革も1995年改革も、アーバン・レジーム論の観点からすれば、レジーム変革であった。教育統治改革によって、公式な政府権限の行使を取り巻き補完する非公式の取り組みが大きく変化した。シビック・キャパシティーの形成・維持・発展はきわめてデリケートであることに関して異口同音に論じられており、その充実を図るためには、都市の児童生徒の学習改善を目的として、ステークホルダーを糾合した統治連合の結成を促す制度を構築すること、シビック・キャパシティーの豊饒化をもたらす有効なリーダーシップを確立することが不可欠である。そして何よりも、教育関係の職の確保と教育関係職内部でのキャリア形成といった再配分的な特質を持つ雇用レジームを志向するのではなく、都市の子どもの学習改善という集合的目標に向けて市民の広範な動員をもたらすパフォーマンス・レジームを志向することが重要であり、同時に、教育専門職者をも統治連合に組み入れたセクター横断的なレジームの構築が重要であることを明らかにした。

第2節　わが国の教育行政研究への示唆

1．「教育統治」「教育政治」「教育行政」の概念

　本書は、表題に用いているように、教育政治についての研究である。本研究が教育研究であることは無論のこと、今までの論述を通して分かるように、教育を政治学的方法を用いて研究しようとする教育政治の学、さらには、教

育統治の学を目指すことを意識した。

　学校教育問題の根本的な原因を明らかにしようとする際に、教員の低い資質や教員養成の不備、不適切なカリキュラムといった教育固有の問題として捉えたり、市場的競争を欠如させた強固な官僚制や有効な管理・統制の欠如といった組織ないし機構の問題であると捉えたり、長期にわたる貧困や人種差別や特権的地位の維持といった社会的な問題であるとして捉えたりする研究が多い。さらには、貧困の文化、家庭の重視する価値の崩壊、学校文化と大衆文化との乖離の拡大などの文化的問題であるとして捉えられることもある (Labaree, 1997b: 16)。

　これらのいずれも重要であるが、序章第2節でも引照したラバリーを再び引くと、アメリカの教育で最も重要なのは、教育的、組織論的、社会的、文化的な問題ではなく、政治問題なのである。つまり、問題であるのは、どうすれば学校をより良いものに出来るのかについて知らないことなのではなく、いかなる目的を学校は追求すべきであるのかについて同士打ちをしていることである。学校教育目的の設定は技術問題ではなく政治問題である。目的設定は科学的な研究によってではなく、選択の過程を通して解決される。解答は、政治に無縁の論理によってではなく、(いかなる学校をわれわれが望むのかの) 価値と、(どのような教育価値を誰が支持するかの) 利益に用意されている。

　筆者はアメリカの教育問題で最も中心的な問題は政治問題であるとのラバリーの研究視角に導かれながら、複雑で多面的な政治過程を辿った20世紀のシカゴにおける教育統治改革を跡付けてきた。筆者は本書を執筆しているときに、何度かわが国のアメリカ教育政治学に関する研究成果を参照した。主として参照したのは、堀和郎と河野和清の研究である。堀は広義教育行政学の中に、教育制度学、教育法学、教育経営学と並んで教育政治学を下位部門として位置づけている (堀、1983: 376)。河野は概念と構造に即して広義教育行政の二側面について述べている。すなわち、管理過程の側面と教育的価値の権威的配分過程としての政治過程の側面である (河野、1995: 338)。両者とも「教育行政」を上位概念として捉えている点は共通している。

　序章でも明示したように、本研究における教育政治とは、教育のステーク

ホルダーがいかなる教育的価値を、20世紀の間、権威的に配分したのかについての過程であると概念規定し、その過程の解明が教育政治研究の進展をもたらすと確信して研究を続けてきた。また、教育政治過程において特定の価値を実現、維持、あるいは増大するための行動の方針や計画が教育政策であり、教育政策を実施するのが公共的事務の処理ないし管理としての教育行政であると定義した。価値の決定が教育政治であり、価値実現の方針・計画が教育政策であり、価値実現の執行が教育行政であるとの概念規定をしたからといって、それぞれの概念の内包と外延を明確に区切ることは出来ないし、事実、各作用は重複している部分も多い。これらの一連の作用を包含する概念として「教育統治（educational governance）」を用いた。本書の論述においては、シカゴという単一の教育管轄区域、アメリカで通常呼ばれている「シカゴ公立学校システム」における政治過程の分析において、意識的にこれらの用語を使い分けてきた。たとえば、教育行政については、中央教育行政当局、教育委員会、教育委員会事務局による統制や責任を指して、「教育行政」の用語を使ってきた。

　以上のように、筆者は教育統治を上位概念に据えて、その下に教育政治、教育政策、教育行政を配している。わが国の教育行政研究には、教育政策、教育法、教育制度、教育行政組織、教育行政作用、教育職員、教育財政などをテーマとした研究が蓄積されており、教育政治も用語を使うか否かはともかく、教育政治（的）研究は教育行政学や教育政策学などの研究に含まれてきている。しかしながら、アメリカにおける近年の研究は、教育行政学の名の下で、内容的には行政管理論、行政過程論、行政組織論、教育プログラムやサービスの実施論などが中心となっている。したがって、教育政治をも含むより広範な作用に「educational administration＝教育行政」の邦訳を当てるよりも、教育政治、教育政策、教育行政を含む上位概念、筆者の場合は「教育統治」を用いたほうが、教育政策や教育行政の直面する実践的問題の解決に有効であるだけでなく、理論として有効性を持つのではなかろうか。なお、河野は「政治と行政を包含する、定着した概念は不在であるが、governance（統治）の名を冠した教育行政学の文献が現れつつあるのは注目される」（河野、1995: 322）と述べている。管見の限りでも、教育統治について

未だ明確な概念規定はなされていない。アメリカにおける教育統治論そのものの理論的構造、概念枠組みなどの解明は他日を期したい。

　本書で詳述したソーシャル・キャピタル、アーバン・レジーム、シビック・キャパシティーの諸理論はいずれも主として政治学で進展してきた理論である。それを都市教育問題の解決のために援用する中で、有益な理論枠組みが提供されてきたことは既述の通りである。わが国においても、1970年代前半からアメリカの教育政治学の紹介論文が散見されるようになり、1980年代前半の堀による研究成果の公刊以後は、その集大成的な影響力の強さもあってか、研究発表が少なくなっている。アメリカや諸外国のみならず、わが国の政治学研究の成果を援用した、政治学的方法を用いた教育政治研究は、わが国の教育実態の解明、教育問題の解決のための理論的基盤を提供する可能性は高く、今後とも積極的に進められる必要があろう。

2．わが国における教育行政の新展開

　わが国の戦前教育行政の特徴は、文部省や内務省あるいは府県知事や市町村長などの行政機関内部の官僚的階層的組織が主体となって教育行政を運営してきたことである。これらの組織による教育行政は天皇制公教育体制下での絶大な権力を背景として行われていたことは言うまでもない。戦後改革期には占領軍の権力を後ろ盾として、占領期以降においては文部省による指導行政の名の下で、国による地方教育行政への介入・支配が貫徹してきていることは事実であるし、この構図は20世紀後半のわが国の教育行政・教育政策を特色づけてきたといっても過言ではない。

　1980年前後までは、教育に限らず噴出する様々な社会問題に対応するために、中央政府が積極的に介入することで政治システムの機能の拡大が図られ、それは福祉国家を目指すことと表裏一体のものでもあった。しかし、政治システムの拡大は官僚制の肥大化をもたらすとの批判を引き起こすことになる。戦後目指してきた福祉国家化と経済成長が収束すると、経済の停滞の要因を政治システムの肥大化に帰する主張が強まってきた。1980年代からは新自由主義にもとづいて政治改革、行政改革を含む構造改革の名の下に公的領域からの政府の関与の縮小と市場拡大の戦略が採用されるようになった。福祉国

家化の目的の一つは市場の失敗を防ぐことであったにもかかわらず、失敗した過去に逆戻りしようとしている。今必要なのは、市場の拡大によって政府の失敗を取り繕うことではなく、政府の関与を縮小しながら市民社会の役割を強化するであろう。

　教育についてみると、1980年代以降に大きな変化が見出される。文部省や教育委員会の絶対的な権力を背景とした教育支配から、しだいにさまざまなステークホルダーが重なり合いながら教育政策の決定に係わるようになってきている。これらステークホルダーが集まって討議をしながら合意を得ていく方法なくして、学校や教育行政の運営が立ち行かなくなってきていると言ってよいであろう。したがって、教育行政当局のみが主体的・主導的に学校を運営していくことは既に過去のものとなりつつある。そして行政の役割は住民と地域社会への信頼を基礎とした連携の構築になろうとしている。

　私たちは、今日の多元化した社会における教育政策の策定を国家に任せるのではなく、地方が現状分析を踏まえて主体的にステークホルダーとの共同・協働作業の中から政策を策定していく必要に迫られている。教育政策に係わるステークホルダーとして行政はむろんのこと、住民、企業なども重要な要素となる。これらのステークホルダーの関係性を明確にし、教育改革、学校改革にむけて円滑な関係性を構築し十全に機能するための理論を構築することが求められている。

　教育行政への参加は長年にわたって叫ばれ続けてきているし、わが国の教育行政研究においても「参加」を主題とした研究は非常に多い。「学校と地域社会との連携」「学校-保護者-地域の協働」といった言説は随所で見出すことができるし、学校評議員制度、地域運営学校などの制度導入をともなって現実に着実に参加は進められている。参加に実効性を付与するためには、意思決定権限の市民への委譲が必須となる。その際に、参加主体の知識・技術・能力に問題があれば、行政のエージェンシー化に堕することは火を見るより明らかである。同時に、行政機関が優先的な価値の実現や管理の観点から戦略的に重要なアクターだけを組み込み、意味を持たないないしは阻害する可能性のあるアクターを排除することも十分に考えられる。合意形成のためには保護者、地域住民といった参加主体の力量が問題とならざるを得ない。

情報力や資力において圧倒的に優位な行政や企業の独走をチェックし、子どもの教育に最適な教育環境を整備するために、市民的参加主体は基礎的・応用的な能力を身につけることが求められる。と同時に、行政側も公式・非公式な教育改革、学校改革のための取り組みを促進し、それらに深く係わるアクターを育てあるいはそうしたアクターを探し出し、意思決定に積極的に係わらせる努力が必要となろう。

3．わが国におけるシビック・キャパシティー論の可能性

以上のわが国の動向を踏まえて研究状況を概観すれば、文部（科学）省や教育委員会などに代表される既存の統治機構、行政機構、行政組織のあり方、改革課題などについての研究は豊富にあるが、非公的セクターに関する研究は驚くほど少ない。公式な制度的なセクターやアクターへの関心の高さに比べて、非公的な制度化されていないセクター・アクターへの関心は驚くほど低いことを反映しているのであろう。同時に、わが国の教育行政は公式の教育行政機関を調べれば、あるいは、法制度を調べれば全体像が理解できる教育運営を行ってきたと推測することも可能である。

アメリカはヨーロッパと異なり、地方分権的教育統治を行ってきており、その際にNPO、ボランティア組織、コミュニティ組織など、多様で多元的な民間の諸力が強い影響力を発揮してきている。伝統的な活動主体ならびに団体として、ビジネス（経済団体）、労働団体などがあり、エージェンシー的な機能を果たしてきた、つまり、コーポラティズムが形成されていた。ところが近年は、NPOなど草の根的な組織の重要性が着目されている。都市部の教育統治の実態や課題を検討する際に、これらの非公的組織の重要性に着目したのはアーバン・レジーム論であった。多元化した社会における教育の意思決定、教育政策の策定、学校経営など広義の教育統治を考える上でアーバン・レジーム論は示唆に富む。アーバン・レジーム論に依拠すると、地方教育統治における伝統的な主体、すなわち、地方自治体の首長、教育委員会と並んで市民との間に介在する中間組織の重要な役割にも焦点が当たることになる。この中間組織は行政機関のエージェンシーとしてではなく、市民の自発的な教育意思の発露、発展形態でありつつも、行政との関係を調整す

る重要な組織として位置づけられるし、教育改革を推進するのに重要な機能を果たす可能性を秘めている。

　レジーム理論が重視するのは、公式の政府権限の行使を取り巻き補完する「非公式の取り組み」である。都市は政策分野ごとに明確な指揮命令系統を持つ統治構造を持っているが、特定政策分野の間を調整するための、制度の境界を横断・架橋する構造は弱体である。都市コミュニティ全体に係わる問題解決の支援に向けて、多様なステークホルダーを動員できるか否かが問題解決の鍵となっている。市民がコミュニティ全体で取り組むべき問題であると理解し協働的に集合的に行動を起こし参加する力こそシビック・キャパシティーである。

　レジーム理論が「非公式な取り組み」に着目し、シビック・キャパシティーが市民の理解や動員に着目するために、日常の生活様式をどのようなものと理解し、あるいはどのような生活様式が望ましいと考えているのかについての問題を常に私たちに突き付けてくることになる。換言すれば、子ども達にとって望ましい教育とは何か、理想的な学校作りのために私たちに出来ることは何か、学校はだれがどのように管理すべきであるのか、そのためにふさわしい教育統治はどうあるべきか、教育統治体制をどのようにすれば民主的に決定できるのか、といった問いを日常的に投げかけることになる。

　もしわが国が地方の自律性を尊重し、自主的・自律的な学校経営を目指そうとするならば、そしてそれを支援する教育行政を作り出していこうとするのであるならば、今必要なことは、保護者・住民のみならず企業やいわゆる第三セクターをも含めた各種アクターの参加や協働によって強力な学校改善のための連合の創造、すなわち、本書で再三指摘してきた豊かなシビック・キャパシティーを作り出し維持することに努力を傾けながら学校改革の方途を探ることである。

　わが国の教育行政研究では、国家の定立した法制度の解釈を通じた研究が主流であり、その結果、教育改革の主体を国家に限定する作用をもたらしてきたと考えられる。地方分権化が進められ、学校の自主性・自律性の確立が喫緊の課題となっている今日においてさえ、国と地方自治体との、あるいは地方自治体と学校との関係性については、法制度的な枠組みの研究が主流と

なっている。教育や学校を取り巻く市民社会、パットナムの用語を借用すれば、シビック・コミュニティの在り方が学校教育の成果を左右し、ひいては統治システムへの信頼性を規定することに気がつかないまま今日に至っているのではなかろうか。むろん、市民社会さえ健全であれば、ソーシャル・キャピタルが豊かでありさえすれば法制度のいかんは問われないということを主張しているのではない。今日必要なのは、国家と市民社会があるいは行政と住民が緊張関係を保ちながら、社会規範を打ち立て、開かれたネットワークを構築し、パートナーシップの原理に即して多様なアイデアを出し合い、豊かなコミュニケーションを作り出すなかで、ソーシャル・キャピタルを生み出す方途を探る努力であろう。換言すると、今日のわれわれに突き付けられている課題とは、どのようにすれば伝統的な階層型ガバナンスから市民が連帯した水平的な信頼関係からなるネットワーク型ガバナンスに転換できるのかについての方途を探ることであろう。

　子ども達にとって理想の学校は、子どもが毎日生き生きと通学し、その中で基礎的な学力を身につけることはむろんのこと、子どもの豊かな人格形成を図ってくれる学校であるし、私たち大人も共通の願いを持っている。しかし、現今の教育改革は、保護者や地域住民のこうした願いが学校への「支援」「協力」に矮小化されてしまっているのではないか。日米の学校の歴史に違いがあって、一概にアメリカの都市教育研究の成果をわが国の教育改革のモデルにすることは危険である。つまり、わが国の地方教育行政が中央政府による集権的構造の下に行われてきていることは周知の事実であり、対照的にアメリカの教育統治が地方を舞台として展開されており、アメリカで生み出されたシビック・キャパシティー論をそのままわが国の地方教育行政システムとして移植することは無謀である。

　しかしながら、レジーム理論ならびにシビック・キャパシティー論はいままでの教育行政・教育制度研究のパラダイムの転換をせまる可能性を秘めているように思われる。教育統治が学校生活の質を決めるのではなく、私たちが求める学校生活の質を実現するにはいかなる統治が必要なのかを基礎として、教育ガバナンスのありかたを追求する努力が必要であると訴えているように思えてならない。シビック・キャパシティーの豊かなコミュニティでこ

そ、コミュニティ住民の求める学校が作り出されることになる。地域が質の高い学校を作っていけるか否かは、シビック・キャパシティーの存否、強弱、内実にかかっているのである。シビック・キャパシティーの維持発展に日常的に自覚的になることが、学校教育のみならず、生活全体の質の向上に貢献するのである。

引用・参考文献

〈邦語文献〉

阿部斉（1994）「アメリカにおける都市と郊外」『アメリカ研究』第28号。
荒井文昭（1987）「教育政治学の課題と方法」『教育科学研究』第6号。
荒井文昭（1988）「1970年代における教育政治学の展開」『教育科学研究』第7号。
有賀夏紀（1990）「『新しい社会史』の功罪―アメリカ歴史学のゆくえ―」本間長世・亀井俊介・新川健三郎編『現代アメリカ像の再構築―政治と文化の現代史―』東京大学出版会。
イーストン、D.（1976）（山川雄己訳）『政治体系―政治学の状態への探求―』ペリカン社。
石田純（1971）「アメリカにおける教育政治学研究の展開」『九州大学教育学部紀要』第16集。
石原圭子（1994）「19世紀アメリカにおける黒人女性と教育」『東海大学文明研究所紀要』第14号。
石原圭子（1995）「アメリカの『女性の領域』と政治―19世紀後半から20世紀初頭の政治文化についての研究ノート―」『東海大学文明研究所紀要』第15号。
井戸正伸（2000）「『シビック・コミュニティ論』再考」『レヴァイアサン』27号、木鐸社。
伊藤健市（1987）「全国市民連盟と労働組合運動」『大阪産業大学論集社会科学編』第68号。
伊藤健市（1990）「全国市民連盟成立前史」『大阪産業大学論集社会科学編』第79号。
伊藤正次（2002）「教育委員会」松下圭一他編『岩波講座自治体の構想4 機構』岩波書店。
岩崎正洋・佐川泰弘・田中信宏編（2003）『政策とガバナンス』東海大学出版会。
岩永定（1989）「教育アカウンタビリティー論の検討」『鳴門教育大学研究紀要』（教

育科学編）第4巻。

緒方房子（1994）「アメリカ女性史研究の歴史と発展」『帝塚山論集』第81号。

岡本仁宏（1997）「市民社会論の諸論点について」『法と政治』第48巻第2号。

大河内俊雄（1998）『アメリカの黒人底辺層』専修大学出版局。

小島弘道（2001）「参加型のスクールガバナンス」『都市問題研究』第92巻第5号。

大塚秀之（1992）『現代アメリカ合衆国論』兵庫部落問題研究所。

大桃敏行（2000）『教育行政の専門化と参加・選択の自由—19世紀後半米国連邦段階における教育改革論議—』風間書房。

大桃敏行（2004）「教育のガバナンス改革と新たな統制システム」日本教育行政学会編『日本教育行政学会年報 30』教育開発研究所。

カウンツ、G. S.（2006）（中谷彪他訳）『シカゴにおける学校と社会』大学教育出版。

加賀裕郎（1995）「現代の民主主義と教育」杉浦宏編『アメリカ教育哲学の動向』晃洋書房。

加治佐哲也（1987）「アメリカ合衆国における州レベルの教育政治学」『教育行政学研究』第8号。

加治佐哲也（1992）「アメリカ教育行政の政府間関係に関する教育政治学の研究」名和弘彦監修『現代アメリカ教育行政の研究』渓水社。

カッツ、M. B.（1989）（藤田英典他訳）『階級・官僚制と学校—アメリカ教育社会史入門—』有信堂。

カッツ、M. B.（1993）（小玉重夫訳）「歴史としてのシカゴ学校改革」森田尚人他編『教育学年報2学校-規範と文化』世織書房。

ガットマン、A.（2004）（神山正弘訳）『民主教育論—民主主義社会における教育と政治—』同時代社。

神山正弘（1993）「教育の民主的統制と市場原理的統制—スクール・オブ・チョイスの教育行政論—」日本教育行政学会編『日本教育行政学会年報 19』教育開発研究所。

神山正弘（1994a）「シカゴ教育管理改革の研究」森田尚人他編『教育学年報3 教育の中の政治』世織書房。

神山正弘（1994b）「アメリカ合衆国における都市教育行政・学校管理改革の動向（その1）—シカゴ市学校管理改革の背景—」『高知大学教育学部研究報告』第1部第48号。

加茂利男（1983）『アメリカ二都物語』青木書店。

鹿毛利枝子（2002）「『ソーシャル・キャピタル』をめぐる研究動向（一）―アメリカ社会科学における三つの『ソーシャル・キャピタル』―」『法学論叢』第151巻第3号。
鹿毛利枝子（2003）「『ソーシャル・キャピタル』をめぐる研究動向（二）完―アメリカ社会科学における三つの『ソーシャル・キャピタル』―」『法学論叢』第152巻第1号。
金子郁容編（2005）『学校評価―情報共有のデザインとツール―』筑摩書房。
金光淳（2003）『社会ネットワーク分析の基礎―社会的関係資本論にむけて―』勁草書房。
河田潤一（2002）「アメリカ都市部における学校改革の政治学―『市民能力と都市教育プロジェクト』の紹介を中心として―」『阪大法学』第52巻第3・4号。
北野秋男（1990）「アメリカの地方教育行政制度に関する研究」『教育学研究』第57巻2号。
北野秋男（2003）『アメリカ公教育思想の史的研究―ボストンにおける公教育普及と教育統治―』風間書房。
ギデンズ、A.（1992）（松尾他訳）『社会学』而立書房。
木村力男（1973）「教育制度改革における三つの原理（1）―アメリカ教育政治学の示唆するもの―」『学校経営』1973年4月号。
キャラハン、R. E.（1996）（中谷彪・中谷愛訳）『教育と能率の崇拝』教育開発研究所。
黒崎勲（1994）『学校選択と学校参加―アメリカ教育改革の実験に学ぶ―』東京大学出版会。
黒崎勲（2000）『教育の政治経済学―市場原理と教育改革―』東京都立大学出版会。
コールマン、J. S.（2004）（久慈利武監訳）『社会学の思想4 社会理論の基礎（上）』青木書店。
コールマン、J. S.（2005）「人的資本形成に関わる社会的資本」ハルゼー、A. H. 他編（住田正樹他編訳）『教育社会学―第三のソリューション―』九州大学出版会。
上坂昇（1992）『世界差別問題叢書7増補アメリカ黒人のジレンマ』明石書店。
上坂昇（1993）『世界人権問題叢書5アメリカの貧困と不平等』明石書店。
コゾル、J.（1997）（脇浜義明訳）『非識字社会アメリカ』）明石書店。
コゾル、J.（1999）（脇浜義明訳）『アメリカの人種隔離の現在』明石書店。
河野和清（1995）『現代アメリカ教育行政学の研究』多賀出版。

小谷義次（1993）『病める合衆国』新日本出版社。
小玉重夫（1999）『教育改革と公共性：ボウルズ＝ギンタスからハンナ・アレントへ』東京大学出版会。
小松茂久（1982）「世紀転換期アメリカ都市教育委員会制度改革」関西教育行政学会編『教育行財政研究』第10号。
小松茂久（1983）「アメリカ地方教育委員会の行政責任」日本教育行政学会編『日本教育行政学会年報9』教育開発研究所。
小松茂久（1989）「アメリカ合衆国における学校規模・学区規模に関する考察―学校統合・学区統合の歴史的展開過程に即して―」『大阪大学人間科学部紀要』第15巻。
小松茂久（1990）「アメリカ合衆国における公教育統制主体の研究（1）―革新主義期教育改革をめぐる民主的統制説を中心に―」『神戸常盤短期大学紀要』第12号。
小松茂久（1994）「現代アメリカ大都市教育行政の改革課題―シカゴ学校改革を事例として―」金子照基編『現代公教育の構造と課題』学文社。
小松茂久（1999）書評、日本教育行政学会編『日本教育行政学会年報25』教育開発研究所。
小松茂久（2003）書評、日本教育行政学会編『日本教育行政学会年報29』教育開発研究所。
小松茂久（2004）「教育ネットワーク支援のための教育行政システムの構築」日本教育行政学会編『日本教育行政学会年報30』教育開発研究所。
五味太始（2004）「ソーシャル・キャピタル論から権限付与型参加統治論へ」『ソシオロジスト』（武蔵大学社会学部）第6号。
今野健一（2001）「教育人権保障と教育統治（ガバナンス論）」日本教育法学会編『自治・分権と教育法』三省堂。
坂本治也（2003）「パットナム社会資本論の意義と課題―共同性回復のための新たなる試み―」『阪大法学』第52巻第5号。
坂本治也（2004）「社会関係資本の二つの『原型』とその含意」『阪大法学』第53巻第6号。
佐藤一子（2001）『NPOと参画型社会の学び―21世紀の社会教育―』エイデル研究所。
ジェイコブス、J.（1969）（黒川紀章訳）『アメリカ大都市の死と再生』鹿島研究所出版会。
市町村シンポジウム実行委員会編（2001）『ガバメントからガバナンスへ』公人社。

新藤宗幸（2002a）『地方分権（第2版）』岩波書店。
新藤宗幸（2002b）「教育行政と地方分権化」東京市政調査会編『分権改革の新展開に向けて』日本評論社。
神野直彦・澤井安勇編（2004）『ソーシャル・ガバナンス』東洋経済新報社。
スプリング、J.（1998）（加賀裕郎・松浦良充訳）『頭の中の歯車―権威・自由・文化の教育思想史―』晃洋書房。
ダール、R. A.（1988）（河村望・高橋和宏監訳）『統治するのはだれか』行人社。
高橋章（1978）「アメリカ『ニュー・レフト史学』」『歴史評論』第341号。
高橋章（1979）「『コーポリット・リベラリズム』論ノート」『大阪市立大学文学部紀要人文研究』第31号第8分冊。
高橋章（1982）「コーポリット・リベラリズムの展開とハーバート・フーヴァー」関西アメリカ史研究会編『アメリカの歴史（下）』柳原書店。
高野良一（1992）「現代アメリカ SBM 研究序説」『法政大学文学部紀要』第37号。
高野良一（1995）「SBM（学校を基礎にした経営）のシカゴ・スタイル」『法政大学文学部紀要』第41号。
高野良一（2004）「シカゴ学校改革と関係的信頼（Relational Trust）―アンソニー・ブライクとバーバラ・シュナイダーの共著を中心に―」平成14〜16年度科学研究費補助金基盤研究（B）（1）中間報告書（研究代表者・高野良一）『現代アメリカにおける学校統治と学校責任の調査実証研究』研究課題番号14310139。
高野良一（2005）「学校ガバナンスと関係的信頼―シカゴ学校改革を素材として―」平成14〜16年度科学研究費補助金基盤研究（B）（1）最終報告書（研究代表者・高野良一）『現代アメリカにおける学校統治と学校責任の調査実証研究』研究課題番号14310139。
武智秀之編（2002）『福祉国家のガバナンス』ミネルヴァ書房。
武智秀之編（2004）『都市政府とガバナンス』中央大学出版会。
竹中興慈（1995）『シカゴ黒人ゲトー成立の社会史』明石書店。
坪井由実（1998a）『アメリカ都市教育委員会制度の改革―分権化政策と教育自治―』勁草書房。
坪井由実（1998b）「アメリカにおける学校委員会制度―シカゴ学区の事例―」『生活指導』1998年12月号。
内閣府国民生活局編（2003）『ソーシャル・キャピタル―豊かな人間関係と市民活動の好循環を求めて―』国立印刷局。

中島直忠(1971)「米国初等教育法(1965年)の制定をめぐる教育政治学的研究」『九州大学教育学部紀要』第16集。

中谷彪(1988)『アメリカ教育行政学研究序説』泰流社。

中邨章(2001)「行政学の新潮流―『ガバナンス』概念の台頭と『市民社会』―」『季刊行政管理研究』No. 96。

新川達郎(2001)「ローカルガバナンスにおける地方議会の役割」『月刊自治研』2001年7月号、Vol. 43, No. 502。

パットナム、R. (2001)(河田潤一訳)『哲学する民主主義―伝統と改革の市民的構造―』NTT出版。

パットナム、R. (2004)(坂本治也・山内富美訳)「ひとりでボウリングをする―アメリカにおけるソーシャル・キャピタルの減退―」、宮川公男・大守隆編『ソーシャル・キャピタル』東洋経済新報社。

橋口泰宣(1989)「合衆国における進歩主義教育行政改革の形成主体に関する文献紹介」西日本教育行政学会編『教育行政学研究』第11号。

橋口泰宣(1994)「シカゴ市教育委員会制度改革の現状と課題」上原貞雄編『現代教育行政学研究』渓水社。

浜田博文(1992)「現代アメリカ公教育経営における"School-Based Management"論に関する一考察」『鳴門教育大学研究紀要(教育科学編)』第7巻。

浜田博文(1999)「アメリカ学校経営における共同的意思決定の実態と校長の役割―ケンタッキー州におけるSBDM (School-Based Decision Making)の分析を中心に―」『筑波大学教育学系論集』第24巻。

浜田博文(2000)「アメリカにおける学校の自律性と責任―SBM (School-Based Management)とアカウンタビリティー・システムの動向分析―」『学校経営研究』第25巻。

浜田博文(2004)「アメリカにおける『学校を基礎単位とした教育経営(SBM)』施策の展開とその意義―1960年代〜1990年代の公教育統治構造変化に着目して―」『筑波大学教育学系論集』第28巻。

ハンター、F. (1998)(鈴木広監訳)『コミュニティの権力構造―政策決定者の研究―』恒星社厚生閣。

福田耕治・真淵勝・縣公一郎編(2002)『行政の新展開』法律文化社。

ブラウン、J. R.・パイザー、H. F. (1990)(青木克憲訳)『現代アメリカの飢餓』南雲堂。

ホーフスタッター、R.（1967）（清水知久他共訳）『改革の時代―農民神話からニューディールへ―』みすず書房。
ボウルズ、S.・ギンタス、H.（1986）（宇沢弘文訳）『アメリカ資本主義と学校教育：教育改革と経済制度の矛盾（Ⅰ）（Ⅱ）』岩波書店。
穂坂邦夫（2005）『教育委員会廃止論』弘文堂。
細見佳子（2004）「ソーシャル・キャピタルを機能させること」日本法哲学会編『ジェンダー、セクシュアリティーと法』有斐閣。
堀和郎（1971）「米国教育政治学の成立とその理論的構成」『教育学研究』第36巻第3号。
堀和郎（1976）「アメリカ教育委員会制度の成立とその観念的基盤」『教育学研究』第43巻第1号。
堀和郎（1980）「アメリカにおける教育政治学の学史的意義について」日本教育行政学会編『日本教育行政学会年報6』教育開発研究所。
堀和郎（1980-82）「教育政治学の形成（1）〜（5）」『宮崎大学教育学部紀要（社会科学）』第47号〜第51号。
堀和郎（1983）『アメリカ現代教育行政学研究』九州大学出版会。
堀和郎、加治佐哲也（1984）「市町村教育委員会に関する教育政治学的調査研究」『教育行政学研究』第6号。
堀和郎（1992）「教育政治学の新しい動向」中島直忠編『教育行政学の課題』教育開発研究所。
堀雅晴（2002）「ガバナンス論争の新展開」中谷義和・安本典夫編『グローバル化と現代国家』御茶ノ水書房。
本田創造編（1989）『アメリカ社会史の世界』三省堂。
本多正人（1993）「アメリカにおける School-Based Management についての一考察」日本教育行政学会編『日本教育行政学会年報19』教育開発研究所。
牧野裕（1981）「アメリカ資本主義の輪郭」『一橋研究』第6巻3号。
宮川公男・山本清編（2003）『パブリック・ガバナンス』日本経済評論社。
宮川公男（2004）「ソーシャル・キャピタル論―歴史的背景、理論および政策的含意―」宮川公男・大守隆編『ソーシャル・キャピタル』東洋経済新報社。
宮澤康人（1975）「アメリカ教育史像の再構成に向かって―60年代・70年代アメリカの教育史研究―」『東京大学教育学部紀要』第14巻。
村松岐夫・稲継裕昭編（2003）『包括的地方自治ガバナンス改革』東洋経済新報社。

メリアム、C. E.（1983）（和田宗春訳）『シカゴ：大都市政治の臨床的観察』恒文社.
森田尚人（1986）『デューイ教育思想の形成』新曜社.
山口二郎・山崎幹根・遠藤乾編（2003）『グローバル化時代の地方ガバナンス』岩波書店.
山下晃一（2002）『学校評議会制度における政策決定―現代アメリカ教育改革・シカゴの試み―』多賀出版.
ラスウェル、H. D.（1959）（久保田きぬ子訳）『政治―動態分析―』岩波書店.

〈英語文献〉

Anyon, Jean (1997), *Ghetto Schooling: A Political Economy of Urban Educational Reform*. New York: Teachers College Press.

Apple, Michael W. (1983) with Lois Weis, "Ideology and Practice in Schooling: A Political and Conceptual Introduction." in Michael W. Apple and Lois Weis, (eds.), *Ideology and Practice in Schooling. Philadelphia*: Temple University Press.

Apple, Michael (1988), "Standing on the Shoulders of Bowles and Gintis: Class Formation and Capitalist Schools." *History of Education Quarterly*, Vol. 28, No. 2.

Austin, James (2002), with Arthur McCaffrey "Business Leadership Coalitions and Public-Private Partnerships in American Cities: A Business Perspective on Regime Theory." *Journal of Urban Affairs*, Vol. 24, No. 1.

Bailyn, Bernard (1960), *Education in the Forming of American Society: Needs and Opportunities for Study*. Chapel Hill: The University of North Carolina Press.

Bastin, Ann (1985) with Norm Fruchter, Marilyn Gittell, Colin Greer and Kenneth Haskins, *Choosing Equality: The Case for Democratic Schooling*. Temple University Press.

Bennett, William J. (1992), *The De-Valuing of America: The Fight for Our Culture and Our Children*, New York: Summit Books.

Bowles, Samuel (1976) with Herbert Gintis, *Schooling in Capitalist America: Educational Reform and the Contradictions of Economic Life*. New York: Basic Books.

Bowles, Samuel (2002) with Herbert Gintis, "Social Capital and Community

Governance." *Economic Journal*, Vol. 112.

Boyd, William Lowe (2003) with Debra Miretzky (eds.), *American Educational Governance on Trial: Change and Challenge, 102nd Yearbook of the National Society for the Study of Education*. Chicago: The University of Chicago Press.

Brown, Frank (1982), "School Integration in the 1980 s: Resegregation and Black English." in M. A. McGhehey, (ed.), *School Law in Changing Times*. Topeka, Kansas: National Organization on Legal Problems of Education.

Brown, Richard H. (1992), "Chicago School Reform: A View from the Corporate Community". *Illinois Schools Journal*, Vol. 71, No. 2.

Brumberg, Stephen F. (1986), *Going to America Going to School: The Jewish Immigrant Public School Encounter in Turn-of the Century New York City*. New York: Praeger.

Bryk, Anthony S. (1997) with David Kerbow, and Sharon Rollow, "Chicago School Reform." in Diane Ravitch and Joseph P. Viteritti, (eds.), *New Schools for a New Century: The Redesign of Urban Education*. New Heaven, Connecticut: Yale University Press.

Bryk, Anthony S. (1998) with Penny Bender Sebring, David Kerbow, Sharon Rollow, and John Q. Easton, *Charting Chicago School Reform: Democratic Localism as a Lever for Change*. Boulder, Colorado: Westview Press.

Bryk, Anthony (2002) with Barbara Schneider, *Trust in Schools: A Core Resource for Improvement*. New York: Russell Sage Foundation.

Burgess, Robert (1987), "Book Review." *American Journal of Sociology*, Vol. 92, No. 6.

Burlingame, Martin (1988), "The Politics of Education and Educational Policy: The Local Level." Norman J. Boyan (ed.), *Handbook of Research on Educational Administration*. New York: Longman, Inc.

Burns, Peter (2003), "Regime Theory, State Government, and a Takeover of Urban Education." *Journal of Urban Affairs*, Vol. 25, No. 3

Callahan, Raymond E. (1962), *Education and the Cult of Efficiency: A Study of the Social Forces that Have Shaped the Administration of the Public Schools*. Chicago: The University of Chicago Press.

The Chicago Association of Commerce and the Civic Federation (1943), *Report of*

the Administrative Organization and Business Procedures of the Board of Education of the City of Chicago by the Administrative Survey Commission.
Chicago Board of Education, Annual Report of the Chicago Board of Education.
Chicago Board of Education Proceedings of the Board of Education of the City of Chicago.
The Chicago Board of Education Bulletin, Series.
Chicago Chronicle.
Chicago Daily News.
Chicago Panel on Public School Policy and Finance (1992), *Chicago Public School Databook: School Year 1990-1991*. Chicago: Chicago Panel on Public School Policy and Finance.
Chicago Panel on Public School Policy and Finance (1993), *Local School Council Governance: The Third Year of Chicago School Reform*. Chicago Panel on Public School Policy and Finance.
Chicago Public School (1992), *Chicago Public School Databook: School Year 1990-1992*.
Chicago Tribune.
Chicago Sun-Times.
Chicago Schools Journal, Editorial, "Ella Flagg Young." *Chicago Schools Journal*, Vol. 1, No. 2, 1918.
Chicago Times-Herald.
Chicago Woman's Club (1916), *Annals of the Chicago Woman's Club: First Forty Years of Its Organization 1876-1916*. Chicago Woman's Club.
Chubb, John. E. (1990) with Terry M. Moe, *Politics, Markets, and America's Schools*. Washington, D. C.: The Brookings Institution.
Cibulka, James G. (1999), "Moving toward an Accountable System of K-12 Education: Alternative Approaches and Challenges." in Gregory J. Cizek (ed.), *Handbook of Educational Policy*. San Diego, California: Academic Press.
Cibulka, James G. (2003a) with William Lowe Boyd, "Introduction-Urban Education Reform: Competing Approaches." in James G. Cibulka and William Lowe Boyd (eds.), *A Race against Time: The Crisis in Urban Schooling*. Westport, CT: Praeger.

Cibulka, James G. (2003b), "Educational Bankruptcy, Takeovers, and Reconstitution of Failing Schools." in William Lowe Boyd and Debra Miretzky, (eds.), *American Educational Governance on Trial: Change and Challenges*. Chicago: The University of Chicago Press.

The City Club Bulletin.

Clark, Hanna B. (1897), *Public Schools of Chicago: A Sociological Study*. Chicago: the University of Chicago Press.

Cohen, Ronald D. (1986), Book Review, *The Journal of American History*, Vol. 72, No. 4.

Coleman, James S. (1988), "Social Capital in the Creation of Human Capital." *American Journal of Sociology*, Vol. 94, Supplement.

Coleman, James S. (1990), *Foundations of Social Theory*. Cambridge, Massachusetts: The Belknap Press of Harvard University Press.

Cole, Mike (1988), *Bowles and Gintis Revisited: Correspondence and Contradiction in Educational Theory*. London: The Falmer Press.

The Commercial Club of Chicago (1922), *The Merchants Club of Chicago, 1896-1907*.

Committee on Schools, Fire, Police and Civil Service of the City Council of Chicago (1916), *Recommendations for Reorganization of the Public School System of the City of Chicago*.

The Council of the Great City Schools (1986), *The Condition of Education in the Great City Schools: A Statistical Profile 1980-1986*. (ED 277 773).

The Council of the Great City Schools (2006), *City-By-City Statistics*. (http://www.cgcs.org/pdfs/citybycity03.pdf.最終閲覧日2006年5月28日)

Counts, George S. (1928), *School and Society in Chicago*. New York: Harcourt, Brace and Company.

Cremin, Lawrence A. (1961), *The Transformation of the School: Progressivism in American Education, 1876-1957*. New York: Alfred A. Knopf.

Cremin, Lawrence A. (1965), *The Wonderful World of Ellwood Patterson Cubberley: An Essay on the Historiography of American Education*. New York: Bureau of Publications, Teachers College, Columbia University.

Cremin, Lawrence A. (1970), *American Education: The Colonial Experience, 1607-*

1783. New York: Harper and Row.

Cremin, Lawrence A. (1980), *American Education: The National Experience, 1783-1876*. New York: Harper and Row.

Cremin, Lawrence A. (1989), *American Education: The Metropolitan Experience, 1876-1980*. New York: Harper and Row.

Cronin, Joseph M. (1973), *The Control of Urban Schools: Perspective on the Power of Educational Reformers*. New York: The Free Press.

Crowson, Robert L. (1992) with William L. Boyd, "Urban Schools as Organizations: Political Perspectives." in James G. Cibulka, Rodney J. Reed, and Kenneth K. Wong (eds.), *The Politics of Urban Education in the United States*. Washington D. C.: The Falmer Press.

Cuban, Larry (1976), *Urban School Chiefs under Fire*. Chicago: The University of Chicago Press.

Cuban, Larry (2003) with Michael Usdan (eds.), *Powerful Reforms with Shallow Roots: Improving America's Urban Schools*. New York: Teachers College Press.

Cuban, Larry (2003) with Michael Usdan, "What Happened in the six Cities." in Larry Cuban and Michael Usdan (eds.), *Powerful Reform with Shallow roots: Improving America's Urban Schools*. New York: Teachers College Press.

Cubberley, Ellwood P. (1934), *Public Education in the United States: A Study and Interpretation of American Educational History*. Boston: Houghton Mifflin Company.

Current Literature editorial (1904), "Miss Margaret Haley." *Current Literature*, Vol. 36, No. 6.

Dahl, Robert (1961), *Who Governs?: Democracy and Power in an American City*. New Heaven, Connecticut: Yale University Press.

Danzberger, Jacqueline P. (1992) with Michael W. Kirst and Michael, D. Usdan, *Governing Public Schools*. Washington D. C.: The Institute for Educational Leadership.

Davies, Jonathan S. (2002), "Urban Regime Theory: A Normative-Empirical Critique." *Journal of Urban Affairs*, Vol. 24, No. 1.

Designs for Change (1985), *The Bottom Line: Chicago's Failing Schools and How to Save Them*. Chicago: Designs for Change, ERIC (ED 297 421).

Designs for Change (2002), *Chicago's Local School Councils: What the Research Says*. Designs for Change (http://www.designsforchange.org/pdfs/LSC-rpt-final.pdf.最終閲覧日2006年5月28日)

DeWeese, Truman A. (1902), "Two Years' Progress in the Chicago Public Schools." *Educational Review*, Vol. 24.

Dewey, Henry E. (1937), *The Development of Public School Administration in Chicago*. Ph. D. dissertation, The University of Chicago.

Donmoyer, Robert (1995) with Michael Imber, and James J. Scheurich, (eds.), *The Knowledge Base in Educational Administration: Multiple Perspectives*. Albany, New York: The State University of New York Press, 1995.

Easton, John Q. (1990), *The Changing Racial Enrollment Patterns in Chicago's Schools*. Chicago Panel on Public School Policy and Finance.

Eaton, William E. (1975), *The American Federation of Teachers, 1916-1961: A History of the Movement*. Carbondale, Illinois: Southern Illinois University Press.

Eaton, William E. (1990), "The Vulnerability of School Superintendents: The Thesis Reconsidered." in William E. Eaton (ed.), *Shaping the Superintendency: A Reexamination of Callahan and the Cult of Efficiency*. New York: Teachers College Press.

Eliot, Thomas H. (1959), "Toward an Understanding of Public School Politics." *American Political Science Review*, Vol. 53, No. 4.

Elkin Stephen L. (1987), *City and Regime in the American Republic*. Chicago: The University of Chicago Press.

Elkin, Stephen L. (1987), "State and Market in City Politics: Or, The 'Real' Dallas." in Clarence N Stone and Heywood T. Sanders, (eds.), *The Politics of Urban Development*. Lawrence, Kansas: University Press of Kansas.

Evans, Robert (2005), "Reframing the Achievement Gap." *Phi Delta Kappan*, Vol. 86, No. 8.

Fainstein, Norman I. (1983) with Susan S. Fainstein, "Regime Strategies, Communal Resistance, and Economic Forces." in Susan S. Fainstein, Norman I. Fainstein and, Richard Child Hill, Dennis R. Judd, and Michael Peter Smith (eds.), *Restructuring the City: The Political Economy of Urban Redevelopment*. New York: Longman.

Fass, Paula S. (1989), Outside *In: Minorities and the Transformation of American Education*. New York: Oxford University Press.

Featherstone, Joseph (1976), Book Review. *The New Republic*.

Feinberg, Walter (1975), *Reason and Rhetoric: The Intellectual Foundations of Twentieth Century Liberal Educational Policy*. New York: John Wiley & Sons.

Feinberg, Walter (1980), Harvey Kantor, Michael B. Katz and Paul Violas, *Revisionists Respond to Ravitch*. Washington, D. C.: National Academy of Education.

Ferman, Barbara (1996), *Challenging the Growth Machine: Neighborhood Politics in Chicago and Pittsburgh*, Lawrence, Kansas: University Press of Kansas.

First Annual Report of the Superintendent of Public Schools of the City of Chicago. (1854),

Flanagan, Maureen A. (1990), "Gender and Urban Political Reform: The City Club and the Woman's City Club of Chicago on the Progressive Era." *American Historical Review*, Vol. 95, No. 4.

Fuhrman, Susan H. (1999), "The New Accountability." *CPRE Policy Briefs, Reporting on Issues in Educational Reform, RB-27, January* (http://www.cpre.org/Publications/rb27.pdf.最終閲覧日2006年5月28日)

Fung, Archon (2001), "Accountable Autonomy: Toward Empowered Deliberation in Chicago Schools and Policing." *Politics & Society*, Vol. 29, No. 1.

Ginsberg, Mark B. (1995) with Sangeeta Kamat, Rajeshwari Raghu, and John Weaver, "Educators and Politics: Interpretations, Involvement, and Implications," in Mark B. Ginsberg, (ed.), *The Politics of Educator's Work and Lives*. New York: Garland Publishing.

Gittel, Marilyn (1994), "School Reform in New York and Chicago: Revisiting the Ecology of Local Games." *Urban Affairs Quarterly*, Vol. 30, No. 1.

Goggin, Catharine (1899), "The Report of the Educational Commission." *The Chicago Teacher and School Board Journal*, Vol. 1, No. 2.

Greer, Colin (1972), *The Great School Legend:A Revisionist Interpretation of American Public Education*. New York: Basic Books, 1972.

Grimshaw, William J. (1979), *Union Rule in the Schools: Big-City Politics in Transformation*. Lexington, Massachusetts: Lexington Books.

Gutmann, Amy (1987), *Democratic Education. Princeton*, New Jersey: Princeton University Press.

Harris, Neil (1969), Book Review. *Harvard Educational Review*, Vol. 39, No. 2.

Hays, Samuel P. (1964), "The Politics of Reform in Municipal Government in the Progressive Era." *Pacific Northwest Quarterly*, Vol. 55, No. 4.

Havighurst, Robert J. (1966), *Education in Metropolitan Area*. Boston: Allyn and Bacon, Inc.

Heck, Ronald H. (1991), "Public School Restructuring in Chicago: Indicator of Another Revolution in the Politics of Education." *Equity and Excellence*, Vol. 25, No. 2-4.

Henig, Jeffrey R. (1999) with Richard C. Hula, Marion Orr, and Desiree S. Pedescleaux, *The Color of School Reform: Race, Politics, and the Challenge of Urban Education*. Princeton, New Jersey: Princeton University Press.

Henig, Jeffrey R. (2004) with Wilbur C. Rich, "Concluding Observations: Governance Structure as a Tool, Not a Solution." in Jeffrey R. Henig and Wilbur C. Rich (eds.), *Mayors in the Middle: Politics, Race, and Mayoral Control of Urban Schools*. Princeton, New Jersey: Princeton University Press.

Herrick, Mary J. (1971), *The Chicago Schools: A Social and Political History*. Beverly Hills, California: Sage Publication.

Hess, Frederick M. (1999), *Spinning Wheels: The Politics of Urban School Reform*. Brookings Institution Press, Washington, D. C.

Hess, G. Alfred (1991), *School Restructuring: Chicago Style*. Newbury Park, California: Corwin Press.

Hess, G. Alfred (1993), "Race and the Liberal Perspective in Chicago School Reform." in Catherine Marshall (ed.), *The New Politics of Race and Gender*. New York: The Falmer Press.

Hess, G. Alfred (1995), *Restructuring Urban Schools: A Chicago Perspective*. New York: Teachers College, Columbia University.

Hill, Paul T. (1998) with Mary Beth Celio (eds.), *Fixing Urban Schools*. Washington, D. C.: Brookings Institution Press.

Hill, Paul T. (2000) with Christine Campbell, and James Harvey (eds.), *It Takes a City: Getting Serious about Urban School Reform*. Washington, D. C.: Brookings Institution Press.

Hill, Paul T. (2004) with James Harvey (eds.), *Making School Reform Work: New Partnerships for Real Change*. Washington, D. C.: Brookings Institution Press.

Hirschman, Charles (1988), "Minorities in the Labor Market: Cyclical Patterns and Secular Trends in Joblessness." in Gary D. Sandefur and Marta Tienda, (eds.), *Divided Opportunities: Minorities, Poverty, and Social Policy*. New York: Plenum Press.

Hizzoner, John Bright (1930), *Big Bill Thompson: An Idyll of Chicago*. New York: Jonathan Cape & Harrison Smity.

Hofstadter, Richard (1955), *The Age of Reform: From Bryan to F. D. R.* New York: Alfred A. Knopf, Inc.

Hogan, David J. (1985), *Class and Reform: School and Society in Chicago, 1880-1930*. Philadelphia: University of Pennsylvania Press.

Homel, Michael W. (1984), *Down from Equality: Black Chicagoans and the Public Schools, 1920-41*. Urbana, Illinois: University of Illinois Press.

Horan, Cynthia (2002), "Racializing Regime Theory." *Journal of Urban Affairs*, Vol. 24, No. 1.

Hummel, Raymond C. (1973) with John M. Nagle, (eds.), *Urban Education in America: Problems and Prospects*. New York: Oxford University Press.

Hunter, Floyd (1953), *Community Power Structure: A Study of Decision Makers*. Chapel Hill, NC: The University of North Carolina Press, 1953 (Doubleday, 1963).

Imbroscio, David L. (2003), "Overcoming the Neglect of Economics in Urban Regime Theory." *Journal of Urban Affairs*, Vol. 25, No. 3.

Institute of Urban Life (1990), *Chicago's Private Elementary and Secondary Schools: Enrollment Trends*. (ED 319 823).

Jacobs, Jane (1961), *The Death and Life of Great American Cities*. New York: Random House, 1961.

Jaynes, Gerald David (1989) with Robin M. Williams, Jr., (eds.), *A Common Destiny: Blacks and American Society*. Washington, D. C.: National Academy Press.

Kantor, Harvey (1988) with Theodore Mitchell, "Class, Politics, and Urban School

Reform." *Journal of Urban History*, Vol. 14, No. 2.

Karier, Clarence J. (1973) with Paul Violas and Joel Spring (eds.), *Roots of Crisis: American Education in the Twentieth Century*. Chicago: Rand McNally.

Karier, Clarence J. (1975) (ed.), *Shaping the American Educational State: 1900 to the Present*. New York: The Free Press.

Kasarda, John D. (1985), "Urban Change and Minority Opportunities." in Paul E. Peterson (ed.) *The New Urban Reality*.Washington, D. C.: The Brookings Institution.

Katz, Michael B. (1968), *The Irony of Early School Reform: Educational Innovation in Mid-Nineteenth Century Massachusetts*. Cambridge, Massachusetts: Harvard University Press.

Katz, Michael B. (1971), *Class, Bureaucracy, and Schools: The Illusion of Educational Change in America*. New York: Praeger Publishers.

Katz, Michael B. (1979), "An Apology for American Educational History." *Harvard Educational Review*, Vol. 49, No. 2.

Katz, Michael B. (1987a) with Edward Stevens, Jr. and Maris A. Vinovskis, "Forum: The Origins of Public High Schools." *History of Education Quarterly*, Vol. 27, No. 2.

Katz, Michael B. (1987b), "Book Review." *Journal of Economic History*, Vol. 47, No. 1, March 1987.

Katz, Michael B. (1993), "Chicago School Reform as History." *Teachers College Records*, Vol. 94, No. 1.

Katz, Michael B. (1997) with Michell Fine, and Flaine Simon, "Poking Around: Outsiders View Chicago School Reform." *Teachers College Record*, Vol. 99, No. 1.

Katznelson, Ira (1985) with Margaret Weir, *Schooling for All: Class, Race, and the Decline of Democratic Ideal*. New York: Basic Books.

Kaufman, Polly W. (1994), *Boston Women and City School Politics: 1872-1905*. New York: Garland Publishing.

Kirst, Michael W. (2003a), "Mayoral Influence, New Regimes, and Public School governance," in William Lowe Boyd and Debra Miretzky (eds.), *American Educational Governance on Trial: Change and Challenge, 102nd Yearbook of the*

National Society for the Study of Education. Chicago: The University of Chicago Press.

Kirst, Michael W. (2003b) with Katrina E. Bulkley, "Mayoral Takeover: The Different Directions taken in Different Cities." in James G. Cibulka and William Lowe Boyd, (eds.), *A Race against Time: The Crisis in Urban Schooling*. Westport, Connecticut: Praeger Publishers.

Kleppner, Paul (1985), *Chicago Divided: The Making of a Black Mayor*. DeKalb. Illinois: Northern Illinois University Press.

Kliebard, Herbert M. (1995), *The Struggle for the American Curriculum: 1893-1958, Second Edition*. New York: Routledge.

Kolko, Gabriel (1983), *The Triumph of Conservatism: A Reinterpretation of American History, 1900-1916*. New York: The Free Press of Glencoe.

Kozol, Jonathan (1985), *Illiterate America*. New York: Anchor Press・Doubleday & Company, Inc.

Kozol, Jonathan (1991), *Savage Inequalities*. New York: Crown Publishers.

Kozol, Jonathan (1995), *Amazing Grace*. New York: Crown Publishers.

Krug, Edward A. (1964), *The Shaping of the American High School*. New York: Harper & Row.

Krug, Edward A. (1972), *The Shaping of the American High School, Volume 2: 1920-1941*. Madison: The University of Wisconsin Press.

Kyle, Charles L. (1992) with Edward R. Kantowich, *Kids First*. Springfield, Illinois: Illinois Issues, Sangamon State University.

Labaree, David F. (1997), "Public Goods, Private Goods: The American Struggle over Educational Goals." *American Educational Research Journal*, Vol. 34, No. 1.

Labaree, David F. (1997b), *How to Succeed in Schools without Really Learning: The Credentials Race in American Education*. New Haven, Connecticut: Yale University Press.

Lazerson, Marvin (1973), "Revisionism and American Educational History." *Harvard Educational Review*, Vol. 43, No. 2.

Lipman, Pauline (2002), "Making the Global City, Making Inequality: The Political Economy and Cultural Politics of Chicago School Policy." *American Educational Research Journal*, Vol. 39, No. 2.

Lunenberg, Fred C. (2002) with Allan C. Ornstein, *Educational Administration: Concepts and Practices, Third Edition*. Belmont, CA: Wadsworth.

Male, Trevor (1994), "Market Forces Approaches to Systemic School Reform: A Critique of Reform Processes in Chicago and England & Wales." *Planning and Changing*, Vol. 25, No. 1, 2.

Malen, Betty (1990) with Rodney T. Ogawa and Jennifer Kranz," What Do We Know About School-Based Management? A Case Study of the Literature-A Call for Research." in William H. Clune and John F. Witte (eds.), *Choice and Control in American Education, Vol. 2*. New York: The Falmer Press.

Mare, Robert D. (1988) with Christopher Winship "Ethic and Racial Patterns of Educational Attainment and School Enrollment." in Gary D. Sandefur and Marta Tiendra, (eds.), *Divided Opportunities: Minorities, Poverty, and Social Policy*. New York: Plenum Press.

Marshall, Catherine (1993) (ed.), *The New Politics of Race and Gender*. Washington, D. C.: The Falmer Press.

Mayer, Susan E. (1991), "How Much Does a High School's Racial and Socioeconomic Mix Affect Graduation and Teenage Fertility Rates?" in Christopher Jencks and Paul E. Peterson (eds.), *The Urban Underclass*. Washington, D. C.: The Brookings Institution.

Meir, Kenneth J. (1989) with Joseph Stewart, Jr. and Robert E. England, *Race, Class, and Education: The Politics of Second-Generation Discrimination*. Madison, Wisconsin: The University of Wisconsin Press.

McKersie, William S. (1993), "Philanthropy's Paradox: Chicago School Reform." *Educational Evaluation and Policy Analysis*, Vol. 15, No. 2.

Merriam, Charles E. (1929), *Chicago: A More Intimate View of Urban Politics*. New York: The Macmillan Company.

Mitchell, Douglas E. (1992), "Governance of Schools." in Marvin C. Alkin (ed.), *Encyclopedia of Educational Research*. New York: Macmillan Publishing.

Mirel, Jeffrey (1990), "Progressive School Reform in Comparative Perspective." in David N. Plank and Rick Ginsberg, (eds.), *Southern Cities, Southern Schools: Public Education in Urban South*. New York: Greenwood Press.

Mirel, Jeffrey (1993a), *The Rise and Fall of an Urban School System: Detroit,*

1907-81. Ann Arbor, Michigan: The University of Michigan Press.

Mirel, Jeffrey (1993b), "School Reform, Chicago Style: Educational Innovation in a Changing Urban Context, 1976-1991." *Urban Education*, Vol. 28, No. 2.

Moore, Donald R. (1990), "Voice and Choice in Chicago." William H. Clune and John F. Witte (eds.), *Choice and Control in American Education, Volume 2*, The Palmer Press.

Moore, Donald R. (1992), "The Case for Parent and Community Involvement." in G. Alfred Hess,Jr. (ed.), *Empowering Teachers and Parents: School Restructuring through the Eyes of Anthropologist*. Westport, Connecticut: Bergin & Garvey.

Mossberger, Karen (2001) with Gerry Stoker, "The Evolution of Urban Regime Theory: The Challenge of Conceptualization." *Urban Affairs Review*, Vol. 36, No. 6.

Murphy, Joseph (1995) with Lynn G. Beck, *School-Based Management as School Reform*. Thousand Oaks, CA: Corwin Press.

Murphy, Marjorie (1990), *Blackboard Unions: The AFT and the NEA, 1900-1980*. Ithaca: Cornell University Press.

National Center for Education Statistics (1989), *Digest of Education Statistics*, U. S. Department of Education, Office of Educational Research and Improvement.

Nelson, Aaron H. (1899), "Educational Experts." *Educational Review*, Vol. 18.

Nelson, Bryce E. (1988), *Good Schools: The Seattle Public School System, 1901-1930*. Seattle: University of Washington Press.

The New Republic editorial (1916), "The Business Man in Office." *The New Republic*, Vol. 7, No. 89.

O'Connell, Mary (1991), *School Reform, Chicago Style: How Citizens Organized to Change Public Policy*. The Center for Neighborhood Technology.

O'Day, Jennifer A. (2002), "Complexity, Accountability, and School Improvement." *Harvard Educational Review*, Vol. 72, No. 3.

Oliver, Eric (2000), "Civic Capacity and the Authentic Governance Principle: Understanding Social Contexts and Citizen Participation in Metropolitan America." Department of Politics and Woodrow Wilson School of Public and International Affairs Princeton University, October 14, Paper prepared for the Conference on Democracy, Princeton University, (http://www.princeton.edu/~csdp/

events/pdfs/oliver.pdf.最終閲覧日2006年5月28日）
Orfield, Gary (1988a), "Gettonization and Its Alternatives." in Paul E. Peterson, (ed.) *The New Urban Reality*. Washington, D. C.: The Brookings Institution.
Orfield, Gary (1988b), "Separate Societies: Have the Kerner Warnings Come True?" in Fred R. Harris and Roger W. Wilkins, (eds.), *Quiet Riots: Race and Poverty in the United States*. New York: Pantheon Books.
Orfield, Gary (1990), "Do We Know Anything Worth Knowing about Educational Effects of Magnet Schools?" in William H. Clune and John F. Witte, (eds.), *Choice and Control in American Education Vol. 2: The Practice of Choice, Decentralization and School Restructuring*. London: The Falmer Press.
Orr, Marion (1999), *Black Social Capital: The Politics of School Reform in Baltimore, 1986-1998*. Lawrence, Kansas: University Press of Kansas.
Parents United for Responsive Education.
Pearlman, Joel (1988), *Ethnic Differences: Schooling and Social Structure among the Irish, Italian, Jews and Blacks in an American City, 1880-1935*. New York: Cambridge University Press.
Pearse, Carroll G. (1916), "Opportunity." *The American Teacher*, Vol. 2, No. 7.
Peterson, Paul E. (1976), *School Politics: Chicago Style*. Chicago: The University of Chicago Press.
Peterson, Paul E. (1981), *City Limits*. Chicago: The University of Chicago Press.
Peterson, Paul E. (1985), *The Politics of School Reform, 1870-1940*. Chicago: University of Chicago Press.
Peterson, Paul E. (1988), "Economic and Political Trends Affecting Education." in Ron Haskins and Duncan MacRae, Jr. (eds.), *Policies for America's Public Schools: Teachers, Equity, and Indicators*. Norwood, New Jersey: Ablex Publishing Corporation.
Pierre, Jon (1997), "Introduction: Understanding Governance." in Jon Pierre (ed.), *Debating Governance: Authority, Steering, and Democracy*. Oxford: Oxford University Press.
Pierre, Jon (2005), "Comparative Urban Governance: Uncovering Complex Casualities." *Urban Affairs Review*, Vol. 40, No. 4.
Pinderhughes, Dianne M. (1987), *Race and Ethnicity in Chicago Politics: A*

Reexamination of Pluralist Theory. Urbana, Illinois: University of Illinois Press.

Pink, William T. (1992), "The Politics of Reforming Urban Schools." *Education and Urban Society*, Vol. 25, No. 1.

Plank, David N. (1983) with Paul E. Peterson, "Does Urban Reform Imply Class Conflict?: The Case of Atlanta's Schools." *History of Education Quarterly*, Vol. 23, No. 2.

Plank, David N. (1996) with Richard K. Scotch, and Janet L. Gamble, "Rethinking Progressive School Reform: Organizational Dynamics and Educational Change." *American Journal of Education*, Vol. 104.

Portz, John (1999) with Lana Stein, and Robin R. Jones, *City Schools and City Politics: Institutions and Leadership in Pittsburgh, Boston, and St. Louis.* Lawrence, Kansas: University Press of Kansas.

Portz, John (2004), "Boston: Agenda Setting and School Reform in a Mayor-centric System," in Jeffrey Henig and Wilbur C. Rich (eds.), *Mayors in the Middle: Politics, Race, and Mayoral Control of Urban Schools.* Princeton, New Jersey: Princeton University Press.

Proceedings of the Board of Education of the City of Chicago.

Putnam, Robert D. (1993), *Making Democracy Work: Civic Tradition in Modern Italy*, Princeton. NJ: Princeton University Press.

Putnam, Robert D. (1995), "Bowling Alone: America's Declining Social Capital." *Journal of Democracy*, Vol. 6, No. 1.

Putnam, Robert D. (2000), *Bowling Alone: The Collapse and Revival of American Community.* New York: Simon & Schuster.

Putnam, Robert D. (2001), "Community-Based Social Capital and Educational Performance." in Diane Ravitch and Joseph P. Viteritti, (eds.), *Making Good Citizen: Education and Civil Society.* New Haven, Connecticut: Yale University Press.

Raftary, Judith R. (1992), *Land of Fair Promise: Politics and Reform in Los Angeles Schools, 1885-1941.* Stanford, California: Stanford University Press.

Ravitch, Diane (1974), *The Great School Wars: New York City, 1805-1973.* New York: Basic Books.

Ravitch, Diane (1978), *The Revisionists Revised: A Critique of the Radical Attack on the Schools.* New York: Basic Books.

Ravitch, Diane (1983), *The Troubled Crusade: American Education 1945-1980.* New York: Basic Books.

Ravitch, Diane (1985), *The Schools We Deserve: Reflections on the Educational Crises of Our Times.* New York: Basic Books.

Ravitch, Diane (1995), *National Standards in American Education: A Citizen's Guide.* Washington, D. C.: The Brookings Institution.

Ravitch, Diane (2000), *Left Back: A Century of Failed School Reforms.* New York: Simon & Schuster.

Ravitch, Diane (2002), "Testing and Accountability, Historically Considered." in Williamson M. Evers and Herbert J. Walberg (eds.), *School Accountability.* Stanford, California: Hoover Institution Press.

Reese, William J. (1986), *Power and Promise of School Reform: Grassroots Movement during the Progressive Era.* New York: Routledge & Kegan Paul.

Reid, Robert L. (1968), *The Professionalization of Public School Teachers: The Chicago Experience, 1895-1920.* Ph. D. dissertation, Northwestern University.

Reid, Robert L. (1982) (ed), *Battleground: The Autobiography of Margaret Haley.* Urbana Illinois: University of Illinois Press.

Report of the Commissioner of Education, 1890-91, Volume 1 (1894), Washington, D. C.: Government Printing Office.

Report of the Commissioner of Education, 1894-95, Volume 1 (1896), Washington, D. C.: Government Printing Office.

Report of the Educational Commission of the City of Chicago (1898), The Lakeside Press: Chicago.

Report of the Educational Commission of the City of Chicago, The 42th Annual Report of the Chicago Board of Education, 1896.

Rhodes, R. A. W. (1997), *Understanding Governance: Policy Networks Governance, Reflexivity and Accountability.* Buckingham and Philadelphia: Open University Press.

Rhodes, R. A. W. (2000), "Governance and Public Administration." in Jon Pierre (ed.), *Debating Governance: Authority, Steering, and Democracy.* Oxford: Oxford University Press.

Rice, Joseph M. (1893), *The Public School System of the United States*. New York, The Century Co. (Reprint edition New York: Arno Press Inc 1969.)

Rury, John L. (1997) with Jeffrey Mirel "The Political Economy of Urban Education." in Michael Apple (ed.), *Review of Research in Education, 22*. Washington, D. C.: American Educational Research Association.

Rury, John L. (1999), "Race, Space, and the Politics of Chicago's Public Schools: Benjamin Willis and Tragedy of Urban Education." *History of Education Quarterly*, Vol. 39, No. 2.

Shapiro, H. Svi (1982), "Education in Capitalist Society: Toward a Reconsideration of the State in Educational Policy." *Teachers College Record*, Vol. 83, No. 4.

Shipps, Dorothy (1997), "The Invisible Hand: Big Business and Chicago School Reform." *Teachers College Record*, Vol. 99, No. 1.

Shipps, Dorothy (1999) with Joseph Kahne and Mark A. Smylie, "The Politics of Urban School Reform: Legitimacy, City Growth, and School Improvement in Chicago." *Educational Policy*, Vol. 13, No. 4.

Shipps, Dorothy (2000), "Echoes of Corporate Influence: Managing Away Urban Schools." In Larry Cuban and Dorothy Shipps (eds.), *Reconstructing the Common Good in Education: Coping with Intractable American Dilemmas*. Stanford, California: Stanford University Press.

Shipps, Dorothy (2003a), "Pulling Together: Civic Capacity and Urban School Reform." *American Educational Research Journal*, Vol. 40, No. 4.

Shipps, Dorothy (2003b), "The Businessman's Educator: Mayoral Takeover and Nontraditional Leadership in Chicago." In Larry Cuban and Michael Usdan (eds.), *Powerful Reforms with Shallow Roots: Improving America's Urban Schools*. New York: Teachers College Press.

Shipps, Dorothy (2003c), "Regime Change: Mayoral Takeover of the Chicago Public Schools." in James G. Cibulka and William Lowe Boyd, (eds.), *A Race against Time: The Crisis in Urban Schooling*. Westport, Connecticut: Praeger Publishers.

Shipps, Dorothy (2004), "Chicago: The National 'Model' Reexamined." in Jeffrey R. Henig and Wilbur C. Rich (eds.), *Mayors in the Middle: Politics, Race, and Mayoral Control of Urban Schools*. Princeton, New Jersey: Princeton University

Press.

Sietsema, John (1991), *Characteristics of the 100 Largest Public Elementary and Secondary School Districts in the United States: 1988-89, Survey Report*. National Center for Education Statistics, (ED 335 387).

Sizer, Theodore R. (1984), *Horace's Compromise: The Dilemma of the American High School*. Boston: Houghton Mifflin.

Small, Albin W. (1895), "The Civic Federation of Chicago." *American Journal of Sociology*, Vol. 1, No. 1.

Smith, Stephen Samuel (2002) with Jessica Kulynych, "It May be Social, But Why Is It Capital?: The Social Construction of Social Capital and the Politics of Language." *Politics & Society*, Vol. 30, No. 1.

Smith, Marshall (1993) with Jennifer O'Day, "Systemic School Reform." in Susan Fuhrman (ed.), *Designing Coherent Educational Policy: Improving the System*. San Francisco: Jossey-Bass.

Spear, Allan H. (1967), *Black Chicago: The Making of a Negro Ghetto*. Chicago: The University of Chicago Press.

Spring, Joel (1972), *Education and the Rise of the Corporate State*. Boston: Beacon Press.

Spring, Joel (1989), *The Sorting Machine Revisited: National Educational Policy since 1945*. New York: Longman.

Spring, Joel (1993), *Wheels in the Head: Educational Philosophies of Authority, Freedom, and Culture from Socrates to Paulo Freire*. New York: McGraw Hill.

Spring, Joel (1994), *Deculturalization and the Struggle for Equality: Brief History of the Education of Dominated Cultures in the United States*. New York: McGraw-Hill.

Spring, Joel (2004), *American Education: An Introduction to Social and Political Aspects, 4th ed*. New York: Longman,

Spring, Joel (2005a), *The American School: 1642-2004, 6th ed*. New York: McGraw-Hill.

Spring, Joel (2005b), *Conflict of Interests: The Politics of American Education, 5th ed*. New York: McGraw-Hill.

Stoker, Gerry (1995), "Regime Theory and Urban Politics" in David Judge, Gerry

Stoker, and Harold Wolman (eds.), *Theories of Urban Politics*. Thousand Oaks, CA: Sage Publications.

Stone, Clarence N. (1987), "The Study of the Politics of Urban Development." in Clarence N. Stone and Heywood T Sanders (eds.), *The Politics of Urban Development*. Lawrence, Kansas: University Press of Kansas.

Stone, Clarence N. (1989), *Regime Politics: Governing Atlanta 1946-1988*. Lawrence, Kansas: The University Press of Kansas.

Stone, Clarence N. (1993), "Urban Regimes and the Capacity to Govern." *Journal of Urban Affairs*, Vol. 15, No. 1.

Stone, Clarence N. (1995), "Political Leadership in Urban Politics." in David Judge, Gerry Stoker, and Harold Wolman, (eds.), *Theories of Urban Politics*. London: Sage Publications.

Stone, Clarence N. (1998a), "Introduction: Urban Education in Political Context." in Clarence N. Stone (ed.), *Changing Urban Education*. Lawrence, Kansas: University Press of Kansas.

Stone, Clarence N. (1998b), "Civic Capacity and Urban School Reform." in Clarence N. Stone, (ed.), *Changing Urban Education*. Lawrence, Kansas: University Press of Kansas.

Stone, Clarence N. (2001) with Jeffrey R. Henig, Bryan D. Jones, and Carol Pierannunzi (eds.), *Building Civic Capacity: The Politics of Reforming Urban Schools*. Lawrence, Kansas: University Press of Kansas.

Stone, Clarence N. (2004a), "It's More Than Economy After All: Continuing the Debate about Urban Regimes." *Journal of Urban Affairs*, Vol. 26, No. 1.

Stone, Clarence N. (2004b), "Rejoinder: Multiple Imperatives, or some Thoughts about Governance in a Loosely Coupled but Stratified Society." *Journal of Urban Affairs*, Vol. 26, No. 1.

Stone, Clarence N. (2005), "Looking back to Look forward: Reflections on Urban Regime Analysis." *Urban Affairs Review*, Vol. 40, No. 3.

Stout, Robert T. (1995), with Marilyn Tallerico and Kent P. Scribner, "Values: The 'What?' of the Politics of Education." in Jay D. Scribner and Donald H. Layton, (eds.), *The Study of Educational Politics*. Washington, D. C.: The Falmer Press.

Talbert-Johnson, Carolyn (2004), "Structural Inequalities and the Achievement Gap in Urban Schools." *Education and Urban Society*, Vol. 37, No. 1.

Tienda, Marta (1988) with Leif Jensen, "Poverty and Minorities: A Quarter-Century Profile of Color and Socioeconomic Disadvantage." in Gary D. Sandefur and Marta Tienda, (eds.), *Divided Opportunities: Minorities, Poverty, and Social Policy*. New York: Plenum Press.

Tienda, Marta and Haya Stier (1991), "Joblessness and Shiftlessness: Labor Force Activity in Chicago's Inner City." in Christopher Jencks and Paul E. Peterson (eds.), *The Urban Underclass*. Washington, D. C.: The Brookings Institution.

Tooley, James (2003), "Government and Education, The Changing Role of." in James W. Guthrie (ed.), *Encyclopedia of Education, 2nd. ed. Vol. 3*. New York: Macmillan.

Tyack, David (1974), *The One Best System: A History of American Urban Education*. Cambridge, Massachusetts: Harvard University Press.

Tyack, David (1979), "Politicizing History." *Reviews in American History*, Vol. 7, No. 1.

Tyack, David (1982) with Elizabeth Hansot, *Managers of Virtue: Public School Leadership in America, 1820-1980*. New York: Basic Books, Inc.

Tyack, David (1984) with Robert Lowe, and Elizabeth Hansot, *Public Schools in Hard Times: The Great Depression and Recent Years*. Cambridge, Massachusetts: Harvard University Press.

Tyack, David (1995) with Larry Cuban, *Tinkering toward Utopia: A Century of Public School Reform*. Cambridge, Massachusetts: Harvard University Press.

United States Office of Education (1885), *Circulars of Information of the Bureau of Education, No. 1*, Washington D. C. Government Printing Office.

United States Office of Education (1947), *Biennial Survey of Education in the United States, 1938-40, Volume II*. Washington. D. C.: United States Governemnt Printing Office.

United States Department of Commerce (1993), *School Enrollment Social and Economic Characteristics of Students: October 1991*. Washington, D. C.: United States Governemnt Printing Office.

United States, Department of Commerce (1930), *Statistical Abstract of the United*

States. Washington, D. C.: United States Governemnt Printing Office.

Urban Wayne J. (1982), *Why Teachers Organized*. Detroit. Wayne University Press.

Vinovskis, Maris A. (1985), *The Origins of Public High Schools: A Reexamination of the Beverly High School Controversy*. The University of Wisconsin Press.

Viteritti, Joseph P. (2005), "The End of Local Politics?" in William G. Howell (ed.), *Besieged: School Boards and the Future of Educational Politics*. Washington, D. C.: Brookings Institution Press.

Walberg, Herbert J. (1994) with Richard P. Niemic "Is Chicago School Reform Working?" *Phi Delta Kappan*, Vol. 75, No. 9.

Ward, James G. (1994), "Reconciling Educational Administration and Democracy: The Case for Justice in Schools." in Nona A. Prestine and Paul W. Thurston (eds.), *Advances in Educational Administration, Vol. 3*. Greenwich, Connecticut: JAI Press.

Warden, Christiana (1988) with Diana Lauber and G. Alfred Hess, Jr., 1987-1988 *Assessment of School Site Budgeting Practices of the Chicago Public Schools*. Chicago Panel on Public School Policy and Finance.

Weinstein, James (1968), *The Corporate Ideal in the Liberal State: 1900-1918*. Boston: Beacon Press.

Weiss, Suzanne (2001) with Todd Ziebarth, "The Progress of Education Reform, 1999-2001: School-Based Management." Vol.3, No. 5 (http:www.ecs.org/clearinghouse/26/58/2658.pdf.最終閲覧日2006年7月3日)

Welter, Rush (1962), *Popular Education and Democratic Thought in America*. New York: Columbia University Press.

Wiebe, Robert H. (1967), *The Search for Order, 1877-1920*. New York: Hill & Wang.

Williams, Michael R. (1989), *Neighborhood Organizing for Urban School Reform*. New York: Teachers College Press.

Wilson, William Julius (1980), *The Declining Significance of Race: Blacks and Changing American Institutions, 2nd ed*. Chicago: The University of Chicago Press.

Wilson, William Julius (1987), *The Truly Disadvantaged*. Chicago: The University of Chicago Press.

Wohlstetter, Priscilla (1991) with Karen McCurdy, "The Link between School Decentralization and School Politics." *Urban Education*, Vol. 25, No. 4.

Wohlstetter, Priscilla (1997) with Susan Alberts Mohrman and Peter J. Robertson, "Successful School-Based Management: A Lesson for Restructuring Urban Schools." in Diane Ravitch and Joseph P. Viteritti, (eds.), *New Schools for a New Century: The Redesign of Urban Education*. New Haven, Connecticut: Yale University Press.

Wong, Kenneth K. (1990a) with Sharon G. Rollow, "A Case Study of the Recent Chicago School Reform Part I: The Mobilization Phase." *Administrators Notebook*, Vol. 34, No. 5.

Wong, Kenneth K. (1990b) with Sharon G. Rollow, "A Case Study of the Recent Chicago School Reform Part II: Conflict and Compromise in the Final Legislative Phase." *Administrator's Notebook*, Vol. 34, No. 6.

Wong, Kenneth K. (1995), "The Politics of Education: From Political Science to Multidisciplinary Inquiry." in Jay D. Scribner and Donald H. Layton, (eds.), *The Study of Educational Politics*. Washington, D. C.: The Falmer Press.

Wong, Kenneth K. (1998) with Dorothea Anagnostopoulos, "Can Integrated Governance Reconstruct Teaching?" Reynold J. S. Macpherson (ed.), *The Politics of Accountability*. Thousand Oaks, CA: Corwin Press.

Wong, Kenneth K. (1999), "Political Institutions and Educational Policy." in Gregory J. Cizek (ed.), *Handbook of Educational Policy*. San Diego, California: Academic Press.

Wong, Kenneth K. (2002), "The New Politics of Urban Schools." in John P. Pelissero (ed.), *Cities, Politics, and Policy: A Comparative Analysis*. Washington, D. C.: Congressional Quarterly Books.

Wrigley, Julia Wrigley (1982), *Class Politics and Public Schools: Chicago 1900-1950*. New Brunswick, New Jersey: Rutgers University Press.

Wrigley, Julia (1985), Book Review. *Educational Studies*, Vol. 16, No. 2.

Young, Ella Flagg (1901), *Isolation in the School*. Chicago: The University of Chicago Press.

あとがき

　本書は、神戸大学に提出した博士学位請求論文（2006年3月10日に博士〈学術〉の学位授与）に若干の加筆修正を施して、神戸学院大学人文学部の人間文化研究叢書の一冊として出版されたものである。本書のおよそ半分は、筆者のこれまでの既発表論文を大幅に加筆修正したものである。既発表論文と本書との関係を示すと、以下のようになる。

- 「アメリカ合衆国における公教育統制主体の研究（1）―革新主義期教育改革をめぐる民主的統制説を中心に―」『神戸常盤短期大学紀要』第12号、1990年、89頁～114頁。（第Ⅰ部第1章第3節）
- 「アメリカ合衆国における大都市学校政治の特質と課題―シカゴ学校改革（1988年）の決定過程を中心として―」『相愛大学研究論集』第10号、1994年、131頁～162頁。（第Ⅲ部第1章、第Ⅲ部第2章第2節、第3節）
- 「現代アメリカ大都市教育行政の改革課題―シカゴ学校改革を事例として―」金子照基編『現代公教育の構造と課題』学文社、1994年、44頁～71頁。（第Ⅲ部第3章第1節）
- 「アメリカにおける教育改革論と地方教育委員会制度の民主性・効率性」高木英明編『地方教育行政の民主性・効率性に関する総合的研究』多賀出版、1995年、287頁～302頁。（第Ⅲ部第2章）
- 「アメリカの都市におけるマイノリティー教育の課題―都市の変動とシカゴ学校改革―」『相愛大学研究論集』第11号、1995年、149頁～180頁。（第Ⅱ部第1章）
- 「アメリカ都市教育政治史研究の分析視角に関する考察」『相愛大学研究

論集』第14（1）巻、1997年、1頁～19頁。（序章第1節）
・「アメリカ都市教育政治史研究の動向と課題―1980年代半ば以降の革新主義期研究を中心として―」『相愛大学研究論集』第14（2）巻、1998年、37頁～58頁。（第Ⅰ部第2章）
・「アメリカ都市教育政治史研究の動向と課題―1960年代から1980年代半ばまでの革新主義期研究を中心として―」『相愛大学研究論集』第16巻、2000年、107頁～156頁。（第Ⅰ部第1章）
・「学校を基盤とした経営とシカゴの学校協議会」平成14～16年度科学研究費補助金〈基盤研究（B）（1）〉中間報告書『現代アメリカにおける学校統治と学校責任の調査実証研究』2004年、19頁～28頁。（第Ⅲ部第2章第1節、第Ⅲ部第3章第1節）
・「教育ネットワーク支援のための教育行政システムの構築」日本教育行政学会編『日本教育行政学会年報・30・教育行政の社会的基盤』教育開発研究所、2004年、2頁～16頁。（第Ⅱ部第2章第1節）
・「教育ガバナンスとソーシャル・キャピタル」平成14～16年度科学研究費補助金〈基盤研究（B）（1）〉最終報告書『現代アメリカにおける学校統治と学校責任の調査実証研究』2005年、29頁～42頁。（第Ⅱ部第2章第1節）

　筆者がシカゴを事例とした研究に着手したのは、今から20年ほど前である。アメリカ都市教育に関心を持ち、教育改革の歴史的展開過程を跡付け、現代的動向を把握しようと悪戦苦闘していたが、アメリカの都市の多様性に茫然自失する日々でもあった。そのために、研究フィールドを絞って研究を進める必要性を痛感していた。ニューヨークやロサンジェルスで革新的な試みが行われていることは理解しており、そうした先進的事例を研究することも重要であるが、それと並んで、深刻な都市教育問題を抱えながらも、地味ではあるが、試行錯誤を繰り返している都市としてシカゴに着目した。そして、19世紀以降のシカゴ教育統治改革に関連した資料収集を行ってきた。ところが、本書でも随所で指摘している通り、今日のシカゴは教育改革の先進都市としての名をほしいままにしている。そのために、アメリカのみならず、わ

が国の研究者もシカゴに注目することになり、結果的にそれらの先行研究から多くのことを学ぶことが出来たのは幸いであった。

　シカゴ教育研究と並行して、筆者はわが国の地方教育行政研究に係わる論文を発表してきた。研究を進めている際に、多くの論者が「学校と家庭と地域との協働・連携」の重要性を主張しているものの、その理論的基盤について、特に協働性や連携関係を構築するための教育政治理論について、隔靴搔痒の感があった。本書第Ⅱ部、第Ⅲ部で言及しているアーバン・レジーム論とシビック・キャパシティー論が理論的基盤を提供しうるのではないかとの見通しを立て、これらの理論に関する資料を意識的に収集し、資料の読み込み、批判的検討を始めたのは3年ほど前であった。もしこれらの理論に触れることがなかったら、シカゴ教育統治改革研究としてこのような1冊の本にまとめることは出来なかったのではないかと思う。しかしながら、読み返すたびに、本書の課題設定の方法、先行研究評価、資料操作、論述など、不十分な点が多々あり、読者のご批判、ご叱正をお願いしたい。

　本書は多くの方々のご協力があってこそ刊行することができた。大阪大学名誉教授の金子照基先生には、大学院生時代から長期にわたって、そして今日もなおご指導を賜っている。本書は金子先生に捧げるべく執筆してきたのであり、金子先生から受けた多大な学恩にいささかなりとも応えるものであれば望外の幸せである。同じく、大阪大学名誉教授の阿部彰先生からは学問に向かう姿勢、資料の収集、整理、活用の重要性を学ぶことができたものの、本書に生かしきれておらず、申し訳なさで一杯である。また、京都大学の高木英明先生（現名誉教授）や白石裕先生（現早稲田大学教授）からは在籍大学を越えて温かいご指導をいただいた。そして、関西教育行政学会の月例会での議論において、筆者が20代のころから研究発表のたびに歯に衣を着せぬ厳しい指摘をしてくれたのは、兵庫県立大学の清原正義先生、京都女子大学の上田学先生、京都教育大学の堀内孜先生などであった。

　アメリカ教育政治研究に私を導いてくれたのは筑波大学の堀和郎先生であり、お会いするたびに研究をまとめるように勇気づけていただいた。アメリカ教育法・行財政研究会では、北海道大学の坪井由実先生、法政大学の高野良一先生をはじめアメリカ教育政治研究に係わる活発な議論を土台として研

究を進めることができただけでなく貴重な資料の提供も受けてきている。また、和歌山大学の山下晃一先生など若手研究者の意欲的な研究も遅々として研究の進まない筆者の背中を押してくれた。

　筆者が大学院学生のときの所属講座の助手であり、修士論文の作成のみならず、その後の学会誌投稿論文執筆の際にも貴重なアドバイスをいただき、そして、博士学位論文の指導教授として論文を詳細に通読し、適切な指摘をいただいたのは神戸大学の三上和夫先生である。三上先生からの後押しがなければ本書が世に出ることはなかった。

　筆者は1996年から1997年にかけての1年間、在外研究の機会を得て、シカゴ郊外のイリノイ州立北イリノイ大学に客員研究員として在籍することができた。同大学のアドバイザーとして筆者を受け入れてくれたのは、都市教育政治史研究の第一人者であり教育史家として著名な Jeffrey Mirel 先生（現ミシガン大学教授）である。この機会がなければシカゴ公立図書館、シカゴ歴史協会、シカゴ大学などで教育史関係資料を収集することも研究のモティーフについて学ぶこともできなかった。また、シカゴ市内の学校をはじめ地元の学校を数多く見学する機会だけでなく、アメリカの教員や生徒を対象に日本の教育を紹介する貴重な機会も作っていただいた比較教育学者で北イリノイ大学名誉教授の Homer C. Sherman 先生にも大変お世話になった。

　以上の外にもお礼を申し上げるべき方々は多いが、お許しいただきたい。こうした人々のみでなく、前勤務校の相愛大学からは在外研究を認めていただき、現勤務校の神戸学院大学からは人文学部研究推進費によってアメリカ出張が叶い、インタビューや資料収集が可能となった。そして、神戸学院大学の人文学部長、人文学会の理解があって刊行助成金の交付を受けることができた。筆者は勤務校にも恵まれていた。最後に、出版を引き受けてくださり、細かな配慮をいただいた人文書院編集部の谷誠二氏、井上裕美氏に厚く感謝申し上げる。

　　　2006年8月

　　　　　　　　　　　　　　　　　　　　　　　　　　　　小松　茂久

人名索引

ア行

アーバン（Urban, W. J.） 95-97, 101
アダムス（Addams, J.） 78, 124, 126, 131
アップル（Apple, M. W.） 12
アニョン（Anyon, J.） 183
アリンスキー（Akinsky, S.） 289
アンドリュース（Andrews, E. B.） 117-118, 125, 145
イーストン（Easton, D.） 9
石原圭子 88, 100
伊藤正次 195
イリッチ（Illich, I.） 58
インブロッシオ（Imbroscio, D. L.） 208, 251
ウィービ（Wiebe, R.） 50
ウィリアムズ（Williams, M. R.） 168
ウィリアムズ（Williams, W. A.） 49
ウィリス（Willis, B.） 171-172, 174-175, 262
ウィルソン（Wilson, W. J.） 162, 169
ウェーバー（Weber, M.） 68
ウェルズ（Wells, W.） 106, 143
ウェルター（Welter, R.） 49
ウォン（Wong, K. K.） 20, 292, 338-341, 344
エリオット（Eliot, C. W.） 109, 114, 147
エリオット（Eliot, T. H.） 19
エルキン（Elkin, S. L.） 205-207, 209
オアー（Orr, M.） 220, 231, 253,
オーティス（Otis, R.） 127, 138, 147
オーフィールド（Orfield, G.） 158
大桃敏行 32
岡本仁宏 250
オコネル（O'Connell, M.） 276, 288, 291, 295-296
オデイ（O'Day, J. A.） 335-337
オリバー（Oliver, E.） 222

カ行

カーティー（Curti, M.） 80
カウフマン（Kaufman, P. W.） 89-91
カウンツ（Counts, G. S.） 142, 148
カサルダ（Kasarda, J. D.） 181
カッツ（Katz, M. B.） 48, 51-56, 60, 67, 79-82, 99, 274-275, 289, 345-346
カッツネルソン（Katznelson, I.） 75-77, 81-82, 177
ガットマン（Gutmann, A.） 13, 32
カバレー（Cubberley, E. P.） 38-40, 43-44, 49, 147
鹿毛利枝子 250
カリエ（Karier, C. J.） 58-59, 67, 79, 99
河田潤一 231
北野秋男 32
ギッテル（Gittel, M.） 301
キャラハン（Callahan, R. E.） 44-47, 56, 58, 79
キャンベル（Campbell, C.） 189
キューバン（Cuban, L.） 242, 253, 344, 346
ギンズバーグ（Ginsberg, M. B.） 32
ギンタス（Gintis, H.） 59-62, 99, 197, 250
クーパー（Cooper, F. B.） 85-86
クーリー（Cooley, E. R.） 116, 121-125, 145
クラーク（Clark, H. B.） 106

クラッグ（Krug, E. A.）　44, 46-47, 79-80
グリア（Greer, C.）　55-56, 67, 99
グリムショー（Grimshaw, W. J.）　95, 140-141
クレミン（Cremin, L. A.）　39-45, 48, 52, 55, 57-58, 75, 79-80
クローニン（Cronin, J. M.）　113, 146
黒崎勲　24, 33
河野和清　359-360
コーエン（Cohen, R. D.）　75
コールマン（Coleman, J. S.）　199-200, 203, 354-355
コゾル（Kozol, J.）　13, 168
コマジャー（Commager, H. S.）　80
コルコ（Kolko, G.）　49
ゴンパース（Gompers, S.）　128

サ行

サイザー（Sizer, T. R.）　38, 282
ジェイコブス（Jacobs, J.）　200, 203
シップス（Shipps, D.）　237, 252, 284, 325, 330-331, 334, 341-344, 348
シブルカ（Cibulka, J. G.）　187, 317-318
ジャクソン（Jackson, J.）　184
シュープ（Shoop, J.）　129, 140
ジュッド（Judd, C. H.）　147
シュナイダー（Schneider, B.）　201
スタウト（Stout, R. T.）　11
ストーカー（Stoker, G.）　204, 208
ストーン（Stone, C. N.）　17, 19, 210-218, 222-228, 231, 235, 246, 251, 339, 342, 344, 346
スプリング（Spring, J.）　50, 56-59, 67, 79-80, 99
スミス（Smith, S.）　218, 221

タ行

ダール（Dahl, R.）　208
タイアック（Tyack, D. B.）　65, 70-71, 79-80, 110
高野良一　250

高橋章　80
ダットン（Dutton, S. T.）　47
ダン（Dunne, E.）　123-125, 146
チャッセー（Chadsey, C. E.）　140-141, 147
チャブ（Chubb, J. E.）　285, 302
坪井由実　25-26, 33, 348
ディーバー（Dever, W. E.）　142
デービス（Davies, J. S.）　209, 251
デーリー（Daley, R. M.）　328, 332, 341-342, 348
デーリー（Daley, R. J.）　262, 301, 348
デューイ（Dewey, J.）　47, 78, 125, 147
ドウィーズ（DeWeese, T. A.）　121
ドゥレイパー（Draper, A. S.）　109
ドーシー（Dorsey, S. M.）　100
ドーレ（Dore, J. C.）　105
トンプソン（Thompson, W. H.）　125-126, 128, 132, 135-137, 140-141, 146-147

ナ行

中邨章　191
新川達郎　190
ネルソン（Nelson, B. E.）　85

ハ行

ハーシュマン（Hirschman, C.）　167
バード（Byrd, M.）　269
ハーパー（Harper, W. R.）　109
パールマン（Perlmann, J.）　101
バーンズ（Burns, P.）　216, 251
ハヴィガースト（Havighurst, R. J.）　175
ハウザー（Hauser, P.）　174
橋口泰宣　79
バック（Buck, R.）　131-133, 138, 146-147
パットナム（Putnam, R. D.）　196-202, 219-220, 222, 354-355, 365
バトラー（Butler, N. M.）　109, 114
ハニファン（Hanifan, L. J.）　200, 202
バラス（Vallas, P.）　348

ハリス（Harris, W. T.）　109
ハリス（Harris, G. T.）　113
ハリソン（Harrison, C. H.）　109, 112, 123, 126, 146
ハレー（Haley, M.）　96, 115-117, 124, 129, 132-133, 145, 147
ハンター（Hunter, F.）　208
ハント（Hunt, H.）　171
ビアード（Beard, C. A.）　48
ピーターズ（Peters, G. B.）　189-190
ピーターソン（Peterson, P. E.）　32, 65, 67-69, 81, 93, 101, 135-136, 147, 207-208
ピエール（Pierre, J.）　190, 215
ビオラ（Violas, P.）　67, 79, 99
ビテリッチ（Viteritti, J. P.）　233
ヒル（Hill, P. T.）　253
ピンク（Pink, W. T.）　22, 184
ピンダーヒュージ（Pinderhughes, D. M.）　93-94
ファインスタイン（Fainstein, S. S.）　205-206
ファインスタイン（Fainsetin, N. I.）　205-205
ファインバーグ（Feinberg, W.）　67, 80
ファス（Fass, P.）　93-94, 101
フェザーストン（Featherstone, J.）　61
ブッス（Busse, F.）　124, 146
ブライク（Bryk, A. S.）　201, 250
ブラウン（Brown, F.）　178
ブラウン（Brown, J. R.）　185
フラナガン（Flanagan, M. A.）　146
フリードリッヒ（Friedrich, C.）　54
ヘイズ（Hays, S. P.）　50-51, 80
ベイリン（Bailyn, B.）　39-40, 44, 48, 55, 79
ヘス（Hess, F. M.）　182
ヘス（Hess, G. A.）　274-275, 283-287
ヘック（Heck, R. H.）　11
ベック（Beck, R.）　126
ヘニグ（Henig, J.）　186, 228-229, 231, 253, 339

ベネット（Bennett, W.）　16, 160, 264, 278
ヘリック（(Herrick, M.）　145, 171
ボイド（Boyd, W. L.）　187
ボウルズ（Bowles, S.）　59-62, 67, 80-81, 99, 197, 250
ホーガン（Hogan, D.）　73-75, 77
ホーフスタッター（Hofstadtler, R.）　50, 80
ホーメル（Homel, M.）　90, 92-93
ホールステッター（Wohlstetter, P.）　281, 287
ポスト（Post, L. F.）　120
堀和郎　32, 359, 361
堀雅晴　193
ポルツ（Portz, J.）　229-231, 238-241, 243-245, 248, 251-253, 295
ボルドウィン（Baldwin, P.）　133

マ行

マーク（Mark, C.）　116
マーフィー（Murphy, J.）　281
マーフィー（Murphy, M.）　95, 97
マックアンドリュー（McAndrew, W.）　142
マックスウェル（Maxwell, W. H.）　109
マン（Mann, H.）　78
ミード（Mead, G. H.）　132, 147
宮川公男　197
ミレル（Mirel, J.）　17-18, 32, 85-87, 100
ムーア（Moore, D. R.）　259, 283, 285, 298, 302
メイアー（Meier, K.）　179-180
メア（Mare, R. D.）　159-160
メリアム（Merriam, C. E.）　119-120, 126, 138
モー（Moe, T. E.）　285, 302
モーテンソン（Mortenson, P.）　141
モスバーガー（Mossberger, K.）　204, 216

ヤ行

山下晃一　26, 33, 348
ヤング（Young, E. F.）　100, 117, 125, 129, 133

ラ行

ライス（Rice, J. M.）　114, 144
ラスウェル（Lasswell, H. D.）　9
ラバリー（Labaree, D. F.）　21, 32, 359
ラビッチ（Ravitch, D.）　65-68, 71, 73, 80, 318
ラフタリー（Raftery, J.）　89-90
ラリー（Rury, J. L.）　78, 172
ランディン（Lundin, F.）　125-126
リーズ（Reese, W. J.）　84, 88
リグレー（Wrigley, J.）　66, 72-75, 77, 93, 119, 132, 139, 145, 147
リップマン（Lipman, P.）　331-334
リンドブロム（Lindblom, C. E.）　209
レーン（Lane, A. G.）　117
レッドモンド（Redmond, J. F.）　175
ローズ（Rhodes, R. A. W.）　191-192, 249
ローブ（Loeb, J. M.）　128, 135, 140, 147
ローブ（Rove, R.）　177, 267, 278
ロビンス（Robins, R.）　120

ワ行

ワインスタイン（Weinstein, J.）　50, 57
ワシントン（Washington, H.）　30, 213, 261, 269, 271, 295, 303, 342

事項索引

ア行

アーバン・レジーム（論）　203-217, 237, 250-251, 338, 354-355, 358, 361, 363
　　　―のタイプ　211-213, 224
　　　―批判　215-217
アカウンタビリティー　227, 247, 249, 281-282, 284, 306, 315, 347, 357
　　　官僚的―　335-337, 358
　　　―政策　253, 314-329, 339
　　　専門職―　336-337
アスピラ　266
新しい行政管理（NPM）　192
新しい社会史　88, 98-99, 351
アトランタ　68, 96, 101, 210-211, 213, 216, 224, 228, 232-233, 235, 253, 339
アファーマティブ・アクション　166, 212, 261, 289
アメリカ教員連盟（AFT）　97-98, 147
アメリカ史学会　47-51, 79
新たな公共性　194
一元化
　　　教育行政の―　194, 242, 320-321, 329
　　　教育統治の―　252, 315-329, 338, 357
　　　州による―　320
移民集団　66, 68, 96, 98-99, 101, 120, 128, 137, 351
イリノイ教育協会　296-297
イリノイ公正学校連合　271
イリノイ州教育協会　128-129
イリノイ製造業者協会　132, 138
イリノイ父母・教員会議　131
イリノイ労働連盟　147
ウェッブ対教育委員会事件　174

エッセンシャル・スクール連盟　282
エラ・フラッグ・ヤング・クラブ　117
エリート理論　193, 207-208, 219
応答的教育のための父母連合（PURE）　290, 303
オーティス法（案）　121-141

カ行

下位学区教育諸問協議会　260
階級意識　73-74, 76-77
階級葛藤　60, 69
階級強制説　65-66, 69, 71-72, 75, 85-86
階級形成　73-74, 77
科学的管理（運動）　44, 46-47, 56
革新主義　41-42, 56, 58, 79, 84-85
　　　―教育運動　41-42
　　　―史学　48-49
革新主義改革派　126, 128, 132, 135, 137-138, 142
革新主義期
　　　―の教育改革　42, 60, 68, 110
　　　―の市政改革　96, 112, 119-120
　　　―の社会改革　41, 49, 57
　　　―の政治アクター　84-91, 94, 146
学年制　54, 107, 143
学校改善協議会　260, 265, 292
学校協議会　33, 178, 180, 283, 292, 294, 305-314, 347
学校再構築　280-281, 285, 290, 302, 314
学校査察委員会　105-106
学校選択（論）　24, 177, 182-183, 187, 229, 284-285, 293, 299, 302-303, 319, 339
学校を基盤とした経営（SBM）　178, 236, 241, 274-275, 280-281, 283-287, 305, 314,

339, 356
ガバナンス（論）　189-202, 249
　　　教育—　31, 193-196, 198-202
　　　階層型—　202, 365
　　　国家中心—　192-193
　　　コミュニティー　197
　　　社会中心—　192-193
　　　ネットワーク型—　195, 202, 365
　　　—の概念　189-193
ガバメント　190-193
過密学級・学校　106-107, 171
カリキュラム　20-21, 28, 46, 87, 107, 113, 143, 148, 169, 187-188, 229, 242, 270, 272, 282-283, 306, 311, 320, 331, 335, 340, 350, 359
　　　—改革　24, 42, 47, 68, 296, 358
　　　—の多様化　57, 86, 314-315
　　　—編成　115, 177, 253, 294, 333
関係的信頼　201
官僚制　51, 54, 113, 178-179
官僚制化　42, 51, 53-54, 70, 107, 275, 283-284
危機に立つ国家　187-188, 263
企業国家　56-58
教育の価値　9-11, 22, 43
教育の機会均等　29, 63, 66, 199, 286, 353
教育の非政治性神話　20-21
教育委員
　　　女性—　90-91
　　　—の区代表制　105, 107, 110, 143, 179-180, 352
　　　—の公選制　107, 117, 241, 248
　　　—の全市一区制　110, 138, 143, 179-180
　　　—の任命制　107, 241, 248
教育委員会
　　　—の執行機能　109
　　　—の常設委員会　109-110, 122-123, 144
　　　—の立法機能　109
　　　—廃止論　194-195, 233

教育官僚制　24, 42, 63, 180, 248, 272-273, 280-282, 289, 302, 338, 352, 356
教育行政　10-11, 22, 25, 31, 53, 73, 95, 103, 111, 121-122, 126, 128-129, 133, 138, 143, 171-172, 193-194, 241-242, 248, 262, 265, 278, 280, 295, 320, 349, 360-365
教育財政　14, 20-21, 28, 86-88, 102-103, 127, 182, 187, 194, 240, 246, 262, 264, 270, 278, 341, 357, 360
教育政治学会　20
教育政策　10-11, 13, 16, 20, 22, 25, 43, 62, 69, 72-73, 82, 86, 90, 94-95, 110-111, 118, 126-127, 156, 171, 175, 179, 184, 194, 216, 226, 260, 262, 265, 271, 317-320, 341, 350-351, 356, 361-364
教育政治　9-23, 25, 32, 248, 349
　　　—の概念　9-12
　　　—学　20
教育政治研究　9-17, 19-25, 32, 37, 81, 83, 88, 94-95, 101, 108, 224, 248, 361-362
　　　革新主義期の—　37-101, 350-352
　　　都市—　13-17, 37, 231
教育専門職者　74, 85, 96, 224, 236, 246-247, 302, 304, 318-319, 330-331, 334-335, 340, 346, 356-358
教育長の権限強化　107, 110, 116, 135, 139, 352
教育統治　11, 13-16, 19-20, 25-26, 65, 70, 75, 84, 95, 97, 104-105, 139, 143, 193, 215, 248, 273, 276, 289, 312, 318, 320-323, 327-331, 338-339, 349, 351-352, 357-361, 363-365
　　　—改革　15-16, 19, 24, 26-31, 38, 44, 54, 57, 63, 68, 74, 89, 96, 102-143, 151, 183, 187-189, 202, 242, 252, 279, 284-285, 287, 304, 317, 322, 328-330, 333, 338-344, 348-350, 352, 356-359
　　　—システム　13, 26-27, 31, 43, 105, 126, 138, 170, 180, 242, 244, 246, 248, 280-281, 297, 305, 320, 325, 341, 344, 350, 353-354, 357

事項索引　407

教員協議会　125, 139
教員組合　18, 24, 30, 69, 72, 74, 81, 84, 89, 91, 95-99, 101, 108, 114-117, 119, 121, 123-125, 127-133, 136-141, 147, 172, 182, 195, 217, 220, 235, 240-242, 247-248, 262-263, 273-274, 277-279, 283, 288-295, 298-299, 306, 329, 337, 341, 351-352, 354, 356
教員参加　284
教員人事（権）　111, 115, 127, 145, 182, 316
教員の階級的地位　97-98
教員の性別構成　112
教員の民族性　97-98
行政官僚的革新主義者　70-71, 84
強制バス通学　176, 185, 224, 239, 354
近隣学校政策　173
近隣連合組織　266
経済決定論　77, 207-208
ゲットー　92-93, 100, 155, 169-170, 183, 185, 353
ゲットーアンダークラス　168-170, 181, 185
効果的学校（研究）　178, 188, 266, 270, 283-284
公教育協会　131-133, 138
高反響性政策サブシステム　226
公民権委員会　174
公民権運動　14, 18, 49, 77, 83, 91-92, 98, 151, 172-175, 300, 352-353
公立学校委員会　114
公立学校協会　66
公立学校進歩史観　38-44, 350
公立学校連盟　132, 135, 138
互酬性　202, 250
コミュニティ開発アルゲニー会議（ACCD）　238-240, 243-245
コミュニティ権力構造　207-209
コミュニティ・コントロール　57, 246, 266, 319
コミュニティ組織調整委員会　174
コモン・スクール（運動）　60, 66, 78, 144
コンセンサス史学　49-51

サ行

サンフランシスコ　68, 76, 206, 232, 252-253
シアトル　86, 100, 242, 253
ジェンダー　12, 25, 31, 77, 88, 90-91, 97-98
シカゴ
　　―の財団　276-278
　　―の児童生徒数　258-259
　　―の市民運動　135, 270-273, 300
　　―のメディア　108, 115, 124, 139, 141, 264, 267, 271, 273, 276-277, 279, 294-295, 301-302, 312
シカゴ応答的教育連合（CURE）　277, 291, 297, 303
シカゴ学校研究コンソーシアム　308, 310, 347,
シカゴ学校改革修正法（1995年）　311-312, 336, 341, 357
シカゴ学校改革法（1998年）　295-302, 357-358
シカゴ学校改革理事会　312-313, 325
シカゴ完全習得学習　268, 271
シカゴ教員連盟　75, 95-98, 115-119, 123-124, 128-130, 137, 139, 143, 147, 273, 288
シカゴ市議会（議員）　104-105, 107, 109, 119, 123, 126-128, 131-133, 135-136, 138, 140, 144
　　―市憲章　104, 114, 118-121, 128, 137
シカゴ師範学校　115, 121
シカゴ市民連盟　114, 144
シカゴ商業クラブ　116, 119-120, 145, 327
シカゴ商業連合会　119, 144
シカゴ商人クラブ　114
シカゴ女性クラブ　115, 146
シカゴ都市同盟　266
シカゴ・トリビューン　124, 135, 146-147, 276
シカゴ・パートナーシップ　293
シカゴ・パネル　265-266, 270, 278, 307
シカゴ不動産理事会　119

シカゴ・ユナイテッド　275, 293-294
シカゴ労働連盟　73, 75, 116-117, 119-120, 128-129, 132, 135, 137, 143, 147
シビック・キャパシティー（論）　19, 143, 203, 218-249, 253, 295, 338-347, 349, 354-356, 358, 361, 364-366
　　シカゴの―　237, 287
　　―の概念　224-231
シビック・キャパシティーと都市教育（CCUE）プロジェクト　226, 231-245, 253, 339
シビック・プログレス　238-239, 243
市民学校委員会　270, 278
市民クラブ　131, 146, 148
市民的協力　213
市民的公共性　31
市民連合　242, 344
社会的統制　44-47, 52, 54, 56, 63, 350
社会目的政治　225, 251
社会連合　120
州学校財政監視局　265, 292, 300
集権化　15, 54, 57, 63, 70-71, 75, 84, 96-97, 108, 112, 122, 143, 241-242, 275, 280, 284, 346, 350-351
終身在職権　127, 129, 136, 139, 247
職業教育　42-43, 56-57, 60, 63, 69, 73, 75, 85, 88, 102, 327
女性運動団体　85, 89, 91, 137
女性教員　85, 89
女性クラブ　86, 89, 131, 138, 146
女性史研究　88
女性市民クラブ　131, 146
女性労働運動　97
女性労働者連盟　147
人種政治　81, 91, 93, 224, 228, 289, 303, 339
人種統合教育　178-179, 186
人種分離学校　15, 92-93, 156-158, 174-175, 260, 353
　　―の形成　98, 100
　　―廃止運動　177-179, 186, 286-287, 354
　　―廃止命令　20, 92
　　―廃止（問題）　11, 14, 91-93, 158, 170-180, 185, 199, 224, 238-239, 242, 246, 252, 257, 259-261, 266, 268, 286-287, 353-354, 356
人種分離状態　155
人種・民族間格差　156, 163
人種・民族集団　62, 143, 159-160, 167, 289, 291, 352, 357
進歩主義　79
ステークホルダー　9, 188, 193, 195, 225-227, 232, 244, 249, 349, 355-356, 358-360, 362, 364
政治ボス　50, 96, 125, 128
政党マシン　17, 95-96, 249
全国市民連盟　50, 114
全国都市同盟　173
セントルイス　232-233, 238-245, 253
先任優先権　96, 101
全米教育協会（NEA）　46, 97-98, 128
全米黒人地位向上協会　173
専門職化　42, 53, 63, 70-71, 97-98, 138, 281, 290, 293, 331, 350-351
専門職者　50, 52, 54, 57, 60, 63, 89, 110, 119, 138, 148, 172, 205, 217, 246, 267, 274, 281, 318, 336-337, 341, 344, 354
専門職主義　97, 331, 337-338
専門職能開発　188, 229, 241-242, 335, 344
ソーシャル・キャピタル（論）　196-203, 220-224, 249-250, 354-355, 365
　　―批判　218-224, 231
組織統制説　70-71, 351

タ行

体系的改革　227, 242
多元主義（説）（理論）　68, 73, 81, 85-86, 143, 207-209
　　ネオ―　209
　　平等的―　286-287
ダラス　206-207, 282-283
チェンジ　245

事項索引 409

チャーター・スクール　348
中流階級　18, 50-53, 67-68, 73-75, 78, 80,
　85-86, 89, 91-92, 119, 138-139, 146, 153,
　156, 169-170, 179, 199, 212, 224, 247, 272,
　321, 341, 351
デザインズ・フォー・チェンジ　266, 270-
　271, 308, 310, 313
デトロイト　17-19, 85-88, 153-154, 228,
　232-233, 235, 253, 283, 339
伝統的教育史研究　39, 53, 55, 60-61
デンバー　232-233, 252
動態的階級葛藤説　71-77, 351-352
統治連合　204, 210, 213-215, 217, 251, 355-
　356, 358
党派政治　21, 70-71
都市学校改善委員会　260
都市学校改善法（1985年）　260, 264-267,
　356
都市再開発　203, 205-206, 226, 300, 354
都市有権者同盟　114, 131, 138, 142
都市労働市場　162-168

ナ行

二重学校システム　156, 177
ニュー・アカウンタビリティー政策　317-
　320, 330-337, 340, 357
ニュー・アカウンタビリティーの概念
　315-317, 357
ニューヨーク市　24, 66, 96, 107, 153-154,
　177, 183, 185, 258, 283, 296
ニュー・レフト史学　49, 51, 79
ネットワーク　192-203, 230-231, 244, 249,
　277, 302, 354, 365
能率（化）（性）　10-11, 25, 27, 44-47, 60,
　63, 65, 84, 86, 120-121, 138, 143, 145, 274,
　280, 331, 350, 352

ハ行

パートナーシップ　223, 229, 231, 248, 273,
　310, 365
　　学校-ビジネスの-　230, 243

　　公-私の-　192, 217, 226
　　非公式の-　211
ハーパー委員会（報告）　108-120, 137,
　145, 352
ハーパー法案　113-117
ハイスクール・ルネッサンス　268
ハイ・ステークス・テスト　330, 333
配分政治　225, 247, 251
バック法（案）　133, 135, 137-139, 147
ビジネス　25-26, 57, 72, 110, 113, 124, 128,
　131, 137-139, 144, 235, 267, 275, 289, 298,
　301, 330, 338, 342
　　-エリート（リーダー）　50, 63, 68,
　　70, 73-74, 118, 120, 209, 211, 229, 245-
　　246, 291, 293, 321, 323, 330, 341, 351
　　-マネージャー　45, 111, 116, 135, 139-
　　140
ヒスパニック（集団）　152-153, 159, 252,
　271
ピッツバーグ　232-233, 235-236, 238-245,
　294
ヒューストン　232-233, 235, 252-253
フィラデルフィア　107, 153-154, 166, 183,
　242
婦人参政権獲得運動　89-90, 96
父母-コミュニティ協議会（PCC）　290-
　292, 303
父母参加　178, 224, 229, 235-236, 260, 267,
　283-284, 342
ブラウン判決　11, 98, 157, 170, 172, 286,
　353
プレッシー対ファーガソン事件　286
分権化　15, 18, 81, 183, 187, 204, 241, 272,
　275, 280-284, 287, 296-297, 304, 306, 311,
　319, 327, 342, 346, 356
包括的改革　187-188
ボールト　238-240, 243-244
ポスト・レビジョニスト（レビジョニズム）
　64-78, 351
ボストン　53-55, 90-91, 100, 143, 154, 232-
　233, 235, 238-244, 253, 294

ボストン・コンパクト 239, 243-244
ボルティモア 220, 228, 232-233, 235, 242, 247, 252-253, 337, 339
ボルドウィン法（案） 133, 135-136

マ行

マイノリティ 11-13, 23, 64, 66, 94, 99-101, 165, 184
　－児童生徒 156-158, 168-171, 177, 181, 238, 260, 268, 286-287, 339
　－の学力（格差）問題 151, 159, 169, 317, 323, 347, 353
　－の就業機会 151, 162, 165-166, 168-169, 181, 353
マグネット・スクール 176-177, 182, 186, 239, 261, 268, 272
マルクス主義 60, 65, 76
身分保障 45, 96-97, 123, 138, 145, 247, 292
ミリケン対ブラッドレー 158, 170, 176
ミルウォーキー 84, 100, 282, 306
民間産業協議会 243
民主主義 13, 40, 49, 51, 55-56, 60, 65-66, 72, 84, 125, 135, 197-198, 202, 219
民主的統制説 61, 66-69, 73, 80, 351
民族集団 28, 72, 76, 85-86, 93
メリット・ペイ 115, 145

ヤ行

ユース・サービス・ネットワーク 267
よりよいシカゴのための連合（ABCS連合） 294, 298

ラ行

ラディカル・レビジョニスト（レビジョニズム） 44, 47-68, 70-72, 78-80, 82
リーダーシップ 80, 86, 121, 142, 229, 239, 242, 245, 252, 269, 275, 287, 302, 341, 344, 347, 358
　学校協議会の－ 307-308, 310, 313
　校長の－ 283, 292
　市長の－ 289-290, 295, 301, 328-329, 332, 348, 357
　市民団体の－ 292-293
　制度と－ 230, 238-240, 245-246, 248, 346
リベラリズム 49
　新たな－ 285-286
　コーポリット－ 49-50
　アメリカ－ 56
リベラル史家 58-59
留年政策 333-334
レジーム
　雇用－ 224-225, 246-247, 343-344, 358
　パフォーマンス－ 224-225, 227, 343-344, 358
　－分析 250-251
　－理論 215-217, 250-251, 355, 364-365
労働（組合）運動 50, 52, 73, 76, 81, 97, 117, 119-120, 124, 138
労働組合 17, 45, 67, 69, 72, 85-86, 89, 100, 108, 117, 121, 123, 125, 127-132, 136-137, 139, 141, 148, 166, 198, 247
労働者階級 37, 43, 51-53, 60, 63-64, 68-69, 72-76, 78, 81, 84-85, 102, 112, 139, 153, 170, 206, 351
ローブ規則 127-133, 137
ロサンジェルス 89, 100, 232-233, 235, 258, 280, 287, 306

ワ行

ワシントンD.C. 228, 232, 253, 322, 339

著者紹介

小松茂久（こまつ・しげひさ）
1953年、東京都生まれ。1979年、立命館大学法学部卒業。1987年、大阪大学大学院人間科学研究科博士課程満期退学。1988年、大阪大学人間科学部助手。1989年、神戸常盤短期大学専任講師。1991年、相愛大学人文学部助教授。1996年、米国北イリノイ大学客員研究員（1年間）。1999年、相愛大学人文学部教授。2004年より神戸学院大学人文学部教授。2006年、博士（学術）の学位取得（神戸大学）。
主要著書
『地方分権と教育委員会・第1巻・地方分権と教育委員会制度』（共著、ぎょうせい、2000年）、『現代のエスプリ・学校選択を考える』（共著、至文堂、2001年）、『人間形成のイデア』（共著、昭和堂、2002年）、『学級編制に関する総合的研究』（共著、多賀出版、2002年）、『日本教育経営学会紀要第45号』（共著、第一法規、2003年）、『日本教育行政学会年報30』（共著、教育開発研究所、2004年）、『学校改革のゆくえ―教育行政と学校経営の現状・改革・課題（改訂版）』（昭和堂、2005年）などがある。

アメリカ都市教育政治の研究
──20世紀におけるシカゴの教育統治改革

2006年 8 月 20 日　初版第 1 刷印刷
2006年 8 月 30 日　初版第 1 刷発行

著　者　　小松茂久
発行者　　渡辺博史
発行所　　人文書院
〒612-8447京都市伏見区竹田西内畑町9
電話075-603-1344　振替01000-8-1103
印刷所　　創栄図書印刷株式会社
製本所　　坂 井 製 本 所

© Shigehisa KOMATSU 2006, Printed in Japan.
ISBN4-409-23040-9　C3037

R〈日本複写権センター委託出版物〉
本書の全部または一部を無断で複写複製（コピー）することは、著作権法上での例外を除き禁じられています。本書からの複写を希望される場合は、日本複写権センター（03-3401-2382）にご連絡ください。